Trompe-l'œil

Das getäuschte Auge

Patrick Mauriès (Hg.)

Trompe-l'œil

Das getäuschte Auge

DUMONT

Umschlagabbildung: Cornelis Norbertus Gijsbrechts, *Trompe-l'œil*, 1672,
Statens Museum for Kunst Kopenhagen (Foto des Museums)

Der Beitrag von Patrick Mauriès wurde ermöglicht
durch ein Stendhal-Stipendium der Abteilung
›Politique du Livre‹ des Ministeriums für auswärtige Angelegenheiten.

Die Deutsche Bibliothek - CIP-Einheitsaufnahme

Trompe-l'œil : das getäuschte Auge / hrsg. von Patrick Mauriès.
[Übers.: Hella Faust]. - Köln : DuMont, 1998
    Einheitssacht.: Le trompe l'œil <dt.>
    ISBN 3-7701-4352-3

Aus dem Französischen von Hella Faust

© für die Originalausgabe Gallimard 1996
© für die deutschsprachige Ausgabe DuMont Buchverlag Köln 1998
Alle deutschsprachigen Rechte vorbehalten
Die Originalausgabe ist 1996 unter dem Titel *Le Trompe-l'œil* bei Gallimard,
5 rue Sébastien-Bottin, 75007 Paris erschienen
Umschlaggestaltung: Groothuis + Malsy, Bremen
Satz: B.O.S.S. Druck und Medien, Kleve
Druck und buchbinderische Verarbeitung: MARIOGROS, Turin

Printed in Italy ISBN 3-7701-4352-3

Inhalt

Einleitung

PATRICK MAURIÈS

Welche Grenzen müssen dem Trompe-l'œil gesetzt werden? Wie kann sein Feld abgegrenzt, wie sein unwirklicher Raum abgesteckt werden? Ist es überhaupt möglich, das Wesen eines Hybriden zu definieren, in dem man sowohl die absolute Malerei als auch ihren Schatten, ihre Verneinung gesehen hat? Eine Malerei, in der die Täuschung nicht von der Wirklichkeit zu unterscheiden ist, in der das Falsche wirklicher scheint als die Natur; eine Illusion, die – täuschend – die Wahrheit der Illusion formuliert; ein Bild, das das eigentliche Wesen des Bildes in Frage stellt. Dieses Thema zieht sich durch die gesamte Geschichte der westlichen Malerei. Erwähnt wird es zum ersten Mal im 4. Jahrhundert v. Chr. bei Platon (ein Thema, das den Philosophen in ihm herausfordert) – zu einem Zeitpunkt, als man die Gesetzmäßigkeiten der illusionistischen Malerei beherrschte –, um paradoxerweise in dem Moment zu verschwinden, als es zum ersten Mal benannt wird: im 19. Jahrhundert, jenem Jahrhundert, welches das Ende der mimetischen Tradition besiegelt, das die moderne Kunst und die Erfindung neuer Denkmuster hervorbringt und die Fragmentierung der äußeren Erscheinung zur Folge hat. Es ist der Zeitpunkt, an dem das Trompe-l'œil die Geschichte verläßt, um in einem Nirgendwo, in der Verschwommenheit des ›Dekorativen‹ zu enden.

Ein Modus oder Bereich, der äußerst schlicht und unbedeutend ist, gleichzeitig aber auch höchste Vollkommenheit und Provokation bedeutet. Schon diese Unbeständigkeit macht den Vorsatz hinfällig, eine ›Geschichte‹ schreiben zu wollen. Das Trompe-l'œil kannte lediglich besondere Momente, einzigartige Dispositive, unvollständige, vergängliche Verträge und Abkommen, die stillschweigend oder ausdrücklich die Beziehung zum Bild, das Verhältnis zwischen Autor und Betrachter regelten und dabei die Bildrezeption veränderten, den Raum neu definierten: beispiellose Haltungen, die sich nicht auf ein einziges Denkmuster reduzieren lassen (im besten Fall wird man zum Zeugen einer Reihe von Neuschöpfungen, der Ablösung eines Momentes durch ein anderes, von Verschiebungen und neuen Verwertungen).

In der Tat haben der Blick eines Atheners, fasziniert von der verblüffenden Demonstration künstlerischer Virtuosität, und der Blick eines Renaissance-Gelehrten, der sich von einer auf dem Bild sitzenden Fliege täuschen läßt (oder zumindest so tut als ob), nichts gemeinsam. Nichts gemeinsam haben der Händler aus dem Norden, der im kartesianischen Zeitalter in einer Komposition von gemalten Gegenständen die Endlichkeit des Wirklichen sieht, und ein Aristokrat des 18. Jahrhunderts, der sich mit allen Spielarten der Illusion die Zeit vertreibt. Nichts gemeinsam haben schließlich auch der amerikanische Siedler, vor dessen Augen sich scheinbar an Brettern befestigte

1. CORNELIS NORBERTUS GIJSBRECHTS
Staffelei

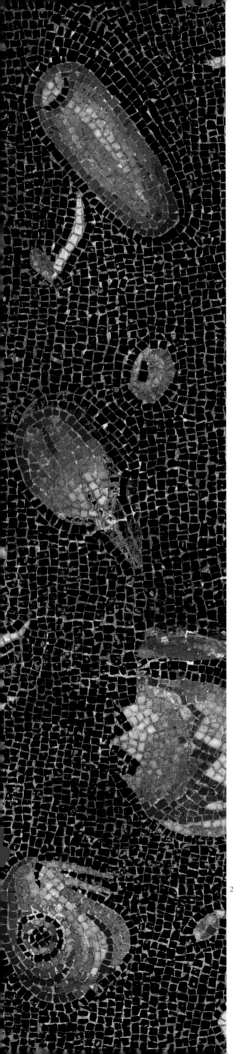

Gegenstände enthüllen, und ein kultivierter Liebhaber aus der Mitte unseres Jahrhunderts, der Geschmack an einer veralteten Rhetorik finden und ein ebenso vollkommenes, verschlüsseltes wie unwahrscheinliches Trompe-l'œil gelten läßt. Sie haben nichts miteinander gemeinsam, es sei denn eine kleine, mit Wachs oder Farbpigmenten überzogene, im Raum hängende und unscheinbar gerahmte Leinwand oder Holztafel. Wir beschränken uns in diesem Band in der Tat auf das Trompe-l'œil der Staffeleimalerei. Das architektonische Trompe-l'œil haben wir ausgeschlossen, da es – obschon gleich in seiner Problematik – einen anderen Betrachter, ein anderes Dispositiv, ein anderes Wechselspiel von Blicken voraussetzt. Die ohnehin schon schwierige Untersuchung würde ergeben, daß die Erfassung des gesamten Bereiches einfach unmöglich ist. Der Zufall allein – das Werk der Zeit – erfordert eine Ausnahme von dieser Regel: der Altertumsforscher kann sich, selbst wenn er die Texte über das Trompe-l'œil berücksichtigt (die der Neuinterpretation des Themas in der Renaissance zugrunde lagen) und wenn er versucht, die Merkmale des Genres in der Malerei der Antike zu rekonstruieren, nur auf jene Spuren verlassen, die sich uns erhalten haben: diese sind keine ›Leinwände‹ oder Holztafeln, sondern Fresken, dekorative Malereien oder Mosaiken.

Wir werden daher versuchen, auf den folgenden Seiten die verschiedenen Lesarten in ihrem zeitlichen Kontext herauszuarbeiten, die verschiedenen Arten, einen illusorischen Raum zu definieren, den Betrachter in das Bild einzubeziehen, das Bild nachzuahmen oder zu verändern. Der Mythos vom Ursprung der Malerei hat etwas mit Verlust zu tun, mit dem Wechselspiel von An- und Abwesenheit: das Profil des Geliebten, das die Tochter des Boutades an die Wand zeichnet, ist ein Schatten, der an die Stelle des Liebesobjekts tritt: das zarte Relief einer ersten Illusion … Der Mythos von der Entstehung des Trompe-l'œil bestätigt diese Illusion und macht sie zugleich komplizierter, indem er sie in das Reich des trügerischen Spiels verbannt. Er setzt bereits die Beherrschung der äußeren Erscheinung voraus, suggeriert einen Antagonismus oder ein Duell, ein Bild, das verdächtig, tiefgründig und mehrschichtig ist. Die Figur, die im Mittelpunkt des Kampfes steht, gerät dabei ins Schleudern. Um sie geht es in der Anekdote über Zeuxis und Parrhasios, die Plinius der Ältere in seiner *Naturgeschichte* erzählt, Zeuxis habe so erfolgreich gemalte Trauben ausgestellt, daß die Vögel zum Schauplatz herbeiflogen; Parrhasios aber habe einen so naturgetreu gemalten leinenen Vorhang aufgestellt, daß der auf das Urteil der Vögel stolze Zeuxis verlangte, man solle doch endlich den Vorhang wegnehmen und das Bild zeigen.[1]

Die Vögel, sagte Seneca der Ältere, seien zu Gutachtern des Gemäldes, zu Gutachtern einer Illusion geworden, die künftig eine Absicht verfolgt. Um sich unter Beweis zu stellen, muß sie für sich einnehmen, unbeweglich machen, muß sie das ganze Spektrum der äußeren Erscheinung aufbieten, das ihren Triumph besiegelt und zugleich ihre Unbeständigkeit aufzeigt.

Das Trompe-l'œil läßt sich so von Anfang an auf zweifache Weise definieren: es ist einerseits die höchste Vollendung einer Technik, eine unübertreffbare Darbietung, die in ihrer Vortrefflichkeit aber zugleich das Verschwinden des Malerhandwerks, jeglichen Markenzeichens oder Zeichens von Individualität bedingt.

Diese extreme Form der bildlichen Darstellung ist ihrem Wesen nach agonistisch: sie hat nur Sinn innerhalb eines bestimmten Kontextes, innerhalb einer Szene oder eines Dispositivs, in dem sich erweist, daß die eine Illusion der anderen überlegen, der eine Blick vom anderen gefangen und ein Trugbild schwächer ist als das, was es widerspiegelt. Ein vielschichtiges Bild, das triumphiert, sich jedoch nicht genügen kann, das, um sich zu erfüllen, als Trugbild erkennbar sein muß: die Illusion vollzieht sich in einem Duell.

Eine Frage hat die Literatur des Trompe-l'œil nicht losgelassen, und auch die folgenden Seiten entgehen ihr nicht: Wie reagiert das Auge auf ein Trompe-l'œil? Hat man jemals wirklich an ein Trompe-l'œil *geglaubt?* Geht es darum, die Illusion sklavisch hinzunehmen oder sich auf sie einzulassen? Verändern sich deren Konditionen mit der Zeit, mit der Geschichte? Wir können nicht wissen, ob sich die Griechen und Römer »täuschten« oder ob sie diese paradoxen Bilder hinnahmen als ein Anzeichen für eine andere, versteckte Wirklichkeit. Die Intarsienkunst wurde oft als einer der Orte angesehen, an dem das moderne Trompe-l'œil erfunden wurde. Wie aber läßt sich die farbliche Monotonie des Untergrundes mit den Erfordernissen der Illusion in Einklang bringen? Welche Funktion hat Boccaccios Schwärmerei für Giottos überzeugende Kunst der Täuschung, wenn nicht eine rhetorische?[2] Betrachtet man die Geschichte, scheint der illusorische Effekt mehr mit der von der künstlerischen Glanzleistung ausgelösten Verwunderung als mit der eigentlichen Täuschung zu spielen – mit der Verblüffung angesichts eines Bildes, das weder Wirklichkeit noch Fiktion, weder simple Realität noch reiner Schein ist, sondern der trügerische Schein schlechthin, der den platonischen Ausschluß voll und ganz zu rechtfertigen scheint. Die von diesem Darstellungstyp ausgelöste Verwirrung nun ist verantwortlich dafür, daß das Trompe-l'œil je nach historischer Epoche zahlreiche Funktionen und Färbungen annimmt: es kann eine streng religiöse (die Grisaille der Fastenzeit) oder eine historische Anspielung (die Grisaille als Neuauflage der Antike), eine fast metaphysische Infragestellung der äußeren Erscheinung, ein spielerisches oder dekoratives Element sein. Es ist düster und sarkastisch (die ›Nachlaßinventare‹ der amerikanischen Werke des 19. Jahrhunderts) oder metaphorisch und nostalgisch (das Wiederauftreten der Bildgattung im Surrealismus).

Der grundlegende Pakt, der den Maler und den Betrachter in der Illusion verbindet, ist so zahlreichen Veränderungen unterworfen. »Maler, die sich auf Augentäuschungen – ›trompe-l'œil‹ – spe-

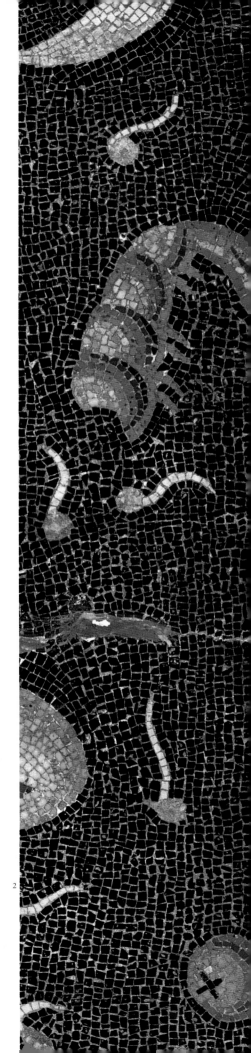

9

zialisierten, haben sich immer die Verstärkung der Illusion durch eine geschickt ausgenützte Erwartung zunutze gemacht«, meinte Ernst Gombrich.[3] Der Trompe-l'œil-Effekt ist von einer Projektion und einem Bildausschnitt nicht zu trennen: durch ihren völlig künstlichen und unbeweglichen Charakter evozieren die Bilder, daß »wir unsere Erwartungen in sie hineinprojizieren, ermöglichen sie es uns, eine Scheinwelt, eine Welt der Illusion vor unseren Augen erstehen zu lassen«.[4] Der perspektivische Rahmen macht uns blind; wir glauben, weil wir glauben wollen. Und der Trompe-l'œil-Maler paßt sich weniger der Realität an, als daß er nach bestem Wissen jene Zeichen einsetzt, die der Blick erwartet. Auf diese Weise erhöhte zum Beispiel Theon, so Ernst Gombrich, die Illusion seiner Darstellung eines Soldaten, indem er diese zu einem Tusch von Trompeten enthüllen ließ.

Einige der unverkennbaren Merkmale der Illusion, über die der Trompe-l'œil-Maler verfügt, seien hier kurz zusammengefaßt: eine flache Anordnung von Gegenständen, »wie etwa ein Gestell mit Briefen oder ein flaches Relief, wo das Fehlen der inneren Verschiebung nicht so auffällt«[5]; das Fehlen eines Horizonts, der mit der Logik des Trompe-l'œil unvereinbar ist (es sei denn in surrealistischer Verkehrung wie zum Beispiel bei Pierre Roy); die Unmöglichkeit, etwas Lebendiges darzustellen, das sich zwangsläufig bewegt und damit die Erfordernisse der Wahrscheinlichkeit durcheinanderbringt (die verschiedenen Texturen der Gegenstände dagegen – die Transparenz von Glas, die Glasur von Porzellangeschirr oder der Glanz von Metall – fungieren in einer Komposition als übereinstimmende Indizien, verstärken ein Alibi); die Verlängerung der Wirklichkeit in eine Scheinwelt hinein, die Perspektive des Bildes, die von dessen Umgebung profitiert, ein Ort, der in gewisser Hinsicht selbst vom Bild heimgesucht wird (das Trompe-l'œil muß daher immer in seinem räumlichen Kontext betrachtet werden, was besonders bei den Kaminverkleidungen und Supraporten deutlich wird, aber auch für das Innere von Kabinetten gilt) …; Die Kohärenz von Abstufung, Perspektive und Blickwinkel, aber auch die Kohärenz des Lichtes, das ebenso ver- wie enthüllt; schließlich Bildausschnitte, die für die Subtilitäten der Illusion geeignet sind.[6]

Der Raum des Trompe-l'œil muß begrenzt sein: die Komposition und ihre Gegenstände dürfen nicht den Gesetzen des Raumes widersprechen, der sich außerhalb des Bildes findet. Das ›Innere‹ des Trompe-l'œil wird über seinen Kontext bestimmt: so zieht es ihn an, verlängert ihn, kehrt ihn um, steckt ihn an, wie ein Meister der Rhetorik sagen würde. Wir haben es hier mit einem zutiefst ›allotropischen‹ Genre zu tun, in dem der Effekt der Einrahmung genauso stark, genauso prägnant ist wie der eigentliche, sich auf den gesamten Raum ausdehnende Rahmen unsichtbar. Das erklärt die Vorliebe für ›natürliche‹ Raumvertiefungen und -vorsprünge: verborgene Winkel, Nischen, Kamine, Holzvertäfelungen usw.

2. *Asarotos Oikos,* Mosaik eines ungefegten Fußbodens, Oudna II, Tunis, Details

3. ANTONIO FORT-BRAS *Die Staffelei des Malers,* 1686, Detail

4

5

6

Der Raum des Trompe-l'œil ist illusionistisch: das heißt, er versucht vor allem, den Eindruck von Tiefe zu geben. Er ist aber oft auch projizierend, er versucht, so Charles Sterling, »das Relief eines dargestellten Körpers aus dem Rahmen heraustreten zu lassen, nach vorn, uns entgegen zu werfen.«[7] Bögen, Nischen, Randleisten, Geländerstützen, Vorhänge, Faltenwürfe geben so einem dritten Raum Form, der zwischen dem fiktiven und dem des Betrachters, vor der bemalten Oberfläche liegt. Darin besteht einer der wesentlichen Unterschiede zum Stilleben, das die Gegenstände in ihrer Bildebene zeigt und anordnet, indes das zentrifugale Trompe-l'œil dazu neigt, genau wie der Blick die Bildebenen zu verwischen.

Zerbrochene Gläser, aufgezogene Vorhänge, halbgeöffnete Fenster, übereinanderliegende, zerrissene oder gefaltete Papiere sind nur einige der Embleme des dritten Raumes. Das Bemerkenswerteste unter ihnen ist zweifellos der *cartellino,* der kleine Zettel, der scheinbar ›vor‹ dem Bild angebracht ist.

Und zwar deshalb, weil sich das Trompe-l'œil im *cartellino* als solches zu erkennen gibt. Das Trompe-l'œil, eine gegenständliche Welt oder vielmehr eine gegenständliche Darstellung, ist eine der seltenen Bildformen, die den Bildträger selbst thematisieren. Dieses Genre, eine Szenographie des Unbelebten, eine Darstellung des zum Stillstand gekommenen Lebens ist zugleich unmittelbar reflexiv, ›sich seiner bewußt‹, hellsichtig.

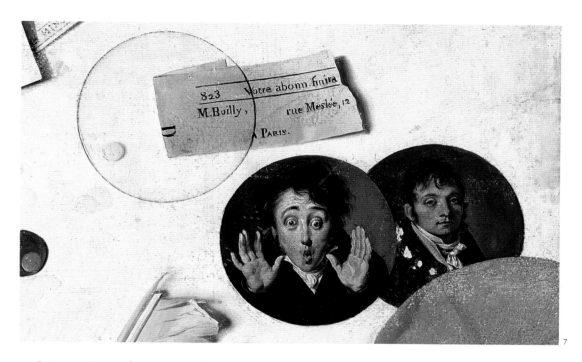

Sei es in Sammelsurien, Quodlibets, Tischplatten, Atelierecken oder dem Inneren von Kabinetten, das Trompe-l'œil interessiert sich stets nur für die Dinge des Alltags: es bietet den Anblick
einer ungeordneten Tätigkeit, die besonders dann glaubhaft erscheint, wenn Instrumente, eine
Handvoll abgenutzter, zerbrochener, x-beliebiger Gegenstände von einer feinen Staubschicht
überzogen sind. ›Ryparographie‹ sagte man in der Antike, die uns Bilder mit zu Boden geworfenen Essensresten hinterlassen hat.[8] Landkarten, Federn, Papiere, Zeitungen, Fotografien, Miniaturen – die bevorzugten Gegenstände des Trompe-l'œil sind Gegenstände einer in der Geschichte verlorengegangenen Gegenwart ohne Tiefe. Es gibt keine herrlicheren Trugbilder als diese
scheinbar dem Zufall überlassenen zarten Reliefs, in denen es gerade das fehlende Grundthema
ist, das den Blick verweilen läßt.

Das Zurücktreten des Menschlichen hinter seine Reliquien, der Triumph der Gegenstände (die jede Realität überleben und jeden Anspruch auf Dauer und Kontrolle zunichte-
machen), die Dramaturgie des Besitzes und der Inbesitznahme (die besonders in den Jagdtrophäen und dem Inneren der Kabinette deutlich wird), die zahlreiche Trompe-l'œils
inspiriert, verweist – in der Art eines auf eine Landschaft hinausgehenden Fensters – auf den
quälenden Gedanken an die Zeit, auf die Angst vor dem Tod. Die scheinbar gleichgültigen,
ihrer symbolischen Würde beraubten Gegenstände des Trompe-l'œil gleichen, so Bryson, einem Totenhemd.[9]

4. LOUIS-LÉOPOLD BOILLY
Kruzifix, um 1812, Detail

5. ANTONELLO DA MESSINA
*Der heilige Hieronymus in seinem
Arbeitszimmer,* Detail

6. EUGÈNE BERMAN
*An den Toren der Stadt bei Einbruch der
Nacht,* 1937, Detail

7. LOUIS-LÉOPOLD BOILLY
Trompe-l'œil auf einer Tischplatte,
1808–1814, Detail

Auch hier schlägt das Trompe-l'œil eine Bresche in die Definition (oder Illusion) des Wirklichen. Denn diese hartnäckigen, triumphierenden Gegenstände, die die Frage nach dem Wesen der Darstellung aufwerfen, scheinen zugleich die Möglichkeit einer Anschauung überhaupt in Frage zu stellen. Dem Lächerlichen des Besitzes entspricht die Verzweiflung einer symbolischen Aneignung. Das Trompe-l'œil, ein Trugbild, das durch ein bewußtes Spiel mit Kunstgriffen lebendig wird, spielt nicht zuletzt mit der Identität des Malers, mit seiner Signatur, mit der Meisterschaft, die er über den Anschein und den Augenblick hat. Oft ist es der *cartellino,* der die Signatur, die man sieht ohne sie zu sehen, in seinen unwirklichen Raum einschließt. Das gleiche gilt für den angeklebten Brief, der in unzähligen Quodlibets erscheint, in öffentlich angeschlagenen Korrespondenzen, in halb lesbaren, halb mit dem Betrachter geteilten Botschaften. Das ausgehende 18. Jahrhundert und die amerikanische Malerei des 19. Jahrhunderts bevorzugten – bis in die Ironie und die Mystifizierung hinein – in einer Art Schnörkel das Spiel mit der Signatur, mit der Ikonographie der Malerei: man denke an Boillys verblüfftes Gesicht hinter einer scheinbaren Bildfläche, der er gern entkommen würde, oder an Haberles sarkastische Bestandsaufnahme, eine Art fragmentarisches und düsteres Selbstporträt, in dem sich die Identität auf das Wechselspiel einiger lächerlicher und unzusammenhängender Zeichen reduziert. Eine zweifelhafte Identität, die der eines Fälschers nahekommt, imstande, perfekte Geldscheine herzustellen, die die Originale überflüssig machen: extreme Spielarten des Trompe-l'œil, weil sie an die Stelle des Wirklichen treten, weil sie sich nicht als solche zu erkennen geben. Bei Boilly, später dann bei den amerikanischen ›Jahrmarktsmalern‹ wie Harnett, Peto oder Haberle, setzten so Überlegungen zu der Geste des Malers, zu seinem Stil, zu dem Handelswert der ›Erscheinungen‹ ein, der sich in der Kunst des 20. Jahrhunderts noch steigern sollte. Faßt man zusammen, bleibt das Trompe-l'œil für seine größten Meister genau wie für Platon eine ›Schattenmalerei‹, eine ›Kunst des Gauklers‹. Diese Kunst hat nichtsdestoweniger alle Zeiten durchlebt; es geht weniger darum, sie im Namen einer Ethik der Erscheinung zu verdammen, als ihre unzähligen Auswirkungen aufzuzeigen, ihre Reichweite anzuerkennen. Zwischen dem Anfang des 17. Jahrhunderts in Antwerpen entstandenen umgedrehten Gemälde Cornelis Gijsbrechts' (Abb. 126), dem, das John Frederick Peto 1898 in den Vereinigten Staaten zeigt (*Lincoln and the Phleger Stretcher;* Abb. 8), oder der anachronistischen, verspäteten, in der Mitte dieses Jahrhunderts in Rom entstandenen Version Sciltians lassen sich zahlreiche Gechichten lesen, stellen sich unzählige Fragen, zeichnen sich Metaphysiken und Traditionen ab. Es handelt sich jedoch letztlich immer um des gleichen Rätsels Lösung: das Rätsel der äußeren Erscheinung und ihrer Kehrseite.

ANMERKUNGEN

1. Dieser Topos taucht natürlich in mehreren der folgenden Beiträge wieder auf. Er wird hier in Plinius' Fassung in der Übersetzung von Roderich König in Zusammenarbeit mit Joachim Hopp und Wolfgang Glöckner wiedergegeben: Plinius: Naturkunde, 35, 65, 2. überarb. Auflage, Düsseldorf, Zürich 1997.

2. Siehe im vorliegenden Band den Beitrag von A.-M. Lecoq.

3. E. Gombrich: Kunst und Illusion. Zur Psychologie der bildlichen Darstellung, dt. Übersetzung, Zürich 1978, S. 229.

4. E. Gombrich, ebda., S. 303.

5. E. Gombrich, ebda., S. 304.

6. M. Battersby: Trompe-l'œil, London 1971, S. 20.

7. Zitiert bei A. Veca: Inganno e realtà, Bergamo 1980, S. 6.

8. Siehe N. Bryson: Looking at the Overlooked, Cambridge 1990, S. 140.

9. N. Bryson, ebda., S. 144. Siehe auch C. Dars: Images of Deception, Oxford 1979, S. 45–46 und M. Battersby (zit. Anm. 6), S. 14–15.

8. JOHN FREDERICK PETO
Lincoln and the Phleger Stretcher, 1898

9

Eine Theorie ohne Bilder?
Das Trompe-l'œil in der klassischen Antike

Für die Griechen und Römer war jedes Kunstwerk ein Trompe-l'œil. Dennoch kannte die Antike nicht wirklich eine Bildgattung, die strenggenommen dem neuzeitlichen Trompe-l'œil entsprochen hätte.[1]

Die heute völlig verschwundene ›große Malerei‹ der Antike, die Malerei jener Meister, deren Namen und berühmteste Bildwerke sich durch die literarische Überlieferung erhalten haben, hat der ›Malerei von Gegenständen‹, die einzige, die wirklich einen Trompe-l'œil-Effekt zu erzeugen weiß, nur wenig Aufmerksamkeit geschenkt. Die Darstellung eines Gegenstandes, wenn sie denn von den Quellen erwähnt wird, bildet meist nur ein einfaches Detail *(parergon)* einer größeren Komposition mit mythologischem oder historischem Sujet. Wenn der Rhetor Philostratos etwa eine bewundernswert gemalte Blume und ein Insekt beschreibt, dann handelt es sich lediglich um das Nebenmotiv eines Bildes, das eigentlich Narziß darstellt.[2]

In den Überlegungen der Griechen und Römer zur Malerei oder Skulptur, die auf der Überzeugung beruhten, die Darstellung sei Nachahmung der Natur, finden sich nichtsdestoweniger zunehmend Bemerkungen zum illusionistischen und trügerischen Charakter der Bilder. Da ist von Tieren die Rede, die sich von der Abbildung eines ihrer Artgenossen täuschen lassen, von Liebenden, die vom Anblick des Porträts einer Schönen ergriffen sind, von Bildwerken, die sich zu beleben oder zu sprechen scheinen wollen.

Gleichwohl gibt es weder im Griechischen noch im Lateinischen ein Wort, welches das Täuschende der Kunst ausdrücklich zu einer ästhetischen Kategorie erheben würde, noch einen Begriff, der eine Bildgattung bezeichnete, die dem modernen Trompe-l'œil vergleichbar wäre, obschon verschiedene Wörter in beiden Sprachen die Grenze des trügerischen Scheins in der Kunst abstecken *(eidolon, skiagraphia, phantasma, species).* Ein illusionistischer Effekt existiert in jedem Genre der Malerei oder Skulptur: das betrifft die

RENAUD ROBERT

Die Türen öffneten sich: die Bewunderung verschlug mir die Sprache. Ich war erstaunt, entzückt, ich wußte nicht, wie mir geschah. Ich konnte nicht mehr unterscheiden, von welcher Seite ich hereingekommen war. Ich sah nur noch ein luftiges Wäldchen ohne Ausgang, das von nichts gehalten und auf nichts zu ruhen schien; ich befand mich schließlich in einem großen Gemach aus Spiegeln, auf die man so kunstvoll Dinge gemalt hatte, daß sie – im Spiegelbild – die Illusion des Dargestellten erzeugten [...] Auf der Seite, auf der wir hereingekommen waren, waren Säulengänge mit blumenverziertem Gitterwerk dargestellt mit einem Gewölbebogen in jeder Einbuchtung; auf der anderen Seite sah man die Statue Cupidos, der Kränze austeilte; vor dieser Statue befand sich ein Altar, auf dem eine Flamme leuchtete; am Fuß des Altars standen eine Schale, Kränze und Girlanden; ein Tempel in leichtem Baustil schloß die Verzierung auf dieser Seite ab: gegenüber befand sich eine dunkle Höhle; der Gott des Mysteriums bewachte ihren Eingang; das Parkett, bedeckt von einem flauschigen Teppich, ahmte einen Rasen nach.

VIVANT DENON
POINT DE LENDEMAIN.

17

9. Haus des Obstgartens, Pompeji

Darstellung von Menschen wie auch die von Tieren, Blumen oder Speisen *(xenia)*. Selbst wenn es vielleicht über den Rahmen dieser Veröffentlichung hinausgeht, müssen wir einen Umweg über die Wandmalerei nehmen, die allein in der Antike eine wirkliche Kunst des Trugbildes hervorgebracht hat. In den Fresken des sogenannten ›zweiten pompejanischen Stils‹ zum Beispiel stellten die Maler Scheinarchitekturen dar, die den wirklichen Raum verlängern sollten (Abb. 10 und 11). Wollen wir verstehen, aus welchen Gründen und in welchen Situationen den Menschen der Antike danach verlangte, auf die Verführungen des trügerischen Scheins zurückzugreifen, müssen wir den Ursprüngen und der Entwicklung dieses Dekors nachgehen.

In der Antike nahm die Wandmalerei in der Kunst und den Kunsttheorien nur eine Randstellung ein. Plinius schloß sie fast gänzlich aus seiner Geschichte der Malerei aus.[3] Ihre Entstehung ist an die der Architektur gebunden, und die wesentlichen Texte zur Wandmalerei verdanken wir denn auch einem Architekten, Vitruv.

Es ist jedoch schwierig, wenn nicht gar willkürlich, zwischen ›großer Malerei‹ und dekorativer Kunst streng zu unterscheiden. Gewiß, die Antike selbst scheint Vorgaben zu liefern, wenn sie die Kunst des Freskos geringer schätzt. Gleichwohl wurden in der

10

Antike die wertvollsten Bilder auf Holz gemalt und an den Wänden aufgehängt. Sie waren folglich von dem architektonischen Rahmen, in dem sie Platz fanden, nicht zu trennen. Zudem betätigten sich einige Maler – Agatharchos, Pausias (Pausianas) – auf dem einen wie dem anderen Gebiet. So scheinen die Wanddekorationen manchmal den Effekt der Holztafeln nachzuahmen. Das ist beispielsweise der Fall bei dekorativen Kompositionen, in deren Mitte eine mythologische Szene (die ein berühmtes Gemälde ›kopiert‹) dargestellt oder eines jener Klapptürbildchen eingefügt ist, denen damals großer Wert beigemessen wurde (Pompeji, Haus des Kryptoportikus, *oecus* 22). Man lasse sich jedoch nicht täuschen: die Darstellung des Gemäldes auf der Wand ist ein Trompe-l'œil, nicht das, was in dem Gemälde selbst abgebildet ist. Auf die Marmorimitationen der Fresken des *cubiculum B* der ›Villa unter der Farnesina‹ in Rom (Abb. 12) malten die Künstler kleine Gemälde, die denen aus Pompeji und Herkulaneum ähneln. Sie sind klassisch inspiriert und ahmen ihrerseits die Kunst der weißgrundigen Lekythen nach.[4]

Die Frage stellt sich, wo unsere Studie einsetzen soll. Man kann nicht ausschließen, daß schon in altägyptischer und minoischer Zeit die Künstler, die die Wände der Tempel, Gräber oder Paläste mit Gartenmalereien schmückten, die Formen, die unter

10. Fresko, Boscoreale, Neapel

19

ihrem Pinsel entstanden, stellvertretend für wirkliche Gärten setzten. Dieser Gedanke wurde bereits im Hinblick auf die Seelandschaften geäußert, die das antike Thera zierten.[5] Es erschien uns jedoch sicherer, als Ausgangspunkt Schriftdokumente zugrunde zu legen, weil sie bezeugen, daß neben den eigentlichen Werken selbst auch über das Wesen der Kunst nachgedacht wurde. Zudem ist bekannt, daß diese Texte die einzige Spur sind, die die definitiv verlorene ›große Malerei‹ Griechenlands hinterlassen hat. Auch die von den Archäologen ans Licht beförderte künstlerische Produktion muß vor dem Hintergrund dieser Texte gedeutet werden. Die ersten Zeugnisse stammen aus der zweiten Hälfte des 5. Jahrhunderts v. Chr. (Agatharchos, Demokrit, Anaxagoras).

Platon und die Kunst des Scheins

Gleichwohl trifft man erst bei Platon auf einen Begriff (die *skiagraphia*), dessen Bedeutung sich – wenn auch nur teilweise – mit der des Trompe-l'œil deckt. Wir sollten an der Schwelle des platonischen Labyrinths verweilen, selbst wenn der Versuch, die platonische Kunstdoktrin in großen Zügen zu umreißen, illusorisch erscheinen mag. Man braucht nur auf die widersprüchlichen Meinungen zu verweisen, die über diesen Philosophen herrschen: Für die einen ist er ein unversöhnlicher Feind der Kunst seiner Zeit, nach anderen wiederum, das trifft insbesondere auf einige seiner Biographen zu, widmete er sich in seiner Jugend sogar selbst der Malerei.[6]

Bekanntlich spricht Platon nie in seinem eigenen Namen. Seine dialogische Beweisführung ist auf verschiedene Akteure verteilt, Protagonisten, in denen man nicht von vornherein Wortführer des Philosophen sehen darf. In den verschiedenen Auffassungen einer Kunst, die am Ende des 5. Jahrhunderts selbst im Wandel begriffen war, wird eine Spannung, mitunter gar eine Dualität erkennbar, die die kaleidoskopischen Umrisse des ersten Trompe-l'œil wie im Negativ zeichnet.

Der Ausdruck *skiagraphia* setzt sich zusammen aus den Wörtern *skia* (Schatten) und *graphè* (Zeichnung, Malerei). Bei den Griechen ist der Begriff des Schattens schon an sich zweideutig. Sicher ist, daß der Schatten nur den Anschein des Seienden hat. Im Hades bleiben von den Verstorbenen lediglich zarte, schwindende Schatten.[7] Das Ergebnis einer *skiagraphia* ist einem Schatten, einem Phantom vergleichbar, etwa dem, der in

Euripides' Tragödie die Trojanerin Helena ersetzt. Während die wahre Helena an den Ufern des Nils weilt, kämpfen die Griechen und Trojaner für ein trügerisches *Idol*.[8] Der Ausdruck *eidolon* bezieht sich aber weit mehr auf die wahrnehmbare Erscheinung als auf die eigentliche Darstellung, auf das menschliche Artefakt.[9] Dieser sichtbare Teil des Gegenstandes ist es – und nur dieser –, den der Maler (wie mit einem Spiegel) erfaßt, wenn er sein Modell nachahmt.[10] Das vom Künstler geschaffene Bild kann so als Traum *(onar),* Trugbild *(eidolon)* oder Blendwerk *(phantasma)* definiert werden.[11] Sein trügerischer Effekt betört Kinder und Unkundige.

Der Schatten ist aber auch das Spiegelbild des Lebenden. Selbst wenn das Wort wahrscheinlich nicht vor der hellenistischen Periode in dieser Bedeutung gebraucht wurde, bezeichnete die *skiagraphia* ebenfalls die Schlagschattenmalerei, die Zeichnung der Schattenumrisse. Die Silhouette, die man auf diese Weise erhielt, wurde *skia* genannt.[12] Plinius zufolge zeichnete ein junges Mädchen das Porträt ihres Geliebten nach, indem sie bei Lampenlicht den Schatten seines Gesichtes an der Wand mit Linien nachzog.[13] Nach Athenagoras machten sich die ersten Maler, Saurias von Samos und Kraton von Sikyon, diese Methode zu eigen.[14] Die Legende, die mit Sicherheit aus der Umgebung des Erzgießers und Theoretikers Xenokrates stammt, machte den Schatten deswegen zum Ursprung des Bildes, weil dies besser die wahre Quelle der Kunst veranschaulichte: der Wunsch, das Lebendige auf- oder einzufangen.

In Platons *Sophistes* unterscheidet der das Streitgespräch leitende Fremde bei dem Versuch, den Sophisten zu definieren, indem er ihn mit dem Maler vergleicht, in der Bildkunst *(eidôlopiikè technè)* zwei Ebenen: die Kunst des Ebenbildes *(eikastikè technè)* und die Kunst des Trugbildes *(phantastikè technè).* Im ersten Fall, dem eigentlich mimetischen, wird der Gegenstand nachgebildet, indem man die wirklichen Proportionen des Modells beibehält und die dazugehörigen Farben verwendet, was außer der plastischen alle anderen Darstellungsformen auszuschließen scheint.[15] Im zweiten Fall verändert der Maler die tatsächlichen Proportionen und ersetzt sie durch scheinbar schöne, so zum Beispiel, wenn ihn die großen Abmessungen seines Werkes zwingen, den optischen Verformungen Rechnung zu tragen und sie zu korrigieren. Eine solche Kopie, die dem günstig plazierten Be-

11. Saal der Masken, Haus des Augustus, Palatin, Rom

trachter schön erscheint, erweist sich für denjenigen als trügerisches Blendwerk, der ihre wirklichen Maßverhältnisse überschauen kann.

Platons Anspielung auf die *skiagraphische* Malerei steht damit in engem Zusammenhang: die Maßverhältnisse, erklärt er in der *Politeia* (602 c–d), scheinen unterschiedlich, je nachdem, ob man sie von weitem oder von nahem sieht. Die *skiagraphia,* die Kunst des Gauklers *(thaumotopoiia),* lauere nur auf diese Schwäche der menschlichen Wahrnehmung. Sie setze eine bestimmte Entfernung voraus und funktioniere nur von einem gegebenen Blickwinkel aus. Im *Parmenides* (165 c) wird die Skiagraphie als etwas definiert, was nur aus der Entfernung stimmig erscheint.[16]

Auf diese Weise wird die Skiagraphie zur Metapher für alles Ungefähre im Bereich der Erkenntnis und der Tugend.[17] In dem nach ihm benannten Dialog erklärt Kritias, daß wir unterschiedliche Dinge von einer Darstellung erwarten, je nachdem, ob wir den dargestellten Gegenstand kennen oder nicht. So erwarten wir vom Bild eines Menschen mehr als von der Darstellung der Natur, von der wir nur unzulängliche Kenntnisse besitzen und bei der wir uns mit einem »ungenauen und täuschenden Schattenumriß begnügen«.

Hier wird die Schwierigkeit ersichtlich, Texte, die sowohl die Malerei als auch die Skulptur zu meinen scheinen, auf ein bestimmtes künstlerisches Genre zu beziehen. Das Wort *skiagraphia* bezeichnet eine Technik, die für einen subjektiven Betrachter, für einen parteiischen Standpunkt bestimmt ist. Eine Konfrontation dieser Passagen mit anderen, vor allem technischen Quellen zeigt jedoch, mit welchem Aspekt der damaligen Kunst sich der Philosoph auseinandersetzte.

Die Anpassung der Maßverhältnisse der Figuren stand im Athen der zweiten Hälfte des 5. Jahrhunderts v. Chr. gleich doppelt auf der Tagesordnung. Man weiß, daß der Maler Mikon eine Strafe zahlen mußte, weil er in der *Marathonomachie* der Stoa Poikile die Perser größer dargestellt hatte als die Griechen.[18] Es ist anzunehmen, daß dieses Mittel, vom Maler eingesetzt, um die Raumtiefe wiederzugeben, von den Athenern wörtlich genommen oder genauer gesagt symbolisch gelesen wurde: es sah so aus, als seien die Perser den Griechen überlegen. Die Kunst, die Platon zufolge nicht die wirklichen Maßverhältnisse nachahmt, sondern die wirklich scheinenden, wurde von der Menge anscheinend falsch ausgelegt.

Das Urteil der Zuschauer wird erneut in einer Anekdote thematisiert, die wir Tzetzes verdanken; hier fällt es letztlich zugunsten des Künstlers aus.[19] Die attischen Bildhauer Phidias und Alkamenes erhielten den Auftrag für zwei Statuen der Athena, die auf hohe Säulen gestellt werden sollten. Als man die Statuen zeigte, wollte die Menge Phidias stei-

12.　Wanddekoration eines römischen Hauses unter der Farnesina, Rom

12

nigen, so falsch schienen die Maßverhältnisse seiner Arbeit. Als die Statuen dann aber endgültig aufgestellt waren, erwies sich jene des Alkamenes als ungeschickt. Platons zuvor erwähnte Texte haben es nun auf jene Maßverhältnisse abgesehen, bei deren Berechnung der Position des Betrachters Rechnung getragen wird.

Euphranor, ein Bildhauer und Maler aus Athen, war als Autor einer Abhandlung über die Maßverhältnisse und für Neuerungen in diesem Bereich bekannt. Die ihm von der hellenistischen Kritik zur Last gelegten Mängel – zu große Köpfe und Gliedmaßen, zu schwache Körper – müssen als damalige Neuerungen im Spiel mit den Maßverhältnissen verstanden werden und sind wahrscheinlich darauf zurückzuführen, daß der Künstler gewaltige Kolosse anfertigte, die, so Plinius, die *dignitas* des Helden deutlich machen sollten.[20] Wir haben bereits erwähnt, daß Platon gute Gründe hatte, der Kunst des Euphranor zu mißtrauen.[21] Wird dessen Werk in den Quellen etwa nicht dem des Parrhasios gegenübergestellt, der, so scheint es, gute Verbindungen zu den sokratischen Kreisen unterhielt und die Athener ebenso wankelmütig und unvernünftig darstellte wie Platon dies in seinen Dialogen tat?[22] Der Einfluß des Parrhasios zeigt sich aber in Euphranors Bild, das jener für das Peristyl des Zeus Eleutherios schuf. In ihm werden die Ideale der Demokratie durch Theseus – umgeben von Demokratie und Demos – verkörpert und gepriesen.[23]

Aber erst die Generation nach Platon formulierte ein grundlegendes Prinzip für die optische Korrektur der Maßverhältnisse. Lysippos, ein Bildhauer und Schüler der Maler von Sikyon, die ein Universalwissen für sich in Anspruch nahmen, das Platon ein Dorn im Auge sein mußte, erklärte Plinius zufolge, daß »die Alten die Menschen so darstellten, wie sie sind und er selbst, wie sie scheinen«.[24]

Die von diesem Bildhauer aus Sikyon eingeführten Regeln der *symmetria* veränderten den Kanon des Polyklet, der als erster versucht hatte, stabile Maßverhältnisse nach mathematischen und rationalen Gesichtspunkten zu erstellen. Platon aber war nun ein Bewunderer der ägyptischen Bildhauerkunst, deren unveränderliche Regeln, so dachte er, von den Künstlern jahrtausendelang weitergegeben worden waren.[25]

Nun stelle man sich vor, daß Lysippos nicht nur gesagt hatte, man müsse die Natur und nicht einen Meister nachahmen, sondern darüber hinaus auf die Menge als seinen Richter und seine Inspirationsquelle zugleich verwiesen hatte!

Der Begriff *skiagraphia* scheint mitunter für eine ganz bestimmte Maltechnik verwendet worden zu sein, die einen besonderen Aspekt der illusionistischen Darstellung ausmacht. In einem wichtigen Abschnitt der *Politeia* (IX, 586 b–c) bezeichnet Platon die

falsche Lust (nämlich die Lust der Menge) als ein Trompe-l'œil. Freuden und Qualen verstärken einander, wenn sie miteinander gemischt werden, genau wie in der Malerei die
Zusammenstellung der Farben dafür sorgt, daß sich diese gegenseitig hervorheben. Dieses
Verfahren, mitunter etwas voreilig als ›impressionistisch‹ bezeichnet, scheint eher etwas
mit der ›Ausführung‹ des Werkes und mit der Vervollkommnung der Farbgebung zu tun
zu haben, vor allem aber mit der Wiedergabe des Reliefs (akribeia).[26] Scheinbar eignete
es sich besonders gut für die Modellierung. Im Kratylos (424 d–e) wird die Mischung von
Farbtönen im Zusammenhang mit der »Fleischfarbe« der Maler erwähnt.

Im ausgehenden 5. Jahrhundert v. Chr. hatte sich nun ein Maler durch die Vervollkommnung der Kunst des Modellierens ausgezeichnet: Apollodoros von Athen. Plutarch
(Über den Ruhm der Athener, 2) beschreibt recht genau, was dieser Künstler in die Maltechnik eingebracht hatte: »Apollodoros, der Maler der Menschen, der als erster die Farben mischte und den Schatten in Grautönen zeigte.« Wir stoßen hier erneut auf den
Begriff des Schattens (skia) in einem Kontext, der den Beinamen des Athener Malers
(»Skiagraph«) rechtfertigt.[27] Diese Licht- und Schattentechnik (ratio umbrarum et
luminum nach Quintilian)[28], bei der Farben zusammengestellt oder Farbsubstanzen untereinander gemischt werden, erzeugt die Illusion eines Reliefs durch die Konfrontation
leuchtender, heller, vorspringender Partien mit ›schattigen‹ dunkleren, scheinbar zurück-
liegenden Partien. Plinius (35, 29) gibt seinerseits eine äußerst präzise Definition.[29]

**Später hat die Kunst sich selbst weiter differenziert und erfand das Licht und den Schat-
ten, wobei die verschiedenen Farben sich wechselseitig zur Geltung bringen. […] Was
zwischen diesen und den Schatten liegt, nannte man *tonos (Spannung)*, die Mischun-
gen der Farben aber und ihre Übergänge *harmogé (Harmonisierung)*.**

Ziehen wir erneut in Betracht, was wir über Apollodoros gesagt haben, dann ist wahrscheinlich, daß Plinius, der diesen Maler chronologisch an den Anfang der »Koryphäen
der Kunst« (ad lumina artis) stellte, aus einem Wortspiel heraus schrieb, er habe als erster
»hervorgeleuchtet«.[30] Apollodoros sei auch der erste gewesen, so Plinius, der die äußere
Erscheinung (species) wiedergab. Das lateinische species kommt in diesem Zusammenhang
wahrscheinlich dem nahe, was wir unter einem Trompe-l'œil-Effekt verstehen. Wir werden sehen, daß es in der Vitruvschen Definition der Szenographie später wieder auftaucht.
Es bezeichnet jedoch nur den positiven Aspekt des Trompe-l'œil und konnotiert nicht
unmittelbar wie der französische Begriff die Idee eines trügerischen Scheins.

Ein letzter Text Platons sei hier erwähnt. Er gestattet uns einen Einblick in eines der bevorzugten Anwendungsgebiete der illusionistischen Maltechnik.[31] Dieses Gebiet – die Szenographie – war für die Entwicklung der römischen Wanddekoration, der einzigen, die in der Antike ein authentisches Trompe-l'œil hervorgebracht hat, ausschlaggebend.[32] Bei dem Versuch, die falsche Tugend zu definieren – jene, die sich nach der öffentlichen Meinung richtet – beschreibt sich Adeimantos in der *Politeia* (365c) als »Vorhof und Außenseite, um die er einen Abriß der Tugend zeichnen muß«.[33] Die Erwähnung einer Fassadendekoration ist es, die zu einem Vergleich mit der Skiagraphie einlädt. Die falsche Tugend, eine Art Trompe-l'œil, gleicht einer solchen.

Daß hier anscheinend zum ersten Mal die Zeichnung einer Scheinarchitektur erwähnt wird, ist oft betont worden. Erste ›perspektivische‹ Darstellungen von Gebäuden – vor allem Podien und Theaterbauten – tauchen aber auch schon zu Beginn des 4. Jahrhunderts v. Chr. auf italiotischen Vasen auf (Krater von Würzburg, Abb. 13).[34] Dieser Text machte jene Quellen glaubwürdig, die die Erfindung des Bühnenbildes Agatharchos (einem in der zweiten Hälfte des 5. Jahrhunderts v. Chr. tätigen Maler aus Athen) zuschreiben – ein Punkt, der lange umstritten war.[35] Kann man diesbezüglich aber bereits von Perspektive sprechen? Die Diskussion drehte sich meist um einen berühmten Text Vitruvs, der sich mit Agatharchos' Erfindung auseinandersetzte und die Trompe-l'œil- Architektur wie folgt definierte:

Zuerst nämlich schuf Agatharchos in Athen, als Aischylos eine Tragödie einstudierte, eine (gemalte) Kulisse und hinterließ eine Schrift darüber. Von ihm angespornt, schrieben Demokrit und Anaxagoras über dasselbe Thema: wie nämlich (Tiefen-)Linien, wenn man einen bestimmten Ort als zentralen (Blick-)punkt festgestellt hat, auf natürliche Weise dem Blickfeld der Augen mit seinen ausgedehnten Strahlen entsprechen, so daß auf der Basis von etwas Irrealem naturgetreue Abbilder auf den Bühnenmalereien den Anschein *(species)* von Gebäuden wecken, und daß von Elementen, die auf senkrechten und ebenen Oberflächen abgebildet sind, einige zurückspringen, andere vorzuspringen scheinen.[36]

Grundlage von Vitruvs Argumentation ist die euklidische Optik: das Auge des Betrachters ist Ausgangspunkt eines Sehkegels, der von den vom Auge weggehenden Lichtstrahlen ge-

13.   Fragment eines Kelchkraters aus Tarent, Würzburg

bildet wird und dessen Basis der anvisierte Gegenstand ist. Der zum zentralen Blickpunkt gewählte »bestimmte Ort« ist hier das gemalte Bild. Das »Irreale«, der unbestimmte Gegenstand, entspricht dem Fluchtpunkt. Dieser wird aufgefaßt als ein nicht berechenbarer Punkt, an dem die deutliche Wahrnehmung aufhört und der als Brennpunkt dient, in dem die parallelen Tiefenlinien der Zeichnung konvergieren.[37] Es handelt sich nicht um eine Perspektive im modernen Sinne, sondern um eine empirische Zeichenmethode, dazu bestimmt, den Effekt zu simulieren, den ein Gebäude von einem bestimmten Winkel aus gesehen auf einen gegebenen Betrachter hat. Die konvergierenden Linien ermöglichen es dem Maler, die Darstellung als Einheit erscheinen zu lassen und zugleich den idealen Konvergenzpunkt mit dem konkreten Bilduntergrund (der Tafel) verschmelzen zu lassen. Dies erklärt vermutlich die Notwendigkeit in den Fresken des zweiten pompejanischen Stils, die Architekturperspektive offen zu lassen und den Brennpunkt, an dem die dargestellten Architekturkomplexe unvermeidlich abschließen würden, nicht gegenständlich zu machen.[38] Diese Neuerungen gingen jedoch nicht über das Bühnenbild (und später über die Wandmalerei) hinaus. Sie bildeten zu keinem Zeitpunkt ein Genre der ›großen Malerei‹: der von Parrhasios gemalte Vorhang etwa war Bestandteil eines Bühnenbildes.[39]

Die bildliche Wiedergabe von Schatten und Licht ist ein vollwertiger Bestandteil der Szenographie, da sie es ermöglicht, vorspringenden Gebäudeteilen einen Anschein von Relief zu geben. Vitruv gibt in seiner Abhandlung eine andere Definition der Szenographie, in der die Idee des Trompe-l'œil wie in manchen Texten Platons durch den Begriff *adumbratio* ausgedrückt wird, der eigentlich das »Zeichnen der Schattenstriche« meint.[40]

Die Szenographie, die höchste Form der platonischen *skiagraphia*, ist völlig dem Blick eines Betrachters unterworfen, der als anwesend vorausgesetzt wird. Dies kommt in einem merkwürdigen, vermutlich spät-hellenistischen anonymen Text mit dem Titel »Was heißt Szenographie?« zum Ausdruck: »Der Bereich der Optik, den man Szenographie nennt, sucht danach, wie man Gebäude passend zeichnen kann. Da die Dinge in der Tat nicht so erscheinen, wie sie sind, werden wir untersuchen, nicht wie man die wirklichen Maßverhältnisse darstellt, sondern wie man sie so wiedergibt, wie sie erscheinen.«[41]

Dieser Text scheint eine Antwort auf jene Stelle des *Sophistes,* mit der wir unsere Studie eingeleitet haben. Was bei Platon eine Unzulänglichkeit der Kunst war, wird hier zu einem Prinzip, auf dem eine ganze Disziplin aufbaut. Das Theater steht nun gleich in doppelter Hinsicht im Mittelpunkt der neu entstehenden Formen und Ideen, zum einen, weil die *scaenographia* in ihm vermutlich ein Anwendungsgebiet fand, und zum anderen, weil die Theaterzuschauer genau dem Publikum entsprachen, für das das Trompe-l'œil entworfen worden war: sein Blickwinkel ist unbestimmt: »Die Redeweise (der Stil), die nun für die Volks- (bzw.) Staatsrede geeignet ist, ist ganz und gar vergleichbar mit der Dekorationsmalerei (Kulissenmalerei). Je größer nämlich die Volksmenge ist, desto ferner muß der Standpunkt der Betrachtung liegen. Daher scheint in beiden Fällen hohe artistische Vollendung (Detailgenauigkeit) überflüssig und wenig zweckmäßig zu sein.«[42] Die Skiagraphie bezeichnet bei Platon also nicht nur einen Gemäldetyp, sondern eine Potentialität der Malerei und Skulptur seiner Zeit. Diese Kunst beruht auf der Darstellung der subjektivsten Erscheinungsform. Man würde es sich zu leicht machen, wollte man Platon zu einem Feind der bildenden Künste erklären (erwähnt er nicht in der *Politeia* (401 c) die erzieherische Rolle, die der Betrachtung »schöner Werke« zukommt?) oder gar zu einem Vorläufer der abstrakten Kunst unter dem Vorwand, er verteidige mitunter eine Kunst, die sich von der Ähnlichkeit losgelöst hat, und er preise die Schönheit geometrischer Formen.[43] Platon hat den ungewissen Ort des Trompe-l'œil – die Spannung zwischen der Erscheinung und ihrer Verdopplung – ausfindig gemacht, ohne ihn jedoch zu benennen.

Die dem wechselnden und parteiischen Standpunkt des Betrachters unterworfene Kunst des Scheins kennt als einziges Kriterium die Freude, die es jenem bereitet. In diesem Fall aber wird die Darstellung nicht der Wahrheit – und damit dem Schönen – gerecht, die fordert, daß »Ähnliches ähnlich und Ebenmäßiges ebenmäßig« sei.[44] Grenzenloser Respekt gegenüber der Vorlage führt jedoch dazu, daß der Künstler nicht ein bloßes Abbild, sondern eine vollkommene Kopie anfertigt. Wenn er sich nicht wie gewöhnlich darauf beschränkt, des Kratylos' Formen und Farben nachzuahmen, sondern ein völlig identisches Bildnis gestaltet, indem er auch dessen Gemütsbewegungen hineinlegt, hat er einen neuen Kratylos geschaffen.[45] Diese axiologische Spannung zwischen Gegenstand und Abbild findet sich auch bei Aristoteles, wenn auch aus anderen Gründen. Die Kunst des Malers ist es, die uns verzaubert, denn wir finden im gemalten Bild Gefallen an dem, was uns in der Wirklichkeit erschreckt.[46] Gleichwohl erscheint es dem Philosophen unvorstellbar, daß man ein Bild der Wirklichkeit vorziehen kann:

»Wenn uns die Betrachtung von Dingen, die die Natur hervorgebracht hat, keine Freude verschafft (es sei denn, wir können deren Ursache erkennen), wäre es absurd und unvernünftig, an der Betrachtung von Bildern eben jener Dinge Gefallen zu finden, nur weil wir in ihnen die Kunst des Bildhauers oder Malers erkennen, der sie geschaffen hat.«[47]

14. Vergina, Grab der Eurydike, Grabkammer

Es ist folglich wünschenswert, daß die Realität, um wirklich darstellbar zu sein, eine ihr eigene Anmut und Würde besitzt. Diese Schönheit nun fanden die Griechen und Römer vor allem in der belebten Natur.[48] Das Werk muß zuallererst dem Leben verbunden sein. Der Maler ist wesensgemäß ein *Zoograph* (Maler von Lebewesen). Diese Vorliebe erklärt möglicherweise, weshalb die Malerei von Gegenständen in der Antike fast völlig fehlt. Auf einen Maler dieser schlichten oder niederen Wirklichkeiten (sei er noch so talentiert) paßt der Beiname, den man dem von Plinius erwähnten Peiraïkos gegeben hatte: *Rhypograph* (»Schmutzmaler«, Maler von niederen Gegenständen).[49]

14

Die Geschichte der Trompe-l'œil-Dekoration: Luftschlösser

Im Zeitalter des Hellenismus wohnt man in Griechenland und den hellenisierten Gebieten einem beachtlichen Aufschwung des Illusionismus in Architektur und Dekoration bei. Wie schon erwähnt, handelt es sich dabei – in Ermangelung einer Darstellung von Gegenständen in der ›Staffeleimalerei‹ – um die einzige Spielart des Trompe-l'œil, die die Antike gekannt hat. Man kann nun wirklich von Illusionismus im modernen Sinne des Wortes sprechen: das Abbild einer Realität ersetzt diese, indem es deren Maßverhältnisse einhält und an einem Platz steht, den der abgebildete Gegenstand auch in Wirklichkeit einnehmen könnte. Die Entstehung dieser Dekorationen ist untrennbar an die Entwicklung der Architektur gebunden, denn nur in deren Rahmen war die Gestaltung eines dreidimensionalen Trompe-l'œil möglich, das seinerseits in gewisser Weise als Verwirklichung der Gedanken Platons hinsichtlich der ›vollkommenen Kopie‹ gelten kann.

Im letzten Viertel des 4. und zu Beginn des 5. Jahrhunderts v. Chr. entwickelt sich eine ›Fassadenarchitektur‹, die darauf abzielt, das Gebäude, dem sie vorsteht, zur Geltung zu bringen, gleichzeitig aber auch zu verhüllen.[50]

Manche Bauwerke weisen bereits zwei der charakteristischen Merkmale des illusionistischen Dekors auf, sei er zunächst überwiegend architektonisch oder später rein gemalt: eine durch die Überlagerung der Tiefenebenen suggerierte Vergrößerung des Raumes und das Motiv der Scheingalerie im Obergeschoß (Theater von Metapont; Thasos, Zeus-Hera-Portal).

Diese zwei Elemente werden in der berühmten Fassade des ›Großen Grabes‹ von Lefkadia (Mazedonien, Anfang 3. Jahrhundert v. Chr., Abb. 15) wunderbar miteinander

15.   Fassade des Grabes von Lefkadia, Aquarell nach Photius Petsas, 1966

kombiniert. Die in den oberen Teil der Interkolumnien gemalten Figuren gliedern den Mittelgrund, so daß die Säulenreihe des Portikus plastisch hervortritt. Die Illusion dient hier einer Inszenierung, bei der der Tote theatralisiert und die Fassade ausdrücklich mit den Toren des Hades gleichgestellt wird.[51] Im oberen Teil ahmen bemalte Stuckmetopen, deren Farben absichtlich blaß gehalten wurden, gemeißelte Reliefs nach. Dabei handelt es sich wahrscheinlich um die Metopen des Parthenons, die wie in Lefkadia den Kampf der Lapithai und der Kentauren darstellten.[52] Die ionische Galerie und die mit Nägeln beschlagenen Türen des Obergeschosses sind rein fiktiv. Man sieht – selbst wenn ein Teil der Architektur real ist (die aus dem Stein gehauenen Halbsäulen und Pilaster) –, daß die gemalten und in Stuck ausgeführten Elemente, die der Fassade ihren monumentalen Charakter verleihen, gänzlich vorgetäuscht sind. In dem Grab der Eurydike aus Vergina (wenn es sich wirklich um die Mutter Philipps II. handelt; Abb. 14), eines der ältesten seiner Art (um 340 v. Chr.), wurde die hintere Wand der Grabkammer mit einer Architekturdekoration in Form einer ionischen Fassade versehen, die durch eine Blendtür und zwei Scheinfenster gegliedert wird. Diese architektonisch funktionslosen Propyläen gaben der Toten etwas von ihrer täglichen Umgebung und ihrer vergangenen königlichen Größe ins Jenseits

mit oder stellen, wie die Fassade des ›Großen Grabes‹, den Eingang zum Hades dar.[53]

Die Entwicklung einer sich auf illusionistische Effekte stützenden monumentalen Wanddekoration muß mit der Entstehung eines aristokratischen und königlichen Lebensstils in Zusammenhang gebracht werden. Die Festlichkeiten, die zu bestimmten Ereignissen – Bestattungen, öffentlichen Banketten, Prozessionen – veranstaltet wurden, erforderten einen prunkvollen Rahmen. Die Fassaden der Gräber zum Beispiel wurden einzig für den Tag der Bestattung hergerichtet. Die an diesem Tag sichtbare Fassade wurde danach von einem Tumulus verdeckt. Daher war es angebracht, einen feierlichen Rahmen herzustellen (mitunter überstürzt, wie am Tage nach Philipps Ermordung), der dem luxuriösen Lebensstil und dem Ansehen der königlichen Majestät entsprach. Was diese

16. Fassade des Palastes von Hochburg, Rekonstruktion nach Theodor Wiegand, 1930

17

Fassadendekorationen auszeichnete, war ihre Vergänglichkeit. Diese zu veranschaulichen, war anfänglich wohl eine der wichtigsten Aufgaben des Trompe-l'œil.

Bereits Ende des 5. Jahrhunderts hatte Archelaus, Herrscher des hellenisierten Mazedoniens, den Maler Zeuxis an seinen Hof geholt, um seinen Palast von diesem mit Gemälden ausstatten zu lassen. Das Kieselsteinmosaik der aristokratischen Gemächer von Pella (Abb. 17) bewahrt möglicherweise deren Erinnerung.[54] Der Überlieferung zufolge soll Alkibiades zur gleichen Zeit den Maler Agatharchos entführt haben, damit der Künstler sein Haus verziere. Dieses Verhalten zeigt den Einfluß königlicher Lebensstile auf die Athener Aristokratie. Alkibiades zum Beispiel, ein Rivale des Königs von Persien, empfing die Abgesandten der ionischen Städte anläßlich seines Sieges in Olympia in einem eigens dafür hergerichteten prächtigen Zelt.[55] In der ersten Hälfte des folgenden Jahrhunderts hatte sich der Brauch, die Häuser zu verzieren, weitgehend durchgesetzt. Der Maler Pausias (Pausianas) verdankte einen Teil seines Ruhms Deckenmalereien, die man sich in der Art der in Trompe-l'œil ausgeführten Kassettendecken vorstellen muß, wie sie noch in einigen etruskischen Gräbern zu sehen sind (Tarquinia, Grab der Girlanden; Abb. 18).[56]

Darüber hinaus führte die Wertschätzung seltener Gesteine dazu, farbigen Marmor und ähnlich kostbare Materialien in der Wandmalerei zu imitieren. Schon Platon malte sich

17.   *Löwenjagd,* Mosaik aus Pella

32

bei seiner Beschreibung des königlichen Wohnsitzes in Atlantis Gebäude aus, in denen »ein Mauerwerk aus verschiedenartigen [Steinen] zusammengefügt wurde, um ein von Natur damit verbundenes Wohlgefallen zu erzeugen«.[57] Marmorimitationen wurden aber auch in den Palästen selbst verwendet, wie Fragmente einer aus den königlichen Gemächern von Pergamon stammenden Dekoration belegen, die von Wiegand rekonstruiert wurde (Abb. 16).[58] Dieses die natürliche Polychromie der Gesteine wiedergebende »Farbengemisch« ist eine weitere Konstante der Wanddekoration des ersten pompejanischen Stils.

Der königliche Pomp, der seit Alexander dem Großen dazu führte, daß man Luxus zur Schau stellte und mitunter auch temporäre Architekturen errichtete, wird von den Quellen oft ausführlich beschrieben. Das Trompel'œil dürfte bei diesen prunkvollen Dekorationen eine wesentliche Rolle gespielt haben. Der monumentale Scheiterhaufen Hephaistions (eines Gefährten Alexanders), das Zelt des mazedonischen Machthabers in Susa, sein Katafalk, das Festmahlzelt Ptolemäus' II., die reiche Ausstattung der Flotte Ptolemäus' IV. und Hierons von Syrakos waren außergewöhnliche Konstruktionen, meist aus Holz. Dem Stuck und der Malerei oblag es, ihnen vorübergehend Prunk zu verleihen.[59]

Die hellenistischen Machthaber fanden nicht zuletzt oft im Theater einen ihnen angemessenen Dekor. Die Herrscher zögerten nicht, sich bei den Königen der Tragödie etwas von deren mythischem Prestige auszuleihen. Plutarch berichtet, daß sie sich vom Auftreten der Schauspieler anregen ließen und bei Zeremonien, die ihre Macht in Szene setzten, an deren Stelle traten: Demetrios Poliorketes trat in Schauspielerpose im Dionysos-Theater vor die Athener, Mithridates ließ sich in der grandiosen Anlage des Theaters von Pergamon krönen.[60] Auf diese Weise verbanden die Herrschenden mit ihrer Macht ostentativ einen ganz bestimmten Dekorationstyp, der, wie wir bei Agatharchos gesehen haben, höchstwahrscheinlich schon auf Scheinarchitekturen und den Zauber des Trompel'œil zurückgriff.

18. Grab der Girlanden, Tarquinia

33

In Süditalien (Tarente, Canossa) findet sich diese ursprünglich von den Fürstenhöfen in Umlauf gebrachte illusionistische Dekoration nun in ein städtisches großbürgerliches Milieu versetzt. Gemalte Blendtüren verleihen den Fassaden bestimmter Gräber mitunter eine »preiswerte« Monumentalität.[61] Komplexer erscheinen die Hypogäen der Nekropolen Alexandrias. Im Hypogäum 1 der Nekropole des Mustafa Pascha zum Beispiel (2. Hälfte des 3. Jahrhunderts v. Chr.) wird die Hauptfassade des Hofes durch vier dorische Halbsäulen gegliedert, zwischen denen sich drei Türen öffnen. In diesen Gräbern weisen die Platten, welche die die Asche der Verstorbenen enthaltenden *loculi* verschlossen, oft selbst das Motiv einer falschen Flügeltür auf.[62] Das Trompe-l'œil (und die technische Virtuosität, die es beim Künstler voraussetzt) wird zu einem vollwertigen Bestandteil der luxuriösen und prunkvollen Grabausstattung.

Zu jener Zeit entstand eine Wanddekoration, die ›Strukturstil‹ oder ›Masonry style‹ genannt wird. Er beruht auf der Verbindung von Reliefstuck und Malerei. Je nach Ort und Epoche leicht abgewandelt, besteht er darin, eine Mauer aus Steinquadern, einer Außenwand ähnlich, durch Stuck nachzuahmen. Mitunter ist ein gemalter oder in Stuck ausgeführter Fries (Flegellae) in unterschiedlicher Höhe in die Wanddekoration integriert.

Dieser Dekorationstyp hat strenggenommen mehr mit Architektur als mit Malerei zu tun. Die Daseinsberechtigung dieser Scheinarchitektur jedoch gründet gerade auf dem Prestige, das die ›schöne Architektur‹ während des gesamten klassischen und hellenistischen Zeitalters genoß. Der ›Strukturstil‹ scheint vom ausgehenden 5. Jahrhundert bis zum 1. Jahrhundert v. Chr. im gesamten hellenisierten Mittelmeerraum verbreitet und sowohl in öffentlichen als auch privaten Gebäuden eingesetzt worden zu sein.[63]

Eines der wichtigsten Beispiele ist das *Hieron* des Heiligtums von Samothrake (errichtet und dekoriert um 320 v. Chr.). Die Wand wird von einer Galerie aus Stuckhalbsäulen abgeschlossen, deren Prinzip an das ›Große Grab‹ in Lefkadia erinnert.[64] Die ältesten Zeugnisse für eine Dekoration der Wohnhäuser stammen aus der Agora in Athen und aus Olynth und sind schon für das ausgehende 5. Jahrhundert v. Chr. belegt.[65]

In Griechenland kommt der ›Strukturstil‹ in den Häusern von Delos zur vollen Entfaltung (150 bis 50 v. Chr.). Neben einfachen weißen Wänden aus Putz, in die man die Steinschichten des Mauerwerks eingekerbt hat, weisen einige Wohnstätten eine komplexe Dekoration auf, deren Gliederung sich nur sehr selten ändert. Die Wand besteht aus zwei Zonen, die durch eine reich geschmückte Mittelzone getrennt wird. Die untere Zone setzt sich aus einer Plinthe und einer Reihe Orthostaten zusammen, die obere Zone aus mehreren (bis zu vier) Steinschichten. Zwischen beiden Zonen entrollen sich in Augenhöhe ein Stuckgesims und ein Fries, der entweder kostbaren Marmor imitiert (Haus des Dionysos, Raum i) oder Figuren darstellt.[66]

Das berühmteste Beispiel ist der *oecus maior* des Hauses der Komödianten (vgl. Abb. 19), in dem über einem Mäanderband aus Stuck auf schwarzem oder rotem Untergrund Szenen aus Tragödien und Komödien dargestellt sind, die wiederum von Stuckgesimsen eingerahmt werden.[67]

Meist weisen die vorgetäuschten Plinthen und Steinquader Fugen und Bossen auf, deren Relief durch Farben (Schwarz, Rot, Ocker, Grau) erhöht wird, oder sie imitieren die Steinäderung. Die Unregelmäßigkeiten des Mauerwerks werden so durch einen Putz maskiert, der den Effekt einer massiven Architektur mit raffinierten Details nachahmt.

In dem bereits erwähnten Haus der Komödianten (Abb. 19) wird der obere Teil von einem in die Wand gehauenen Stucksims abgeschlossen, der Palmetten und Löwenköpfe aufweist. Darüber erstreckt sich eine einfarbige hellblaue Zone. Der gesuchte Effekt ist offensichtlich: es geht darum, die Illusion einer Architekturfassade zu erzeugen, über deren vorstehendem Sims sich der Himmel erblicken läßt. Das illusionistische Spiel besteht letztlich in der Verschmelzung von Innen und Außen, denn der Betrachter kann sich im Innern des *oecus* vorstellen, er stünde im Freien vor der hohen Mauer eines Bauwerkes.

Gestalt nimmt dieser Typ einer ›dreidimensionalen‹ Wanddekoration jedoch vorrangig in dem sogenannten ›ersten pompejanischen Stil‹ an. Dieser war in Italien (Cosa, Flegellae) und den Vesuvstädten vor allem zwischen 200 und 80 v. Chr. beliebt, zu einem Zeitpunkt, als sich im gesamten Mittelmeerraum eine gemeinsame künstlerische Sprache herausbildete.[68]

Der erste Stil unterscheidet sich nicht grundlegend vom delischen ›Strukturstil‹ (Abb. 20, 21): die Dreiteilung der Wand und die Verwendung von Polychromie zum Bei-

19. Wand aus dem Holz der Komödianten in Delos,
Rekonstruktion der École française d'Athènes

spiel sind auch hier anzutreffen. In den erhaltenen Dekorationen läßt sich jedoch eine deutliche Tendenz ausmachen, den Fries auf eine einfache rhythmische Gliederung zu reduzieren. War er zuvor der bevorzugte Teil der Wand, ist er jetzt nur noch ein farbiges (rotes), leicht vorspringendes Band. Die in Delos niedrige Plinthe nimmt in Pompeji gewichtigere Ausmaße an – sie beansprucht bis zu einem Drittel der Wand. Die Oberzone dagegen ist häufig mit reichen, stark hervortretenden Stuckreliefs verziert, die durch die kahle, den Sims von der Decke trennenden Fläche betont werden.

In dieser Phase der pompejanischen Wanddekoration wird der Illusionismus durch raffinierte Details bereichert. Einige wenige kostbare Beispiele weisen figürliche Motive auf. Mit dem klassischen Motiv des vorgetäuschten Gegenstandes auf einer Scheinwand wollte der Maler die Überlagerung zweier Trompe-l'œil-Effekte erreichen. Das trifft auf das *cubiculum 15* des Hauses der vier Stilrichtungen zu: auf einem hochkant ausgerichteten, Marmor imitierenden Feld der Plinthe hat man eine Fransenstola gemalt, die an einem Nagel aufgehängt zu sein scheint. Auch hier kann die Abbildung des Gegenstandes nur deswegen als Trompe-l'œil angesehen werden, weil sie sich in eine Dekoration einfügt, die ihr diese illusionistische Stellung zuweist.

20. Bemalte Wand aus dem Haus des Sallust, Pompeji, Rekonstruktion nach Mau, 1882

21. Haus des Sallust, Pompeji

22

23

22. Samnitisches Haus, *atrium*, Herkulaneum

23. Basilika, Pompeji

Der Illusionismus besetzt mitunter aber auch größere Architekturkomplexe, die an die Kunst der mazedonischen Hypogäen anzuschließen scheinen. Einige Häuser weisen im Atrium oder Peristyl monumentalere Ausstattungen auf. Das Haus des C. Julius Polybius in Pompeji und das Samnitische Haus in Herkulaneum (vgl. Abb. 22) besitzen ein weitläufiges Atrium, dessen Stuckdekoration sich über zwei Stockwerke erstreckt. Im Eingangszimmer des ersteren (ohne *ompluvium*) wird der mittlere Teil der Wand durch eine Scheingalerie aus Pilastern abgeschlossen, die an das obere Stockwerk des ›Großen Grabes‹ von Lefkadia erinnert. Verstärkt wird die Monumentalität des Ganzen durch die beiden Türen, die den Eingang des zum Atrium führenden Ganges einfassen. Eine der beiden Türen ist ein reines Trompe-l'œil.

Diese architektonische Gestaltung lädt aber vor allem zum Vergleich mit der Innenausstattung öffentlicher Gebäude (der Basiliken) ein.[69] Die in Rom bereits seit Anfang des 2. Jahrhunderts bekannten Gebäude, die für politische, gerichtliche und wirtschaftliche Aktivitäten genutzt wurden, waren weiträumige dreischiffige Hallen mit einem Obergeschoß. Man erinnere sich, daß die römische Oberschicht verpflichtet war, ihre Klientel in einem eigens dafür vorgesehenen Teil ihres Hauses zu empfangen. Vitruv beschwört dies herauf, wenn er die »fürstlichen Vorhallen, weitläufigen Eingangsbereiche und immensen Peristyle, die langen Wandelhallen« erwähnt, die dem Rang der mit politischen oder städtischen Ämtern bekleideten Personen angepaßt waren.[70] Es ist daher nicht verwunderlich, daß der Eingangsbereich des pompejanischen Wohnhauses den Eindruck architektonischer Erhabenheit zu erwecken versucht, die der römische Bürger ganz selbstverständlich mit den öffentlichen Gebäuden seiner Stadt assoziierte. Nicht zuletzt sei angemerkt, daß Vitruv den Begriff »königlich« für einen von ihm befürworteten Architekturtypus verwendete. Nun ist bekannt, daß sich das Wort *basilica* von dem griechischen Wort *basileus* herleitet, das ›König‹ bedeutet. Die römische Basilika (Abb. 23) ist folglich möglicherweise nichts anderes als eine Adaptation der weitläufigen Königssäle orientalischer Paläste.[71] Somit kehren wir an dieser Stelle wieder zu unserer Ausgangshypothese zurück: Trompe-l'œil und fürstlicher Prunk gehören zusammen.

Das Samnitische Haus in Herkulaneum (Abb. 22) bestätigt diese Deutung womöglich. Wir finden hier erneut eine Galerie mit einem ionischen Säulengang. Ein Geländer aus Gitterwerk schließt die Interkolumnien ab. Auf drei Seiten ist die Galerie ein reines Trompe-l'œil, das den Innenraum zweifellos geräumiger erscheinen lassen soll. Die architektonische Gestaltung mit ihrem Obergeschoß erinnert unmittelbar an den Säulengang der hellenistischen Architektur. Der Säulengang, das öffentliche Bauwerk schlechthin, gehört zu jenen Gebäuden, die die Machthaber vorzugsweise in den Städten und Heiligtümern der griechischen Welt errichteten. Allmählich schmückte er wie in Pompeji alle Plätze der italienischen Städte.

Man ist versucht, in den pompejanischen Trompe-l'œil-Malereien aus dem 1. Jahrhundert v. Chr. Symptome eines Bedürfnisses zu sehen, Luxus und sozialen Status zur Schau zu stellen, worüber uns die literarischen Quellen an anderer Stelle ausführlich berichten.[72] Auch das aus jener Zeit stammende Haus des Fauns, das größte und prunkvollste, das man bisher unter den pompejanischen Häusern gefunden hat, be-

24

sitzt neben außergewöhnlichen Mosaiken ein toskanisches Atrium, dessen Obergeschoß die gleiche Dekoration, bestehend aus einer ionischen Scheingalerie, aufweist. Die langen Mauern, die Peristyle und Gärten umgaben, eigneten sich ganz besonders für Scheinarchitekturen. Leicht hervortretende Stuckpilaster, die über die gesamte Wand verlaufen, erzeugen die Illusion einer Säulenreihe, die sich vor der Rückwand erstreckt.

Wenn diese Dekoration auch hauptsächlich der Zurschaustellung von Prunk diente, nahm sie dennoch eine Entwicklung, die es den Künstlern ermöglichte, davon selbst in kleinen Räumen Gebrauch zu machen. Das trifft übrigens auf das Haus des Fauns selbst zu (Abb. 24). Der enge Raum des Eingangskorridors *(fauces)* wird von einer schwerfälligen, stark hervorspringenden Stuckdekoration ausgefüllt. Wenn uns der Kontrast zwischen der Enge des Raumes und der Komplexität der Ausstattung heute erstaunt, dürfen wir nicht vergessen, daß die Funktion des von der Straße aus sichtbaren Eingangs darin bestand, dem Passanten einen Einblick in den Prunk der Wohnung und den Wohlstand des Besitzers zu gewähren.

24. Haus des Fauns, *fauces* (Eingang), Pompeji

25

Aber auch die privaten Räume wurden mitunter mit raffinierten Trompe-l'œils ausge-
schmückt. Der monumentale Effekt weicht hier einem rein dekorativen, der – wie später
in einigen Dekorationen des zweiten Stils – einen beschränkten Raum ausdehnen soll
und dafür vor allem auf das bereits wohlvertraute Motiv der Scheingalerie zurückgreift
(*cubiculum* des Hauses des Schiffes Europa, *cubiculum* des Hauses von Sallust).

Zur gleichen Zeit wurden die illusionistischen Effekte auch auf die Fußböden ausge-
dehnt, deren Beläge ein ganzes Repertoire von Trompe-l'œil-Motiven aufweisen. Die ein-
fachsten bestehen aus geometrischen Mustern. Die Künstler gaben ihnen ein scheinbares
Relief, den Prinzipien der *skiagraphia* gemäß, die Plinius folgendermaßen zusammenfaßte:
»[…] alle, die etwas hervortretend erscheinen lassen wollen, [stellen] dies mit heller, wenn
sie etwas in den Hintergrund stellen, mit dunkler Farbe dar.«[73] Die Anwendung dieses
Prinzips wird in den Rhombenmustern der Mosaikböden (Delos, Haus der Masken, 125)
bzw. der Marmorintarsien (*tablinum* des Hauses des Fauns, Pompeji; Abb. 26) deutlich.
Das Motiv wurde von der Malerei übernommen, als man in der Wandmalerei des zweiten Stils begann, anstatt der Plinthen Marmorplatten zu imitieren (Rom, Haus der Greifen). Die Mäandereinfassung des Mosaiks 25 der *Agora* der Italiener in Delos oder der ge-
zahnte Rand des Alexandermosaiks (*Die Schlacht von Issos,* Neapel; Abb. 29) aus dem
Haus des Fauns sind dafür weitere Beispiele.[74] Der erste Mosaikkünstler, dessen Name
sich erhalten hat, ist Sosos von Pergamon. Er war wahrscheinlich im 2. Jahrhundert v. Chr.
tätig. Plinius berichtet, er habe einen ungefegten Fußboden dargestellt, ein Trompe-l'œil-
Mosaik, welches auf den Boden geworfene Essensreste zeigt.[75] Mehrere Kopien dieser Flie-
sen sind erhalten (Aquileia, El Djem, Rom, Thysdrus, Oudna; Abb. 28). Es ist möglich,

25.   Runde Schale mit Fischen, Karls-
ruher Gruppe, apulische Keramik

26.   Haus des Fauns, Mosaik des *tab-
linums*, Pompeji

27.   Villa Oplontis, Ansicht des *oecus*,
Torre Annunziata

daß sie als Einfassung des berühmten Mosaiks dienten, auf dem in einem Becken trinkende Tauben zu sehen sind.

Man sollte in dem Motiv der Essensreste eher ein Gesellschaftsspiel als eine ferne Erinnerung an die Vorschrift Pythagoras' sehen, die untersagte, zu Boden gefallene Nahrungsmittel aufzuheben. Diese waren den Toten vorbehalten. Die meisten Nachbildungen von Sosos' Mosaik stammen aus *triclinia*: vor den Augen der Gäste mischte sich folglich Falsches mit Wahrem in einer Komposition, die die Großzügigkeit des Gastgebers verewigte. Möglich ist, daß der geschickte Künstler aus Pergamon mit seinem Fußboden die politisch motivierte Freigebigkeit der attalidischen Machthaber verherrlichen wollte.

Zur selben Zeit kam auch die Mode der Mosaiken mit Seemotiven auf (Pompeji, Haus des Fauns; Abb. 30). Sie scheint die etwas naiv anmutende Kunst der rotfigurigen Schalen, die mit den Fischen verziert wurden (Abb. 25), die eines Tages in ihnen liegen sollten, zu erneuern.[76] Vor einem dunkelblauen Hintergrund tummelt sich zwischen Felsen ein Seefaun, der einem jener Fischteiche zu entspringen scheint, in denen die römische Elite der späten Republik – Ciceros *Piscinarii* – kostenaufwendig und mit Hingabe die für ihren Speisetisch bestimmten Fische züchtete.[77]

Die Kunst des Trompe-l'œil fand ihren Höhepunkt in dem sogenannten ›zweiten pompejanischen Stil‹ (100–40 v. Chr.), in dem sich die Mode der Scheinarchitekturen voll entfaltete.

Für die Blütezeit dieses Stils lassen sich verschiedene dekorative Schemata ausmachen. Dies hat die Archäologen oft dazu verführt, sie chronologisch einteilen zu wollen. Wenn man sich in bestimmten Dekorationen auch damit begnügt hat, das Gepränge und die Steinintarsien, die auch schon vom ersten Stil imitiert worden waren, malerisch wiederzugeben, so finden sich in anderen Elemente, die darauf abzielen, mehrere Tiefenebenen zu erzeugen: vor die Mauer »gestellte« Säulen oder

26

27

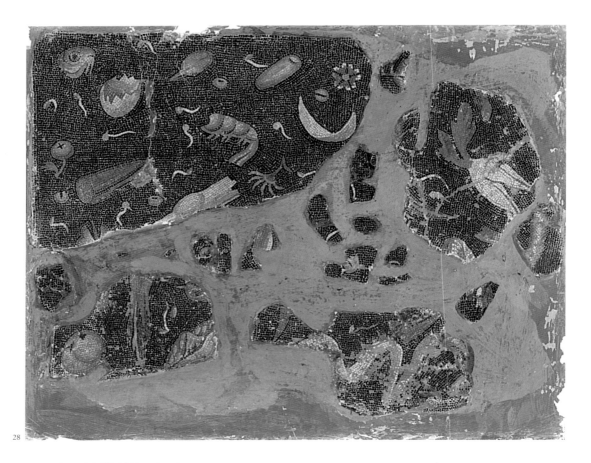

28. *Asarotos Oikos,* Mosaik eines ungefegten Fußbodens, Oudna II, Tunis

29. *Die Schlacht von Issos,* Mosaik,
Neapel, Gesamtansicht und Detail mit
Umrandung

30

29 (Detail)

30. Mosaik aus dem Haus des Fauns, Neapel

31

Pilaster, stark hervorspringende Gesimse, zwischen den Pfeilern hängende Girlanden (Rom, Haus der Greifen, Abb. 31; Pompeji, Mysterienvilla, *oecus* 6, *cubiculum* 4). Diese fiktive Vergrößerung des Raumes war der griechischen Welt nicht unbekannt. Hier sei das Grab von Lyson und Kallikles erwähnt, um nur das bedeutendste Beispiel zu nennen (Lefkadia, 200 v. Chr.; Abb. 33) oder auch das Hypogäum der ›Cristallini‹ in Neapel (Anfang 3. Jahrhundert v. Chr.; Abb. 32). Die auf einem Podium stehenden Pilaster tragen einen Architrav, über dem diverse Waffen zu sehen sind. Mit Bändern umschlungene Girlanden laufen zwischen den Stützen entlang – ganz wie in einem Kriegs- oder Festzelt, das hier nachgeahmt wird.[78]

Die charakteristischste Neuerung aber bestand ohne Zweifel in dem »Durchbruch« der Wand, die bis dahin einen räumlichen Abschluß gebildet hatte.[79] Wenn der Vordergrund in der Regel auch immer noch mit einer Wand gleichgesetzt wird, gibt er doch den Blick frei auf einen Hintergrund, der das Vorhandensein komplexer architektonischer Ensembles suggeriert. Dieser Durchblick befindet sich mal im oberen Teil der Wand – in diesem Fall sieht man die Bauten des Hintergrunds über den verschiedenen Ringmauern des Vordergrundes (Mysterienvilla, *cubiculum* 16; Haus des Labyrinths, *cubiculum* 45/46, Haus des P. Fannius Sinistor, *triclinium* G, Abb. 34) – mal in der Wand des Vordergrundes, die mit einer monumentalen Tür ausgestattet ist, durch die man diverse Bauten erblickt (Oplontis, Räume 14/23; Abb. 36), bei denen es sich meist um Säulengänge und um *tholos* (kleine runde »Tempel«) handelt.

Die Klärung der Fragen hinsichtlich des Ursprungs als auch der Bedeutung dieser Architekturdarstellungen spaltet seit langem die Fachwelt.[80] Sind diese prunkvollen, jedoch stets menschenleeren Bauten Anspielungen auf berühmte Göttersitze, etwa auf jene *templa serena,* die Lukrez erwähnt (III, 18), als er eine Metapher für den heiteren Wohnsitz sucht, die der in die epikurische Doktrin Eingeweihte entdeckt?[81] Daß diese Wanddekorationen bisweilen den Bühnenfronten der römischen Theater aus der Kaiserzeit ähnelten, hat dazu geführt, daß ihr Ursprung in der Theaterarchitektur gesucht wurde. Parallel dazu wurden von einigen Archäologen jedoch auch Ähnlichkeiten mit der in östlicher Tradition stehenden Architektur der späthellenistischen Periode festgestellt (Ptolemais in Libyen; Khasne Firaun in Petra, Abb. 37).[82]

31. Haus der Greifen, Palatin, Rom

32. Grab der ›Cristallini‹, Neapel

33. Lefkadia, Grab des Lyson und Kallikles, Lünetten der Grabkammer

34

34. Haus des Fannius Sinistor,
Boscoreale

35. Fresko, Pompeji

35

Keine der beiden Deutungen jedoch ist für sich allein genommen befriedigend. Die Erwähnung der *templa deorum* bei Lukrez ist – und kann es dem Stoff nach gar nicht anders sein – äußerst vage. Der Dichter erklärt ausdrücklich, daß sich das Wesen der Götter unserer Kenntnis fast völlig entzieht, da es sich von dem unseren grundsätzlich unterscheidet. Ihr Wohnsitz ist der Feinheit ihres Wesens angepaßt und kann in nichts menschlichen Wohnstätten gleichen.[83]

Die Architektur der Bühnenbauten der hellenistischen Periode, die sich von den ›Bühnenfronten‹ des zweiten Stils stark unterscheiden, kann nicht unmittelbar als Vorbild für die pompejanischen Kompositionen gedient haben. Wenn das Theater bei der Herausbildung der Trompe-l'œil-Dekoration auch eine wichtige Rolle gespielt hat, ist die Behauptung unzulässig, der zweite Stil beschwöre die Theaterwelt herauf, selbst wenn Masken hier und da die Architekturdarstellungen verzieren. Mögliche Anleihen bei der realen Architektur indes dürfen uns nicht verwundern: jede auch noch so unwirklich scheinende Fiktion ist stets nur eine neue Kombination von Elementen, die der Wirklichkeit entnommen wurden.

Eine andere Hypothese verdient unserer Meinung nach jedoch Beachtung, da sie den Vorzug hat, die verschiedenen Einflüsse, die man in diesen weitläufigen Bildkompositionen zu entdecken glaubte, miteinander auszusöhnen. Ihr zufolge ahmt der zweite pompejanische Stil die Architektur von Palästen nach, weniger jedoch die Architektur wirklicher Paläste als jener, die vom Theater in Szene gesetzt wurden.[84] Paradoxerweise wurde Vitruvs Text, in dem er die drei Möglichkeiten der Theaterausstattung beschreibt

36. Villa Oplontis, *cubiculum* 23, Torre Annunziata

(die tragische, die komische und die satirische) und die ihm zufolge von der Wandmalerei imitiert werden, zu viel Bedeutung beigemessen. So hat man geglaubt, in den mit Architekturperspektiven und Landschaften ausgestatteten Wandflächen des *cubiculums M* der Villa des P. Fannius Sinistor in Boscoreale (Abb. 39) solche Imitationen wiederzufinden.[85] Nichts beweist jedoch, daß es im hellenistischen Theater eine Vorrichtung gab, die den ständigen Wechsel der Requisiten je nach Genre des aufgeführten Stückes ermöglichte. Dagegen ist bekannt, daß der Bühnenbau in den Augen der Zuschauer das Gebäude darstellte, in und vor dem sich die Handlung abspielte. Bei Tragödien handelte es sich meist um einen Palast. Der Bau, den der Zuschauer sah, war nun kein Palast im eigentlichen Sinn, sondern die Außensei-

36

37

38

37. Khazne Firaun, Petra

38. Grab des Jägers, Tarquinia

39. Haus des Fannius Sinistor,
Boscoreale

te von dessen Mauer. Jenseits der Mauer, dem Blick des Zuschauers unzugänglich, erstreckten sich die Gemächer, in denen sich ein Teil der Handlung abspielte. Die Ereignisse, die sich hinter der Kulisse abspielten, wurden dem Publikum von verschiedenen Zeugen erzählt. Es zeigt sich, daß die Position des Betrachters vor den Fresken des zweiten Stils genau mit der des Theaterpublikums identisch war.[86] Er wurde eingeladen bis an die Pforten der königlichen Wohnsitze, bis an die Stätten der mythischen Helden.

Wenn das Auswechseln von Bühnenbildern im antiken Theater nicht belegt ist, so gilt das Vorhandensein von Tafelmalereien, die dauerhaft in den Bühnenbau integriert wurden, als sicher. Eine Inschrift in Delos erwähnt diese Tafeln *(pinakes),* und die Interkolumnien des *proskenion* des Theaters in Priene zum Beispiel wurden so eingerichtet, daß sie diese Art von Tafeln aufnehmen konnten.[87] Wenn man sich zudem daran erinnert, daß Vitruv erste szenographische Versuche auf den Maler Agatharchos zurückführt, ist man versucht zu glauben, daß diese Pinakes Blendarchitekturen darstellten, die dem Zuschauer wirkliche, jenseits des Bühnenraumes liegende Bauten suggerierten und ihm ein Gefühl für dessen räumliche Tiefe geben sollten. Hinzu kommt, daß bis zur Errichtung des Theaters von Pompeji Mitte des 1. Jahrhunderts v. Chr. dieser Gebäudetyp in Rom keine Dauerkonstruktion war. Das Holzgerüst, auf das man unter jenen Bedingungen zurückgriff, wurde mit bemalten Holztafeln oder Leinwänden verkleidet, die höchstwahrscheinlich die wirkliche Architektur imitierten. Die Gemälde mit den Dachziegeln, auf denen sich Raben niedersetzen wollten, schmückten Plinius zufolge ein von dem Ädilen Claudius Pulcher errichtetes Bühnenbild.[88] Die Künstler der Fresken des zweiten Stils sind also möglicherweise Erben dieser Bildtradition.

Die pompejanische Wanddekoration verweist also auf den Palast und das Reich der Tragödie, ein Reich, das wie bereits erwähnt den hellenistischen Machthabern als Referenz und Rahmen für ihren Prunk diente. Daß diese perspektivische Architekturdekoration eine »heroisierende« Funktion hatte, wird weiterhin dadurch bestätigt, daß der im Epos gewählte Blickwinkel, von dem aus die königlichen Paläste beschrieben werden, der gleiche ist wie im Theater. Nehmen wir das Beispiel der *Argonautika* des Apollonius von Rhodos. Janos trifft König Aietes: dessen Wohnsitz wird so beschrieben, wie er dem Helden von außen gesehen erscheint.[89] Durch das Eingangsportal erblickt man den Innenhof mit seinen Säulengängen. Dieser epische – oder theatralische – Blickwinkel wurde auch von den römischen Malern bevorzugt. Auch sie gaben dem Zuschauer Säulengänge zu sehen.[90]

Die Funktion dieser Dekorationen bestünde demnach also im wesentlichen darin, dem Betrachter die Illusion zu vermitteln, er wohne der Entstehung eines Mythos bei, und die des Trompe-l'œil wäre es, dieser Illusion Gestalt zu geben. Die zahlreichen Gartenmalereien, deren Landschaften die Wände der römischen Häuser bedecken, folgen dem gleichen Prinzip (Pompeji, Haus des goldenen Armbands, Raum 32; Haus des Obstgartens, *cubiculum* 12, Abb. 9; Primaporta, Villa der Livia, Abb. 40). Sie erinnern an die zauberhaften, von den antiken Palästen nicht zu trennenden Gärten *(paradeisos)*.[91]

Die Komplexität mancher Architekturmalereien scheint deren ursprüngliche Funktion verfremdet zu haben. Die Trompe-l'œil-Architektur tritt uns in bestimmten Kompositionen des späten zweiten Stils (Pompeji, *frigidarium* des Hauses des Kryptoportikus) in Form eines prächtigen Rahmens entgegen, einer Art Schrein, der kleine Gemälde mit mythologischem Bildgegenstand in der Mitte der Wand hervorhebt, die dadurch die Aufmerksamkeit des Betrachters auf sich ziehen. Sie kündigen die ›flache‹ Dekoration des dritten Stils an. Die Trompe-l'œil-Effekte verschwinden jedoch auch im dritten und vierten Stil nie völlig: sie bleiben insbesondere in Form der gemalten Klapptürbildchen erhalten, die die Maler weiterhin in die Mitte ihrer großflächigen Kompositionen stellten.

Die Illusion erfordert vom Betrachter einen Akt des Glaubens. Die Griechen und Römer überschritten jedoch nie die schmale Grenze, die die realistische Illusion vom Phantastischen trennt. Die Komplexität dieser ausufernden Architekturdarstellungen lief letztlich den Gesetzen der Wahrscheinlichkeit zuwider und stieß sich an den Forderungen bestimmter Theoretiker nach mehr Rationalität. Das unangenehme Erlebnis jenes Malers aus Tralles, dessen Werk von einem Mathematiker mißbilligt worden sein soll, ist hierfür ein Beweis. Er hält sich nicht mehr an die Abmachung, daß übereinandergestellte Gebäude die Tiefenebenen suggerieren müssen. Genaugenommen ist Apaturios' Komposition nurmehr eine absurde Übereinanderstapelung:[92]

Apaturios von Alabanda malte zu Tralles das kleine Theater aus, das dort Ekklesiasterion heißt. Mit seinem großen Können malte er auf den Dekorationen Säulen, Statuen, Zentauren, welche die Gebälke trugen, Kuppelbauten, ausladende Giebel, Gesimse mit Löwenköpfen und dem ganzen Schmuck der Dachtraufen an Tempeln, darüber stellte er ein oberes Bühnengeschoß dar, wieder mit Kuppeln, Vorhallen und halben Giebeln und wiederum mit dem ganzen Schmuck der Bedachung. Dieses Bild gefiel in seiner unerwarteten dekorativen Wirkung allgemein, und der Künstler hätte beinahe volle Zustimmung gefunden, wenn nicht der Mathematiker Licinius folgendes ausgeführt

40.   Haus der Livia, Prima Porta, Rom

hätte: »Die Bürger von Alabanda gelten in öffentlichen Angelegenheiten als recht gewandt, sie stehen aber wegen eines an sich geringfügigen Verstoßes gegen den guten Geschmack im Rufe, nur geringes Kunstverständnis zu besitzen ...«

Das Spiel der Illusion: vom Weinen zum Lächeln

Die Kunst des Trompe-l'œil steht in enger Beziehung zum Tod. Der *kolossos* war in Griechenland zu Beginn vermutlich ein Substitut der Leiche, welches nach und nach die Gesichtszüge des Toten annahm und schließlich zu dessen ›Abbild‹ wurde. Das Grabmal *(sèma)* ist sozusagen das Zeichen oder die Spur, die der Verstorbene den Lebenden in Form einer ambivalenten An- und Abwesenheit hinterläßt.[93] Im Gegenzug legten die Lebenden dem Toten gewöhnlich Gegenstände bei, die im Jenseits von seiner sozialen Stellung zeugen sollten. Manchmal wurden die Opfergaben auch durch so realistisch wie möglich dargestellte Abbilder ersetzt. Das ist der Moment, an dem das Trompe-l'œil auf den Plan tritt.

Diese eigentlich für die Welt der Toten bestimmten Bilder richten sich mindestens ebenso an die Lebenden, für deren Augen sie die Rangzeichen und Attribute des Toten verewigten. So wurde die Grabsäule des Geta in Athen (4. Jahrhundert v. Chr.) mit einem Pfeilköcher und einem Bogen verziert, die augenscheinlich die wirklichen Waffen des Toten ersetzten. Auch die Grabbeigaben (Vasen) auf der Grabsäule Paramythions wurden in

41. Grab Giglioli, Tarquinia

42. Grab der Reliefs, Cerveteri

43. Grab der Reliefs, Cerveteri, Detail

Trompe-l'œil ausgeführt. Die besten Beispiele aber – unter ihnen befinden sich noch spätarchaische – wurden in etruskischen Gräbern gefunden. Die Malereien im Grab des Jägers in Tarquinia (Abb. 38) stellen höchstwahrscheinlich das Innere eines Jagdzeltes dar, über dessen Gerüst ein mit Tieren besticktes Tuch gespannt wurde. Diverse Gegenstände scheinen von den Jägern an die Wand gehängt worden zu sein: die Kränze des Festmahls, Bänder und Kopfbedeckungen, das während der Jagd erlegte Wild (Enten).[94] Das beeindruckendste Beispiel aber ist das berühmte Grab der Reliefs in Cerveteri (4. Jahrhundert v. Chr.; Abb. 42 und 43). Gegenstände aus dem täglichen Leben – von Waffen, Schmuck und sozialen Rangzeichen über Küchenutensilien bis zu Musikinstrumenten – wurden in die Wände und Säulen des Grabmals gemeißelt.[95]

Meist schmücken jedoch Waffen das Grab des Verstorbenen. Auf die Ausstattung des Grabes von Lyson und Kallikles wurde bereits eingegangen. Für das Gebiet der Etrusker muß das Grab der Giglioli in Tarquinia erwähnt werden (Ende 4. Jahrhundert v. Chr.; Abb. 41). Auf seinen Wänden reihen sich die Symbole der Familie aneinander, insbesondere Waffen (verzierte Schilde, Brustharnische, Helme, Schwerter, Beinschienen) und die Symbole der städtischen Ämter, die Mitglieder der Familie bekleidet hatten. Eines der bedeutendsten Beispiele befindet sich in Süditalien in einem der lukanischen Gräber (61) der Andriuolo-Nekropole in Paestum: neben der klassischen Rückkehr des siegreichen Kriegers sind in realer Größe Waffen dargestellt, die an die Grabwand gelehnt zu sein scheinen, ganz so wie damals bisweilen die dem Feind abgenommene Kriegsbeute in Form von Trophäen ausgestellt wurde.[96]

Es kommt vor, daß die Darstellungen dekorativerer Art sind und vor allem von der Gewandtheit des Malers zeugen, der sie ausgeführt hat. Ein gegenwärtig im Museum von Thessaloniki aufbewahrtes Grabmal aus der Nekropole von Nea Mechaniona (2. Hälfte des 4. Jahrhunderts v. Chr.) zeigt herrliche Darstellungen von aufgehängten Gegenständen und

44 und 45.   Villa Oplontis, Fresken, Torre Annunziata, Details

von auf einem Sims sitzenden Vögeln. Die Qualität dieser Fresken ist bemerkenswert. Der Maler trieb den Trompe-l'œil-Effekt so weit, daß er selbst den Schatten der Vögel auf die helle Wand malte, vor der sie zu sitzen scheinen. Die soziale Funktion tritt hier zugunsten des Wunsches zurück, in seinem Grab die besten Proben eines angesehenen Maltypus zu haben, der nunmehr über ein regelrechtes ikonographisches Repertoire verfügt. Weniger als Bildgattung denn als dekoratives Repertoire wird das Trompe-l'œil künftig sein Publikum finden.

Hier stellt sich das Problem, ob es innerhalb der antiken ›großen Malerei‹ eine Bildgattung wie das Stilleben gegeben hat, in der die Maler ihrer Vorliebe für eine mimetische Darstellung hätten freien Lauf lassen können.[97] Wir sagten bereits, daß Plinius ein gewisser Peiraïkos, *Rhypograph* (Schmutzmaler) genannt, bekannt war. Das Wort scheint ein Pendant zu den von Vitruv erwähnten *Megalographien* (Malereien edler Genres) zu sein.[98] Dieser Künstler beschränkte sich nicht auf die übliche Darstellung von Gegenständen, sondern malte auch Esel oder Handwerkerboutiquen. Zu seinem Repertoire gehörten aber ebenso die *obsonia,* die Nahrungsmittel.[99] Die Erwähnung dieses Darstellungstyps stimmt mit einem Abschnitt bei Vitruv überein, der die Gemälde von Nahrungsmitteln *xenia* (Gastgeschenke) nennt (Abb. 44 und 45). Die Maler nahmen für diese Gemälde in der Regel jene Speisen zum Vorbild, die die wohlhabenden Griechen ihren Gästen reichten.[100]

Leider ist es schwierig zu erfahren, woraus solche Werke bestanden und welche Effekte man von ihnen erwartete. Wir müssen uns mit dem begnügen, was die Wandmalerei davon reflektiert. Wenn der Bildgegenstand der bereits beschriebenen Klapptürbildchen auch mitunter eine *xenia* ist (in diesem Fall ist das gesamte Gemälde ein Trompe-l'œil, nicht nur das Stilleben), so erscheint es meist schwierig, die *xenia* von der sie umgebenden Dekoration zu trennen. Sei es, weil sich das integrierte Stilleben des zweiten pompejanischen Stils in Form von Gegenständen präsentiert, die zwischen den Architekturkomplexen verteilt wurden, oder weil es lediglich Teil eines größeren dekorativen Ensembles ist. Beispiele dafür sind die Mosaikböden, auf denen die Kompositionen von Obst und Eßwaren die dafür vorgesehenen Kartuschen inmitten vegetarischer oder geometrischer Motive ausfüllen, oder die bemalten Tafeln, die man im Zuge des dritten Stils in der Mitte der Wände plazierte.

War es Aufgabe dieser *xenia,* die Freigebigkeit des Gastgebers zu verewigen? Bildeten sie ein wirkliches Trompe-l'œil? Ein Text Varros[101] erwähnt die Gepflogenheit einiger Landhausbesitzer, den Tisch im Obstgarten aufzustellen und empfiehlt, die luxuriösen Gemälde, die die *triclinia* schmückten, durch Kompositionen echter Früchte zu ersetzen:

Einige haben die Gewohnheit, für ihr Abendessen das triclinium dort [in den Obstgärten] herzurichten. Und in der Tat, wenn es der Luxus erlaubt, in einer Gemäldegalerie zu speisen, um in den Genuß eines Schauspiels zu kommen, den uns das Kunstwerk verschafft, warum sollte man dann nicht dasjenige verwenden, das uns die Natur in Form einer schönen Obstkomposition bietet?

Das Wortspiel des Landwirtes zwischen *Oporothek* (Obstgarten) und *Pinakothek* (Gemäldegalerie), bei dem die Parallele zwischen Gemälden und Früchten betont wird, legt nahe, daß es sich bei ersterem um eine Anspielung auf die von Vitruv erwähnten *Melographien* (Obstmalereien) handelt.[102] Die Anwesenheit von *Melographien* in einem Speisezimmer rechtfertigt sich in Varros Augen *a posteriori* nur durch das Obst, das sich üblicherweise an diesem Ort findet. Damit sind die Voraussetzungen für ein Trompe-l'œil erfüllt, denn die Malerei befindet sich im richtigen Kontext und das Bild steht genau an der Stelle des nachgeahmten Gegenstandes.[103] Das bedeutet, daß das Trompe-l'œil in vielerlei Hinsicht nur *Dekor* sein kann.[104] Der Moralist findet es dann aber anständiger und einfacher, anstelle einer Kopie das echte Obst auszustellen.

Die Übereinstimmung des Gemäldes mit seinem Kontext erzeugt eine vollkommene Illusion, die im Falle der *xenia* das Verlangen und den Appetit des Feinschmeckers wecken.

Warum greifst du also nicht schnell nach den baumreifen Oliven, die hier aufgehäuft in einem anderen Korb liegen? Weißt du nicht, daß du sie bald nicht mehr so frisch bekommen wirst, sondern schon ihres Schmelzes beraubt?[105]

Völlig vom Anblick der Farben getäuscht, hätte ich die Weintraube beinahe in die Hand genommen.[106]

Hier wird noch einmal deutlich, welche Rolle in der Antike die Farben im illusionistischen Mechanismus der *skiagraphia* spielen. Sie sind es, die Licht, Relief und den Eindruck von etwas Lebendem erzeugen. »Ihr Rot [...] ist nicht von außen aufgetragen, sondern von innen erblüht.«[107] Hinzu kommt, daß sich die *xenia* – im Einklang mit der Vorliebe für die

Schönheit des Lebenden, auf die wir bereits hingewiesen haben – nur selten ausschließlich aus Gegenständen zusammensetzen. Fast immer wird auch ein lebendiges Tier gezeigt. Die belebte Natur wird eng mit der toten (mit dem Stilleben) verbunden.

Was den mimetischen Künsten eigen sei, so Aristoteles, sei das Vergnügen des *Wiedererkennens.*

Die Menschen freuen sich deswegen über den Anblick von Bildern, weil sie beim Betrachten etwas lernen und zu erschließen suchen, was ein jedes sei. (Wenn man indes den dargestellten Gegenstand noch nie erblickt hat, dann bereitet das Werk nicht als Nachahmung Vergnügen, sondern wegen der Ausführung oder der Farbe oder einer anderen derartigen Eigenschaft.[108]

Platon zufolge stellt der Künstler lediglich ein Blendwerk her, das seiner der Wirklichkeit entstammenden Vorlage untergeordnet ist. Die Freude, die wir in ihm finden, beruht nicht auf einer wirklichen Erkenntnis, sondern richtet sich an ein Trugbild.

Und dennoch feierte die Literatur der Antike unentwegt die Magie einer Kunst, die mit der Natur zu rivalisieren wußte und den unbelebten Formen den Anschein des Wirklichen zu geben vermochte. Zwischen Text und Bild entstand ein Spiel, das der Versuchung nicht widerstand, das Werk selbst ›sprechen‹ zu lassen. »Der Lebende, der ich war, wurde von den Göttern in einen Steinblock verwandelt; diesen Steinblock hat Praxiteles erneut lebendig gemacht.«[109]

Dieses Spiel illustriert mehr noch die Rivalität und Komplementarität von Malerei und Literatur (im Sinne von Horaz' *ut pictura poesis*). Schon in der hellenistischen Periode entwickelte sich eine Literatur der Beschreibung, die sich um die *enargeia* bemühte (oder nach Aristoteles »die Kunst, dem Leser etwas vor Augen zu führen«), in der die plastische Kunst durch das Wort »veranschaulicht« wird und deren Thema Kunstwerke bilden. Die Kunstgriffe der Illusion werden hier aufgezeigt, erklärt, gepriesen und in Szene gesetzt.[110]

Den wohlbekannten Motiven, die ein regelrechtes Repertoire bilden und oft dem Stilleben nahestehen, entsprechen daher eine ganze Reihe regelmäßig wiederholter Anekdoten, die an den trügerischen Charakter der Malerei erinnern: Der Maler Zeuxis hatte Weintrauben so naturgetreu dargestellt, daß Vögel daran picken wollten. Als sein Rivale Parrhasios eines Tages jedoch einen gemalten leinenen Vorhang aufstellte, verlangte Zeuxis, vom Realismus des Gemäldes irregeführt, »man solle doch endlich den Vorhang wegnehmen und das Bild zeigen«.[111] Vor Protogenes' *Satyr, der an einer Säule lehnt,* begann-

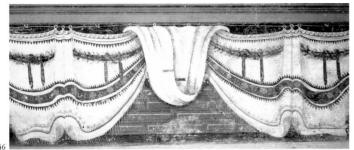

46

47

nen die von Passanten gefütterten Rebhühner zu piepsen, so naturgetreu erschien das Rebhuhn, das der Künstler auf die Säule gemalt hatte.[112] Auch die Raben, die sich auf den gemalten Ziegeln einer Bühnenfront niederzulassen versuchten, hatten sich von deren Ähnlichkeit täuschen lassen.[113]

Das Vorhandensein von Vögeln in den Architekturdarstellungen des zweiten Stils (Pompeji, Haus des Labyrinths, Raum 45–46; Abb. 47) oder die Mode der falschen Draperien in der unteren Zone bestimmter Wandmalereien (Brescia, Kapitol; Abb. 46) lassen sich so leicht durch das subtile Spiel literarischer Anspielungen und durch den Ruf der Virtuosität erklären, in dem diese Motive standen. Der Maler suggerierte mit dieser diskreten Erinnerung an die zuvor erwähnten kleinen Geschichten, daß sich sein Werk in die Tradition der großen Meister der Vergangenheit einreiht. Der Vogel wie auch andere zwischen den Gebäuden verstreute Gegenstände (Kalathoi, Kantharoi, auf Schilde gemalte Porträts, Thyrsoi) schafft eine Kontinuität zwischen dem wirklichen Raum des Betrachters und der Malerei. Diese erscheint realer durch jene wie zufällig dort abgestellten und in sie integrierten Gegenstände, die selbst schon fast real sind.[114]

Es zeigt sich, daß die Grenze zwischen Wahrem und Falschem fortan beweglich ist, und man setzt alles daran, deren Spur zu verwischen. So geht aus der Beschreibung des Rhetors Philostratos hervor, daß es für ihn nicht mehr ersichtlich war, ob eine Biene, von einer gemalten Blume getäuscht, auf dem Gemälde Nektar sammeln wollte oder ob der Betrachter das ebenfalls gemalte Insekt für ein wirkliches hielt.[115]

Darüber hinaus gehört die Darstellung von Obst in Schalen aus durchsichtigem Glas oder hinter einem Schleier (Boscoreale, Haus des P. Fannius Sinistor, *cubiculum* M, Oplontis, Raum 23) zu den künstlerischen Meisterleistungen, deren berühmte Beispiele in den Quellen beschrieben werden. Die Darstellung von etwas Durchsichtigem machte schon den ganzen Wert einer Arbeit von Pausias aus, die in Epidauros aufbewahrt wird (eine Frau trinkt aus einer Kristallvase, durch die man ihr Gesicht sieht).[116] Die Obstschale ist gewissermaßen ein Trompe-l'œil im Trompe-l'œil.

Die beste Analyse des Mechanismus eines Trompe-l'œil findet sich vielleicht bei Philostratos. Er beschreibt ein Gemälde, das Narziß bei der Betrachtung seines Spiegelbildes im Wasser zeigt: ein Bild-im-Bild, denn die Arbeit gibt das Schauspiel des betrachteten Bildes selbst wieder. Narziß, fasziniert von dem Schauspiel, das sich ihm bietet, ist eine Metapher

46. Gemalte Draperie, Kapitol, Brescia

47. Haus des Labyrinths, Fresken, Detail Pompeji

48. *Narziß,* Wandmalerei, Pompeji

49. Villa Oplontis, Torre Annunziata

des Rhetors, der das von ihm beschriebene Bild betrachtet und eine Metapher jeden Betrachters, der gerade ein Gemälde bewundert.[117]

[...] Dir entgeht, daß das Wasser dich so widerspiegelt, wie du hineinsahst, [du] erkennst auch nicht die Täuschung durch die Quelle. Nicke doch! Wende dich von dem Bild ab, rühre du leise die Hand und bleibe nicht reglos stehen! Doch als hättest du einen Gefährten getroffen, wartest du, was von dort kommt.

Die Spiegelung macht aus uns jemanden, in dem wir uns nicht mehr wiedererkennen. Die zum Bild gewordene Realität ist nicht mehr ganz und gar Realität. Diese Andersheit ist es, auf die sich das Begehren richtet: Narziß glaubt, in der Erscheinung, die die Wasseroberfläche widerspiegelt, einen Gefährten zu entdecken. Seine Bewunderung gilt nicht so sehr sich selbst als diesem anderen. Um begehrenswert zu sein, muß die Realität zum Bild werden. Das Trompe-l'œil kommt dieser Metamorphose der Realität sehr nahe. Es ist sowohl eine Verfälschung als auch ein getreues Spiegelbild, eine fast vollkommene Kopie des Modells. Diese Umwandlung ist die Bedingung, die der Realität auferlegt wird, um *sichtbar* und damit wahr zu sein. So kann Philostratos zu Beginn seines Werkes schreiben: »Die Malerei nicht lieben, heißt die Wahrheit verachten.«

ANMERKUNGEN

1. Die Bibliographie beschränkt sich auf wesentliche oder neuere Arbeiten. Platon wird in folgender Übersetzung zitiert: Platon: Sämtliche Werke, Bd. 1–4, auf der Grundlage der Bearbeitung von Walter F. Otto, Ernesto Grassi und Gert Plamböck, neu hrsg. von Ursula Wolf, übers. von Friedrich Schleiermacher, Reinbek bei Hamburg, 1957–1959 und 1994.

2. Philostratos: Die Bilder, griech.-dt., nach Vorarbeiten von Ernst Kalinka, hrsg., übers. und erläutert von Otto Schönberger, München 1968, I, 23.

3. H. Eristov: *Peinture romaine et textes antiques: informations et ambiguité. A propos du recueil Milliet,* in: Revue d'Archéologie, 1987, S. 109–123.

4. V. von Graeve: *Marmorbilder aus Herkulaneum und Pompeji,* in: Ricerche di pittura ellenistica, Rom 1985, S. 227–251; G. Sauron: *Les modèles funéraires classiques de l'art néo-attique au Ier siècle,* in: Mélanges de l'École Française de Rome. Antiquité, 91, 1979, S. 183–209.

5. C. Doumas: The Wall Painting of Thera, Athen 1992, S. 50–86.

6. P. M. Schuhl: Platon et l'art de son temps, Paris 1952, S. 88.

7. Homer: Odyssee, X, 495.

8. Euripides: Helena, 31–84; Platon: Politeia, 586b–c.

9. Platon: Politeia, X, 598b.

10. Wenn der Handwerker dagegen ein Bettgestell herstellt, dann stellt er, auf den von Gott hervorgebrachten Begriff ›Bettgestell‹ sehend, ein einzelnes her: Platon: Politeia, 596c. J.-P. Vernant: *Naissance d'images,* in: Religions, histoires, raisons, Paris 1979, S. 105–137; S. Said: *Deux noms de l'image en Grec: idole et icône,* in: Comptes Rendus de l'Académie des Inscriptions & Belles-Lettres, 1987, S. 309–330.

11. Platon: Sophistes, 266c; 236a; 236b.

12. A. Rouveret: Histoire et imaginaire de la peinture ancienne, Bibliothèque des Écoles françaises d'Athènes et de Rome, 274, Rom 1989, S. 17ff.

13. Plinius: Naturkunde, 35, 15; 151.

14. A. Reinach: Textes grecs et latins relatifs à l'histoire de la peinture ancienne (Recueil Milliet), Auflage überarb. von A. Rouveret, Paris 1985, S. 64–69.

15. E. Keuls: *Plato on Painting,* in: American Journal of Philology, 95, 2, 1974, S. 100–127; *Skiagraphia once again,* in: American Journal of Archaeology, 79, 1, 1975, S. 1–15.

16. Siehe auch: Platon: Nomoi, 663c; Theaitetos, 208e und Aristoteles: Rhetorik, 1414a 7.

17. Platon: Phaidon, 69b; Politeia, II, 365c.

18.   A. Reinach (zit. Anm. 14), S. 157, Nr. 141.

19.   Tzetzès: Chiliades, 8, 353.

20.   Plinius (zit. Anm. 13), 35, 128.

21.   P. Moreno: Pittura greca, Mailand 1987, S. 107–115.

22.   Plinius (zit. Anm. 13), 35, 69.

23.   A. Reinach (zit. Anm. 14), S. 282–284.

24.   Plinius (zit. Anm. 13), 34, 61.

25.   Schuhl (zit. Anm. 6), S. XV und 47.

26.   Platon: Nomoi, 769b; A. Rouveret (zit. Anm. 12), S. 41–49.

27.   A. Reinach (zit. Anm. 14), Nr. 195–196.

28.   Quintilian: Unterweisung in der Redekunst, 12, 10, 4.

29.   Siehe auch Dionysios von Halikarnassos: De Isaeo iudic., 4, und vor allem die ›Abhandlung über das Erhabene‹, 17, 3.

30.   Plinius (zit. Anm. 13), 35, 60.

31.   Platon: Politeaia, 365b–c.

32.   Zur scaenographia bei den Architekten: P. Gros: Le rôle de la scaenographia dans les projets architecturaux du début de l'empire romain, in: Le dessin d'architecture dans les sociétés antiques (Kolloquium in Straßburg, Januar 1984), Straßburg 1985, S. 231–253.

33.   Zur geometrischen Formulierung dieser Passage: A. Rouveret (zit. Anm. 12), S. 56.

34.   L. Todisco: Teatro e theatra nelle immagini e nell'edilizia monumentale della Magna Grecia, in: Magna Grecia. Arte et artigianato, Mailand 1990, S. 103.

35.   J. White: Naissance et renaissance de l'espace pictural, Paris 1992, S. 258–301.

36.   Vitruv: Über die Baukunst, neu bearbeitet und hrsg. von Erich Sturzenacker, Essen 1938, VII, Vorw., 10.

37.   Zur Beschreibung dieses visuellen Effektes in der Wirklichkeit siehe Lukrez: De rerum natura, IV, 426; H. G. Beyen: Die antike Zentralperspektive, in: Jahrbuch des Deutschen Archäologischen Instituts, 54, 1939, S. 47–72; A. M. G. Little: Perspective and Scene Painting, in: Art Bulletin, 19, 1937, S. 487–495.

38.   J. Engemann: Architekturdarstellungen des frühen zweiten Stils. Illusionistische römische Wandmalerei der ersten Phase und ihre Vorbilder in der realen Architektur, in: Römische Mitteilungen, 12, Heidelberg 1967; A. Rouveret (zit. Anm. 12), S. 65–127.

39.   Plinius (zit. Anm. 13), 35, 65.

40.   Vitruv (zit. Anm. 36), I, 2, 2; M. L. Teyssier: Le langage des arts et l'expression philosophique chez Cicéron: ombres et lumières, in: Revue des Études Latines, 57, 1979, S. 187–203.

41.   P. M. Schuhl (zit. Anm. 6), S. 26.

42.   Aristoteles: Rhetorik, 1414a 7.

43.   P. M. Schuhl (zit. Anm. 6), S. 42.

44.   Platon: Nomoi, 668a.

45.   Platon: Kratylos, 432b–e.

46.   Aristoteles: Poetik, 1448b: »Von Dingen, die wir in Wirklichkeit nur ungern erblicken, sehen wir mit Freude möglichst getreue Abbildungen, z. B. Darstellungen von äußerst unansehnlichen Tieren und von Leichen.«

47.   Aristoteles: Die Bestandteile der Tiere, 644b.

48.   Zum Beispiel Mark Aurel: Gedanken, III, 2.

49.   Plinius (zit. Anm. 13), 35, 112.

50.   R. Martin: Sculpture et peinture dans les façades monumentales au IVe siècle av. J.-C., in: Revue d'Archéologie, 1968, S. 171–184.

51.   L. Bacchielli: Una nuova lettura della facciata della grande tomba di Leukadia, in: Ricerche di Pittura Ellenistica, Rom 1983, S. 193–196.

52.   V. J. Bruno: The Painted Metopes at Lefkadia and the Problem of Color in Doric Sculptured Metopes, in: American Journal of Archaeology, 85, 1, 1981, S. 3–11.

53.   R. Ginouvès: La Macédoine, Paris 1993, S. 154–160.

54.   Aelius: Gesammelte Geschichten, XIV, 17; P. Moreno: Storia e civiltá dei Greci, 6, 2. Aufl., Mailand 1990, S. 703 ff.

55.   Pseudo-Andokides: Gegen Alkibiades, 30.

56.   Plinius (zit. Anm. 13), 35, 123.

57.   Platon: Kritias, 116b. Gesteinsimitationen existierten bereits in Thera.

58.   Erwähnt sei ebenfalls das Hypogäum Nr. 2 des Amfuschi in Alexandria; I. Baldassarre: Pittura Parietale e mosaico Pavimentale dal IV al II secolo a. C., in: Ricerche di Pittura Ellenistica, Rom 1983, S. 65–76.

59.   Athenaios: Das Festmahl der Philosophen, V, 196–197; V, 204–209; XII, 538; Diodoros von Sizilien, XVII, 115; XVIII, 27, 2; H. von Hesberg: Temporäre Bilder oder die Grenzen der Kunst. Zur Legitimation frühhellenistischer Königsherrschaft im Fest, in: Jahrbuch des Deutschen Archäologischen Instituts, 104, 1989, S. 61–82.

60.   Plutarch: Demetrios, 18; 34; 41; Sylla, 11, 1–2.

61.   A. Pontrandolfo: La pittura funeraria, in: Magna Grecia. Arte e artigianato, Mailand 1990, S. 351.

62.   A. Rouveret (zit. Anm. 12), S. 190–201.

63.   A. Laidlaw: The First Style in Pompeii: Painting and Architecture, Rom 1985.

64.   R. Ginouvès (zit. Anm. 53), S. 204–206.

65.   I. Baldassarre (zit. Anm. 58), S. 203–204.

66.   M. Bulard: Peintures murales et mosaïques de Délos, in: Monuments et Mémoires publiés par l'Académie des Inscriptions et Belles-Lettres, 14, 1908; J. Chamonard: Le quartier du théâtre, in: Exploration archéologique de Delos, 8, 2, 1924.

67.   U. Bezerra de Meneses: L'îlot de la Maison des Comédiens, in: Exploration archéologique de Delos, 27, Paris, 1970.

68.   A. Laidlaw: Le premier style, in: La peinture de Pompéi, Paris 1993, S. 227–235.

69.   E. W. Leach: The Entrance Room in the House of Iulius Polybius and the Nature of the Roman Vestibulum, in: Functional and Spatial Analysis of Wall Painting, Bulletin Antieke Beschaving, suppl. 3, Amsterdam 1993, S. 23–27.

70.   Vitruv (zit. Anm. 36), VI, 5, 2.

71.   Gros: *L'auctoritas chez Vitruve. Contribution à l'étude de la sémantique des ordres dans le ›De Architectura‹,* in : Munus non ingratum, Bulletin Antieke Beschaving, suppl. 2, 1989, S. 126–133.

72.   G. Beccatti: Arte e gusto negli scrittori latini, Florenz 1951.

73.   Plinius (zit. Anm. 13), 35, 127.

74.   P. Bruneau: *Les mosaïques,* in: Exploration archéologique de Delos, 29, Paris 1977.

75.   Plinius (zit. Anm. 13), 36, 184; H. Meyer: *Zu neueren Deutungen von asaratos oikos und Kapitolinischem Taubenmosaik,* in: Archäologischer Anzeiger, 1, 1977, S. 104.

76.   P. Moreno: *Il realismo nella pittura greca del 4 secolo a. C.,* in: Rivista dell'Istituto Nazionale di Archeologia e Storia dell'Arte, 13–14, 1964–65, S. 27–98.

77.   Cicero: Ad Atticum; 1, 19, 6; 1, 20, 3.

78.   S. G. Miller: The Tomb of Lyson and Kalliklès: A Painted Macedonian Tomb, Mainz 1993.

79.   H. G. Beyen: Die pompejanische Wanddekoration vom zweiten bis zum vierten Stil, I, Den Haag 1938/II, 1, Den Haag 1960; R. Tybout: Aedificiorum figurae. Untersuchungen zu den Architekturdarstellungen des frühen zweiten Stils, Amsterdam 1989.

80.   G. Sauron: *Une polémique qui dure: le deuxième style pompéien,* in: TOPOI, 5, 1, 1995, S. 249–267.

81.   A. H. Borbein, *Zur Deutung von Scherwand und Durchblick auf den Wandgemälden des zweiten pompejanischen Stils,* in: Neue Forschungen in Pompeji, S. 61–70.

82.   G. C. Picard: *Origine et signification des fresques architectoniques romano-campiennes dites de second style,* in: Revue d'Archéologie, 2, 1977, S. 231; A. Barbet: La peinture murale romaine, Paris 1985, S. 50–52.

83.   Lukrez: De rerum natura, III, 16–22; V, 146–155.

84.   F. Coarelli und A. Rouveret, in: Ricerche di pittura ellenistica, S. 293.

85.   Vitruv (zit. Anm. 36), VII, 5, 2; Ph. W. Lehmann: Roman Wall Painting from Boscoreale in the Metropolitan Museum of Art, Cambridge 1953; M. L. Anderson: Pompeian Frescoes in the Metropolitan Museum of Art, New York 1987.

86.   J. Roux: *A propos du décor dans les tragédies d'Euripides,* in: Revue des Etudes Grecques, 74, 1961, S. 25–60.

87.   J. C. Moretti: *Les entrées en scène dans le théâtre grec: l'apport de l'archéologie,* in: Pallas, 38, 1992, S. 92–93; A. von Gerkan: Das Theater von Priene, München 1921.

88.   Plinius (zit. Anm. 13), 35, 23.

89.   Apollonius von Rhodos: Argonautika, III, 215–241.

90.   R. Robert: Recherches sur les modèles héllénistiques et l'art romain, Dissertation der Universität Aix-en-Provence, 1993, S. 507 ff.

91.   E. La Rocca: Ausstellungskatalog »Le tranquille dimore degli dei«, Rom 1986, S. 8–17; S. De Caro: *Deux ›genres‹ de la peinture pompéienne: la nature morte et la peinture de jardins,* in: La peinture de Pompéi, Paris 1993, S. 299–304.

92.   Vitruv (zit. Anm. 36), VII, 5, 5–6.

93.   J.-P. Vernant: *Figuration de l'invisible et catégorie psychologique du double: le colossos,* in: Mythe et pensée chez les grecs, II, 2. Aufl., Paris 1980, S. 72.

94.   S. Steingräber: Catalogo ragionato della pittura etrusca, Mailand 1984.

95.   H. Blanck/G. Proietti: La tomba dei rilievi di Cerveteri, Rom 1986.

96.   A. Rouveret/A. Pontrandolfo: *Pittura funeraria in Lucania e Campania. Puntualizzazioni cronologiche e proposte di lettura,* in: Ricerche di pittura ellenistica, Rom 1985, S. 101.

97.   A. Rouveret: *Remarques sur les peintures de nature morte antiques,* in: La Nature morte, Bulletin de la Société des Amis du Musée des Beaux-Arts de Rennes, Nr. 5, 1987, S. 11–25; Xenia. Recherches franco-tunisiennes sur la mosaïque de l'Afrique antique, 1, Rom 1990.

98.   Vitruv (zit. Anm. 36), VII, 5, 1.

99.   Plinius (zit. Anm. 13), 35, 112.

100.   Vitruv (zit. Anm. 36), VI, 7, 4. Siehe auch Martial: Epigramme, Bücher XIII–XIV.

101.   Varro: Res rustica, 59, 2.

102.   Vitruv (zit. Anm. 36), VII, 4, 4.

103.   Das vollkommene Trompe-l'œil ist dreidimensional: der Wachsbildner Plossis modellierte »Früchte und Trauben, die man beim Ansehen nicht von echten habe unterscheiden können« (Plinius, zit. Anm. 13, 35, 155).

104.   Mit anderen Worten liegt ein Trompe-l'œil nur in bestimmten Kontexten vor, Kontexten, die eben gerade von einem bestimmten Dekor geschaffen werden. Es sei außerdem daran erinnert, daß die Wortfamilien *decus, oris* im Lateinischen »etwas Passendes, etwas, das paßt« bezeichnen.

105.   Philostratos (zit. Anm. 2), II, 26.

106.   Anthologia Graeca, IX, 761.

107.   Philostratos (zit. Anm. 2), I, 31.

108.   Aristoteles: Poetik, 1448 b; Rhetorik, 1371 b.

109.   Anthologia Graeca, XVI, 129.

110.   Philostratos (zit. Anm. 2), I, 31: Beschreibung eines Stillebens (xenia).

111.   Plinius (zit. Anm. 13), 35, 65; R. Robert: *Des oiseaux dans les architectures,* in: Functional and Spatial Analysis of Wall Painting, Bulletin Antieke Beschaving, suppl. 3, Amsterdam 1993, S. 168–173.

112.   Strabon: Geographie, XIV, 2, 5.

113.   Plinius (zit. Anm. 13), 35, 23.

114.   B. Wesenberg: *Zum integrierten Stilleben in der Wanddekoration des zweiten pompejanischen Stils,* in: Functional and Spatial Analysis of Wall Painting, Bulletin Antieke Beschaving, suppl. 3, Amsterdam 1993, S. 160.

115.   Philostratos (zit. Anm. 2), I, 23.

116.   Pausanias: Beschreibung Griechenlands, II, 27, 3.

117.   Philostratos (zit. Anm. 2), I, 23; P. Hadot: *Le mythe de Narcisse et son interprétation par Plotin,* in Nouvelle revue de psychanalyse, 13, 1976, S. 81–108.

50

»Die Augen täuschen«, sagen sie
14.-16. Jahrhundert

Über das Trompe-l'œil in der Renaissance zu schreiben bedeutet, mit wachsenden Schwierigkeiten konfrontiert zu sein. Zu den Problemen, die das Studium dieser Bildgattung heute bereitet, gesellt sich die ernsthafte Frage, ob diese im 14. bis 16. Jahrhundert überhaupt existiert hat.

Auf den ersten Blick scheint alles recht einfach. Es reicht aus, sich an die strenge und unbestreitbare Definition des Trompe-l'œil zu halten: ein gemaltes Bildwerk (da wir uns hier nur mit der Malerei beschäftigen) zeigt und tritt an die Stelle von etwas, das sich auch in der täglichen Erfahrung dort hätte befinden können und ist ausreichend mimetisch, um die Augen des Betrachters zu täuschen. Schaut man jedoch genauer hin, ist das Trompe-l'œil womöglich dieser »›durchtriebene‹ Gegenstand, der wie die schlaffen Uhren Salvador Dalis dazu neigt, uns durch die Finter zu rutschen«.[1]

Eine Besonderheit zeigt sich gleich zu Beginn: das Trompe-l'œil ist die einzige Kategorie von Kunstwerken, die sich durch den Effekt definieren, den sie auf den Zuschauer ausüben. Folgt man dieser Logik, müßte der Historiker diesen Effekt bei sich selbst überprüfen, bevor er dieses oder jenes Werk in den Korpus aufnimmt oder ausrangiert. Diese Übung aber ist kaum möglich. Es ist schwierig geworden, die Wirksamkeit eines angeblichen Trompe-l'œil unvoreingenommen zu beurteilen. Manche Werke, insbesondere Wandmalereien, erreichen uns in schlechtem Zustand, ungeschickte Restaurierungen haben die Feinheiten der Modellierung zerstört, oder die Tafel oder Leinwand wurde zerschnitten … In den meisten Fällen werden uns die Staffeleibilder nicht mehr an dem Ort präsentiert, für den sie entworfen worden waren, sondern in einem Museum oder Geschäft. Dazu kommt, daß uns die Geschichte des Trompe-l'œil *grosso modo* bekannt ist. Die Standardmotive wurden im großen und ganzen ausfindig gemacht. Der Anblick einer Briefwand, eines aufgehängten Wildstückes oder eines mit alten Papieren gefüllten Wandschrankes verweist sofort

ANNE-MARIE LECOQ

50.   ANDREA MANTEGNA
Camera dei sposi, Oculus, 1461–1474

63

52

51

51. MASACCIO
Die Dreieinigkeit, um 1427

52. RAFFAEL
Leo X. umgeben von zwei Kardinälen,
1518–1519

53. CARAVAGGIO
Das Haupt der Medusa, um 1597
oder 1601

auf eine Bildgattung, die in unserem imaginären Museum eingetragen ist. Aber selbst bei originelleren Bildern, die keinen serienmäßigen Charakter haben und noch am Ursprungsort stehen, sorgt die Kulturgeschichte – oder auch ein einfacher Hinweis – dafür, daß wir nicht in die Falle tappen. Die Jan van der Vaart zugeschriebene Geige zum Beispiel, auf eine Türplatte des Devonshire House in London gemalt und heute auf die gleiche Weise in Chatsworth präsentiert, mag noch so bewundernswert ausgeführt worden sein, sie täuscht heute nur noch jenen Besucher, der vor dem Betreten des Schlosses seinen Führer nicht gelesen oder nicht schon irgendwo eine Abbildung gesehen hat. Nicht zuletzt wird dem Historiker das Spiel durch die Reproduktionen verdorben. Blättert man in Büchern über das Trompe-l'œil[2], bewundert man das Geschick bestimmter Künstler und kann sich durchaus vorstellen, darauf hereinzufallen. Aber einmal vor Ort? Was mich betrifft, glaube ich, daß der Irrtum heute nur noch vor bestimmten, aus großer Entfernung betrachteten Imitationen von Basreliefs und architektonischen Elementen möglich ist.

Wie verstanden die Zeitgenossen die Bilder, die heute als Trompe-l'œil gelten, zum Zeitpunkt ihrer Entstehung? Die Meinung der Spezialisten geht völlig auseinander. Norbert Schneider zum Beispiel betrachtet das berühmte *Stilleben mit Rebhuhn, Eisenhandschuhen und Armbrustbolzen* von Jacopo de' Barbari (1504) als »ein den unvorbereiteten Betrachter irreführendes Bild« und fügt hinzu: »Heute würden wir uns durch diese Malweise schwerlich täuschen lassen. Sie war aber damals unerhört neu und rechnete mit Wahrnehmungsgewohnheiten, die an weniger illusionistischen Bildern geschult worden waren.«[3] Dem ließe sich hinzufügen, daß wir einen gewissen unschuldigen Blick verloren haben: in einer von Bildern gesättigten Welt gehört die Begegnung mit dem Bild eines Bruchteiles der Realität zu unserer täglichen Erfahrung. Im hier besprochenen Zeitraum waren die der Kunst der Maler entsprungenen Bilder realer Gegenstände jedoch weder zahlreich

noch allgemein verbreitet, und der Überraschungseffekt konnte voll wirksam werden. Für Ernst Gombrich, der sich auf diverse moderne Studien für Psychologie der Wahrnehmung stützt, war ein Irrtum in jenen Fällen möglich, »wo durch den Zusammenhang mit irgendeiner Aktualität eine Erwartung hervorgerufen wurde, die dem Geschick des Malers zu Hilfe kam«.[4] Für Oscar Calabrese dagegen ist das Trompe-l'œil Bestandteil der *macchina,* der großen List der Malerei, und hat nie auch nur ein Auge getäuscht.[5]

Um wenigstens etwas Gewißheit zu erlangen, bedürfte es der Versicherung durch Texte. Deren systematische Erschließung ist jedoch noch nicht abgeschlossen. Es sind vor allem die unvermittelten, sozusagen naiven Reaktionen angesichts dieser Bilder, die sich so gut wie gar nicht erfassen lassen. Wir sind einer Rhetorik ausgeliefert, von der uns folgender Ausschnitt aus einem Brief des Aretino an den Grafen Massimiano Stampa vom 8. Oktober 1531 einen Eindruck vermittelt. Darin rühmt der eifrige Briefschreiber ein (verlorengegangenes) Bild von Tizian *(Johannes der Täufer),* das er ihm als Geschenk sendet: »Schauen Sie sich dieses Fleisch an, von einer so vollkommenen Farbe, daß seine Frische mit Zinnober besätem Schnee ähnelt, zuckend und gewärmt vom Hauch des Lebens. Ich spreche weder von dem karmesinroten Mantel noch von dem Futter aus Luchsfell, denn im Vergleich scheinen das echte Karmesinrot und das echte Luchsfell gemalt und die gemalten echt …«[6] Das Fleisch »zuckt«, die Menschen scheinen zu leben und zu atmen, »man könnte meinen, sie würden sprechen«, die Gegenstände, die Stoffe scheinen »wirklicher als die wirklichen«. All das gehört zu den Pflichtkomplimenten in den Lobreden auf die Malerei der Renaissance. Auch Savonarola stellte dies fest: »Und so sagen die Leute, die Bilder loben: seht, diese Tiere sehen aus, als wären sie lebendig, und diese Blumen sehen wie natürliche aus«[7], und der Pater Binet zieht im 17. Jahrhundert daraus für »alle, die von Beruf Redekünstler sind«, folgenden Schluß: »Will man von kostbaren Malereien sprechen, muß man von ihnen reden, als seien die Dinge echt, nicht gemalt.«[8] In diesem Sinne verleiht Aretino seiner Lobrede über Tizians *Johannes der Täufer* den letzten Schliff: »Beim bloßen Anblick des Lammes in seinen Armen begann ein Schaf zu blöken, so natürlich sieht es aus.« Dieses Schaf, das in seinem mütterlichen Instinkt getäuscht wurde, erinnert uns unweigerlich an etwas … Mit Sicherheit nicht an ein Trompe-l'œil Tizians, ganz gewiß aber an ein Augenzwinkern Aretinos.

Diese Anekdoten gehen nämlich auf Plinius den Älteren zurück. Zeuxis' Trauben, die die Vögel täuschten, und Parrhasios' Vorhang, von dem sich Zeuxis höchstpersönlich in die Irre führen ließ (Plinius, XXXV; 36, 65), waren im 16. Jahrhundert selbst in Petrarcas Illustrationen abgebildet, was bedeutet, daß diese Geschichte auch über die engen

Kreise der Kunstprofessionellen und -liebhaber hinaus allgemein bekannt war.[9] Die Antike hat noch einige andere, weitaus übertriebenere hervorgebracht: Apelles Pferd, bei
dessen Anblick die Pferde zu wiehern begannen (Plinius, XXXV; 95), die gemalten Dach-
ziegel, auf die sich Raben niedersetzen wollten (Plinius, 35; 23), oder die Vögel, die Protogenes, wie Strabon erzählt (Strabon XIV, 652), im Hintergrund eines seiner Gemälde
dargestellt hatte und zu denen sich ein Rebhuhn gesellen wollte. Wie die Epigramme der
griechischen Tradition der Ekphrasis sollten diese kleinen Fabeln die Idee glaubwürdig
machen, daß die Kunst in der Nachahmung des Sichtbaren so weit gehen kann, daß es
unmöglich wird, die Realität von ihrer gemalten Darstellung und den wirklichen Raum
vom Raum der Darstellung zu unterscheiden. Aber wie die gesamte ›goldene Legende‹
der antiken Maler stammen diese Geschichten weder aus Gelehrtenkreisen noch aus dem
Kreis der Künstler und ersten Theoretiker.[10] Sie verraten in Wirklichkeit ein profanes,
volkstümliches und naives Verständnis vom Kunstwerk und entbehren nicht einer gewissen Komik: die Rivalität der beiden ›Stars‹ ist eine Affäre, die auf die Bühne gehört.

Die Kunstliteratur der Renaissance vergrößerte dieses Korpus mit Vergnügen. Ohne
mit der Wimper zu zucken, erzählte man diverse, garantiert authentische Episoden aus
dem Leben der modernen Meister, die so zu neuen Zeuxis' und neuen Appelles' wurden.
Ernst Kris und Otto Kurz trugen sie einst zusammen.[11] Da sind jene Fälle, in denen sich
wie Aretinos Schaf Tiere täuschen ließen. Vasari berichtet, ein von Bramantino auf die
Stallwand des Schlosses von Vercelli gemaltes Pferd habe ein wirkliches Pferd wütend gemacht. Van Mander erzählt, daß ein Hund, den Frans Floris in »eine *Geschichte des heiligen Lukas* integriert hatte, lebende Hunde angezogen habe, die ihn beschnupperten.
Scheurl behauptet, ein Hund habe in einem Porträt Dürers seinen leibhaftigen Herrn
wiedererkannt … In anderen, noch glorreicheren Fällen sind es Menschen (und zwar
hochgestellte Persönlichkeiten), die sich täuschen ließen: Passanten wurden von einem
Porträt Pauls III. irregeführt, das Tizian zum Trocknen aus dem Fenster hing (Vasari), und
Philipp II. von einem Porträt Karls des Großen, ebenfalls von Tizian. Zuccaro zufolge soll
ein Kardinal, der sich von Raffaels Porträt *Leon X.* (Abb. 52) hatte täuschen lassen, diesem Feder und Tintenfaß gereicht und dabei um eine Unterschrift gebeten haben. …

Die Renaissance benutzte Plinius' Anekdoten jedoch nicht nur, um das rhetorische
und aus den antiken Texten schlüpfende Loblied auf diesen oder jenen Maler vollkommen
zu machen. In Wirklichkeit waren die gesamte Literatur und Theorie von ihnen durchdrungen. Für jeden, der seit dem 16. Jahrhundert über die Kunst in Italien schrieb, unter-

schied sich die Malerei, die Cennino Cennini als erster »modern« genannt hatte, von der »barbarischen«, »gothischen« oder »griechischen« (das heißt byzantinischen)[12] Malerei zunächst durch ihre Fähigkeit, den Betrachter dadurch zu täuschen, daß etwas nicht Echtes echt erscheint. Schon Boccaccio bringt das in seinem Kommentar zur *Göttlichen Komödie* ca. 1373 zum Ausdruck: »Der Maler bemüht sich, die von ihm gemalte Gestalt, die ja nur ein wenig kunstvoll aufgetragene Farbe ist, in der von ihm gezeigten Handlung der natürlichen [Gestalt] so ähnlich ausschauen zu lassen, daß sie die Augen des Betrachters teilweise oder völlig täuscht *(ingannare)* und so etwas glauben macht, das nicht ist.«[13] Bestätigt wird das durch den Begründer der modernen Malerei, Giotto, auf den Boccaccio an anderer Stelle ein Loblied anstimmt: »Die Natur, Mutter aller Dinge und Antrieb der ewigen Bewegung des Himmels, schafft nichts, was Giotto nicht schon mit Stichel, Feder oder Pinsel so naturgetreu gemalt hätte, daß es nicht nur der Natur zu ähneln, sondern die Natur selbst zu sein scheint, so daß es vorkommt, daß die menschliche Wahrnehmung angesichts seiner Gemälde irregeführt wird, und etwas für wahr hält, was gemalt ist.«[14] Die Künstler stimmen in diesem Punkt völlig mit den Schriftstellern und Humanisten überein.[15] Für Leonardo da Vinci besteht »das erste Wunder, das die Malerei zum Vorschein bringt, darin, daß sie sich von der Wand oder einer anderen flachen Oberfläche abzuheben scheint und selbst die hellsichtigsten Geister *(ingannare li sottili guidicci)* mit etwas täuscht, das sich nicht von der Wandoberfläche loslöst.«[16] Noch die französischen Theoretiker der Klassik des 16. Jahrhunderts stehen in dieser Tradition.[17] Félibien *(Le songe de Philomathe)* legt seiner Allegorie der Malerei folgendes in den Mund: »Ich stelle Dinge aus, die so echt erscheinen, daß sie die Sinne täuschen. Ich entdecke tausende Gegenstände, die nur durch Licht und Schatten und durch das Geheimnis einer göttlichen Lehre existieren, mit der ich die Augen täuschen kann.« Blanchard (Vortrag an der Königlichen Akademie über die Vorzüge der Farbe, 1671) präzisiert, daß die Aufgabe des Malers darin besteht, »die Augen zu täuschen«. Roger de Piles *(Cours de peinture,* 1708) schreibt: »Das Wesen der Malerei besteht nicht nur darin, den Augen zu gefallen, sondern sie zu täuschen.« In einer völligen Umkehrung ist der Mangel, der Platons Verachtung für die imitierenden Künste auslöste, die doppelte Lüge, die den Schein eines Scheins erzeugt, zur Tugend geworden. Damit dieser längst verhallte Vorwurf erneut ertönen konnte, mußten sich erst die Bildhauer erheben und den Malern den ersten Rang in der Hierarchie der visuellen Künste streitig machen. In Castigliones *Kurtisan* stellt der Bildhauer und Münzstecher Joan Cristoforo Romano »die Marmor- oder Bronzefigur, in der die Gliedmaßen rund sind, so geformt und abgemessen,

54

wie die Natur sie geschaffen hat«, demjenigen Gemälde gegenüber, »in dem man lediglich eine Oberfläche und Farbe sieht, welche die Augen täuschen *(ingannano gli occhi)*«.[18] Für den Skulpturliebhaber Anton Francesco Doni (1549) oder für Benvenuto Cellini (1564) ist der Maler ein Lügner und die Malerei Lüge, Betrug *(bugia, inganno)*.[19]

Die Lüge beruht sowohl auf dem durch die Modellierung entstehenden Relief der Figuren und der Gegenstände als auch auf der Tiefe des Raumes, der den Gesetzen der Linear- und Luftperspektive unterworfen ist. »Der erste Teil der Malerei besteht darin«, schreibt

54. PARMIGIANINO
Selbstporträt in einem Konvexspiegel,
1524

Leonardo, »die von ihr dargestellten Körper plastisch, im Relief *(rilevati)* erscheinen und den sie umgebenden Raum mit seinen Abständen in die Wand, auf der die Malerei ausgeführt wird, scheinbar hineingehen zu lassen.«[20] Man weiß um die Bedeutung eines perspektivisch konstruierten Raumes für Alberti, aber auch er hatte, schon vor Leonardo, die unerläßliche Ergänzung dazu hervorgehoben, nämlich das Spiel von Licht und Schatten, das heißt von Weiß und Schwarz: »Ich wünsche, die unterwiesenen Maler würden davon ausgehen, daß man sein ganzes Handwerk und seine ganze Kunst nur darauf verwenden kann, das Schwarz und das Weiß zu verteilen, und daß man sein ganzes Talent und seine ganze Sorgfalt aufbringen muß, um diese beiden Farben angemessen unterzubringen. Denn wie die Abwechslung des Lichtes und des Schattens dafür sorgen, daß die Oberflächen mal hervor- und mal zurücktreten, je nachdem, ob ein Teil nach innen oder nach außen gewölbt ist, erzeugt das richtige Verhältnis von Schwarz und Weiß denselben Effekt. Dem Athener Maler Nikias brachte viel Lob ein, daß seine Malereien überaus plastisch wirkten. Das ist es, was ein Künstler vor allem anstreben muß. Man sagt, daß der sehr alte und sehr berühmte Maler Zeuxis fast der erste war, der dieses Wissen um Licht und Schatten besaß.« An anderer Stelle heißt es: »Mit Billigung sowohl der Gelehrten als auch der Unkundigen werde ich jene gemalten Gesichter preisen, die den Eindruck geben, als ob sie aus dem Bild he.austräten, ganz so, als seien sie modelliert.«[21] Der Verweis auf Nikias (auf den die Erwähnung der gemalten Gesichter folgt) ist Plinius entnommen (XXXV, 131): »Nikias … [malte] besonders sorgfältig Frauen[porträts]. Er achtete auf Licht und Schatten und sorgte vornehmlich dafür, daß die Bilder plastisch wirkten.« Was Zeuxis anbelangt, schreibt ihm Quintilian, Albertis Quelle *(Inst. orat.* XI, 10, 4), die Erfindung des »Gesetzes von Licht und Schatten« natürlich aufgrund der täuschend ähnlichen Weintrauben zu. Das Leitmotiv des Reliefs in Verbindung mit der Tiefe wird daraufhin – auch von modernen Historikern des Trompe-l'œil – unzählige Male übernommen.[22] So zum Beispiel von Vasari, der in der allgemeinen Einleitung seiner *Lebensgeschichten* auf die Frage des *paragone* zwischen Skulptur und Malerei zurückkommt: »Die Maler geben einer flachen Oberfläche mit Hilfe eines einzigen Sinnes [dem Sehsinn] in zwei Abschnitten Relief *(rilievo)* und Tiefe *(fondo).* Von Personen ausgeführt, die sich auf ihr Metier verstehen, hat dies durch einen äußerst spaßigen Betrug *(piacevolissimo inganno)* zahlreiche Persönlichkeiten irregeführt, ganz zu schweigen von den Tieren.«[23]

Schenkte man der Kunstliteratur also Glauben, dann wäre die gesamte ›moderne‹ Malerei ein Trompe-l'œil. Wir befinden uns hier natürlich auf der Ebene des Diskurses, eines Diskurses, der auf dem doppelten Vorhaben beruht, einerseits Kunstkritik in der Art der

55

57

56

55. ALESSANDRO UND
GIOVANNI ALBERTI
Perspektive, 1586–1587

56. BALDASSARE PERUZZI
Perspektivensaal, 1512

57. FRANCESCO SALVIATI
Dekoration des Großen Saales,
1553–1554

58

58. JACOPINO DE' MOTTIS
Kartäusermönche am Fenster, zwischen
1490 und 1500

59. PAOLO VERONESE
Junges Mädchen in einem Türrahmen,
um 1560

60. PAOLO VERONESE
Dame, Dienstmagd und Haustiere,
um 1560

59

61

Griechen und Römer zu betreiben und andererseits unentwegt das Credo zu wiederholen, daß der Künstler die natürliche Erscheinung zu respektieren habe. Unsere (erklärte) Liebe für die historische ›Wahrheit‹ war damals kein gültiges Motiv. Was zählte, war die Überbringung einer Botschaft, und dem Priester oder Lehrmeister waren alle Mittel recht.

Das hat zur Folge, daß selbst jene (ohnehin seltenen) Texte, die allem Anschein nach nicht literarische, sondern direkte Augenzeugenberichte von Reaktionen auf Bildwerke enthalten, verdächtig werden. So heißt es in einem aus dem Jahre 1463 stammenden Augenzeugenbericht, der sich in einem Inventar von Kunstwerken in Valenciennes befindet: »Der Altaraufsatz [Retabel] der bereits erwähnten St. Lukas-Kapelle wurde von Marmion, diesem vortrefflichen Meister, gefertigt, der die größte Bewunderung verdient und einzigartig im Faltenwurf ist; Aufrichtung der flachen Malerei; wer nicht genau aufpaßt, könnte schwören, daß es sich um weißen Stein handelt, vor allem die Kerze auf dem Altartisch scheint wirklich zu brennen.«[24] Der Ausdruck ›Aufrichtung der flachen Malerei‹ war die geläufige Wendung, um ein Gemälde zu bezeichnen, welches das Relief (das *rilievo* der Italiener) imitierte. Das (verlorengegangene) Retabel dürfte Nischen enthalten haben, in denen Grisaille-Statuen in der flämischen Tradition eines Van Eyck standen. »Man könnte schwören, daß es sich um weißen Stein handelt«, schreibt der Verfasser des Inventars, aber den Skeptikern aus dem Lager Calabreses ist nicht entgangen, daß er sogleich hinzufügt: »wer nicht genau aufpaßt«. Das bedeutet, daß der Betrachter sich zwar täuschen kann, jedoch nur bei flüchtigem Hinsehen. Was die Kerze anbelangt, die »wirklich zu brennen scheint«, so verstärkt sie den Skeptizismus nur noch: wenn es denn etwas gibt, was keine Malerei ersetzen kann und wo jeder Irrtum ausgeschlossen ist, dann ist dies eine Kerzenflamme … Auch Vasari ließe sich anführen. Was könnte, ›scheinbar‹ mehr »dem Leben entnommen« sein als eine persönliche Erinnerung, die er in Peruzzis Lebensgeschichte bei der Beschreibung des Perspektivensaals der Villa Farnesina einfließen läßt: »Und ich erinnere mich, daß der Cavaliere Tizian, der ausgezeichnete und gefeierte Maler, als ich ihn zur Besichtigung jenes Werkes führte, durchaus nicht glauben wollte, daß es Malerei sei, und sehr verwundert war, als er den Standpunkt änderte.«[25] Nun würden wir gerne glauben, daß Peruzzis Fresken in ihrem ursprünglichen frischen Zustand den Venezianer zu täuschen vermochten, stammte dieser Bericht nicht gerade von jenem Vasari, der uns mit der gleichen Kühnheit die Geschichte vom Porträt Pauls III. erzählt, das zum Trocknen aus einem Fenster gehangen von Passanten gegrüßt wurde, und sähen wir nicht, wie sich hinter dem Tizian der Villa Farnesina der Schatten Zeuxis' abzeichnet, der seinem Kollegen Parrhasios einen Besuch abstattet.

61. LELIO ORSI
Junges Mädchen bei der Näharbeit,
Entwurf für eine Blendtür, 1587

Man kann also davon ausgehen, daß wir nie erfahren werden, ob sich die Augen unserer Vorfahren da täuschen ließen, wo die unseren kaum irritiert werden. Es ist folglich unmöglich, das Label ›Trompe-l'œil‹ zu vergeben und ein Korpus einzig nach dem Kriterium des gelungenen Ergebnisses zusammenzustellen.

Es bleibt sodann nur ein Ausweg: man muß das Problem von der anderen Seite angehen und sich die Frage stellen, ob ein wirkliches Trompe-l'œil überhaupt in der Absicht der Malerei der Renaissance lag.

A priori läßt sich sagen, daß, wenn diese Absicht je bestanden hat, sie in völligem Bruch zu dem stand, was damals die eigentliche Triebkraft der Malkunst ausmachte. Die Bildwerke sind weit von den Theorien entfernt, die aus der ›modernen Malerei‹ ein Trompe-l'œil-Unternehmen machen wollen, genaugenommen stehen sie sogar in direktem Widerspruch zu diesen. In Wirklichkeit verfolgte die Malerei der Renaissance ein erstaunliches, auf den ersten Blick vielleicht sogar absurdes Ziel. Dieses wurde von Cennino Cennini Ende des 16. Jahrhunderts höchst treffend formuliert, als er die von Giotto eingeführte Malerei als eine Kunst definierte, »[…] die Einbildungskraft *(fantasia)* und die Arbeit der Hand *(operazione di mano)* erfordert und die darin besteht, ungesehene Dinge zu erfinden, die den Anschein natürlicher Dinge haben *(trovare cose non vedute, cacciandosi sotto ombra di naturali),* sie dank der Hand zu fixieren und dabei etwas nicht Wirkliches wirklich erscheinen zu lassen *(dando a dimostrar quello che non è sia)*«.[26] Das ›offene Fenster‹ Albertis gibt den Blick vor allem auf ›ungesehene Dinge‹ frei. In der Mehrzahl ihrer Exponate ist die Malerei der Renaissance das Ergebnis der *fantasia* des Malers, schon deswegen, weil ihre Bildgegenstände dies erfordern: meist handelt es sich um christliche Andachtsbilder (die keine Kopien von Prototypen mehr sind, die Gott wie durch ein Wunder zur Verfügung gestellt hat), gefolgt von einer zahlenmäßig kleineren Gruppe sakraler oder profaner Historienszenen und von Gemälden mit ›poetischem‹ Bildgegenstand (Götter aus der griechisch-römischen Mythologie, antike oder moderne Helden aus Epen oder Romanen, allegorische Figuren). Keines dieser Kunstwerke lief Gefahr, mit der greifbaren und abwägbaren Wirklichkeit verwechselt zu werden. Der Betrachter war sich völlig darüber im klaren, daß die vor ihm stehenden Figuren nicht ›wirklich‹ anwesend waren und daß sie in manchen Fällen sogar offiziell imaginär, gänzlich der Phantasie der Dichter entsprungen waren (diejenigen Bilder, die im Ruf standen, heilig zu sein und Wunder bewirken zu können, die Bilder, die folglich von einer Gottheit ›bewohnt‹ waren, deren Präsenz sich in ihnen offenbarte, waren übrigens Ikonen im ›griechischen‹ Stil und nicht moderne Bilder). Eigenartig ist, daß diese der *fantasia* des Malers entsprungenen *cose non vedute* sich nun hinter der Erscheinung des Sichtbaren *(sotto ombra di naturale)* verstecken müssen. Ziel der ›modernen‹ Revolution ist es, den Betrachter dahin zu bringen, diese Figuren der fernen Vergangenheit so anzusehen, als seien sie Gestalten seiner Zeit, nah und leibhaftig. Um dies zu erreichen, bemühten sich die Maler im Norden wie im Süden Europas durch den Einsatz immer vielfältigerer Mittel, die Formen, Bewegungen, Texturen und Lichtverhältnisse tadellos wiederzugeben, aber auch den Betrachter dazu zu bewegen, den Raum der Darstellung ›zu betreten‹ oder umgekehrt eine oder mehrere Figuren aus diesem künstlichen Raum heraustreten zu lassen.[27]

Die Frage stellt sich, weshalb der Betrachter die Figuren so sehen sollte. Sixten Ringblom, Ernst Gombrich und andere vertraten die Ansicht, daß dieser Prozeß zu einem großen Teil an neue religiöse Erfordernisse gebunden war.[28] An einem bestimmten Punkt war die »Symbolisierung des Göttlichen durch die Ikone«[29] kein ausreichender Träger mehr für die Andacht der Menge. Die augustinische Psychologie unterschied drei Arten des Sehens: das körperliche Sehen (das der Augen), das ›geistige‹ Sehen (das des Gedächtnisses und der Einbildungskraft, die beide geistige Bilder formen) und das ›intellektuelle‹ Sehen (die abstrakte Konzeption). Indem den Bildern Christi, der Jungfrau und der Heiligen die dritte Dimension, das heißt ›Fleisch‹ und Raum – kurz, ein natürlicher Anschein verliehen wurde, ermöglichte man jenen, die dem heiligen Bernhard zufolge »nur sinnlich zu lieben vermögen«, den Übergang vom körperlichen zum geistigen Sehen. Die Ikonen konnten so zu Bildern werden, die im Gedächtnis und der Einbildungskraft der Menschen lebten, ganz wie die geliebten Wesen dieser Welt, und somit die Liebe zu Gott und die Frömmigkeit steigern. Nachdem die religiöse Malerei ihr *aggiornamento* hinter sich gebracht hatte, blieb der weltlichen Malerei nichts anderes übrig, als den gleichen Weg zu beschreiten, um so mehr, als die Wiederaufwertung der Antike dazu einlud.

Die europäische Malerei hat also seit dem 14. Jahrhundert (und dies für lange Zeit) im wesentlichen Bilder hervorgebracht, die darauf abzielten, die Einbildungskraft des Betrachters zu nähren und diesen zum Träumen zu bringen – was auch im wörtlichen Sinn verstanden werden muß: die Biographien zahlreicher Mystiker enthalten Episoden von Träumen und Visionen von Gott, die unmittelbar durch die sinnende Betrachtung eines Bildes ausgelöst wurden. Und diese Bilder sind der Einbildungskraft des Künstlers entsprungen, der von nun an anerkanntermaßen und immer ›offizieller‹ gleichberechtigt neben Priester (oder den weltlichen Dichter, der auch zum Träumen bringen will) und Betrachter tritt. Er will jedoch nicht nur seine Vision des Ungesehenen durchsetzen, sondern

auch die Präsenz und den Ruhm seiner Kunst wie auch seiner Person. – Die westliche Malerei bringt somit gleich in zweifacher Hinsicht paradoxe Bildwerke hervor: indem sie dem Übernatürlichen und dem Imaginären die Erscheinungsform des Natürlichen und des Wirklichen verleiht und indem sie trotz der erklärten Forderung nach einer wissenschaftlichen Beobachtung der Natur, nach illusionistischem Relief und Raumtiefe auf vielfältige Weise ihre Kunstgriffe und die Flächigkeit des Bildträgers zu erkennen gibt.

Wie die Malerei der Renaissance unter dem ›Regime‹ dessen lebte, was ich *paradoxes Bild* nennen würde, kann hier nicht im Detail erläutert werden. Dem müßte man ein ganzes Buch widmen. Nichts aber symbolisiert dieses Regiment besser als jene Werke, in die hypermimetische Elemente Einzug halten, weshalb sie in Veröffentlichungen zum ›Trompe-l'œil‹ abgebildet werden, die aber in Wirklichkeit das Paradox nur bis ins Extremtreiben. Nehmen wir als Beispiel das Fresko der *Dreieinigkeit* in Santa Maria Novella (um 1427; Abb. 51). Masaccio setzt die von ihm meisterlich beherrschte Perspektive Brunelleschis hier

62. UNBEKANNTER
FLÄMISCHER MEISTER
Wandschrank, 1538

63. TADDEO GADDI
Nische mit liturgischen Gegenständen,
1337–1338

64

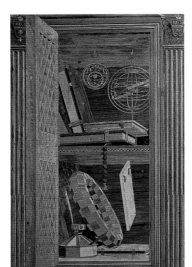

65

64. DIRK BOUTS (zugeschrieben)
Nische mit Büchern und Waschschale,
Rückseite der *Jungfrau mit Kind,*
um 1475

65. BACCIO PONTELLI
Halboffener Wandschrank, um 1476,
Detail

66. VITTORE CARPACCIO oder
JACOMETTO VENEZIANO
Briefwand, Rückseite eines Fragments
mit einer Komposition ›Jagd auf der
Lagune‹

66

zur Darstellung einer Kapelle ein, welche »die Mauer zu durchstoßen scheint«,[30] deren Fluchtlinien genau dem Standpunkt eines Betrachters entsprechen, der in einer als wahrscheinlich angenommenen Entfernung steht. Die Kapelle nimmt gerade das Bild auf, das in völligem Gegensatz zu jedem Trompe-l'œil-Unterfangen steht: das Bild Gottes. Ein weiteres Beispiel ist die sogenannte *Camera dei sposi* von Mantegna im Palazzo Ducale von Mantua (1471–1474). In der Mitte eines Gewölbes (Abb. 50), in dem goldene Mosaikdecken und Basreliefs in Stuck zum Verwechseln ähnlich von der Malerei nachgeahmt werden, öffnet sich zum Himmel hin ein *oculus* mit virtuosen Verkürzungen, der nicht nur lachenden Dienstmägden als Beobachtungsstand, sondern auch der Phantasie entsprungenen beflügelten Kindern als Sitz dient. Erwähnt sei auch die Villa Barbaro (um 1560), in der die in ›Trompe-l'œil‹ ausgeführten Fensterbögen Veroneses auf imaginäre Landschaften im venetisch-flämischen Stil hinausgehen, die sich um so leichter der realen, flachen Landschaft des Maser gegenüberstellen lassen, als vorgetäuschte und wirkliche Fenster sich aneinanderreihen. Oder auch das *Haupt der Medusa* von Caravaggio (um 1597 oder nach 1601; Florenz, Uffizien), in dem sich die Paradoxe häufen (Abb. 53). Durch die harten Schatten und das sich im Kristall der Augen und auf dem Zahnschmelz spiegelnde Licht tritt das schreckenerregende Gesicht aus der ›Tafel heraus‹ und dringt unwiderstehlich in den Raum des Betrachters ein. Aber es ist ein Gesicht der Legende. Die hervorquellenden Augen und der schreiende Mund stellen den Höhepunkt des Grauens dar. Sie sind nichtsdestotrotz mit der kalten Gründlichkeit des Technikers ausgeführt – nur die Blutspritzer zeugen von der plötzlichen *furia* des Pinsels. Das Schlangengewimmel ist regungslos, der zum Schrei ansetzende Mund für immer geöffnet: das ist der Gipfel der Malerei, ›stumme Poesie‹, aber auch erstarrte Bewegung. Gekrönt wird das Ganze durch die Illusion einer konkaven Oberfläche, die aus der gewölbten Oberfläche eines Holzschildes heraus entsteht.

Es bleibt der Teil der Malerei, den Cennino Cennini nicht erwähnt, jener nämlich, der die *cose vedute* darstellt, Lebewesen und Dinge aus der Realität, die vor dem Künstler gestanden haben, bevor er sie nach Belieben auf der Bildoberfläche verteilte.

Wie schon erwähnt, spielt das Porträt in den Anekdoten, die die Autoren der Renaissance dem Verzeichnis des Plinius hinzufügten, eine große Rolle. Es ist durchaus verständlich weshalb: die Wahrscheinlichkeit ist größer, einem Papst oder einer Gräfin gegenüberzustehen als Gottvater oder der Göttin Venus … Jedenfalls in der Logik der Literaten und Kunsthistoriker. Man kann jedoch davon ausgehen, daß niemand je von einem Porträt getäuscht wurde. Das Gemälde läßt sich natürlich immer in einen entsprechenden

Kontext setzen, der darauf abzielt, die Wahrnehmung des Betrachters zu konditionieren (aber selbst dann müßte das Modell ganzfigurig dargestellt sein, was relativ selten vorkommt). Das aber ist Sache des Romans, der es sich übrigens nicht hat nehmen lassen, von solchen Trugbildern Gebrauch zu machen (unter anderem Jules Verne, der sie in *Das Karpatenschloß* verwendete). Der Porträtmaler der Renaissance hat mit dem Zauberer oder Illusionisten jedoch nichts gemein.[31] Es steht nicht in seiner Absicht, eine Verwechslung zwischen dem Modell und seinem Abbild herbeizuführen. Die häufig auftretenden Inschriften auf den Gemälden und einige schöne Texte der Literatur belegen, daß das Porträt seinen Ruhm der Fähigkeit verdankte, etwas Abwesendes zu ersetzen.[32] Es handelt sich zum einen um die Abwesenheit, wie sie Cicero in *De Amicitia* definiert, die durch die Entfernung (des Freundes, der Verlobten usw.) verursacht wird, zum anderen um die Abwesenheit des Todes. Die Abwesenheit der Lebenden und der Toten ist es, auf die ursprünglich aufmerksam gemacht wird. Die Poetik des Genres funktioniert in einer Situation von Abwesenheit, die dem Betrachter bekannt ist und von ihm nachvollzogen werden kann. Dem Maler fällt es leicht, das Modell so darzustellen, als sei es nur zwei Schritte entfernt (der Rahmen jedoch, manchmal auch eine Brüstung oder ein Blendrahmen, wahrt eine gewisse Distanz), und es mit einem dem Betrachter zugewandten Blick oder einer Gebärde auszustatten, so als ob eine Verbindung zu diesem bestünde, als sei es bereit zu sprechen. Auch hier läßt sich als Beispiel mit emblematischem Stellenwert ein Werk nennen, das sich gewöhnlich in Veröffentlichungen zum Trompe-l'œil findet: *Das Selbstbildnis im Konvexspiegel* von Parmigianino (1524, Wien, Kunsthistorisches Museum; Abb. 54). In ein Unternehmen gestürzt, das man nicht anders als paradox bezeichnen kann, ließ er, nachdem er sein Selbstporträt mit Hilfe eines konvexen Barbierspiegels begonnen hatte, »eine Holzkugel beim Drechsler machen und sie durchteilen, so daß sie eine Halbkugel wurde von derselben Größe wie der Spiegel, und machte sich nun daran, mit großer Kunst alles wiederzugeben, was er im Spiegel sah«.[33] Es scheint, als sei man der Verwirklichung des Wunsches, ›die Augen zu täuschen‹, nie nähergekommen als mit dieser Vorrichtung, ausgedacht von einem Künstler, der, so heißt es, verzweifelt danach suchte, den Begrenzungen der flachen Oberfläche zu entkommen. Aber was zeigt die Halbkugel anderes als das Spiegelbild eines Mannes, das sich flüchtig auf der Oberfläche eines auf einen Tisch gelegten Spiegels zu einer anderen Zeit und an einem anderen Ort gebildet hat? Zur Zeit und am Ort des Betrachters ist der vor dem Tisch – zwischen Betrachter und Gegenstand – sitzende junge Mann definitiv verschwunden. Seine Anwesenheit allein hätte bewirken können, daß wir die Natur dieses Gegenstandes (Spiegel oder Gemälde?) anzweifeln. Der Künstler wäre jedoch nicht anders verfahren, wenn er uns hätte zu verstehen geben wollen, daß ein Gemälde kein Spiegel ist. Die wahre Intention des Trompe-l'œil, sein Spiel mit der Anwesenheit des Abwesenden, konnte nur am Rande der normalen Funktionsweise der Malerei (die eine Öffnung auf eine von Figuren des Jenseits, des Damals und des Anderswo bevölkerten Welt darstellte), in Bildern des Diesseits, hier und jetzt mit unbelebten Gegenständen und Nicht-Figuren gefüllt, wirksam werden.

67

Im Bereich der inneren und äußeren Wanddekoration bildet die Imitation von Architekturelementen und gemeißelten Reliefs schon an sich ein Forschungsgebiet. Deren Geschichte in der Renaissance kann hier nicht geschrieben werden. Angemerkt sei lediglich, daß diese Arbeiten, wollten sie die ›Augen täuschen‹ oder sich zumindest den Anschein geben, bestimmte Voraussetzungen hätten erfüllen müssen: Zum einen mußten die Gegenstände in Lebensgröße dargestellt werden (was fast immer der Fall ist), zum anderen das Projektionszentrum der perspektivischen Konstruktion genau an die Stelle gelegt werden, an der die Malerei sichtbar wurde (das heißt am Eingang). Es war somit nicht erforderlich, daß der Betrachter erst einen bestimmten Punkt aufsuchen mußte, wie dies zum Beispiel in der Kirche Sant'Ignazio in Rom der Fall ist, wo Andrea Pozzo die richtige Position in der Mitte des Kirchenschiffs durch einen Kreis im Fußboden kennzeichnen ließ. Dekorationen, die in der Renaissance (und später) diese Voraussetzung erfüllen, sind jedoch selten. So fällt der Perspektivensaal der Villa Farnesina (Abb. 56) durch seine Harmonie auf: das Projektionszentrum befindet sich nicht in der Mitte des Saales (in der die Mehrzahl der Fotos gemacht werden), sondern im Rahmen einer der Eingangstüren.[34] Eine weitere Voraussetzung schließlich lautet, daß das Bild so eingerichtet werden muß, daß das Vorgetäuschte nicht durch etwas gestört und das Ganze nicht in ein paradoxes Bild verwandelt werden kann (Abb. 55). Das bedeutet, daß die der anderen Welt, der Traumwelt zugehörigen Personen sowie alle erfundenen Elemente, die in den Zwischenräumen der Scheinarchitektur auftauchen können, verbannt werden müssen. Alles deutet darauf hin, daß man sich in der Renaissance auch an diese Bedingung nur selten gehalten hat, obwohl eine ›naheliegende‹ Lösung bestand: die in der vorgetäuschten Architektur stehenden imaginären Personen hätten so dargestellt werden können, als seien sie auf Bilder gemalt, in

67. Unbekannter Meister aus dem Umkreis von MELOZZO DA FORLI *Kredenz mit Geschirr,* um 1477–1481

68

Stein gehauen oder in Wandteppiche gewebt. Eine Lösung, für die man sich in der Wandmalerei des 16. Jahrhunderts häufig entschied. Erwähnt seien nur Michelangelos Gemälde im Gewölbe der Sixtinischen Kapelle, die Fresken Raffaels im Gewölbe der Gartenloggia der Villa Farnesina (die die Geschichte von Amor und Psyche aufgreifen) sowie diejenigen des von der Werkstatt Giulio Romanos ausgemalten Konstantin-Saals im Vatikan, Francesco Salviatis Gemälde im Palazzo Saccetti in Rom (Abb. 57) oder Annibale Carraccis Fresken im Gewölbe des Palazzo Farnese. Immer wieder jedoch verhindern Widersprüche und Zweideutigkeiten, die die Spuren verwischen und das Spiel verderben, daß das System der Täuschung richtig funktioniert.[35]

Nun kommt es aber vor, daß in der Wanddekoration der Renaissance an Stellen, an denen sie auch in Wirklichkeit hätten stehen können, plötzlich (weder imaginäre noch historische) Figuren auftauchen, anonyme Wesen, die der damaligen Welt, dem damaligen Alltag angehörten und die man im Unterschied zu den Porträts Nicht-Figuren nennen könnte (die stets ›jemanden‹, das heißt eine von einer sozialen Schicht oder einem Familienverband anerkannte, für die Nachwelt posierende ›Figur‹ abbilden). Auf den bemalten Fassaden des Alpenraums (Norditalien, Schweiz, Süddeutschland) und Nordeuropas betrachten Neugierige das Straßentreiben von falschen Fenstern aus und führen damit eine bereits Ende des 14. Jahrhunderts von den gotischen Bildhauern für die Fassaden der Kathedralen und Paläste eingeführte Tradition fort.[36] Jacopino de' Mottis überträgt im letzten Jahrzehnt des 15. Jahrhunderts das Verfahren auf einen Innenraum und zeigt Kartäusermönche, wie sie sich in den Seitenschiffen und im Querschiff der Kirche der Kartause von Pavia aus falschen Fenstern beugen (Abb. 58). Bewohner stützen sich auf die Balustraden und Innenbalkons ihrer Paläste und Villen, wie zum Beispiel die von Haustieren umringte Dame, die alte Dienstmagd und der lesende junge Mann aus dem kreuzförmigen Saal der Villa Barbaro (Abb. 60). Bedienstete tauchen in den Rahmen von Blendtüren auf, wie zum Beispiel die von Perin del Vaga und Pellegrino Tibaldi im Paulini-Saal und dem pompejanischen Korridor der Engelsburg in Rom (1546–1547) oder die bekannteren von Veronese (ein Jagddiener, ein Knappe und ein junges Mädchen; Abb. 59) in der Villa Barbaro (um 1560). Sie erinnern an antike Vorläufer, etwa an die *Frau in einem Türrahmen,* Detail einer Wanddekoration aus

bemaltem Stuck, die sich im Nationalmuseum von Neapel befindet.[37] In keinem einzigen
Fall handelt es sich um ein Porträt (jedenfalls nicht um ein offizielles, als solches anerkann-
tes Porträt).[38] Man setzt weder auf die Beschwörung eines Abwesenden noch auf die Erinnerung an einen Verstorbenen. Diese Figuren sind reine Präsenz, sie erscheinen wie Bediens-
te, die bereit sind zu servieren, oder Gastgeber, die herbeieilen, um den Besucher zu begrüßen.
Manchmal (zum Beispiel bei dem Jagddiener der Villa Barbaro, den man plötzlich am Ende
einer Flucht von Türen wahrnimmt) war der Irrtum für den Bruchteil einer Sekunde möglich, bevor die Reglosigkeit den Trick verriet. Meist aber werden (wie bei den Balustraden
derselben Villa) die ›realen‹ Personen genauso behandelt wie die offensichtlich ›fiktiven‹ Elemente des Dekors, die sich dem Auge gleichzeitig darbieten, und so wird deutlich, daß der
Künstler weniger versucht hat, ›die Augen‹ des Betrachters ›zu täuschen‹ als vielmehr mit den
›verschiedenen Stufen des Irrealen‹ innerhalb eines dekorativen Systems zu spielen.

Die Wand und die Realität der hiesigen Welt

Die einzigen Figuren, die wie die Kartäusermönche in Pavia oder die Dienstleute in Maser
jemanden zu täuschen vermochten, sind jene, die in den Rahmen von Blendfenstern
oder -türen erscheinen. Diese funktionieren wie Kabinen, die sowohl Öffnungen in der Wand
als auch einen begrenzten dreidimensionalen Raum bilden. Das gleiche gilt für Nischen und
Wandschränke, die die ersten ›Stilleben‹ aufnehmen. Den Historikern dieser Bildgattung ist
das natürlich aufgefallen[39], jedoch ohne daß sie womöglich alle Konsequenzen daraus gezogen hätten: die ersten, nicht in Figurenkompositionen integrierten Kompositionen von
Gegenständen weisen alle eine enge Beziehung zur Wand auf. Die Gegenstände werden entweder in oder vor der Wand gezeigt. Verglichen mit Gegenständen, die in Figurenkompositionen dargestellt sind, fallen diese Kompositionen nicht durch eine ausgesprochen mimetische Behandlung auf. Bemerkenswert ist ihre natürliche Integration in die Umwelt.

Für die Wandmalerei ist das offensichtlich. Die beiden berühmten Nischen, die Taddeo
Gaddi 1337–1338 auf den imitierten Marmor der Grundmauer der Baroncelli-Kapelle in
Santa Croce in Florenz in Freskotechnik malte (Abb. 63), müssen mit den Ausbuchtungen
in Verbindung gebracht werden, die man in den italienischen Kirchen des Mittelalters in der
Nähe des Altars anlegte, um die heiligen Gefäße und diverse für den Kult notwendige Uten-
silien während des Gottesdienstes unterstellen zu können.[40] Charles de Tolnay hat auf eini-

ge toskanische Beispiele aufmerksam gemacht, die aus dem 12. Jahrhundert erhalten sind. Sie weisen Nischen mit bemalter Rückwand auf, welche gleich Gedächtnishilfen die liturgischen Gegenstände schematisch darstellen, zu deren Aufnahme sie bestimmt waren.[41] Andere Fresken wie die von Taddeo Gaddi haben sicherlich existiert, bevor sie hinter Übermalungen verschwanden. Auf jeden Fall finden sie sich noch Ende des 15. Jahrhunderts bis nach Böhmen hinein: in der Smišek-Kapelle der Kirche der heiligen Barbara in Kutnà Hora wurden gegen 1496, zu einem Zeitpunkt, als ein italienischer Maler in der Gegend tätig war, zwei Nischen dieses Typs gemalt.[42] Zur gleichen Zeit zeigte Mantegna auf den Wänden des päpstlichen Empfangssaals der Villa Belvedere und der sich daran anschließenden Sakristei

einige Reihe von Nischen mit architektonischem Dekor, die diverse liturgische Gegenstände, Bücher usw. enthielten (Abb. 69). Das Modell wurde sogleich von Pinturicchio für den Mysteriensaal der Borgia-Gemächer (1492–1494) im Vatikan selbst übernommen.[43] Wandschränke, wie wir sie heute kennen, existierten damals in den Wohnungen nicht, und die in die dicken Wände eingelassenen Nischen spielten eine wichtige Rolle. Sie waren entweder offen oder wurden mit einem Vorhang, einer Holzklappe oder zwei Türen verschlossen. In Nordeuropa scheint man damit gespielt zu haben, auf der Außenseite solcher Klappen oder auf einer unabhängigen Tafel, die dort angebracht wurde, wo sich eine Nische hätte befinden können, das Innere der Nische mit den gewöhnlich in ihr untergebrachten Gegenständen zu zeigen. Kompositionen wie *Schrank mit Flaschen und Büchern,* der deutschen Schule

69.   ANDREA MANTEGNA
Dekoration des Empfangssaals der Villa Belvedere im Vatikan, um 1490, Rekonstruktion

um 1470–1480 zugeschrieben (New York, Sammlung Mortimer-Brandt), oder jener der flämischen Schule zugeschriebene und auf das Jahr 1538 datierte *Wandschrank* (Otterlo, Rijksmuseum Kröller-Müller; Abb. 62) lassen sich so mit hoher Wahrscheinlichkeit erklären.

Das häufige Auftreten dieser Nischen in der Realität konnte die Entstehung einer wohlbekannten Bildformel nur begünstigen, die seit Mitte des 15. Jahrhunderts von den flämischen Malern hinsichtlich der für den privaten Gebrauch bestimmten Diptychen und Triptychen, Porträts oder Andachtsbilder entwickelt worden war: die Darstellung einer Nische auf der Außenseite der schließenden Flügel, in der ein symbolischer Gegenstand (eine Blumenvase o. ä.) steht. So konnte das Gemälde bei geschlossenen Flügeln den Eindruck einer an dieser Stelle der Mauer tatsächlich vorhandenen Nische erwecken. Daß der am häufigsten dargestellte symbolische Gegenstand ein Schädel war, widersprach in nichts dem gesuchten Realitätseffekt. Der Totenkopf, ein in heutigen Wohnungen so ungewöhnlicher Gegenstand, war damals in den unweit gelegenen Beinhäusern in Hülle und Fülle vorhanden. Selbst wenn man kein Arzt oder Maler war, konnte man sich leicht einen beschaffen. Der Schädel war einer von vielen Gegenständen der Frömmigkeit und diente als Stütze bei der Meditation des Todes.

Man versucht jedoch nicht um jeden Preis, ihn in die Dekoration des Wohnhauses zu integrieren. Erst in den letzten beiden Jahrzehnten des 15. und in den ersten beiden des 16. Jahrhunderts geschah dies bewußt. Vorher schien niemand auf die Idee gekommen zu sein: Als Rogier van der Weyden 1452 auf den Außenseiten des Bracque-Triptychons (Paris, Louvre) links einen Schädel auf einem zerbrochenen Ziegelstein und rechts ein gemeißeltes Steinkreuz anordnet, suggeriert er deutlich den Raum einer Nische. Diese Suggestion wird jedoch durch die Hinzugabe der Wappen des Verstorbenen und seiner Witwe, der Auftraggeberin des Bildes, völlig zurückgenommen. Wurden sie womöglich ohne sein Wissen hinzugefügt? Auf jeden Fall betonen sie die Flächigkeit der Bildtafel. Die Darstellung einer Nische mit einem symbolhaften Gegenstand erfuhr jedoch auch eine Verlagerung. Als Beispiel sei die Rückseite des *Porträts eines Mannes* aus dem Museum der Bildenden Künste in Lille genannt, das Bartel Bruyn dem Älteren zugeschrieben wird und ca. 1540 entstand: die Nische, in der der Schädel (neben einem Schienbeinknochen) liegt, erinnert nicht mehr an einen Innenraum, sondern an die etwas heruntergekommene Außenmauer etwa eines Friedhofs. Der Schädel fungiert hier nicht mehr als vertrauter Gegenstand, der wirklich sein könnte, sondern als reines Sinnbild. Darüber hinaus müssen jene Kompositionen von der Liste etwaiger ›Trompe-l'œils‹ gestrichen werden, in denen die Gegenstände nicht in ihrer wirklichen Größe dargestellt sind, wie zum Beispiel die Dirk Bouts zugeschriebene *Nische mit Büchern und Waschbecken* (Abb. 64) von ca. 1475, die auf die Rückseite einer *Jungfrau mit Kind* (Rotterdam, Museum Boymans-Van Beuningen) gemalt wurde. Die Abmessungen des Gemäldes betragen nur 24 mal 21 cm. Ausschließen muß man auch die berühmten Einlegearbeiten des Palazzo Ducale von Urbino (Abb. 65) und von Gubbio, Meisterwerke des ›paradoxen Bildes‹, in denen die unglaubliche Kraft der kreativen Verfahren jedoch durch die allgemeine Monochromie fast gegen unseren Willen aufgehoben wird.

Eine andere Wandvorrichtung, die von unseren praktisch veranlagten Vorfahren entwickelt wurde, bestand darin, Bänder zu spannen oder Stäbchen anzunageln, um dahinter Briefe, Papierstücke und Urkunden aller Art zu klemmen. Das Vorbild dieser ›Briefwände‹, die vom 17. bis 19. Jahrhundert zu einer der Lieblingsmotive der ›Trompe-l'œil‹-Meister werden sollten, ist möglicherweise die Rückseite eines Carpaccio bzw. Jacometto Veneziano zugeschriebenen Fragments, das eine ›Jagd auf der Lagune‹ zeigt (Malibu [Kalifornien], The J. Paul Getty Museum; Abb. 66).[44] Man findet dort das angenagelte Bändchen, hinter dem die gefalteten Briefe klemmen. Auf einem von ihnen hat man den Namen Andrea Mocenigo entziffert. Unverständlich bleibt die Bedeutung des Stuckgesimses, das der Vorrichtung als Rahmen und Hintergrund dient. Da der Status der Vorderseite, die zu Unrecht als die erste unabhängige Landschaftsmalerei betrachtet wurde, ebenfalls unklar ist, da man sie sich nur schwerlich auf der Innenseite einer Schranktür vorstellen kann, deren Außenseite die Briefwand bilden würde, und da das Ganze nach seiner Entdeckung 1944 bei einem Antiquitätenhändler umfassend restauriert wurde, läßt sich seine Bedeutung für die Geschichte des Trompe-l'œil nur schwer ermessen.

Dagegen ist das *Stilleben mit Rebhuhn, Eisenhandschuhen und Armbrustbolzen* (München, Alte Pinakothek; Abb. 70) für die Geschichte eines anderen anerkannten Trompe-l'œil-Bereiches von grundlegender Bedeutung: für die Jagdtrophäe mit an einem Nagel aufgehängten toten Tieren und weidmännischen Utensilien. Die Historiker waren sich unschlüssig über die Bestimmung dieser wunderbaren auf Lindenholz gemalten Komposition, die der Venezianer Jacopo de' Barbari, damals in Deutschland tätig, 1504 realisierte.[45] Einige sahen darin die (von ihrer Vorderseite losgelöste) Rückseite – oder die Deckplatte des Schutzkastens – einer Figurenkomposition beziehungsweise eines Jägerporträts. Aber die augenfällige Präsenz des *cartellino*, des Zettels, auf dem das Werk signiert und datiert wurde, schließt den Gedanken an ein zweitrangiges Element aus: Die Maler signierten nur einmal und das an einer gut sichtbaren Stelle. Unvorstell-

70. JACOPO DE' BARBARI
Stilleben mit Rebhuhn, Eisenhandschuhen und Armbrustbolzen, 1504

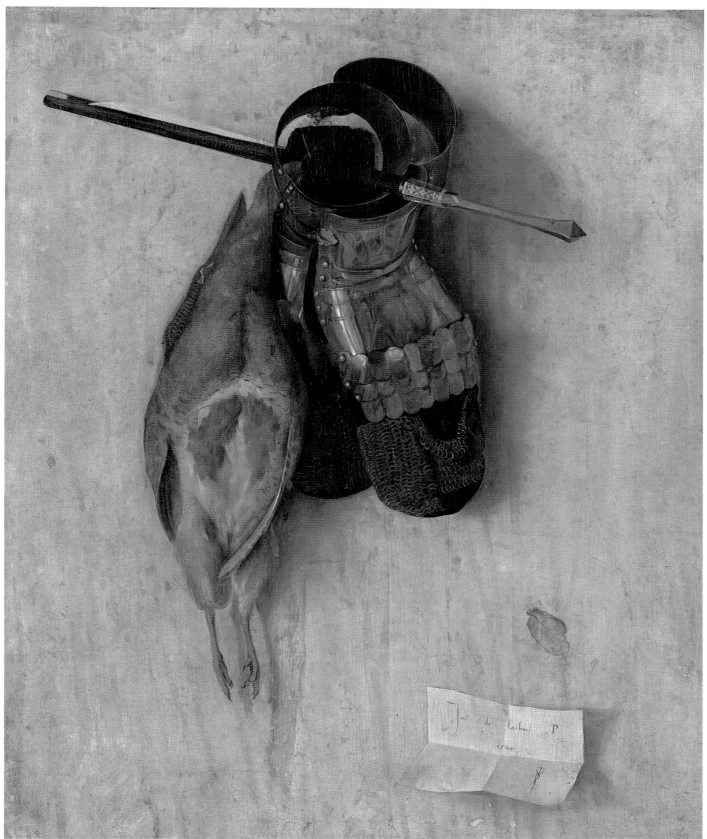

bar ist auch, daß die Tafel Teil eines in Form eines Diptychons gestalteten Porträts war. Bei einem solchen standen dem Modell entweder die Jungfrau oder Christus – der Inhalt seiner Andacht – gegenüber oder der Ehemann beziehungsweise die Ehefrau, die somit ein Pendant bildeten. Der Kunstgriff, einer menschlichen Gestalt den Kadaver eines Rebhuhns, einen Armbrustbolzen und ein Paar Handschuhe gegenüberzustellen, der im Surrealismus gefallen hätte, hätte in der Renaissance jedes Sinnes entbehrt. Roberto Longhis Vermutung, es handle sich um die Dekoration der Tür eines Wandschrankes, in dem Jagdinstrumente aufbewahrt wurden, scheint begründeter.[46] Auf jeden Fall erhält das Bild erst dann seinen Sinn, wenn man es sich allein oder kombiniert mit anderen vorstellt, um so ein signifikantes, geschickt in die Wand eines Wohnhauses integriertes Ganzes zu bilden.

Die Wandmalereien in den Häusern Südeuropas suchten möglicherweise den gleichen Effekt. Die in diesem Bereich jedoch beträchtlichen Zerstörungen machen einen Überblick unmöglich. Als Beispiel sei das Fragment eines Freskos erwähnt, das bei Rekonstruktionsarbeiten im Palazzo Altemps in Rom vor kurzem zutage trat (Abb. 67). In dem ehemaligen Empfangssaal der römischen Residenz Girolamo Riarios und Catarina Sforzas malte ein Melozzo da Forlì nahestehender Künstler um 1477–1481 eine *credenza,* einen jener an die Wand gelehnten Tische, die für die Aufstellung des prunkvollen Tafelgeschirrs während der Bankette mit Aufsätzen versehen wurden. Im Hintergrund formt eine scheinbar mit Haken befestigte Mille-fleurs-Tapisserie die *spalliera,* die Schutzwand vor der Mauer. Eine noch erstaunlichere Dekoration hat sich in der Villa del Bene in Volargna in der Nähe des Gardasees erhalten (Abb. 68). Sie wurde von Giovanni Caroto um 1550 geschaffen und täuscht Gemälde vor, die den Gepflogenheiten der Epoche gemäß an Haken oberhalb der Wandverkleidung hängen.[47] Ein anderes Bild scheint einfach auf einen Sims (auch dieser ist vorgetäuscht) gestellt zu sein, der eine Nische überragt. Nur ein Teil des Bildes ist sichtbar, denn das Gemälde wird von einem eher einfachen Schutzvorhang bedeckt. Auch die Gemälde, die sich seit dem 15. Jahrhundert in den Wohnungen häufen, gehören zu den *realia* des Alltags.

Welche Gründe mögen dazu bewogen haben, daß man die Gegenstände auf diese Weise isolierte und daß man sie, selbst wenn man sie nicht ›realer‹ als Gegenstände in Figurenkompositionen erscheinen ließ, doch aus der imaginären Welt herausnahm und sie gewissermaßen in die irdische Realität und den Alltag herunterholte, damit sie dort wirkliche Dinge verdoppelten und ersetzten?

Zunächst denkt man an kulturelle Gründe, das heißt an die Nachahmung der antiken Kunst. Das Motiv etwa der an der Wand hängenden Scheingemälde war der römischen Wanddekoration bekannt. Davon zeugen die Gemälde im Haus der Vestalinnen in Pompeji (1. Jahrhundert n. Chr.) mit ihren Schutzflügeln, Nägeln und Schnüren. Zwischen der Komposition von Gegenständen als eigenständigem Bild und dem *revival* der Antike wurde ein Zusammenhang hergestellt. Charles Sterling und Ernst H. Gombrich[48] zufolge ging die Lektüre von Plinius, Vitruv, Philostratos oder Texten der *Griechischen Anthologie* mit der Entdeckung von Wanddekorationen (die zahlreicher waren, als man zunächst glauben möchte) einher, wie sie in den Ruinen Roms und anderswo noch zu sehen waren. Diese Dekorationen wiesen häufig Kompositionen mit Vasen, Obstschalen oder Körben auf, die Eßwaren enthielten und teilweise umringt waren von lebenden Tieren, beispielsweise Vögeln, Kaninchen, Hunden oder Katzen, die am Festmahl Anteil nahmen. Die Gegenstände wurden entweder in einer Art Vorratsschrank beziehungsweise in Nischen auf Regalbrettern oder auf ein oder zwei Steinstufen liegend dargestellt. Die enge Verbindung zwischen Stilleben und Wand, die Rolle der Nische oder des Wandschrankes mit mittlerem Regalbrett, das häufige Vorhandensein von lebenden Tieren (wie zum Beispiel der Papagei in Mantegnas Nischen im Belvedere) in den Darstellungen der Renaissance erinnern unweigerlich an die Dekorationen der Antike.

Der bolognesische Maler Antonio da Crevalcore, von dem lediglich zwei oder drei Werke bekannt sind, die nichts mit Stilleben zu tun haben, machte Anfang des 16. Jahrhunderts aus Obstbildern offensichtlich seine Spezialität. Im Frühjahr 1506 schreibt ein bolognesischer Briefpartner an Isabella d'Este, daß er ihr »eine Obstmalerei von Antonio da Crevalcore schickt, der in dieser Übung einzigartig *(singularissimo)*, jedoch weitaus langsamer ist als die Natur«[49] Crevalcore war immerhin so berühmt, daß der Dichter Filotteo Achillini ihm zwei Gedichtzeilen seines *Viridario* widmete:

**Nel trar dal ver si vale il Crevalcore
Che qual Zeusi gli occhi gabba coi frutti.**[50]

(In der Darstellung nach der lebenden Natur herrscht Crevalcore vor, der wie Zeuxis mit seinem Obst die Augen täuscht.)

Wir haben jedoch gelernt, vor Lobliedern auf eine die ›Augen täuschende‹ Kunst und Verweisen auf Zeuxis auf der Hut zu sein. Nichts beweist, daß Crevalcores ›Obstmalereien‹ so dargestellt waren, als seien sie in eine Wanddekoration integriert, oder daß sie sich jemals von naturgeschichtlichen Studien etwa in der Art eines Dürer unterschieden. Man kann sich des Eindrucks nicht erwehren, daß die ›Übung‹ etwas Experimentelles hat und wohl eher auf Neugierde beruht. Es läßt sich also festhalten, daß die Gegenstände, die von den Malern der Renaissance isoliert wurden, um sie fiktiv in Wände zu integrieren, nicht die irdischen Wonnen heraufbeschwören sollten, die die Natur dem menschlichen Appetit bietet.

Und das aus gutem Grund: der Wunsch, eine Tradition der antiken Wandmalerei zu übernehmen und fortzuführen, war meist eng an religiöse Glaubenssätze gebunden.

Das Christentum hatte seine Gründe, auf der kleinen Bühne der Wand die Dinge der hiesigen Welt in Szene zu setzen. Denn diese verkörperten für den Christen eine verborgene Wahrheit: sie sprachen von Tod und Gott, dem einzig Wirklichen, das hinter den Erscheinungen am Werke ist.

Auf den Rückseiten der Porträts legen die Schädel, zum Teil von Symbolen der Endlichkeit (wie einer erloschenen Kerze) umgeben, etwas bloß, das man die Kehrseite der Medaille nennen könnte (Abb. 71, 72 und 73) – und das Spiel der beweglichen Flügel der Diptychen und Triptychen, mit denen man die scheinbare und die wirkliche Person aufeinanderfolgen lassen kann, rücken diese in die Nähe jener Verwandlungsbilder, die für Bedürfnisse des erbaulichen Diskurses verwendet wurden: zweiseitige Statuetten mit einer menschlichen Gestalt auf der einen und einem grinsenden Skelett auf der anderen Seite, *turning pictures,* in denen durch das Faltverfahren ein Totenkopf an die Stelle des Porträts tritt …[51] Die Wandvertiefungen nahmen jedoch nicht nur Totenschädel auf, mit denen der Maler und der Auftraggeber möglicherweise die Absicht eines Trompe-l'œil verbanden. Führt man den Gedanken zu Ende – wobei wir noch immer von der (unüber-

71.   JAN GOSSAERT
l. *Wappen, Initialen und Motto des Jean Carondelet*
r. *Totenschädel*
Rückseite des *Diptychons Carondelet,*
1517

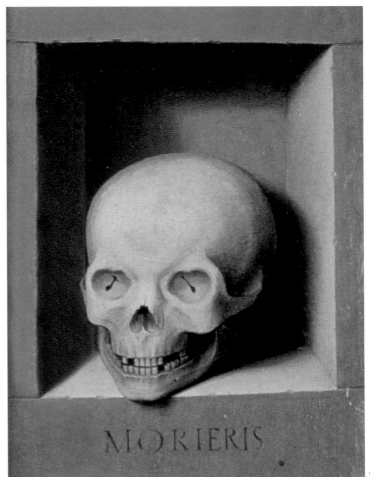

prüfbaren) Hypothese ausgehen, daß das, was uns heute nicht täuscht, womöglich unsere Vorfahren getäuscht hat bzw. von dem man damals für möglich hielt, daß es sie täuschen könnte – müssen auch Werke wie das Skelett der *Dreieinigkeit* von Masaccio oder der *Tote Christus im Grab* von Holbein in diese Familie aufgenommen werden.

Wenn wie bereits gesagt der obere Teil des Freskos in Santa Maria Novella (vgl. Abb. 51) in den Bereich der paradoxen Bilder gehört, der untere Teil ist der ›reinen und harten‹ Wirklichkeit gewidmet. Ein Altar aus Steinen ist genau an die Stelle gemalt, an der auch ein wirklicher Altar hätte stehen können. In einem vom Altartisch verborgenen und halb in die Wand eingelassenen Grab ruht ein Skelett. Dieser Teil des Freskos wurde stark in Mitleidenschaft gezogen, so daß heute nur noch ein vager Rest zu sehen ist. Wenn man sich jedoch das ursprüngliche Aussehen dieser Grisaille-Malerei vorstellt, wird recht deutlich, daß im Unterschied zum oberen Teil der Realitätseffekt überaus stark sein mußte – um so mehr als Skelette (ganz wie die Totenschädel) für unsere Vorfahren zu den ›gesehenen‹ Dingen gehörten und von den Predigern zur Erbauung ihrer Gemeindemitglieder sogar ausgestellt wurden.

72.   HANS MEMLING
l. *Kelch mit einer Schlange*
r. *Totenschädel*
Rückseite des *Diptychons Bembo*

73.   BARTEL BRUYN DER ÄLTERE
Vanitas, Rückseite des *Porträts der Jeanne-Louise Tissier,* 1524

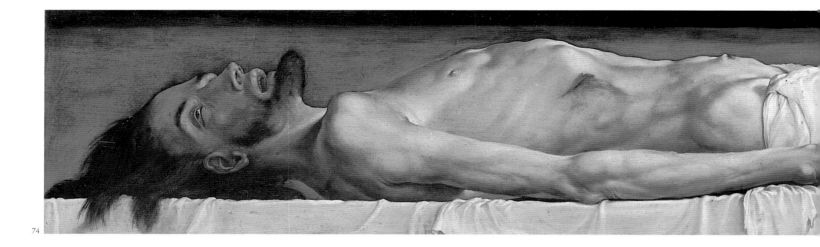

74

Im Inventar Amerbach von 1586 wird *Der tote Christus im Grab* von Holbein (1521–22; Basel, Öffentliche Kunstsammlung; Abb. 74) erwähnt als »das Gemälde eines Toten, auf Holz und in Ölfarben«. Seitlich davon wurde folgende Erläuterung hinzugefügt: »*cum titulo Jesus Nazarenus rex*«.[52] Und in der Tat war das Göttliche noch nie bis zu diesem Grad aus der Darstellung des toten Christus ausgeschlossen worden. Holbein verwehrte ihm selbst das Maßlose in der physischen Zersetzung, das Grünewald dem Gekreuzigten des Retabels in Colmar zugestanden hatte. Nur die Wundmale auf der Seite, der Hand und den Füßen mit den schrecklichen Nekrosen erlauben, die gemarterte, ausgeblutete Leiche wiederzuerkennen und dem Gesicht mit den verdrehten Pupillen, den vor Grauen noch zu Berge stehenden Haaren und der im Todesschauer erstarrten Haut, die sich bereits grünlich verfärbt, einen Namen zu geben. Ein visionärer Maler macht uns zu Voyeuren, herbeigerufen, damit wir einen Blick in das Grabesinnere werfen, bevor die Grabplatte verdeckt, was wir nie hätten sehen dürfen: ein Gott, der darauf reduziert wurde, ein verfaulender ›Toter‹ zu sein, eine Verkörperung aller Leiden und aller toten Menschen, eine Leiche unter anderen. Die meisten Historiker glauben, daß das Gemälde nicht die Predella eines Retabels war, sondern ein eigenständiges Werk, das mit den ›Heiligen Gräbern‹ verglichen werden muß, jenen Nischen, die einen Abguß oder eine Statue des toten Christus enthielten und nur in der Woche vor Ostern geöffnet wurden. Die Wirkung, den die Enthüllung eines solchen Gemäldes auf die Menge der Gläubigen am Karfreitag ausübte, kann man sich auch heute noch gut vorstellen.[53]

Er kam vielleicht dem Effekt nahe, den im 17. Jahrhundert die *Heiligen Gesichter* Zurbaráns (Abb. 75) und seiner Nacheiferer ausgeübt haben mochten. In ihnen scheint das mit einem Maximum an mimetischen Effekten versehene Tuch der heiligen Veronika mit Hilfe von Nägeln, Schnüren oder Wachssiegeln auf einem flachen Oberflächenausschnitt befestigt, der lückenlos an die gewöhnliche Wand anschließen sollte.[54]

In der christlichen Tradition hat bekanntermaßen jeder Teil der Realität eine Bedeutung und verweist auf Gott, Christus, die Jungfrau, die Heiligen, das Gute oder das Böse ... Er-

74.   HANS HOLBEIN DER JÜNGERE
Toter Christus im Grab, 1521–1522

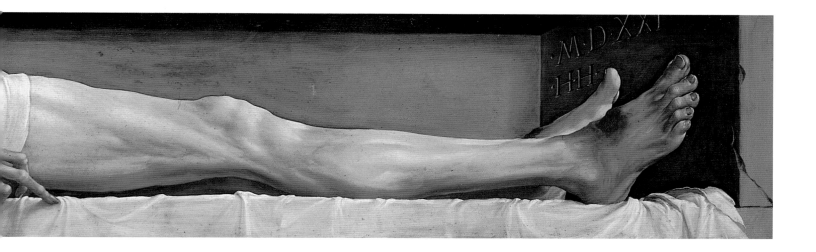

win Panofsky hat den Übergang von einem »offensichtlichen oder evidenten Symbolismus im Mittelalter« zu einem »versteckten Symbolismus« im 15. Jahrhundert betont, in dem die Symbole hinter der Erscheinung realer Gegenstände verborgen liegen. Selbst wenn diese Theorie heute stark angegriffen wird, steht eines fest: die in Nischen plazierten realen Gegenstände auf den Außenflügeln der abschließbaren Gemälde des Nordens hatten immer symbolischen Charakter. Hier sei nur die Blumenvase auf der Rückseite des *Porträts eines jungen Mannes* (beim Gebet) von Memling erwähnt (gegen 1490; Madrid, Sammlung Thyssen-Bornemisza; Abb. 76). In dem kleinen Krug aus Majolika, der mit dem Monogramm Christi ›IHS‹ verziert ist, symbolisieren die weißen Lilien die Reinheit der Jungfrau, die Irisblüten sowohl Maria die Himmelskönigin als auch die Schmerzensmutter und die Schafgarbe den Heiligen Geist.[55]

Andere Gegenstände, auf oder öfter noch in den Wänden in Szene gesetzt, verweisen auf die Kirche, Gottes Vertreterin auf Erden. So zum Beispiel die liturgischen Gegenstände, die in Taddeo Gaddis Scheinnischen in Santa Maria Novella (Abb. 63) oder in denen seines fernen Nacheiferers in der Kirche der heiligen Barbara in Kutnà Hora liegen. Mantegnas und Pinturicchios Nischen im Empfangssaal des Belvedere und in den Borgia-Gemächern im Vatikan enthalten die päpstliche Tiara und diverse, an die Person und Funktion des Papstes gebundene Gegenstände. Diese Beispiele ermöglichen unserer Meinung nach die richtige Deutung der mysteriösen »kleinen Chorräume« *(coretti)* bzw. gotischen Kapellen, die auf beiden Seiten des Triumphbogens der Arena-Kapelle in Padua (Scrovegni-Kapelle; Abb. 77) »die Mauern zu durchstoßen scheinen«, wie Vasari sagen würde. Die detaillierte, präzise Malerei des Gewölbes, der Fensteröffnung und der mit Öllämpchen versehenen Hängelampe sowie die Kohärenz der perspektivischen Konstruktion, die dem Blickwinkel eines in der Kirchenmitte stehenden Betrachters entspricht[56],

75. FRANCISCO DE ZURBARÁN
Heiliges Gesicht, 1631

93

stellen einen völligen Bruch mit den Darstellungsweisen von Architekturelementen in Szenen aus dem Leben Christi und der Jungfrau dar. Die Hypothese wurde geäußert, Giotto habe damit ein geplantes, aber nie ausgeführtes Querschiff vortäuschen wollen.[57] Das gerade Festgestellte lädt jedoch weit mehr dazu ein, in ihnen die christliche Version jener menschenleeren Scheinarchitekturen zu sehen, die in der antiken Wanddekoration eines der Hauptthemen bildeten, sowie ein Bild der Kirche, die durch einen emblematischen Teil des religiösen Gebäudes symbolisiert wird.

Die großen Steinskulpturen bildeten einen weiteren wichtigen Bestandteil der Kultstätten und konnten daher ebenfalls die Kirche und die irdische Realität des Glaubens symbolisieren. Im 15. Jahrhundert nun sieht man, wie die flämischen Maler das Schema der Grisaille-Statuen, die – wie zufällig – in Nischen standen, auf die Außenflügel ihrer großen, aufklappbaren Altargemälde übertrugen. Panofsky zufolge trifft man diese vorgetäuschten Statuen zum ersten Mal auf der Rückseite der *Hochzeit der Jungfrau* im Prado an, ein Jugendwerk des Meisters von Flémalle.[58] Sie tauchen später regelmäßig bei Van Eyck, Memling oder Dirk Bouts auf (Abb. 78 o. und 78 u.). Ein Problem stellt sich jedoch. Einer alten und hartnäckigen Theorie zufolge war die Stein- und Marmorskulptur wie die Holzskulptur stets und überall vergoldet und mit lebendigen Farben bemalt. Was bedeuten dann aber diese Grisaille-Malereien? Panofsky zufolge hatten die Maler, die mit der Bemalung und der Vergoldung der Werke ihrer Kollegen beauftragt waren, die Gelegenheit, die Skulpturen in den Bildhauerwerkstätten ›nackt‹ zu sehen. Sie hätten daraufhin deren Schönheit geschätzt und sich bemüht, die auf dem unbearbeiteten Material spielenden Lichteffekte auf den Retabeln zu wiederholen.[59] Diese Vermutung ist intelligent, aber willkürlich. Steht wirklich fest, daß die großen Steinskulpturen der Kathedralen stets polychrom waren? In den zahlreichen Gemälden und Manuskripten, die (symbolische) Ansichten von Kirchenportalen zeigen, ist die Skulptur immer »steinfarben«, wie Dürer sagte. Es ist also möglich, daß nur das Holz systematisch bemalt wurde.[60]

Eine andere, weitaus interessantere Hypothese besagt, daß die Grisaille-Malerei mit der Idee der Buße und der Fastenzeit assoziiert wurde.[61] Demzufolge sei die *Altardecke von Narbonne* (Louvre) in Camaïeu ausgeführt worden, um sie in diesem Zeitraum zeigen zu können. Andererseits blieben in der Fastenzeit nur die Heiligenfiguren und Darstellungen der Verkündigung unverhüllt. Von ein oder zwei Ausnahmen abgesehen sind es aber Heilige und Verkündigungen, die in den Nischen auf den Außenseiten der Flügel in Grisaille dargestellt sind. Selbst wenn die Idee der Buße vielleicht nicht immer hinter diesen ›Trompe-l'œil‹-Statuen stand,

76

76.   HANS MEMLING
Blumenvase, Rückseite des *Porträts eines jungen Mannes,* um 1490

kann man unserer Meinung nach davon ausgehen, daß ihr tieferer Sinn in dem Spiel zwischen dem Öffnen und dem Schließen der Flügel bestand, wie in den intimen Bildchen, in denen das Porträt des ›Lebenden‹ mit dem Totenkopf wechselt. Im Innern des Altarbildes, sichtbar bei geöffneten Flügeln, befindet sich das Bild Gottes im Glanz von Marmor, Gold und Brokat, manchmal die Ansicht einer wunderbaren Landschaft oder die Vision einer fröhlichen oder schmerzhaften Szene aus dem Leben Christi oder der Jungfrau. Aber dann wird das Retabel – wie im Theater – geschlossen (Abb. 79). Die Vision verschwindet. Es bleibt die irdische Realität: die Kirche, in die man sich zum Gebet begibt, ein Ort der Fürbitte zwischen Himmel und Erde, bevölkert von den Bildern der fürbittenden Heiligen und der Verkündigung, und ein Symbol der Hoffnung, da in ihr der Erlösungsprozeß seinen Anfang nimmt. An gewöhnlichen Tagen ist es dieser Ort, an den das Retabel – das so vollkommen der Mauer mit ihren Nischen,

77

in denen Gegenstände aus dem täglichen Leben des Gläubigen stehen, entspricht – erinnert. Wie bei den ›Schädelnischen‹ konnte es jedoch vorkommen, daß Maler den tieferen Sinn des Systems nicht beachteten und die falsche Statue durch eine auf einem Sockel stehende ›lebendige‹ Person (wie die Propheten des Retabels der *Verkündigung von Aix*) oder durch einen Zwitter, halb Statue, halb Lebewesen (wie der Engel und die Jungfrau des *Retabels Portinari* von Hugo van der Goes) ersetzten.[62] Wenn unsere Deutung richtig ist, dann stellte die Außenseite der flämischen Retabel nichtsdestoweniger einen der Orte dar, an dem die erklärte Absicht demonstriert wurde, durch die Darbietung und Hervorhebung einer Realität der hiesigen Welt, im Gegensatz zur grenzenlosen imaginären, ›die Augen zu täuschen‹.

Die Lektion der Philosophie

In seinem Dialog *Das religiöse Festmahl (Convivium religiosum,* 1522) setzt Erasmus den äußerst christlichen Besitzer eines Landhauses und einen seiner Besucher in Szene. Letzterer begeistert sich beim Besuch des Gartens insbesondere für die Säulen eines Wandelganges, die

77. GIOTTO
Chorraum (Coretto), um 1305

95

78a

78b

78. DIRK BOUTS
o. *Johannes der Täufer*
u. *Johannes der Evangelist*
Rückseite eines auseinandergenom-
menen Retabels, 1449

79. HANS MEMLING
*Die Jungfrau mit Kind umgeben von
Heiligen und den Stiftern,*
Triptychon, Retabel im geschlossenen
(o.) und im geöffneten Zustand (u.)

»durch die bewundernswerte Verschiedenartigkeit ihrer Farben verzaubern« und fragt, ob sie aus Marmor seien. Als er erfährt, daß es sich lediglich um zerstoßene, von einer bemalten Verkleidung bedeckte Kieselsteine handelt, ruft der Besucher aus: »Ein wirklich angenehmer Betrug *(lepida profecto impostura)*! Ich hätte schwören können, daß es Marmor sei.«[63] Dieses Eingeständnis gibt dem Herrn des Hauses Gelegenheit zu einer kurzen Predigt, begleitet von einer Maxime Senecas: »Hüte dich davor, etwas leichtfertig zu glauben oder zu beurteilen. Nicht selten leitet uns die äußere Erscheinung irre *(non raro fallit species)*.«

Die Episode bezieht sich auf einen marginalen ›Trompe-l'œil‹-Fall, mit dem wir uns hier nicht zu beschäftigen brauchen – die Imitation eines kostbaren Materials (Marmor, Holz) durch die Malerei: Sie erinnert uns jedoch daran, daß das Trompe-l'œil – wenn es denn existiert – beziehungsweise das literarische Szenario des irregeführten Betrachters jeden Reiz verliert, wenn die *impostura* nicht aufgedeckt wird. Das Gesetz der Bildgattung erfordert, daß jemand – der Besitzer oder der ›Cicerone vom Dienst‹ – den Naiven eines Besseren belehrt. Erst dann kommt die Schlußfolgerung: einerseits die Bewunderung für das meisterhafte Können des Künstlers und die Macht der Malerei, andererseits die Ver-achtung für unsere schwachen Sinne. Der zweite Teil dieser Schlußfolgerung darf gerade für die Renaissance, eine Periode stark ausgeprägter Religiosität und bedeutender philoso-phischer Überlegungen, nicht vernachlässigt werden. Die Malerei kann dem Gelehrten bei der Definition des Skeptizismus eine Hilfe sein. Es reicht aus, Montaigne zu zitieren: »Was, wenn schon unsere Sinne sich gegenseitig behindern? Eine Malerei scheint beim Anblick aufgerichtet, bei der Berührung flach ...« (»Apologie des Raymond Sebond«, *Essays,* II, 12). Dieselbe Idee trifft man noch zwei Jahrhunderte später bei Diderot an, mehr Philosoph als Kunstkritiker: »Erinnern Sie sich an die beiden Basreliefs von Oudry, auf die man die Hand auflegte? Die Hand berührte eine flache Oberfläche; das Auge dagegen, noch im-mer verzaubert, ein Relief; so daß man den Philosophen hätte fragen können, welcher der beiden Sinne, deren Aussagen sich widersprachen, gelogen hat.« *(Salon de 1761).*[64]

Die Irrtümer der Sinne und damit die Schwächen der menschlichen Natur aufzuzeigen – allein die Möglichkeit dieser kleinen Moralpredigt wäre für die Hausherren Nordeuropas, durchdrungen von der christlichen Philosophie eines Erasmus, Grund genug gewesen, Gemälde wie *Der Wandschrank von Otterlo* oder *Stilleben mit Jagdtrophäe* von Jacopo de' Barbari aufzuhängen. Selbst wenn die Besucher, die die gleiche Kultur teilten, nicht wirk-lich getäuscht wurden, kannten sie Plinius, Seneca und die Bücher christlicher Weisheit gut genug, um zu wissen, wie und mit welchen Worten man so tun konnte, als sei man es ...

Die Schmetterlinge auf dem Gemälde

Der Mensch ist eine erbärmliche Kreatur, denn einige Pinselstriche auf einer Holztafel oder Leinwand reichen aus, um seine Sinne zu täuschen. Der Urheber dieser trügenden Pinselstriche dagegen ist ein bewundernswerter Virtuose. Das Ziel mehrerer im 15. Jahrhundert entwickelten Vorrichtungen bestand offensichtlich darin, den Ruhm der Malerei und der Maler zu verherrlichen. Sie zielten darauf ab, die Zweidimensionalität des Untergrundes hinter der imaginären Komposition bzw. dem fast realen Schauspiel, das das ›offene Fenster‹ bot, in Erinnerung zu rufen, zugleich aber – an anderer Stelle – eine neue Falle zu errichten, nämlich *vor* dem auf diese Weise entlarvten Untergrund.

Der Vorhang, den Parrhasios, wie Plinius in seiner *Naturgeschichte* erzählt, so täuschend echt malte, lieferte das Vorbild schlechthin. Merkwürdigerweise fand sich vor dem 17. Jahrhundert aber kaum ein Maler, der an diese Leistung angeknüpft hätte. Erwähnen läßt sich ein einziger Fall, das *Porträt des Filippo Archinto,* das mit Einschränkungen Tizian zugeschrieben wird (Philadelphia, John G. Johnson Art Collection; Abb. 81). Ein Vorhang oder vielmehr ein großer transparenter Schleier füllt die gesamte linke Hälfte des Gemäldes aus und verhüllt einen Teil der Gestalt des Prälats. Zwei Hypothesen wurden zu seiner Deutung aufgestellt. Der einen zufolge ist der Schleier ein Hinweis darauf, daß das Porträt des Erzbischofs von Mailand nach seinem Weggang ins Exil oder nach seinem Tod in Bergamo angefertigt wurde.[65] Der anderen zufolge ist das Porträt mit dem Vorhang tatsächlich eine Anspielung auf Plinius' kleine Geschichte.[66] Tizian, den bestimmte Charakterzüge als den neuen Apelles ausgaben, hätte bei dieser Gelegenheit den neuen Parrhasios gespielt. Gegen diese Hypothese spricht jedoch, daß der Vorhang den Eindruck erweckt, als sei er in und nicht vor dem Gemälde angebracht, auf das er keine Schatten wirft. Hinzu kommt, daß weder die Aufhängung noch das untere Ende des Vorhangs dargestellt sind. Dies legt nahe, daß sich dieser auf derselben Ebene wie Filippo Archinto befindet: beide werden willkürlich vom Rahmen beschnitten, beide sind Bestandteil der Komposition.

Wenn das venezianische Porträt höchstwahrscheinlich keine Anspielung auf Plinius' Anekdote ist, so hat die einzigartige *Jungfrau mit dem Kind* der National Gallery von Edinburgh (Abb. 80) unserer Meinung nach ganz sicher etwas damit zu tun. Es handelt sich um ein kleines, für die private Andacht

80. UNBEKANNTER MEISTER AUS FERRARA
Jungfrau mit Kind, um 1480

81. TIZIAN (?)
Porträt des Erzbischofs Filippo Archinto, um 1559

80

81

82

83

84

82. UNBEKANNTER
ITALIENISCHER MEISTER (?)
Porträt eines Arztes, Ende 16. oder
Anfang 17. Jahrhundert

83. PETRUS CHRISTUS
Porträt eines Kartäusermönches, 1446

84. UNBEKANNTER MEISTER
AUS TIROL (?)
Porträt eines Mannes, um 1480

bestimmtes Gemälde (58,4 mal 44,1 cm), das sich offensichtlich auf den Kult der *cintola* bezieht, jenen wunderbaren Gürtel der Jungfrau, von dem das Jesuskind hier ein Ende hält. Dieses fromme Detail wird trotz seines zentralen Platzes durch ein *capriccio* verdunkelt – durch einen Blendrahmen aus Holz, auf dem die zerrissenen und gefalteten Reste von Stoff, Pergamentpapier oder normalem Papier mit äußerster Sorgfalt dargestellt sind, die von Bändchen aus dem gleichen Material und Nägeln gehalten werden. Roberto Longhis Vorschlag, das Gemälde Gugliemo Giraldi, einem Miniatur- und Staffeleimaler aus Ferrara zuzuschreiben, klingt überzeugend.[67] Wie dem auch sei, der Vergleich drängt sich auf mit jenen Kompositionen aus zerschnittenem Pergamentpapier, die um 1480 in der Miniaturmalerei Ferraras, die mit den Werkstätten Venetiens in Verbindung stand, äußerst beliebt waren.[68]

Welche Bedeutung hatte diese kühne Neuerung, die unseres Wissens ein Unikum geblieben ist? In dem zerrissenen »Stoff« hat man ein Symbol der Offenbarung gesehen, den die Künstler wie einen »gehobenen Vorhang«[69] interpretierten. Dieses liebliche Bild der Inkarnation, die hinter einer zerrissenen Abschirmung zum Vorschein kommt, könnte auch den Übergang von der Welt des Alten Testaments, in dem die Ankunft und die Person des Messias rätselhaft bleiben, zur Welt des Neuen Testaments symbolisieren, in dem man des Rätsels Lösung erfährt. Der ›Schleier‹ wird von den Künstlern gewöhnlich jedoch in Form eines Vorhangs dargestellt, wie jener, den die beiden Propheten in der *Geburt Christi* von Hugo van der Goes in Berlin zur Seite schieben.[70] Hier dagegen sind die Reste einer Verpackung zum Transport des Gemäldes dargestellt, wie sie im 15. Jahrhundert vorstellbar waren. Die Versuchung ist groß, darin eine Anspielung auf Parrhasios' Triumph zu sehen: man geht davon aus – oder gibt dies zumindest vor –, daß der Betrachter, ein neuer Zeuxis, versucht sein wird, das Gemälde herauszunehmen, Nägel und Bänder zu entfernen sowie die Fliege zu vertreiben, die links unten auf einem Papier- oder Pergamentpapierfetzen sitzt. Die beiden Deutungen schließen sich übrigens nicht aus. In einer Epoche, die auf symbolische Anordnungen mit mehreren Lesarten versessen war, war es durchaus möglich, daß das ›Lüften des Schleiers‹ des Mysteriums der Erlösung mit der ›Enthüllung‹ des Gemäldes von Zeuxis und Parrhasios kombiniert wurde. Wie auch immer, das augenfälligste Ergebnis besteht in der Suggestion von zwei Räumen, dem Raum der Darstellung des Heiligen und dem des Betrachters mit seinem Holzrahmen, den Verpackungsresten und der Fliege – auf der einen Seite Erlesenes und Kostbares, in zarten Farben gehalten, auf der anderen Unordnung und Verderbnis, symbolisiert durch das gemeine Insekt. Der Kontrast ist um so stärker, als die Figuren der Heiligen

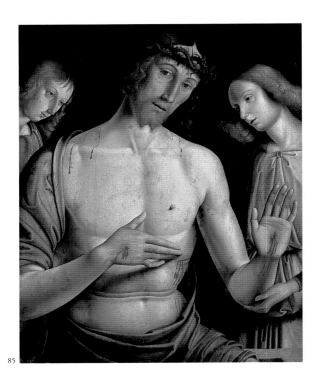

85

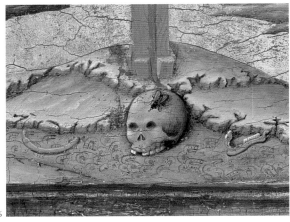

86

85.   GIOVANNI SANTI
Christus der Barmherzigkeit, um 1480

86.   MATTEO DI GIOVANNI
Kreuzigung, Detail

87.   Werkstatt des CARLO CRIVELLI
Die heilige Katharina von Alexandria ,
um 1470–1475

88.   GIORGIO SCHIAVONE
Madonna, um 1460

87

88

gezeichnet, stilisiert, ja gekünstelt dargestellt sind, indes ›auf unserer Seite‹ die peinlich genaue Beschreibung des Realen vorherrscht.

Es gibt nur wenige andere Beispiele eines Blendrahmens, an dem Dinge mit dem Ziel ›befestigt‹ wurden, den Betrachter zu täuschen. Das einzige Beispiel, auf das ich verweisen kann, ist ein Spätwerk und wenig bekannt. Es handelt sich um das anonyme *Porträt eines Arztes* (Abb. 82), das sich in den sechziger Jahren in einer französischen Privatsammlung fand und das womöglich eine italienische Arbeit des späten 16. oder ganz frühen 17. Jahrhunderts ist.[71] Der Blendrahmen dient als Halterung. Ein Stich von Vesalius aus dem Jahre 1543 wird von Wachssiegeln gehalten. Zwischen den ›Rahmen‹ und das ›Bild‹ wurden ein anderer Stich (ein Brustbild des Hippokrates) und Sammelpflanzen mit ihren Etiketten geschoben.

Die ›täuschende‹ Vorrichtung der *Madonna* von Edinburgh enthält wie bereits erwähnt eine Fliege, die auf einem Fetzen Pergamentpapier sitzt. Nun hat gerade eine Fliege für eine der köstlichen Anekdoten gesorgt, auf die der Erzähler und Historiker Vasari so versessen war. Sie wird in der Lebensgeschichte Giottos erzählt: »Man erzählt auch, daß Giotto, als er, noch ganz jung, bei Cimabue begonnen hatte, eine Mücke höchst naturgetreu hinmalte. Als nun der Meister wiederkam, um seine Arbeit fortzusetzen, bemühte er sich wiederholt, diese Mücke, die er für lebendig hielt, mit der Hand wegzuscheuchen, bis er endlich die Täuschung bemerkte.«[72] Diese (selbstverständlich erfundene) Anekdote findet sich nur deswegen dort, weil sie einen bis in das winzigste Detail betriebenen Naturalismus symbolisiert, dessen Anfang in der westlichen Malerei Vasari zufolge Giotto darstellt. Es ist offensichtlich, daß sich Vasari für seine Erzählung direkt von der Legende von Parrhasios' Vorhang inspirieren ließ. Vielleicht aber ersetzte Vasari den Vorhang durch die Fliege aufgrund eines anderen antiken Textes. Philostratos beschreibt in seinen *Imagines* das Gemälde eines Narziß, auf dem eine »auf einer Blume sitzende Biene« zu sehen war, die so natürlich aussah, daß man nicht wußte, ob »eine wirkliche Biene von den gemalten Blumen getäuscht worden war« oder ob der getäuschte Betrachter »eine gemalte für eine wirkliche Biene hielt«.[73] Bei Philostratos wie auch bei Vasari ist das Motiv des Insekts folglich eng mit dem Vorhaben einer Malerei verbunden, die darauf abzielt, die Augen zu täuschen.

Ein Detail in der Erzählung Vasaris fällt jedoch auf: Giottos Fliege krabbelt auf der Nase einer Figur Cimabues – ein pfiffiges Fundstück, das die lustige Seite der Anekdote betont. Aber Vasari schummelt. Fliegen (und einige andere Insekten) finden sich in der italienischen und der nordischen Malerei seit der zweiten Hälfte des 15. Jahrhunderts. Man hat deren Liste zusammengestellt.[74] Sie sitzen jedoch nie so eindeutig ›auf dem Gemälde‹. Perspektivisch gesehen wurden viele offensichtlich in den Raum der Komposition einbezogen. Das trifft auf die berühmteste unter ihnen zu, diejenige, die in dem auf 1446 datierten *Porträt eines Kartäusermönches* von Petrus Christus (New York, Metropolitan Museum; Abb. 83) auf dem Rand entlangspaziert.[75] Sie spielt in der visuellen Gestaltung insofern eine wichtige Rolle, als sie den Rahmen betont und die sich dahinter ausbreitende Raumtiefe verdeutlicht. Sie wird *im,* nicht *auf* dem Bild wirksam. Was die Fliegen anbelangt, die man scheinbar in der Draufsicht sieht – so wie wir sie sehen würden, wenn sie auf der gemalten Oberfläche säßen –, so sitzen sie stets auf einem ebenen Element, das zur Bildebene mehr oder weniger parallel steht. Zu bestimmen, ob sie in den Raum der Komposition einbezogen oder ihm zugesellt sind, ist daher unmöglich. Darüber hinaus gibt es möglicherweise eine andere Erklärung für ihre Anwesenheit. Die Fliege ist das Symbol des Unreinen, Verdorbenen, Faulenden und damit das Symbol der Sünde und des Todes schlechthin. Ihr angestammter Platz ist der auf den Totenköpfen der Kreuzigungen, der Vanitas-Darstellungen und der *memento mori.* Sie kann aber auch an tausend anderen Stellen sitzen. Schon diese Verlagerung verwischt mögliche Spuren. Das Problem wird noch komplizierter, wenn man an die Schwierigkeit einer maßstabsgetreuen Darstellung für jene Maler denkt, die der Symbolik wegen ein Insekt in ihre Komposition einführen wollten. Um es als solches erkennbar zu machen, mußte es vergrößert werden. Crivellis Werkstatt tat dies offensichtlich in dem kleinen Gemälde (38 mal 19 cm) der *Heiligen Katharina von Alexandria* (London, National Gallery; Abb. 87). Auch in dem um 1480 entstandenen *Männerporträt* der Sammlung Thyssen-Bornemisza (Abb. 84), der Arbeit eines süddeutschen Malers, steht die Fliege, die auf dem erleuchteten Fenster einen Fleck bildet, nicht im richtigen Maßstab zur übrigen Komposition: von dem Standpunkt aus, von dem der Betrachter den Raum hinter dem Modell sieht, dürfte diese so gut wie unsichtbar sein.

Eine ganze Reihe Arbeiten verkörpern für uns daher das Seltsame schlechthin. Wie muß die Fliege gedeutet werden, die auf dem Oberkörper des *Christus der Barmherzigkeit* von Giovanni Santi (um 1480, Budapest, Museum der Bildenden Künste; Abb. 85) umherspaziert? Konnte der Körper Christi so ostentativ mit der Idee von Schmutz und Verwesung verbunden werden? Ist es auf der anderen Seite vorstellbar, daß der Maler in einem so heiligen Bild einen Wink à la Giotto-Vasari geben wollte? Und was soll man von dem Insekt auf dem Rücken eines der Engelchen halten, die die erlesene *Madonna* von Giorgio Schiavone (um 1460; Turin, Galleria Sabauda; Abb. 88) umringen? Gehört es zu den

89

90

kleinen, die Passion ankündigenden Symbolen, die so häufig in den Darstellungen der *Jungfrau mit Kind* der Renaissance anzutreffen sind? Warum hat man es dann aber ausgerechnet dorthin gemalt? In dem *Porträt einer Frau der Familie Hofer* (London, National Gallery, Abb. 90), das einem Maler der schwäbischen Schule um 1480 zugeschrieben wird, könnte die mitten auf der weißen unbefleckten Haube sitzende Fliege genausogut ein Hinweis auf die Nichtigkeit dieser Welt sein als auch eine Falle, die darauf abzielt, daß der Betrachter sich auf Fliegenjagd begibt. Und warum finden sich in dem auf das Jahr 1496 datierten *Porträt des Künstlers mit seiner Frau* des Meisters von Frankfurt (Antwerpen, Musées royaux des Beaux-Arts; Abb. 89) zwei Fliegen? Eine sitzt auf dem Tisch neben dem Kirschteller und ist beim Schmausen, die andere hat sich auf die Haube der Ehefrau gesetzt. Wollte der Maler zweimal daran erinnern, daß alles letztlich zerfällt? Oder sitzt etwa die Fliege, die sich an einer Kirsche weidet und die wir leicht perspektivisch sehen, ›in der Komposition‹, die andere dagegen nicht auf der Haube, sondern ›auf dem Gemälde‹? Beide Hypothesen, die sich übrigens nicht ausschließen, könnten zutreffen, denn in dieser Epoche der Geschichte der Malerei kreuzten sich die Erfordernisse der durch Symbole ausgedrückten religiösen Botschaft mit den Gewaltstreichen des Künstlers, der begierig darauf war, die Präsenz seiner Person wie auch seiner Kunst geltend zu machen. Je nachdem, ob man sich für die eine oder die andere Hypothese entscheidet, definiert man das Gemälde als offen oder geschlossen, tief oder flach. So daß die einzige Fliege ›à la Giotto‹, die wir wirklich in Betracht ziehen können, in Wahrheit ein Schmetterling ist … Nämlich der, der im Vordergrund von Hieronymus Boschs erstaunlichem Bild *Jesus im Tempel* (Abb. 91) umherspaziert.[76] Die Komposition, die von den Historikern auf ca. 1480 datiert wird, ist allem Anschein nach nur in diversen Kopien (Louvre [um 1520], Nationalgalerie Prag usw.)[77] erhalten. Der Schmetterling ist auf allen anwesend. Man kann daher davon ausgehen, daß er sich auch auf dem Original befand. Er ist nun aber offensichtlich zu groß, um zum Raum der Darstellung zu gehören. Die Frage lautet, ob Hieronymus Bosch selbst das kleine Tier für künftige Betrachter gemalt hat oder ob er unwillentlich die Rolle Cimabues einnahm, als einer seiner Schüler oder ein zu Scherzen aufgelegter Kollege ihm diesen umherwandernden Schmetterling auf die Tafel setzte.

Der ›Schmetterling‹, der für das Trompe-l'œil letztlich am effektvollsten ist, ist ein Schmetterling aus Papier. In ganz Norditalien und speziell im Veneto breitete sich seit Mitte des 15. Jahrhunderts die Gewohnheit aus, das Bild auf einem kleinen Zettel, den man in das Bildfeld malte, zu signieren und zu datieren. Es war möglich, daß die Maler ihn in den Raum der Darstellung integrierten, indem sie ihn auf dem Boden liegend oder an einem Strauch befestigt zeigen. In diesem Fall ist er nichts anderes als ein modernisierter Nachkomme des mittelalterlichen Amuletts. Es kam aber auch vor, daß sie dem *cartellino* das Aussehen eines auf die Bildoberfläche geklebten ›Schmetterlings‹ geben wollten. In dieser Form hat er zum direkten Vorläufer ein Motiv, das in antiken Mosaiken verwendet wurde, wie zum Beispiel auf dem Fußboden im Palast des Königs Attalos II. von Pergamon (nach 160 vor J. Chr., Berlin, Staatliche Museen, Antikensammlung): ein Zettel mit der Signatur des Hephaistion ist mit roten Wachssiegeln befestigt, von denen eines gebrochen ist. Dadurch kann sich eine Ecke abheben und einen Schatten auf den Boden werfen. Wie der antike suggeriert der moderne *cartellino* das Vorhandensein eines Etiketts im Bild, das zu dessen Identifizierung bestimmt ist, wie es in den großen Werkstätten gebräuchlich sein mochte, wo sich Arbeiten von Schülern und Kopisten ansammelten.[78]

92

Manchmal weist er aber einen anderen Text als den der Signatur und des Datums auf. In einem solchen Fall konnte er auch als Kommentar fungieren, der vom Autor des Werkes, einem Liebhaber oder einem Benutzer zu diesem abgegeben wurde. Er steht damit in der Tradition der von Plinius erwähnten griechischen Epigramme oder Inschriften, die nachträglich auf fertiggestellten Gemälden angebracht wurden und die Begeisterung des Kunden oder die Zufriedenheit des Malers zum Ausdruck brachten.

Der *cartellino* ›auf dem Gemälde‹ wurde an eine Stelle gesetzt, an der das Gemälde eine räumliche Tiefe suggeriert – eine Suggestion, die das Stückchen Papier augenblicklich Lügen straft. Manchmal ist es auf den Rand gemalt, als sei es zwischen Rahmen und Bildtafel geschoben und dort befestigt (Abb. 92). Meist aber ist es mitten im Bild ausgehängt. Es findet sich in dieser ostentativen Form sowohl im Fresko als auch in der Staffeleimalerei, sowohl bei unbedeutenden Meistern als auch bei großen Künstlern wie Lorenzo Lotto (*Pala d'Asolo,* Abb. 93). Dieses Verfahren wird noch bis nach 1550 in Venetien, in Brescia und Bergamo angewandt …, findet seine Nacheiferer in Spanien (El Greco) und bei den Malern des Nordens und erfährt mit Zurbarán eine Wiedergeburt im 17. Jahrhundert (Abb. 94). Indem der *cartellino* den Betrachter glauben macht, er könne das Stück Papier abnehmen, indem er ihn zum Erben Zeuxis' macht, der Parrhasios' Vorhang lüften möchte, verschiebt er die Illusion um Haaresbreite in Richtung der ›wirklichen‹ Welt, jene, die sich vor dem Bild befindet. Damit verdoppelt er den Ruhm des Malers, der uns die

92.   GIOVANNI MASSONE
Geburt Christi, der heilige Bernhard und der Stifter, der heilige Bonaventura, um 1490–95, Detail eines Polyptychons

93.   LORENZO LOTTO
Himmelfahrt der Maria mit dem heiligen Antonius und dem heiligen Ludwig von Toulouse (Pala d'Asolo), 1506

Illusion einer betretbaren Welt vorzutäuschen vermag, uns zugleich aber auch die Undurch-
dringlichkeit des Bildes und die Gegenwart der *macchina,* die List der Malerei, spüren läßt.

Neben dem integrierten und dem aufgesetzten *cartellino* hat sich ein dritter Typ, speziell in Venetien, stark entwickelt, insbesondere bei Giovanni Bellini: der zweideutige *cartellino,* gemalt auf die zur Bildebene parallel verlaufende Seite eines Darstellungselements,
wie zum Beispiel auf die so oft im Vordergrund stehende ›Brüstung‹ (Abb. 96 und 97).
Diese Lösung schafft keine Verwirrung, abgesehen von dem ›Paradox‹, das jede gut sichtbare Signatur in ein Bild einführt, das anderweitig dem Betrachter die Wirklichkeit vortäuscht. Es ist jedoch offensichtlich, daß beim Betrachter Ungewißheit hervorgerufen werden soll: ist der Zettel nun ›im‹ oder ›auf‹ dem Bild? Es kommt sogar recht häufig vor, daß
dieses kleine Spiel eine subtile Wendung nimmt und die Antwort ein aufmerksames Studium des Details erfordert. Nur zwei – zeitgleiche – Beispiele seien genannt: Wer das 1532
von Holbein gemalte *Porträt des Georg Gisze* (Berlin-Dahlem, Gemäldegalerie; Abb. 98)
aufmerksam studiert, stellt fest, daß das Gemälde eine

merkwürdige Anomalie aufweist.[79] Links oben scheint
ein Zettel mit zwei Wachssiegeln an die Bretterwand im
Hintergrund des Zimmers geklebt, in dem sich Georg
Gisze aufhält. Für ein Arbeitszimmer, in dem hinter dem
Tisch des Händlers Regale und angenagelte Stäbchen als
Halterung und Merktafel dienen, anscheinend nichts
Ungewöhnliches. Ein großes Rechnungsbuch jedoch –
man bemerkt es erst, wenn man sich nähert, um den Text
auf dem Zettel (ein lateinisches Distichon) zu lesen, der
die Ähnlichkeit zwischen Porträt und Modell preist –,
das oben auf dem Regal liegt, scheint hinter den Zettel
geschoben, der Schatten darauf wirft. Der Kunstgriff des
Künstlers besteht nun darin: so wie der Zettel plaziert wurde und wie er Schatten wirft, kann er sich nur außerhalb
des Raumes der Darstellung befinden, also auf dem
Gemälde befestigt sein. Bonifazio de' Pitati datiert ein
Jahr später seine *Jungfrau der Schneider* auf den 9. November 1533. Das Retabel war für den Hauptaltar der
Scuola dei Sartori in Venedig bestimmt und hängt heute

93

in der Accademia (Abb. 95).[80] Das Datum steht auf einem großen viereckigen Papier, das, wie es sich für ein Trompe-l'œil gehört, Faltspuren und eine abgerissene Ecke aufweist. Auf den ersten Blick scheint dieser Zettel auf der ersten Stufe des Thrones der Jungfrau befestigt zu sein, die er ungefähr um ein Drittel überragt. Daneben symbolisiert eine große Schneiderschere zu Füßen der Madonna und der Schutzheiligen die Huldigung der Zunft, gemäß einem in Altargemälden häufig verwendeten Prinzip. Die gleichen Gegenstände sind nun aber nicht in gleicher Weise beleuchtet. Der Schatten, den die Schere auf die Stufe wirft, zeigt wie alle anderen Schatten des Bildes nach links oben – bis auf den Schatten des *cartellino,* der kürzer ist und nach unten fällt. Die Figuren der Andacht sind also den inneren Gesetzen der Komposition gemäß beleuchtet, während der *cartellino* seine Beleuchtung aus der Welt erhält, in der der Betrachter und das Bild aneinandergrenzen. Bonifazio de' Pitati begnügte sich folglich nicht damit, den Frommen an einer heiligen Konversation vor der Madonna teilnehmen zu lassen. Er täuscht darüber hinaus vor, daß

jemand einen ›Schmetterling‹ auf das Bild gesetzt hat mit der Absicht, in Gottes und der Menschen Gedächtnis die Erinnerung des barmherzigen Aktes der Schneider von Venedig festzuhalten, welcher auf diese Weise genauso präzise wie ein notarieller Akt datiert wird.

Der Betrachter nimmt diese Täuschung aber erst nach einer gründlichen Prüfung, einer Nahuntersuchung wahr. Wir sind weit von der plötzlichen und unvermeidlichen Verwechslung entfernt, welche den legendenhaften Erzählungen zufolge die Virtuosität der Künstler nach sich zieht. Das *Porträt des Georg Gisze* und die *Jungfrau der Schneider* bestätigen, so scheint mir, die Rechtmäßigkeit des hier gewählten Ansatzes, die Stichhaltigkeit der diesem zugrundeliegenden Hypothese und der Schlußfolgerung, die sich aus ihr ergibt: das ›Trompe-l'œil‹ ist alles andere als eine Sache der Technik, es ist vor allem eine Frage der Ikonographie.

94. FRANCISCO DE ZURBARÁN
Die Ekstase des heiligen Franziskus, 1639

95. BONIFAZIO DE' PITATI
Die Madonna der Schneider, 1533

96. FRANCESCO BUON-
SIGNORI
Jungfrau mit Kind

97. GIOVANNI BELLINI
Jungfrau mit Kind, genannt *Jungfrau
mit Granatapfel,* 1485–1490

95

96

97

98

ANMERKUNGEN

1.   B. Cadoux, in: L'Effet trompe-l'œil dans l'art et la psychoanalyse, Paris 1988, S. 1.

2.   Zum Beispiel M. Milman: Les Illusions de la réalité. Le trompe-l'œil, Genf 1982; Architectures peintes en trompe-l'œil, Genf 1992.

3.   N. Schneider: Stilleben. Realität und Symbolik der Dinge. Die Stillebenmalerei in der frühen Neuzeit, Köln 1989, S. 12.

4.   E. H. Gombrich, Kunst und Illusion. Zur Psychologie der bildlichen Darstellung, dt. Übersetzung, Zürich 1978, S. 228.

5.   O. Calabrese: La Macchina della pittura, Bari 1986, S. 153.

6.   Lettres de l'Arétin (1492–1556), übers. von A. Chastel und N. Blamoutier, Editions Scala, 1988, S. 60.

7.   G. Savonarola: Prediche e scritti, hrsg. von M. Ferrara, Florenz 1952, S. 2, 47 (zitiert bei P. Burke: Die Renaissance. Die Sozialgeschichte einer Kultur zwischen Tradition und Erfindung, aus dem Englischen von Reinhard Kaiser, 2. Aufl., Berlin 1992, S.128.

8.   Père E. Binet: Essai des Merveilles de nature, et des plus nobles artifices... (1621), Neuaufl., Evreux 1987, S. 364.

9.   Zu dem Stich des Meisters von Petrarca (Hans Weiditz), der De Remediis utriusque Fortunae (Augsburg 1532) illustriert, siehe A. Chastel: Pétrarque et son illustrateur devant la peinture, in: Etudes d'art médiéval offertes à Louis Grodecki, Paris 1981, S. 343–348.

10.   Siehe A.-M. Lecoq: Légendes antiques, in: P. Georgel und A.-M. Lecoq: La Peinture dans la peinture, Dijon, Musée des Beaux-Arts, 1982–1983, S. 51; Neuaufl., Paris 1987, S. 63.

11.   E. Kris und O. Kurz: Die Legende vom Künstler: ein geschichtlicher Versuch, Frankfurt a. M. 1995, S. 90–92.

12.   Zu Giotto heißt es: »il quale Giotto rimuto l'arte del dipingere di greco in latino e ridusse al moderno«, aus: Cammino Cannini: Il libro dell'arte, hrsg. von F. Brunello, Vicenza 1971, S. 4–5.

13.   »Sforzasi il dipintore che la figura dipinta da sé, la quale non è altro che un poco di colore con certo artificio posto sopra una tavola, sia tanto simile, in quello atto ch'egli la fa, a quella la quale la natura ha prodotta e naturalmente in quello atto si dispone, che essa possa gli occhi de' riguardanti o in parte o in tutto ingannare, facendo di sé credere che ella sia quello ella non è«, aus: Comento alle Divina Comedia, hrsg. von D. Guerri, III, Bari 1918, S. 82, zitiert bei M. Baxandall: Giotto and the Orators. Humanist Observers of Painting in Italy and the Discovery of Pictorial Composition 1350–1450, Oxford 1971, S. 66.

14.   Dekameron, VI, 5 (»Forese da Rabatta«): »Niuna cosa dà la natura, madre di tutte le cose, ed operatrice col continuo girar de' cieli, che egli [Giotto] con lo stile e con la penna e col pennello non dipignesse sì simile a

quella, che non simile, anzi più tosto dessa paresse, intanto che molto volte nelle cosa da lui fatte si trova che il visivo senso degli uomini vi paresse errore, quello credendo esser vero che era dipinto.«

15.   M. Kemp zufolge ist das sogar einer der wenigen Berührungspunkte: From ›mimesis‹ to ›fantasia‹: the Quattrocento vocabulary of creation, inspiration and genius in the visual arts, in: Viator, 8 (1977), S. 392: »The general impression is that a majority of humanists were insensitive to the new ideals of Renaissance painting, excepting a delight in naturalism.«

16.   »La prima maraviglia che apparisce nella pittura è il parer spiccato dal muro od altro piano, et ingannare li sottili giudicii con quella cosa che non è divisa dalla superfizie della pariete«, aus: Codes Urbinas latinus 1270, f° 27, um 1508–1510, zitiert bei P. Barocchi: Scritti d'arte del Cinquecento, I, Mailand und Neapel 1971, S. 487.

17.   Jüngste Bemerkungen (in denen die Frage der alten italienischen Quellen allerdings nicht besprochen wird) zu diesem Thema finden sich in: J. Lichtenstein: La Couleur éloquente. Rhétorique et peinture à l'âge classique, Paris 1989, insbesondere S. 194 ff.; Natalie Heinich: Du peintre à l'artiste. Artisans et académiciens à l'âge classique, Paris 1993.

18.   … »una tavola, nella qual non si vede altro che la superficie, e que' colori che ingannano gli occhi«, aus: Castiglione: Il Libro del Cortegiano (Venedig, 1528), Buch 1, Kap. 50, hrsg. von N. Longo und A. Quondam, Mailand 1981, S. 105.

19.   A. F. Doni: Il Disegno, Venedig 1549, zitiert bei P. Barocchi (zit. Anm. 16), I, S. 563; B. Cellini: Disputa infra la Scultura e la Pittura, Florenz 1564, zitiert bei P. Barocchi, ebd., S. 596.

20.   »La prima parte della pittura è che li corpi con quella figurati si dimostrino rilevati e che li campi d'essi circundatori colle lor distanze si dimostrino entrare dentro alla pariete, dove tal pittura è gienerata …«, Paris, Bibliothèque nationale de France, Manuskript E, f° 79 v°, zitiert bei P. Barocchi (zit. Anm. 16), I, S. 735.

21.   Alberti: Della Pittura (1435), II, 46.

22.   Siehe C. Sterling: La Nature Morte de l'Antiquité à nos jours, 2. Aufl., Paris 1959, S. 122: »Das Trompe-l'œil […] suggeriert nicht nur einen tiefen Raum, sondern auch den, der sich vor der Bildoberfläche befindet. Es stellt eine Kontinuität her zwischen dem im Gemälde dargestellten Raum und dem wirklichen Raum des Betrachters, indem es das Relief eines dargestellten Körpers (ein Gegenstand, eine Hand o. ä.) agressiv aus dem Rahmen heraus- und uns entgegenspringen läßt.«

23.   »…il pittori in due tempi danno rilievo e fondo al piano con lo aiuto di un senso solo; la qual cosa, quando ella è stata fatta da persona intelligente della arte, con piacevolissimo inganno ha fatto rimanere molti grandi uomini, per non dire degli animali…«, aus: Vasari: Le Vite de' piú eccellenti architetti, pittori e scultori italiani…,Nell' edizione per i tipi di Lorenzo Torrentino, Firenze 1550, Turin 1991, Bd. I, S. 13.

24.   Les Antiquités de la ville de Valenciennes von L. de la Fontaine, genannt Wicar, Manuskript 529 der Archive von Valenciennes, zitiert bei M. Henault: Les Marmions, peintres amiénois du XVe siècle, in: Revue d'Archéologie, 1907, S. 414–415 und bei D. Coekelberghs: Les grisailles de Van Eyck, in: Gazette des Beaux-Arts, 1968, I, S. 80.

25.   Vasari: Die Lebensbeschreibungen der berühmtesten Architekten, Bildhauer und Maler, hrsg. von A. Gottschewski und G. Gronau, übers. von M. Wackernagel, Bd. VII, 1, Straßburg 1910, S. 145.

26.   Il Libro dell'arte (zit. Anm. 12), S. 3–4.

27.   Zu diesem Thema siehe vor allem E. H. Gombrich: Les moyens et les fins (1976) …, und S. Sandström: Levels of Unreality. Studies in Structure and Construction in Italian Mural Painting during the Renaissance, Uppsala 1963. Diese beiden Arbeiten betreffen jedoch nur die italienische Malerei.

28.   E. H. Gombrich (zit. Anm. 27); S. Ringbom: Icon to Narrative. The Rise of the Dramatic Close-Up in Fifteenth-Century Devotional Painting, 2. Aufl., Doornspijk (Niederlande) 1984, Kap. 1, 1. Teil: »The Empathy of the Beholder«.

29.   Nach einem Ausdruck J.-C. Lebensztejns: A partir du cadre, in: Le cadre et le socle dans l'art du 20ᵉ siècle, Dijon und Paris 1987, S. 8.

30.   Vasari: Lebensbeschreibungen … (zit. Anm. 25), dt. hrsg. von E. Jaeschke, Bd. II, Straßburg 1904, S. 9.

31.   Im Gegensatz zur These, die E. Kris und O. Kurz (zit. Anm. 11) aufstellen und die den anfechtbarsten Teil ihrer Arbeit bildet.

32.   Siehe vor allem: L. Campbell: Renaissance Portraits, New Haven und London 1990, Kap. 8: »The Functions and Uses of Portraits«, S. 193 ff. Wir

98.   HANS HOLBEIN
Porträt des Gerog Gisze, 1532

112

zitieren z. B. Alberti: Della Pittura, Beginn des 2. Buches: »Tiene in sé la pittura forza divina non solo quanto si dice dell'amicizia, quale fa gli uomini assenti essere presenti, ma più i morti dopo molti secoli essere quasi vivi, tale che con molta ammirazione dell'artifice e con molta voluttà si riconoscono.«

33. Vasari: Lebensbeschreibungen … (zit. Anm. 25), Bd. V, übersetzt von Georg Gronau, Straßburg 1908, S. 337.

34. Zu dieser Frage finden sich interessante Bemerkungen bei M. Kobovy: The Psychology of Perspective and Renaissance Art, Cambridge 1986, S. 42 ff.

35. Siehe S. Sandström (zit. Anm. 27), S. 166 ff.; M. Milman 1992 (zit. Anm. 2), S. 44–46.

36. Zu dieser Tradition: J. Bialostocki: L'Art du XVe siècle des Parles à Dürer, frz. Übers., 1993, S. 411–412.

37. I. Bergström: Revival of Antic Illusionistic Wall-Painting in Renaissance Art, Göteborg 1957 (Acta Universitatis Gothoburgensis, LXII [1957], 1), Abb. 28.

38. Mitunter hat man in der Villa Barbaro in der Dame an der Balustrade eine Geliebte des Hausherren und in dem Jagddiener ein Selbstporträt Veroneses sehen wollen.

39. Von C. Sterling (zit. Anm. 22) bis zu V. Stoichita: L'Instauration du tableau, Paris 1993, S. 29 ff.

40. Siehe zuletzt M. Milman 1982 (zit. Anm. 2), S. 20 und die Fußnoten auf S. 108.

41. C. de Tolnay: Notes sur les origines de la nature morte, in: La Revue des Arts, 1953, S. 66–67.

42. C. Sterling (zit. Anm. 22), S. 18; J. Bialostocki (zit. Anm. 36), S. 421–423.

43. S. Sandström (zit. Anm. 27), S. 117–118.

44. A. Busiri Vici: Vicenda di un dipinto: la ›Caccia in valle‹ di Vittor Carpaccio, in: Arte antica e moderna, Nr. 24, 1963, S. 345–356; M. Muraro: Carpaccio, Florenz 1966, S. 93–95; V. Sgarbi: Carpaccio, Bologna 1979, S. 38 und Fußnote 53.

45. C. Sterling (zit. Anm. 22), S. 34; Alte Pinakothek München. Italienische Malerei, München 1975, S. 14–16.

46. R. Longhi, in: Paragone, Nr. 33, 1952, S. 49.

47. Siehe P. Thornton: L'Epoque et son style. La Renaissance italienne 1400–1600, Paris 1919, S. 266–268.

48. C. Sterling (zit. Anm. 22); E. H. Gombrich: Das Stilleben in der europäischen Kunst, 1961, in: Meditationen über ein Steckenpferd: von den Wurzeln und Grenzen der Kunst, übers. von L. Gombrich, Frankfurt a. M. 1978, S. 171–188.

49. »… un quadro pieno de fructi facto per Antonio da Crevalcore, tra nui in questo exercitio singularissimo ma assai più longho che la natura«, zitiert bei E. H. Gombrich 1961 (zit. Anm. 48), S. 291, Fußnote 9.

50. Zitiert bei A. Venturi, in: Archivio storico dell'Arte, I, 1888, S. 278.

51. Einige Überlegungen zu diesem Thema finden sich bei A.-M. Lecoq: Le ms. Phill. 1926 et les emblèmes, in: Les Six Triumphes et les Six Visions messire Francoys Petracque. Manuscrit Phill. 1926 conservé à la Deutsche Staatsbibliothek Berlin, Leipzig und Wiesbaden 1988, S. 110 ff.

52. Siehe P. H. Boerlin: Das Amerbach-Kabinett. Die Gemälde, Basel 1991, S. 19–20.

53. W. Ueberwasser: Holbeins Christus in der Grabnische, in: Studien zur Kunst des Oberrheins. Festschrift Werner Noack, Freiburg 1958; H. Klotz: Hans Holbein d. J. Christus im Grabe, Stuttgart 1968. Man nimmt an, daß das Gemälde aufgrund der Reform nie an seinen ursprünglichen Bestimmungsort angelangt ist.

54. M. L. Caturla: La Santa Faz de Zurbarán, trompe-l'œil 'a lo divino, in: Goya (Madrid), Nr. 64–65, 1965, S. 202–205.

55. Siehe die Ausstellungskataloge »Old Masters Paintings from the Thyssen-Bornemisza Collection«, London, Royal Academy of Arts, 1988, Nr. 35 a, S. 92 und »Hans Memling«, Brügge 1994, Nr. 30, S. 122.

56. J. White: Naissance et renaissance de l'espace pictural, 1967, frz. Übers., Paris 1992, S. 54.

57. M. Milman 1982 (zit. Anm. 2), S. 20.

58. E. Panofsky: Les primitifs flamands (1953), … S. 295.

59. Ebda., S. 295–296.

60. Siehe den in diese Richtung gehenden Vorschlag Prof. F. Deuchlers, den M. Milman erwähnt, 1982 (zit. Anm. 2), S. 55 und Fußnote 4.

61. M. T. Smith: The Use of Grisaille as Lenten Observance, in: Marsyas, VIII, 1957–1959, S. 43.

62. Siehe P. Philippot: Les grisailles et les ›degrés de réalité‹ de l'image dans les peintures flamandes des XVe et XVIe siècles, in: Bulletin des Musées royaux des Beaux-Arts de Belgique, 4, 1966, S. 225 f.

63. Erasmus: Convivium religiosum, Basel 1522. Siehe zu diesem Gespräch die frz. Übers. der Werkausgabe von Erasmus mit Einführung und kritischem Apparat von C. Blum, A. Godin, J.-C. Margolin und D. Ménager, Reihe »Bouquins«, Paris 1992, S. 221 ff.

64. Diderot: Salons de 1759, 1761, 1763, Ausg. von J. Seznec u. J. Adhémar, Oxford 1957, S. 136; Ausg. von J. Chouillet, Paris, 1984, S. 158.

65. R. Pallucchini: Tiziano, Bologna 1953–1954, Bd. II, S. 63; Tiziano, Florenz 1969, Bd. I, S. 303.

66. Zuletzt R. Kennedy: Apelles redivivus, in: Mélanges Karl Lehmann, New York 1964, S. 160–170.

67. R. Longhi: Officina ferrarese, 1934, 2. Aufl., Florenz 1968, S. 48.

68. M. Salmi: Riflessioni sulla civiltà figurativa di Ferrara nei suoi rapporti con Padova durante il primo Rinascimento, in: Rivista d'Arte, XXXIV, 1959, S. 35.

69. M. Milman 1982 (zit. Anm. 2), S. 58.

70. Berlin-Dahlem, Gemäldegalerie der Staatlichen Museen. Siehe E. Panofsky: Les Primitifs flamands (zit. Anm. 58), S. 615.

71. Connaissance des Arts, Nr. 194, April 1968, S. 111; Ausstellungskatalog »L'Ecorché«, Rouen, Musée des Beaux-Arts, 1977, Nr. 23, S. 57.

72. Vasari (zit. Anm. 25), Bd. I, 1, Straßburg 1916, S. 200.

73. Philostratos: Die Bilder, I, 22, 23.

74. Angefangen von A. Pigler: La mouche peinte: un talisman, in: Bulletin du Musée hongrois des Beaux-Arts, Nr. 24, 1964, S. 49–64, vervollständigt von A. Chastel: Musca depicta, Mailand 1984. S. auch D. Arasse: Le Détail. Pour une histoire rapprochée de la peinture, Paris 1992, S. 79–85. Die Autoren haben die unglaubwürdige These Piglers nicht übernommen, der in den gemalten Fliegen ein magisches Verfahren, eine apotropäische Vorrichtung sah, die die wirklichen Fliegen von dem Gemälde fernhalten sollte.

75. Zu diesem Thema siehe E. Panofsky (zit. Anm. 58), S. 557 und S. 753–754, Fußnote 40. Panofsky zufolge spielt die auf dem Rand sitzende Fliege auf de Venustate mundi des Kartäusertheologen Dionysos de Louvain (gest. 1471) an. Dionysos zufolge wird die Schönheit des sichtbaren Universums durch eine Hierarchie geordnet, die mit den Insekten beginnt.

76. C. de Tolnay: Jérôme Bosch, Paris 1967, S. 375; M. J. Friedländer und M. Cinotti: Tour l'oeuvre peint de Jérôme Bosch, Paris 1967, S. 91, Nr. 12.

77. Das Prager Gemälde wurde unlängst wissenschaftlichen und technischen Untersuchungen unterzogen, die merkwürdige Abänderungen aufzeigten, die aber keine eindeutigen Schlußfolgerungen zuließen. Der Schmetterling scheint die Forscher nicht interessiert zu haben. Siehe J. Vackova und T. und V. Berger: Hieronymus Boschs Christ among the Doctors. Original? Replica? Copy?, Nationalgalerie Prag, 1994.

78. Für Z. Wazbinski (Le ›cartellino‹. Origine et avatars d'une étiquette, in: Pantheon, 1963, S. 278 ff.) ist der cartellino die gemalte Übersetzung wirklicher Etiketten, die zur Identifizierung von Studien, Kopien und ihrer Autoren in großen Werkstätten verwendet wurden, wie z. B. in der von Squarcione in Padua, wo der cartellino Mitte des 15. Jahrhunderts auftaucht.

79. Siehe zu diesem Gemälde A. M. Lecoq: Les mots sur la peinture, in: P. Georgel und A.-M. Lecoq: La Peinture dans la peinture (1982–1983), 2. Aufl., Paris 1987, S. 272 und Distique sur l'image de Georg Gisze, in: Le Promeneur, Nr. XIX, Mitte Juni 1983, S. 6–10.

80. Zu diesem Gemälde siehe zuletzt den Ausstellungskatalog »The Genius of Venice 1500–1600«, London, Royal Academy of Arts, 1983, Nr. 13, S. 152–153 (der cartellino wird jedoch nicht erwähnt).

Die Trompe-l'œil-Gemälde
oder die Enthüllung der Illusion
17. Jahrhundert

Die Begeisterung des 17. Jahrhunderts für Trompe-l'œil-Gemälde führte zu einer solchen Blüte, daß sie sich wie ein eigenständiges Genre behandeln lassen.

Es gehört dem Bereich des Stillebens an, das sich aus sehr unterschiedlichen Elementen zusammensetzt: ihm sind sowohl Blumen- und Obstgemälde als auch Kompositionen von am ›stillen Leben‹ mitwirkenden Gegenständen zuzurechnen. In ihren Schöpfungen rekonstruieren die Stillebenmaler das unbewegliche Leben der Gegenstände in seiner seltsamen Beständigkeit und damit das metaphysische Echo, dessen Zeichen sie sind.

Im 17. Jahrhundert zeichnen sich einige Künstler in bestimmten Genres aus, indem sie sich auf diese spezialisieren. Die Maler, die Trompe-l'œils anfertigen wollten, konzentrierten sich haupsächlich auf das Genre des Stilleben.

Die nordischen Länder – die Wiege des Stillebens – machten die Spezifik dieser Bildgattung deutlich, indem sie ihr einen eigenen Namen gaben. Der allgemeine Begriff ›Stillleven‹, der ein ›unbelebtes Modell‹ bezeichnet und als ›Nature morte‹ ins Französische übertragen wurde, taucht in Holland um 1650 in Bestandsverzeichnissen auf, wobei andere Bezeichnungen nicht ausgeschlossen sind. Erst im Laufe des 19. Jahrhunderts sollte diese besondere Gruppe der Stilleben in allen Sprachräumen durch den Begriff ›Trompe-l'œil‹ gekennzeichnet werden. Dies trifft auch auf die Werke der nordischen Schule zu.

Die nordischen Länder erfüllten mit ihren kulturellen, politischen, ökonomischen und sozialen Besonderheiten die zahlreichen Voraussetzungen, die für die Entwicklung und

FABRICE FARÉ UND DOMINIQUE CHEVÉ

[...] ein Werk der ›dritten Ordnung‹, eine Kopie der Kopie, ... kann dem unerreichbaren Zentrum, das jede Kunst anstrebt, näher kommen als die bewußtesten Werke. Auf der anderen Seite sind diese Werke kryptisch. Sie brauchen ein Raster – den Zufall, unseren Raum, unsere Existenz –, um gelesen zu werden. Wird man mir diese beiden Prinzipien verweigern, wird man sie für imaginär halten? Dann erinnere ich daran, daß in der Geometrie äußerst reale Figuren stets durch zwei ›imaginäre‹ Punkte laufen können [...]

Yves Bonnefoy

Sur la peinture et le lieu

99. JEAN-FRANÇOIS LE MOTTE
Die Atelierecke, 1677

Anerkennung des Stillebens in einer genauso reichhaltigen wie vielseitigen künstlerischen Produktion notwendig waren. Die unabhängigen Staaten des Nordens waren zu jener Zeit durch ihre reformbedingte Toleranz und geistige Aufgeschlossenheit sowohl Schmelztiegel origineller Schöpfungen und künstlerischer Ausdruckskraft als auch Zufluchtsort für Denker und kreative Persönlichkeiten. Das Fehlen eines politischen Zentralismus, der in Frankreich eine im Dienst des normativen Kulturprojekts stehende Akademie hervorgebracht hatte, machte ein künstlerisches Schaffen möglich, das frei von ästhetisch-ideologischen Zwängen und einer drückenden Genrehierarchie wirken konnte.

Hinzu kommt, daß der Handel des Bürgertums sowohl den Kunstmarkt und die Verbreitung der Werke als auch eine extrem vielseitige Produktion begünstigte. Im Flandern der traditionsreichen Messen, die von den reichen Händlern, Bankiers und Reedern animiert wurden, betrachtete man das Kunstwerk vom Blickwinkel des Konsumenten aus. Die Kunden waren weniger Gelehrte als vielmehr Neugierige, die den Rahmen des privaten Alltags der theatralischen Inszenierung vorziehen. Um eine genauso starke wie eklektische Nachfrage zu befriedigen, waren die Künstler offen für wissenschaftliche Entdeckungen aller Art, insbesondere für die Theorien und Experimente der Optik, die sie empirisch verwerteten. Die Arbeiten von Christiaan Huygens und Johannes Kepler schlugen sich in der Bildproduktion nieder. Diese Experimente ermöglichten vor allem eine getreuere Erfassung der realen Umgebung, und die Künstler des Nordens zeichneten sich besonders in der Wiedergabe des Konkreten und Unmittelbaren in ihrem eigenen Dasein und ihrem Verhältnis zur Welt aus.

Die Trompe-l'œil-Gemälde wirken durch ihren experimentellen Charakter und die technische Gewandtheit, die sie erfordern, an diesem Ziel mit. Wenn die besondere Nachahmung der Realität, die hier bis zu ihrem Höhepunkt getrieben wird, in der Produktion der nordischen Malerei auch überwiegt, die künstlerische Bedeutung dieses Darstellungstyps ist damit nicht ausgeschöpft. Im Extremen dieses Realismus darf nicht das nüchterne Ergebnis eines Verfahrens gesehen werden, denn damit würde das Genre auf künstlerisch-virtuose ›Artefakte‹ reduziert.

Diese sozialen und kulturellen Tatbestände erklären das geographische Auseinanderfallen der künstlerischen Hochburgen in zahlreiche Produktionsstätten. In Antwerpen und Amsterdam, aber auch in Leiden und Den Haag, um nur die wichtigsten zu nennen, sind die Maler weiterhin in Zünften und Gilden organisiert und stehen so in der Tradition von Handwerksberufen, in denen das ›Savoir-Faire‹ triumphiert. An der Seite von

Goldschmieden und Tischlern tragen die Künstler zur Entstehung eines Lebensstils bei, in dessen Mittelpunkt Komfort und Annehmlichkeiten stehen. Zu jener Zeit setzt sich die Vorliebe für leicht zugängliche Bilder mit praktischem Format durch, unter denen die Trompe-l'œil-Gemälde ihren Platz finden.

Jedes künstlerische Zentrum zeugt von dem Bemühen, die unterschiedlichen Geschmäcker einer heterogenen Kundschaft zufriedenzustellen. So sind in den verschiedenen Zentren stets alle Bildgattungen vertreten. In jeder Gilde gibt es Stillebenmaler, die sich Staffelei-Trompe-l'œil widmen. Die Anziehungskraft, die kleinformatige Gemälde und ein als minderwertig angesehenes Genre auf die Schulen des Nordens ausübten, erklärt sich auch durch die realtive Seltenheit umfassender Arbeiten, die von weltlichen Herrschern, kirchlichen oder privaten Auftraggebern erteilt wurden. Die geistige Toleranz und die Vielzahl der Glaubensrichtungen, die die Entfaltung des Protestantismus ermöglichten, verhinderten in diesen Ländern eine Vorherrschaft der religiösen Malerei.

Unter den nordischen Stillebenmalern des 17. Jahrhunderts befinden sich (auch in Frankreich) viele Protestanten. Diese haben zwar das Bild als künstlerischen Gegenstand nie verleugnet, doch als Gegenstand der Andacht nicht geschätzt. Sie ziehen das Wort (Gottes) vor, um Zugang zum Göttlichen zu erhalten.

Das Fehlen zwingender Regeln sowie ästhetischer und religiöser Dogmen in den Staaten des Nordens, die Akademismus und Staatsreligion anderswo in Europa hervorgebracht haben, befreit und vervielfältigt das künstlerische Schaffen. Dieses wird deswegen nicht ungeordnet oder beruht nur noch auf Zufall. Die künstlerischen Zentren, die sich um die Gilden herum organisieren, unterscheiden sich je nach Sensibilität und Ausstrahlung ihrer anerkannten Meister. In Antwerpen sind die flämischen Stilleben eines Frans Snyders oder eines Jan Fyt durch die farbenfreudige und warme Ästhetik Rubens' und seiner Werkstatt spürbar geprägt. Das will jedoch nicht heißen, daß die gesamte Produktion Antwerpens unter Rubens' Einfluß steht. Hier wie anderswo schulen sich die Künstler, reisen und setzen sich mit unterschiedlichen ästhetischen Auffassungen auseinander. Cornelis Gijsbrechts zum Beispiel, der sich als Mitglied der Lukasgilde in Antwerpen um 1660 mit dem Stilleben vertraut machte, stand einige Jahre später am Hof von Kopenhagen zunächst im Dienst von Friedrich III., dann von Christian V., wo die Perfektion seiner Trompe-l'œils seine Begabung bestätigte. Bevor er jedoch die Ufer der Schelde verließ, führte er die Antwerpener Kunstliebhaber in diese Bildgattung ein. Jacobus Biltius, der als Meister in dieselbe Gilde aufgenommen wurde, sorgte dafür, daß diese Geschmacks-

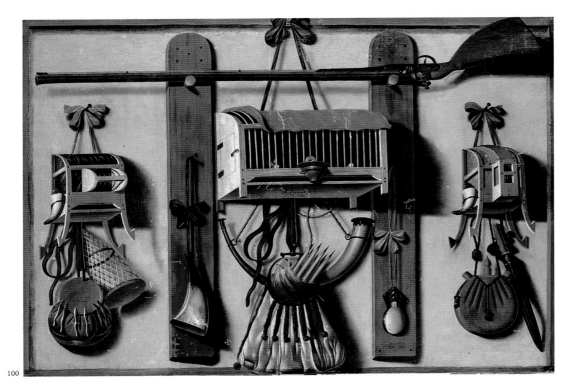

richtung weiterhin zufrieden-
gestellt wurde, indem er sich
auf Gemälde von totem Wild
spezialisierte. 1676 findet sich
in derselben Zunft erneut der
Familienname der Gijsbrechts,
diesmal mit dem Vornamen
Franciscus. Die naheliegenden
Verwandtschaftsbande zwischen
diesen beiden Trompe-l'œil-
Künstlern bedürfen noch der
Klärung.

In Middelburg in Seeland, nur wenige Kilometer von Antwerpen entfernt, leben Mitte des Jahrhunderts zwei herausragende Trompe-l'œil-Maler: Wallerant Vaillant und Laurens Craen. Setzt man den Weg nach Norden fort, gelangt man nach Den Haag, wo das
Thema der Jagd und des damit verbundenen Jagdzubehörs in Trompe-l'œil-Darstellungen dominiert. Sowohl Jacobus Biltius (vor seinem Aufenthalt in Antwerpen) als auch
Hendrik de Fromantiou, Cornelis Lelienbergh oder Cornelis Biltius waren Mitglieder der
Haager ›Confrerie Pictura‹ und schufen Trompe-l'œil-Gemälde von Wild. Johannes Leemans (Abb. 100) verbrachte sein ganzes Leben in dieser Stadt, die schon seit dem 10. Jahrhundert als Treffpunkt der Jäger bekannt war. Die Mehrzahl seiner talentierten Werke ist
weidmännischen Themen gewidmet. Sein Zeitgenosse Christoffel Pierson (Abb. 102),
auch er (1603) in Den Haag geboren, schuf ähnliche Gemälde, unter anderem jenes, das
heute im Museum der Bildenden Künste in Leipzig hängt. Johannes Offermans, ein aus
der Nachbarstadt Dordrecht stammender Künstler, verwendet 1672 eine Ikonographie,
die derjenigen eines gegenwärtig im Museum in Gotha befindlichen und von Johannes
Leemans signierten Gemäldes ähnelt (Abb. 101). Die regsame Betriebsamkeit dieses
holländischen Kunstzentrums zog Künstler wie Samuel van Hoogstraten oder den Schot-
ten William G. Ferguson an, deren Wege sich wahrscheinlich 1668 kreuzten.

In Leiden taten Pieter van Noort und Edwaert Collyer, Mitglieder der Gilde dieser
Stadt, das ihre, um das Genre zu bereichern.

In Amsterdam schuf Samuel van Hoogstraten, ein Schüler Rembrandts, neben anderen
Werken einige Trompe-l'œils, darunter das berühmte ›Quodlibet‹, heute im Museum in

100. JOHANNES LEEMANS
Jagdgerät eines Vogelfängers, 1665

101. JOHANNES LEEMANS
Stilleben mit Jagdgerät, 1660

102. CHRISTOFFEL PIERSON
Stilleben mit Jagdgerät, um 1654

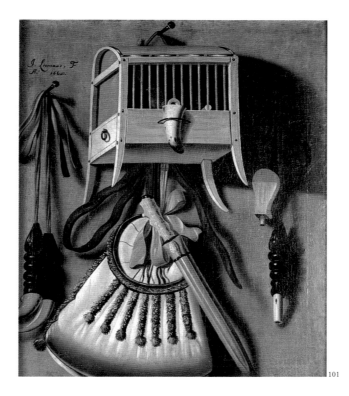

101

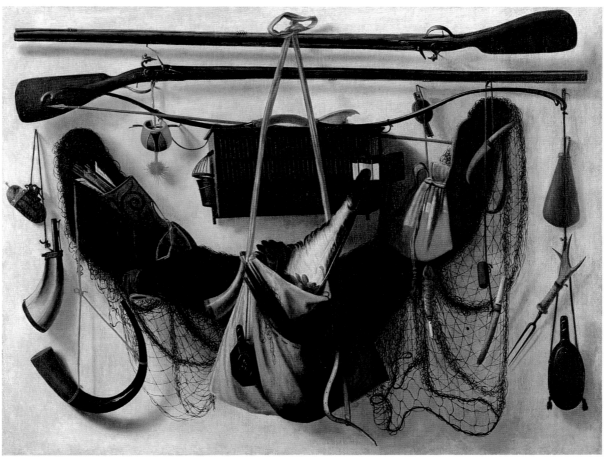

102

Karlsruhe (Abb. 103). Er hob sich von seinen holländischen Kollegen durch seine theoretischen Schriften ab, die er zur Malerei verfaßte. Seine Abhandlung über die Malkunst *(Inleyding tot de hooge Schoole der Schilderkonst)* aus dem Jahr 1678 hat das Verdienst, die Zielsetzungen der holländischen Kunst zu präzisieren, wie Svetlana Alpers berichtet: »Die Malkunst ist eine Wissenschaft mit dem Ziel, alle Ideen oder Begriffe abzubilden, welche die sichtbare Natur hervorbringen kann, und das Auge mittels Zeichnung und Farbe zu täuschen.«[1]

Carel Fabritius, ein anderer Nachfolger Rembrandts, malte 1654, zu einem Zeitpunkt, als er schon in Delft wohnte, sein Trompe-l'œil *Der Buchfink* (Abb. 104), heute im Museum in Den Haag zu sehen. Das Rijksmuseum Kröller-Möller besitzt ein Trompe-l'œil von Heyman Dullaert, ebenfalls ein Schüler Rembrandts, das auf ungefähr 1650 datiert wird. Gemälde dieses Dichter-Malers, eher ein Spezialist des Porträts, sind äußerst selten (Abb. 105).

Im Gegensatz zu Den Haag, wo man Jagd-Trompe-l'œils bevorzugte, erweist sich Amsterdam als ein künstlerisches Zentrum, das die Bildgattung des Trompe-l'œil äußerst vielseitig gestaltet. Während Jan Weenix und sein Cousin Melchior d' Hondecoeter aufgehängtes Geflügel als Trompe-l'œil darstellen, zeigen Samuel van Hoogstraten und Willem Drost Stiche, die mit Siegeln auf Nadelholzbrettern befestigt wurden, oder versiegelte, hinter entsprechende Halterungen geschobene Briefe. Etwa zur gleichen Zeit, um 1650, fertigt Cornelis Brize (Abb. 106) ein Gemälde an, auf dem Dokumente und Pergamentpapier an der Wand hängend dargestellt sind. Willem van Nymegen wurde für ein Bild aus dem Jahre 1679 von der gleichen Idee inspiriert: es zeigt die Bastille auf einem auf Splintholz genagelten Stich (Abb. 107).

Die Dislokation der Künstler und ihrer Werke über die Staaten des Nordens sowie das Fehlen einheitlicher ästhetischer Prinzipien erschweren eine lineare und chronologische Zuordnung. Nur eine spezifische Analyse nach Ländern, die das Problem der Gleichzeitigkeit in Kauf nimmt, kann diesem Phänomen der Malerei des Nordens gerecht werden.

Eine Entwicklung des Trompe-l'œil im 17. Jahrhundert skizzieren zu wollen, ist illusorisch; die große Zahl der Entstehungsorte, die Vielfalt dieser Bilder sowie ihre Beständigkeit machen das Vorhaben, darin eine Entwicklung aufdecken zu wollen, gegenstandslos. Der Stellenwert des Trompe-l'œil in der Malerei des Nordens erweist sich im Kontext der damaligen Ästhetik. Das Konkrete und die Realität mittels der Beobachtung und Erfahrung wahrzunehmen, bildet die Hauptbeschäftigung der holländischen und flämischen Künstler. Ihre Kunst ist beschreibend, sie zeigt die Natur und die Welt in ihrer Unmittelbarkeit.

103

Ein toter Vogel, ein an der Wand befestigter Stich, versiegelte Briefe, private Gegenstände und solche des täglichen Gebrauchs machen ein vertrautes Universum gegenwärtig.

Diese Ästhetik des Konkreten widersetzt sich der Vorherrschaft einer idealisierend erzählenden Kunst, wie sie die italienische und französische Tradition ausgebildet hatte. In den lateinischen Ländern steht die bildliche Darstellung im Dienste der Reflexion, und die Kunst ist das bevorzugte Medium, mit dem eine ideale Welt zum Vorschein gebracht wird, die sich durch eine bewußt betriebene Rekonstruktion erreichen läßt. Die Gemälde werden entworfen und wahrgenommen als gemalte Texte, die eine Botschaft enthalten. Das Auge des nordischen Liebhabers dagegen, der das Gemälde anhand dessen ›Überzeugungskraft‹ beurteilt, die Welt zu beschreiben und ihre Wirklichkeit wiederzugeben, achtet eher darauf, daß der Künstler die Darstellungstechniken perfekt beherrscht. Um die Welt gut wahr-

103.   SAMUEL VAN HOOGSTRATEN
Quodlibet, 1666

121

nehmen zu können, muß sie gut dargestellt sein. So gab es denn auch zahlreiche Künstler, die für ihre technische Gewandtheit und ihre Virtuosität geschätzt wurden.

Die malerischen Glanzleistungen, die das Trompe-l'œil erfordert, entsprechen den Erwartungen eines Geschmacks, der wiederum das Talent des Malers bestätigt und anerkennt. In Holland akzentuieren die Bilder das alltägliche Leben. Ihre Vielfalt scheint einem visuell und bildlich ausgedrückten Verständnis dieser Welt zu entsprechen, deren Facetten man erschöpfend reproduziert. Diese breite Palette an Darstellungen könnte als Ausdruck einer Versessenheit aufgefaßt werden, reale, gewöhnliche und griffbereite Dinge durch und in ›spöttischen‹ Trompe-l'œils zu verdoppeln. So gibt sich hinter dieser fanatischen Wiederholung jene schwindelerregende Illusion des Menschen zu erkennen, die Grenzen der Welt erweitern und sie damit weiterhin beherrschen zu können.

Was es mit diesem Willen zur Macht auch auf sich haben mag, das Trompe-l'œil ist in den Ländern des Nordens jedenfalls nicht Opfer einer hierarchisierenden Auffassung, die es in den Rang eines minderwertigen Genres, einer nebensächlichen und verspielten Malerei zurückstuft. Das Fehlen dogmatischer Urteile in diesen Breitengraden gestattet, jedes Werk für sich und der ihm eigenen Qualität gemäß zu schätzen. Ein schönes Blumengemälde oder ein geschickt und perfekt gestaltetes Trompe-l'œil können sowohl ästhetisch als auch finanziell höher geschätzt werden als ein ›banales‹ Historienbild.

Gleichwohl sind in Holland wie anderswo in Europa die Beschaffenheit und der Status der Bilder im 17. Jahrhundert nicht nur an den spürbaren Genuß der (äußeren) Erscheinung gebunden, sondern auch an eine Erkenntnis, ein Vorhaben, das im Norden eher empirischen Charakter besitzt.

In den deutschen Staaten setzen sich zwei künstlerische Zentren durch, Frankfurt und Umgebung sowie Köln und Bonn.

In Frankfurt beschäftigt sich Georg Flegel, wie Sebastian Stoskopff ein Schüler des 1619 in Frankfurt verstorbenen Daniel Soreau, bereits im ersten Viertel des Jahrhunderts mit dem Genre des Trompe-l'œil und malt auf seine Gemälde jene Zierrahmen, die eigentlich nicht zur Komposition gehören (Abb. 108). In Köln und Bonn ist die Begeisterung für das Trompe-l'œil so groß, daß man Cornelis Biltius und Jan Weenix holen ließ. Letzterer fand am Hof des pfälzischen Kurfürsten Johann Wilhelm für mehrere Jahre Anstellung. Franz de Hamilton schuf an Bayerns Hof in Ratisbonn Trompe-l'œils von Jagdzubehör und Nachahmungen von Stichen. Ein deutscher Künstler namens Johann Munch, der wahrscheinlich aus Nürnberg stammte, stellte 1674 einen bloß mit einem Nagel an

104.   CAREL FABRITIUS
Der Buchfink, 1654

einem Holzbrett befestigten Holzschnitt mit religiösem Thema dar (Abb. 109). Der Kontrast zwischen der Präzision dieser ursprünglich gestochenen ›Pietá‹ und der minimalistischen Beschaffenheit der Komposition Munchs erinnert an ähnliche Trompe-l'œils von Sebastian Stoskopff fünfzig Jahre zuvor. Der elsässische Meister hatte in der Verbreitung neuer Bildkompositionen eine führende Rolle gespielt. Das gerade beschriebene Gemälde ist hierfür ein sprechendes Beispiel.

In Basel schließlich schuf Johann Rudolf Loutherburg Stilleben, Porträts, Historien- und Genremalereien. Die Städtischen Museen sind noch im Besitz einer auf 1697 datierten *Vanitas* und eines aus dem Jahr 1715 stammenden Sammelsuriums (Abb. 110).

In Frankreich setzte André Félibien, Theoretiker der vorherrschenden akademischen Kunst, die Stillebenmalerei an das untere Ende der Hierarchie der Genres, da diese Gemälde im Gegensatz zu religiösen oder Historienmalereien keine *istoria* darstellen. Die meisten französischen Stillebenmaler waren in der Lukas-Zunft in Paris vertreten, die auch die Zunft der ›Künstler vom Pont Notre Dame‹ genannt wurde. Sie standen im ständigen Wettstreit mit ihren von der königlichen Akademie anerkannten Kollegen. Diese war 1648 von Mazarin mit dem politischen Ziel gegründet worden, ein Pendant zu der von Richelieu ins Leben gerufenen literarischen Akademie zu bilden, eine offizielle, kodifizierte Nationalkunst zu schaffen und ihre Verbreitung sicherzustellen. Wenn bei ihrer Gründung auch einige Stillebenmaler sofort Mitglied wurden, wählte man diese eher in ihrer Eigenschaft als Dekorateure aus. Die Leitung der Akademie, deren Despotismus oft angeprangert wurde, vertraute man Charles Le Brun an, einem eifrigen Verfechter der kulturellen Ambitionen Ludwig XIII. sowie später Ludwig XIV. Diejenigen Maler, die von dieser angesehenen Institution oder Aufträgen von seiten der Monarchie ausgeschlossen waren, mußten, um zu überleben, ihr Talent im Rahmen der technischen Meisterschaft zur Geltung bringen und häufig als minderwertig beurteilte, für eine bürgerliche Kundschaft bestimmte Gemälde produzieren.

Das französische Stilleben hat den nordischen Schöpfungen viel zu verdanken. Die wenigen französischen Maler, die sich im 17. Jahrhundert mit dem Stilleben beschäftigten, stammten auch eher aus Städten des Nordens. Wallerant Vaillant zum Beispiel oder der Blumenmaler Jean-Baptiste Monnoyer kamen aus Lille, Michel und Charles Bouillon und Jean-François Le Motte aus Tournai. Sebastian Stoskopff führte gegen 1630 das Trompe-l'œil in Paris in die französische Schule ein. Ursprünglich aus Straßburg, ging er in Hanau bei Frankfurt bei dem Stillebenmaler Daniel Sorau in die Lehre, der gebürtiger Antwerpener war. Wallerant Vaillant, der 1653 aus Frankfurt anreiste, blieb mehr als vier Jahre in Paris und erhielt den Titel ›Maler der Königin‹. Er stellte die Nachfolge von Sebastian Stoskopff sicher, als dieser 1641 die Hauptstadt verließ, um ins Elsaß zurückzukehren.

Die Lukas-Akademie zählte 1658 einen gewissen Claude Duré oder Duray, einen Trompe-l'œil-Maler, zu ihren Mitgliedern. Er hatte mit Sicherheit Kontakt zu den nordischen Künstlern, die sich in Saint-Germain-des-Près angesiedelt hatten und ihn in das illusionistische Genre einführten. Die französischen Stillebenmaler waren häufig Protestanten, was sie ihren nordischen Kollegen noch näherrücken ließ.

Dem Süden Frankreichs ist das Genre des Trompe-l'œil am Ende des 17. Jahrhunderts nicht unbekannt. Die große beschnittene Komposition von Antoine Fort-Bras (oder Forbera), die man in Avignon fand, wirft das Rätsel der Nationalität ihres Urhebers auf, dessen Herkunft noch heute umstritten ist. Reisende Gelehrte, die von dem Werk verzaubert waren, berichteten schon im 18. Jahrhundert, daß es von einem italienischen Maler angefertigt worden sei. Mehrere Staffeleimalereien bestätigen durch ihr Monogramm oder ihre Signatur, daß dieser Künstler in illusionistischen Malereien herausragend war. Die kürzliche Entdeckung eines Trompe-l'œil in einer Privatsammlung hat Ergänzungen seiner Biographie ermöglicht. Dieses Bild, auf dem ein auf einem Holzbrett angebrachter Landschaftsstich dargestellt ist, vor dem Brillen und eine Uhr zu sehen sind, hinter die eine Feder geschoben wurde, trägt die Aufschrift: ›Antonio Forbra Fece-Avignon‹. Es sieht also so aus, als ob der Künstler italienischer Herkunft sei, seinen Beruf jedoch hauptsächlich in der Stadt der Päpste ausgeübt habe. Die soziologischen und ästhetischen Strukturen des damaligen Frankreichs erklären vielleicht, warum nur so wenige Trompe-l'œil-Gemälde erhalten geblieben sind. Zu lange und zu oft verachtet, in den berühmten Sammlungen kaum vertreten, verdienten sie in den Augen der Liebhaber nicht die Aufmerksamkeit, die zu ihrer Erhaltung notwendig gewesen wäre.

Während die Kunst des Nordens die der Bilder ist, erweist sich die Kunst in Frankreich als eine ›Kunst des Sehens‹. Wie Françoise Séguret schreibt, »öffnet das französische 17. Jahrhundert das Auge«.[2] Sie ist Teil einer intellektualisierten und gekonnten Darstellung, die eine Kunst des Blickes hervorbringt, die sich nicht mehr mit der empfindsamen Betrachtung eines schönen Bildes zufrieden gibt. In Frankreich geht man davon aus, daß jede Kunst Täuschung sein muß, deren Ziel darin besteht, Zugang zur Wahrheit zu ermöglichen. Das Trompe-l'œil gehört zu jenem Wahrnehmungsmodus, welcher mittels der

105

106

105. HEYMAN DULLAERT
Stilleben

106. CORNELIS BRIZE
*Trompe-l'œil mit Dokumenten des
Amsterdamer Schatzamtes*, 1656

Intelligenz eines Sinnesorgans versucht, hinter dem Gemälde eine Botschaft zu entdecken – die Botschaft einer zwar trügerischen, jedoch auf Wesentliches abzielenden Illusion.

Im Frankreich des 17. Jahrhunderts lassen die Regeln und Konventionen, denen die Malerei unterworfen ist, wenig Raum für ein ungezügeltes Schaffen, für das die Trompe-l'œils stehen könnten.

In Italien, der Heimat aller Erneuerungen der Malkunst, scheint man das Staffelei-Trompe-l'œil seltsamerweise aufgegeben zu haben, obwohl die italienischen Künstler die unangefochtenen Meister von Trompe-l'œil-Effekten in Scheinarchitekturen waren. Die italienische Tradition der architektonischen Trompe-l'œil-Dekorationen lebt im 17. Jahrhundert in den Palästen und Kirchen fort. Andrea Pozzo, Antonio Verrio, Agostino Mitteli und andere beherrschen jene Kunstgriffe meisterhaft, mit denen sich Räume ausdehnen und plastisch gestalten lassen. Was das Staffelei-Trompe-l'œil angeht, so ist es vielleicht kein Zufall, daß der in Venedig geborene Jacopo de Barbari sein Gemälde *Stilleben mit Rebhuhn, Eisenhandschuhen und Armbrustbolzen* aus dem Jahr 1504 am Hof Friedrich III. von Sachsen, genannt Friedrich der Weise, schuf. Der Künstler war später in den Niederlanden tätig, und man kann berechtigt davon ausgehen, daß seine Schöpfungen der Sensibilität der nordischen Länder entsprachen. Dieses außergewöhnliche Bild, heute in der Alten Pinakothek in München, weist bereits alle charakteristischen Züge und Bedeutungen auf, die die Stilleben und Trompe-l'œils später abwandeln und miteinander verbinden sollten. Wenn ein Bild jemals Trompe-l'œil gewesen ist und Künstler wie Betrachter gebannt hat, dann dieses. In seinem Schatten werden die italienischen Gemälde dieser Bildgattung im Grunde zweitrangig.

Nichtsdestoweniger widmeten sich einige zweitrangige italienische Künstler dieser Bildkategorie, allerdings ohne große Wirkung. Willem Drost, ein Schüler Rembrandts, hielt sich Mitte des Jahrhunderts wie auch William Ferguson lange Zeit in Rom auf. Man kann annehmen, daß sich diese beiden Trompe-l'œil-Künstler zu Bot-

107. WILLEM VAN NYMEGEN
Trompe-l'œil mit der Bastille

127

108

schaftern dieser Bildgattung machten. Auch der Spanier Vincente Victoria ließ sich in der päpstlichen Stadt nieder, in der er als Konservator der Antiquitäten des Papstes bis zu seinem Tod im Jahre 1712 wohnte. Als Maler ging er bei Carlo Maratta in die Lehre. Mit seinen Trompe-l'œils hatte er so viel Erfolg, daß Cosimo III. de' Medici ihn nach Florenz holte. Diese fahrenden Maler scheinen mit ihren illusionistischen Schöpfungen jedoch nur wenig Nacheiferer gefunden zu haben; Egidio Maria Bordoni ist lediglich durch einige signierte Gemälde bekannt, die an Kiefernbrettern befestigte Stiche zeigen. Andrea (oder Domenico) Remps dagegen kann als erster wirklicher Trompe-l'œil-Spezialist in Venetien angesehen werden. Er war um 1680 tätig. Man sollte sich zudem in Erinnerung rufen, was Joachim Sandrart fünfzig Jahre zuvor über Sebastian Stoskopff geschrieben hatte: »[…] von Paris aus fuhr er nach Italien (wo ich ihn 1629 in Venedig gesehen habe), […].«[3] Es ist möglich, daß die Venezianer durch die Anwesenheit des elsässischen Meisters in die Kunst dieser seltsamen Gemälde eingeführt wurden und Geschmack daran fanden. Dieses Interesse für das Trompe-l'œil könnte später dann Andrea Remps zugute gekommen sein. Sein nordisch klingender Name läßt vermuten, daß er aus Flandern oder Deutschland stammt, wie 1733 Pater Orlando in seinem *Abecedario* erkennen läßt.

Auch wenn die Trompe-l'œils in Italien Ausnahmen bleiben, sind sie nichtsdestoweniger am Ende des Jahrhunderts in den großen Sammlungen der Halbinsel vertreten.

Eduard Safarik und Francesca Bottari[4] machen in ihrer Arbeit darauf aufmerksam, daß im Jahre 1699 in dem Inventar der Sammlung A. Savorgnan ein Gemälde mit einem an die Wand gehängten Stich erwähnt wird. Auch in der Sammlung von Ferdinando de' Medici, deren Inventar 1713 in Florenz aufgenommen wurde, sind zwei Trompe-l'œils enthalten, darunter vermutlich der *Kunstkammerschrank,* ein Bild, das sich gegenwärtig im Museo dell' Opificio delle Pietre Dure in Florenz befindet (es wird heute Andrea Remps zugeschrieben; Abb. 112).

In Verona war im letzten Drittel des 17. Jahrhunderts ein Künstler namens Carlo Sferini tätig. Dieser Künstler, insbesondere für ein auf 1677 datiertes und signiertes Trompe-l'œil bekannt, auf dem ein *cartellino* seinen Aufenthalt ›a Verona‹ belegt, nannte sich auch Carlo Tedesco (ein Name, der vielleicht eine deutsche Herkunft verrät). Er war

108. GEORG FLEGEL
Nische mit Äpfeln, Weintrauben und Erdbeeren

als Spezialist der Perspektive bekannt, und
außerdem verdanken wir ihm eine Liste mit den
ersten Akademikern Veronas.

Cristoforo Munari scheint an der Jahrhundertwende zwischen dem 17. und dem 18. Jahrhundert die einzige Persönlichkeit zu sein, die
unter den Künstlern der italienischen Schule
herausragt.

Daß in Italien nur wenige Trompe-l'œils angefertigt wurden, ist vermutlich auch ein Ergebnis der genauen Kodifizierung durch das Tri-

109.

enter Konzil, dessen ästhetische und ideologische Prinzipien durch die Abhandlung des
Kardinals Paleotti bekannt sind. Sie spiegelt das geistige Klima und die Themen der Sit-
zungen wider, an denen er teilgenommen hatte. Die Gemälde der Trompe-l'œil-Maler
stehen aufgrund ihrer Sonderbarkeit und ihres Schweigens im Widerspruch zu den tri-
dentinischen Dogmen, die der Malerei im Sinne der zentralgelenkten Gegenreform einen moralisierenden Auftrag gab.

Aber unabhängig von Ideologien war es nicht Ziel der italienischen Malkunst, die Welt
getreu abzubilden. Selbst Leonardo da Vinci, dessen Schriften das theoretische Vademe-
kum der italienischen Ästhetik jener Epoche bilden, fürchtet die Verschmelzung von Auge
und Welt, deren rationale Kenntnis damit aufgegeben würde. Die Trompe-l'œil-Malerei,
die auf den ersten Blick – in der Unmittelbarkeit der visuellen Wahrnehmung – nicht den
Verstand, sondern die Sinne herausfordert, kommt aus genau diesem Grunde in Verruf.

In Spanien scheint das Trompe-l'œil wie in Italien nicht in die herrschende, von religiösen Gemälden und Porträts dominierte Ästhetik zu passen. Seine spielerische Dimension entspricht nicht der iberischen Strenge jener Zeit. Die Trompe-l'œil-Elemente,
die die Stilleben von Juan Sánchez Cotán aufweisen, dürfen wegen ihrer sparsamen Thea-
tralität und dem Wechselspiel ihrer Gesimse jedoch nicht stillschweigend übergangen
werden.

Selbst bekannte Meister wie Francisco de Zurbarán oder Diego Velázquez versuchten
sich an Trompe-l'œil-Gemälden. Zurbarán versuchte, das Tuch der heiligen Veronika täuschend ähnlich wiederzugeben. Velázquez malte 1626 in einer überraschenden Komposition, die sich gegenwärtig im Königlichen Palast in Madrid befindet, neben anderen Jagd-

109. JOHANN MUNCH
Kreuzabnahme, 1674

129

trophäen ein ›Hirschgeweih‹ (Abb. 114). Marcos Correa, zwischen 1667 und 1673 in Sevilla tätig, schuf zwei besonders ergreifende Trompe-l'œils, die heute in der Hispanic Society of America aufbewahrt werden (Abb. 113). Zwei Stiche hängen dort neben einem Tintenfaß bzw. einem Hundeschädel, die grob an den Holzbrettern befestigt wurden.

Vincente Victoria, der 1688 aus Rom nach Valencia zurückkehrte und dort an der Universität Literatur unterrichtete, verfaßte eine Geschichte der Malerei und trug zur Verbreitung des Trompe-l'œil-Genres durch seine eigenen Bildwerke bei. Zu seinen Nachfolgern gehört vielleicht Gaspar de Peya, bekannt lediglich durch auf diesen Namen signierte Gemälde.

England, in der Bildproduktion des 17. Jahrhunderts nur allzuoft nicht vertreten, kam mit dem Experiment des Trompe-l'œil nur gelegentlich in Berührung. Von Edwaert Collyer (Abb. 115) erfahren wir durch die in das Quodlibet eingeschobenen *cartellini*, daß er am Ende seines Lebens, nachdem er in der Leidener Gilde Karriere gemacht hatte, ›Painter at London‹ war. Auch Samuel van Hoogstraten hielt sich (1653) in London auf. Als Maler und Kunsttheoretiker führte er die englischen Liebhaber mit Sicherheit in dieses neue Genre ein. William Ferguson (Abb. 116), 1632 in Schottland geboren, immigrierte nach Holland, um seine Ausbildung in Den Haag zu vervollkommnen. 1688 war er noch in Amsterdam, kehrte daraufhin aber in sein Heimatland zurück, wo er seine Karriere beendete und 1695 starb.

Jan van der Vaart, 1647 in Harlem geboren, begab sich 1674 nach London, wo er sich bis zu seinem Tod 1721 aufhielt. Eines der ihm zugeschriebenen Trompe-l'œils, das eine gemalte, an einer Blendtür hängende Violine darstellt (Abb. 118), erweckte lange Zeit die Neugier der Besucher des Devonshire House in London.

Wenn die gesamte klassische Malerei durch ihr Verfahren der Imitation Wahrscheinlichkeit anstrebt, stellt das Trompe-l'œil – als eine besondere Form des Stillebens – den Höhepunkt dieses Strebens dar. Es liefert die Illusion von etwas Wirklichem, eine Illusion, die Fragen aufwirft, nicht nur, was die zu ihrer Erzeugung erforderlichen Mittel anbelangt, sondern auch, was die Effekte betrifft, die durch das ›Gezeigte‹ erzielt werden.

Für Michel Faré wird der Blick angesichts dieser Bilder »so in die Irre geführt, daß er die Illusion, die Gegenstände seien wirklich da, nicht überwinden kann«.[5] Wenn alle Bildwerke nur eine Abwandlung des gleichen Betrachtungsmodus wären, würden Trompe-l'œil-Gemälde keine verblüffende Illusion mehr auslösen. In der Tat – auch wenn jede Malerei etwas darstellt, ist lange nicht jede eine Trompe-l'œil.

Gerade die Fülle und Verschiedenartigkeit der Malerei des 17. Jahrhunderts ist es, die es den Trompe-l'œil-Gemälden gestattet, ihren Ausnahmecharakter und ihren besonderen Überraschungseffekt zu bewahren. Der diese Werke kennzeichnende allgemeine Begriff ist genauso provozierend wie das, was sie uns zeigen. ›Trompe-l'œil‹ …, diese Bezeichnung versucht, die Natur der Sache durch den Effekt, den diese erzeugt, zu bestimmen. Die Kurzdefinition reicht jedoch nicht aus, um Trompe-l'œil-Gemälde von anderen Bildern zu unterscheiden, um sie zu verstehen und zu schätzen.

Die Komplexität der künstlerischen Produktion des 17. Jahrhunderts lädt dazu ein, eine Typologie zu erstellen, deren Kriterien weder erschöpfend noch ausschließlich dafür aber zwingend sein sollten. Da es sich um künstlerische Phänomene handelt, sind die hier ausgewählten Charakteristika Ergebnis einer ebenso erklärenden wie interpretativen Studie.

110.   JOHANN RUDOLF
LOUTHERBURG
Quodlibet, 1716

111.   ANDREA (oder DOMENICO)
REMPS
Trompe-l'œil

110

111

112

113

112. ANDREA (oder DOMENICO)
REMPS
Kunstkammerschrank, 17. Jahrhundert

113. MARCOS CORREA
Trompe-l'œil

Zwischen (Staffelei-)Trompe-l'œils und anderen ›echt wirkenden‹ Gemälden, die gelegentlich grundlegende Elemente des Trompe-l'œil verwenden, wird ein Unterschied deutlich. Die Verwertung bestimmter Kunstgriffe des Trompe-l'œil in Gemälden anderer Bildgattungen reicht nicht aus, damit diese in den theoretischen Korpus der ›Trompe-l'œil-Gemälde‹ aufgenommen werden können. Wenn auch nicht alle hier ausgewählten Kriterien auf ein Trompe-l'œil-Gemälde zutreffen müssen, ist es die Kombination einiger dieser Kriterien, die es zu einem solchen machen.

Die vom Künstler dargestellten und ausgewählten Gegenstände müssen zum Repertoire der stummen Dinge, der unbelebten Wesen gehören. Damit der Bildgegenstand für wirklich gehalten wird und zu täuschen vermag, empfiehlt es sich für den Künstler, ihn der statischen Natur des Gemäldes (das ja selbst Gegenstand ist) gemäß auszuwählen. Damit sein Gemälde nicht mit einer Genreszene verwechselt wird, muß es sich als regungsloses Ganzes präsentieren. So stellt etwa Melchior d'Hondecoeter, ein holländischer Maler, in einem seiner Trompe-l'œils einen toten, an einer Kralle aufgehängten Hahn dar (Abb. 117).

In dieser Bildkategorie wird die relative Banalität der Gegenstände noch durch die Alltäglichkeit ihrer Umgebung verstärkt. Das Außergewöhnliche und Pittoreske eines aus seinem gewöhnlichen Kontext herausgelösten Gegenstandes würde unweigerlich die Neugier des Betrachters wecken und dessen Aufmerksamkeit auf sich ziehen – täuschen würde der so dargestellte Gegenstand jedoch nicht. Die Gemälde von Jagdgeräten, die bei Johannes Leemans immer wieder auftreten, zeigen an der Wand hängende, gewöhnliche Jägerausrüstungen. Zu sehen sind nicht etwa eine kostbare Waffe mit nielliertem Schloßblech oder ein sorgfältig verzierter Dolch, sondern die übliche Jagdtasche, die Pulverkästen, die Lockpfeifen und die Jagdschlingen, die für einen Bürger aus Den Haag bereitstehen. Die stilbedingte Banalität hält den in Hamburg tätigen Johann Georg Heintz [Hainz] jedoch nicht davon ab, in seinen Kompositionen (Abb. 119) wertvolle Gegenstände aus dem königlichen Tresor der Kopenhagener Monarchen zu zeigen, in deren Dienst er in der zweiten Hälfte des 17. Jahrhunderts stand. Diese Kuriositäten werden dem Kunstliebhaber, der begierig den Reichtum einer Sammlung zu entdecken sucht, in der Art eines Wunderkabinetts präsentiert. Jeder zeitgenössische Betrachter konnte in diesem Werk den Geschmack einer raffinierten Elite wiederfinden.

Diese zwei Formen des Trompe-l'œil schließen sich nicht grundsätzlich aus. Beide lassen die Notwendigkeit erkennen, daß die im Bildinnern dargestellten Gegenstände mit dem Ort, für den das Bild bestimmt ist, übereinstimmen müssen. Der angestrebte Realismus beziehungsweise Illusionismus impliziert auch eine Übereinstimmung zwischen dem sozialen Status der Besitzer und den gezeigten Objekten.

Mit der *Atelierecke* (1677) von Jean-François Le Motte (Abb. 99) setzt sich im Trompe-l'œil-Genre eine neue Regel durch. Zahlreiche Gegenstände, vor einem Hintergrund aus Holz plaziert, zeugen von der emsigen Tätigkeit des Künstlers. Ihr scheinbares Durcheinander, die Nachlässigkeit, mit der sie auf gut Glück verstreut wurden, kaschieren in Wirklichkeit eine meisterhaft beherrschte Trompe-l'œil-Komposition, welche die Zwänge berücksichtigt, die die Darstellung vollständig abgebildeter Gegenstände mit sich bringt. Ein Fragment oder ein durch den Bildrahmen beschnittener Gegenstand würde das Bild selbst sowie die Zufälligkeit seines Formats in den Vordergrund rücken, wodurch der illusionistische Effekt reduziert würde.

Während die europäische Bildtradition des 17. Jahrhunderts eine ›Lektüre‹ des Bildes – seiner Geschichte, die es erzählt, seines religiösen oder historischen Sinnes – erfordert, entgehen die Trompe-l'œils dieser doppelten – narrativen oder symbolischen – Textualität. Soll die Illusion Wirkung zeigen, darf der Betrachter nicht von einer symbolischen oder allegorischen Botschaft abgelenkt werden, deren Verständnis einen bestimmten kulturellen und intellektuellen Bezugsrahmen voraussetzt. Das auf 1653 datierte Gemälde von Laurens Craen illustriert die Belanglosigkeit des Bildgegenstands im Trompe-l'œil. Dieses Bild, in dem unterschiedliche, noch an ihren Zweigen hängende Früchte mit einem Band an einer Mauer befestigt wurden, nimmt die Aufmerksamkeit des Betrachters lediglich durch seine Qualität und seinen Effekt in Anspruch. Man wird nicht versuchen, in ihm eine verschlüsselte Nachricht zu entziffern oder einen Sinn zu entdecken, die hier offensichtlich fehlen. Der Betrachter, ergriffen vom visuellen Genuß der Betrachtung und fasziniert vom Wechselspiel der Farben und Formen, wird schließlich nur durch seinen erwachenden Appetit auf das Obst dazu verleitet, dem Ruf des Gemäldes zu folgen. Das Fehlen einer *istoria* und von Anekdoten in illusionistischen Gemälden wird mitunter durch Schriftfragmente oder *cartellini* kompensiert, die zur Lektüre einladen. So sind die Bildoberflächen verschiedener ›Briefwände‹ oder ›Sammelsurien‹ von kleinen, lesbaren Schriftstücken mit oft erbaulichem Inhalt

114. DIEGO VELÁZQUEZ
Hirschgeweih, 1629

übersät. Das Trompe-l'œil von Wallerant Vaillant aus dem Jahre 1656, das sich heute im Museum in Dresden befindet, ist dafür ein sprechendes Beispiel (Abb. 120). Der Künstler zeigt uns zwischen den angenagelten Bändern und dem Untergrund aus Holz ein Bruchstück seiner Korrespondenz Bei der Lektüre der in Schönschrift verfaßten Briefe erfahren wir nicht nur, wer der Autor dieses Gemäldes ist, sondern auch, wer seine realen oder fiktiven Briefpartner waren.

Unbewegliche, banale, vollständig abgebildete und in sich kohärente Gegenstände ohne erbaulichen Inhalt scheinen die Behandlung der Sujets zu kennzeichnen, die in Trompe-l'œils dargestellt werden. Diese erfordern zudem spezifische Eigenschaften und Techniken, ohne die die Illusion nicht ihren Zauber ausüben würde.

Da man im 17. Jahrhundert die Malkunst technisch perfekt beherrschte, war es möglich, den Realitätseffekt der Trompe-l'œils zu verstärken. Ein solcher Effekt verlangt vom Künstler, bei der Komposition seines Bildes die Einschränkungen zu berücksichtigen, die die Wiedergabe von Gegenständen in realer Größe mit sich bringt. Es ist klar, daß ›in miniatura‹ dargestellte Objekte nicht den gleichen geheimnisvollen Effekt hervorbringen würden. Dieser veristische Anspruch bestätigt sich in den bereits erwähnten Gemälden von Johann Georg Heintz, in denen die Schätze der Könige Dänemarks zu sehen sind. Der *Kleinodienschrank (Regal mit Pistolen)* (Abb. 121) führt in verschiedenen Fächern Bestandteile der königlichen Sammlungen vor. In dieser Auswahl unterschiedlichster Gegenstände stellt der Maler die Muschel im richtigen Verhältnis zu den Korallen, den Porzellangefäßen und der Flügelschnecke dar und hält sich auch an die wirklichen Dimensionen des Schmuckanhängers, der Uhren und der Perlenketten.

Eine Möglichkeit für den Künstler, den Effekt überzeugender zu gestalten, besteht darin, sich beim Entwurf des Gemäldes nach dessen Bestimmungsort zu richten. So wurden die beiden großformatigen Kompositionen Vincente Victorias, in denen militärische Attribute und Waffen zu sehen sind, für die Ausschmückung eines Waffensaals entworfen. Die beiden ungefähr drei Meter breiten Gemälde illustrieren erneut die Notwendigkeit, die Waffen, Gewehre, Lanzen und Säbel in ihrer realen Größe zu zeigen.

Die Herstellung eines Trompe-l'œil erfordert, so René Passeron, eine Art »Kraftakt«.[6] Da solche Werke mehr technisches Geschick als Einfühlungsvermögen verlangen, ist der Künstler gezwungen, hinter seine Schöpfung zurückzutreten: selbst wenn der Maler weiterhin einen bestimmten Stil pflegt, kann er hier nicht subjektive poetische Gefühle oder Wahrnehmungen vermitteln.

Sein Malverfahren ähnelt in gewisser Hinsicht der eines Ingenieurs. Angesichts der Notwendigkeit einer relativen Anonymität stellt sich für den Künstler die Frage, wie er sein Gemälde wieder ›in Besitz‹ nehmen kann – etwa durch eine im Bild sichtbare Signatur –, selbst wenn er dabei Gefahr läuft, den Bildeffekt zu verändern. Künstler wie Edwaert Collyer oder Wallerant Vaillant lösten das Problem mit Hilfe der *cartellini.* Der Name des Empfängers des im Quodlibet abgebildeten Briefes wird ganz unauffällig zu dem des Künstlers. Wenn die Signatur des Malers wie der Rahmen normalerweise diejenigen Merkmale sind, an denen man erkennt, daß es sich um ein Gemälde handelt, so ist der trügerische Effekt des Trompe-l'œil natürlich noch überzeugender, wenn jene fehlen oder versteckt werden. Man vermißt jedoch die heldenhaft anmutende Bescheidenheit, die der virtuose Künstler eines solchen ›Kraftaktes‹ aufbringen muß, um ein Meisterwerk ohne sichtbares Kennzeichen seiner Urheberschaft aus der Hand zu geben. Sowohl Jacobus Biltius (Abb. 122) als auch Frans van Myerop bewahren sich vor ewiger Anonymität durch in Schönschrift verfaßte Signaturen.

Will der Künstler zudem eine visuelle Zweideutigkeit herstellen und aufrechterhalten, muß die Leinwand mit dem Hintergrund der Komposition identisch sein. Um dieser Zielsetzung gerecht zu werden, versah der Maler seinen Hintergrund mit einer vorgetäuschten Steinmauer, mit Holzbrettern oder mit einer neutralen und glatten Oberfläche. Jean-François Le Motte zum Beispiel schließt seine *Atelierecke* mit einer Bretterwand aus

115. EDWAERT COLLYER
Trompe-l'œil, 1703

116

Kiefernholz ab, eine Wahl, die 1668 auch Cornelis Gijsbrechts in seinem *Vanitas*-Stilleben (heute in Kopenhagen) trifft. In Samuel van Hoogstratens Sammelsurium dagegen sind die Bänder auf einem einfarbigen, festen Untergrund angenagelt.

Da das Bildfeld durch die Leinwand abgeschlossen wird, kann der Künstler nur flache Gegenstände darstellen, eine Einschränkung, die zwangsläufig eine flächige Bildkomposition nach sich zieht. Das Sammelsurium erfüllt diese Voraussetzung und wird so zu einem der beliebtesten Trompe-l'œil-Motive. Kamm, Feder, Medaille, Brille, Taschenmesser und diverse Papiere, die Samuel van Hoogstraten für sein Gemälde ausgewählt hat, sind in der Tat flache, fast platte Gegenstände. Aus dem gleichen Grund zeigen Sebastian Stoskopff und Claude Duré Stiche, die in aller Eile befestigt oder mit Siegeln direkt auf dem abgebildeten Hintergrund angebracht wurden (vgl. Abb. 124).

Der klassischen, akademischen Kompositionsauffassung nicht zu entsprechen, eröffnet dem Trompe-l'œil ein zusätzliches realistisches Verfahren, durch welches das Spiel mit der Illusion erleichtert wird. Die Gegenstände werden nun gekonnt über die gesamte Fläche ausgebreitet, die die Leinwand dem Pinsel des Künstlers bietet.

Die Verteilung der Briefe beziehungsweise der versiegelten oder zusammengefalteten Nachrichten gehorcht bei Wallerant Vaillant und anderen Quodlibet-Malern einem kalkulierten Zufall. In seinem Trompe-l'œil aus dem Museum in Dresden (vgl. Abb. 120) sind alle Motive gleichberechtigt. Die Mitte der Leinwand, gekennzeichnet durch das geometrische Muster der Bänder, markiert deshalb nicht zugleich auch das Zentrum der Komposition.

Auch in dem bereits erwähnten *Kleinodienschrank* von Johann Georg Heintz (Abb. 121) wird die Bildordnung vom Künstler durch die gitterartige Einteilung in Nischen, von denen jede mit Gegenständen vollgestopft ist, auf den Kopf gestellt. Im Gegensatz zu einer akademischen Komposition, die um eine Achse oder einen dominierenden Gegenstand herum aufgebaut ist, verbindet die systematische Unterteilung Ausgewogenheit mit einem kontrollierten Durcheinander. Der Blick des Betrachters wird durch die Vielzahl der dargestellten, gleichmäßig im Bild verteilten Gegenstände angezogen.

116. WILLIAM GOWE
FERGUSON
Totes Rebhuhn

117. MELCHIOR
D'HONDECOETER
Toter Hahn

Die flachen Gegenstände und der gleichmäßig ausgefüllte Raum des Trompe-l'œil erfordern einheitliches Licht. Dessen Streuung zwingt den Künstler zu äußerster Präzision und Genauigkeit bei der Wiedergabe des subtilen Spiels der durch flache Gegenstände aufgeworfenen Schatten. Johannes Leemans zeigt seine Jagdutensilien auf einem perlgrauen, in gleichförmiges Licht getauchten Untergrund (Abb. 123). Keiner der Gegenstände endet in einem verschwommenen Helldunkel, das Rätselhaftigkeit und Tiefe suggerieren würde. Das Gleiche gilt für das Sammelsurium von Edwaert Collyer (Victoria and Albert Museum), in dem auf jedes Element Licht in gleicher Intensität fällt. Die Schatten sind durch die extreme Flächigkeit der Komposition auf das für die Wahrscheinlichkeit notwendige Minimum reduziert.

Diese Charakteristika ergeben zusammen das, was Trompe-l'œil-Arbeiten von anderen unterscheidet, nämlich ihren plastischen Effekt. Charles Sterling erinnert daran, daß diese Gemälde einen Raum suggerieren, »[…], der sich vor dem Gemälde befindet« und »eine Kontinuität zwischen dem im Bild dargestellten Raum und dem wirklichen Raum, in dem sich der Betrachter aufhält, herstellen«.[7] Die gesamte Darstellung bewegt sich in dem begrenzten Raum zwischen der Leinwand und dem Auge des Betrachters. Der Bildträger – Leinwand, Kupferplatte oder Holztafel – schließt das Blickfeld ab und hindert das Auge daran, eine Tiefe zu erkunden, die per definitionem aufgehoben ist. Ein Beispiel für die Verschmelzung der Räume liefert die halb geöffnete Tür in Cornelis Gijsbrechts' Trompe-l'œil aus dem Museum in Gent. Während der Türrahmen ›im‹ Bild verbleibt, dringt die Glastür in den wirklichen Raum des Betrachters ein. Dieser plastisch wirkende Kunstgriff scheint Albertis Regeln der Perspektive zuwiderzulaufen, die den Fluchtpunkt als notwendig definieren, um den Blick des Betrachters einzufangen. Der plastische Effekt verstärkt noch die Nähe zu den hervorspringenden Gegenständen, so zum Beispiel in Cornelis Gijsbrechts' Gemälde aus dem Jahr 1672 (gegenwärtig im Museum in Kopenhagen), auf dem unterschiedliche Musikinstrumente plastisch hervortreten (Abb. 125).

Auch die Farbe trägt zur Illusion eines Reliefs bei. In den Sammelsurien sind es die Bänder, von denen die Gegenstände gehalten werden, die dem Betrachter am meisten entgegentreten. Sowohl bei Cornelis Gijsbrechts als auch bei Edwaert Collyer, Wallerant Vaillant und Samuel van Hoogstraten sind diese Bänder rot. Sebastian Stoskopff benutzt für die Anbringung eines Stiches von Jacques Callot in einem Trompe-l'œil rote Wachssiegel (Abb. 124). Das gleiche gilt für sein Trompe-l'œil in Wien, in dem er einen Stich von

Michel Dorigny abgebildet hat. Den hervorspringenden Effekt dieser Farbe nutzten die Künstler stets geschickt, um die Illusion überzeugender wirken zu lassen.

Das Trompe-l'œil zeichnet sich nicht nur durch bestimmte Kriterien in der Darstellungsweise der Gegenstände und durch bestimmte Maltechniken aus, sondern auch durch die Effekte, die es auf den Betrachter ausübt. Dieser wird vom Gemälde regelrecht in Beschlag genommen, was ihn dazu verleitet, eine rein betrachtende Haltung in Frage zu stellen: er wird hier mit der Auswirkung von etwas Unheimlichem konfrontiert.

Das Unmittelbare und Umfassende der Wahrnehmung ist es, was das verblüffte Auge Opfer der Illusion werden läßt. Der Betrachter wird angesichts des Gemäldes von großer Unruhe erfaßt, die genauso spontan eintritt wie die Täuschung mächtig ist. Selbst wenn das Trompe-l'œil später unheimlich wirken sollte, ist es doch nie verwirrender als beim ersten Anblick … Angesichts von Staffeleibildern wie jenen von Cornelis Gijsbrecht in Kopenhagen oder Antonio Fort-Bras im Musée Calvet in Avignon (Abb. 129) kann man die von Charles de Brosse in einem Brief vom 7. Juni 1739 zum Ausdruck gebrachte Überraschung nur teilen, die ihn ergriff, als er die Komposition dieses südländischen Malers in Villeneuve-lès-Avignon entdeckte. Wollten die beiden Maler durch die Beschneidung der Bildoberfläche etwa nicht mit der klassischen Wahrnehmungsweise des Gemäldes in seiner traditionellen Form brechen? Auf vorgetäuschten Staffeleien warten Skizzen darauf, durch die Hand des Künstlers vollendet zu werden, der Palette und Pinsel dort vergaß. Das Schnappschußartige, das der Anblick dieser Arbeiten vermittelt, wird durch die Vortäuschung eines willkürlich erstarrten Durcheinanders noch verstärkt. Das Anormale solcher Kompositionen löst beim Betrachter, der sich sowohl angezogen als auch verwirrt fühlt, eine Bewegung aus. Nachdem der Kunstliebhaber den ersten Reflex, die Verwirrung, überwunden hat, prüft er nicht nur die Qualität des Werkes, sondern auch seine eigene Wahrnehmung, indem er seine Position seitlich verändert. Zuerst löst das Trompe-l'œil eine Bewegung aus, dann eine Handlung. Selbst wenn man mit dem Auge versteht, versucht man schnell, seine Unruhe zu besänftigen und seine Verwirrung zu beseitigen, indem man mit der Hand das Bild berührt und sich so über dessen Materialität Gewißheit verschafft.

Der Realitätseffekt in den Trompe-l'œils ist so stark, daß man sie berühren möchte. Die ästhetische Erfahrung wird zur physischen. Der Körper des Betrachters, Opfer seiner eigenen Unfähigkeit, den Gegenstand mittels einer normalen Wahrnehmung zu erfassen,

118

wird vom Taumel erfaßt: er tappt in eine Falle. So Kaiser Ferdinand III., als er 1651 von Hans von Nassau einen »Stich mit frei erfundenem Sujet« geschenkt bekam, »in dem ein Satyr und Nymphen in einer Landschaft zu sehen waren und den Eindruck erweckten, sie seien aus Papier und mit Wachs auf einer Holztafel befestigt«. Der Maler und Kunsthistoriker Joachim Sandrart, der das Bild (eine Arbeit Sebastian Stoskopffs) dem Kaiser übergab, berichtet, daß »dieser mit der Hand den Stich abnehmen wollte« und dann »über den trickreichen Betrug lachte. Er war des Lobes voll und nahm die Arbeit in seine Kunstgalerie in Prag auf«. Der Versuch, den vorgetäuschten Stich vom Gemälde abzureißen, bestätigt die plastische Anomalie des dargestellten Gegenstandes – sie ist Teil des illusionistischen Streiches. In einem traditionellen Gemälde dagegen scheint der Gegenstand hinter der Bildoberfläche zu stehen und das Auge des Betrachters genügt, um das Motiv zu identifizieren.

Selbst wenn man die Täuschung bemerkt hat, verliert das Trompe-l'œil-Gemälde nichts von seiner magischen Kraft. Der dargestellte Gegenstand befindet sich im Gleichgewicht zwischen zwei Räumen der Realität: zwischen dem Raum des wirklich existierenden Vorbilds und dem der gemalten Illusion. Selbst wenn der Betrachter über seinen Irrtum aufgeklärt wurde, bleibt er angesichts der Verschmelzung dieser beiden Bereiche fasziniert und weiterhin gebannt. Selbst wenn er weiß, daß er schon einmal vom Künstler getäuscht wurde, kann ein neuerlicher Blick auf das mittlerweile vertraute Trompe-l'œil dieselbe Irritation auslösen. Es besitzt ein Eigenleben, das sich der Enthüllung und rationalen Analyse widersetzt. Man kann es daher nicht einfach wie einen unterhaltsamen flüchtigen Zauberstreich abtun. Die Anziehungskraft, die die

Erfahrung überdauert, den Betrachter in eine Falle tappen läßt und von ihm Besitz ergreift, verleiht dem Trompe-l'œil eine surrealistische Dimension. Es läßt sich kaum ein ausgewogeneres Trompe-l'œil vorstellen als *Das umgedrehte Gemälde* von Cornelis Gijsbrechts aus dem Museum in Kopenhagen (Abb. 126). Dem Betrachter wird die ›Rückseite‹ eines Gemäldes präsentiert, das sich jedoch nicht wenden läßt: Das Paradox beruht hier auf der nicht vorhandenen ›Vorderseite‹, den Bemühungen des faszinierten Betrachters zum Trotz, der versuchen wird, das Bild umzudrehen.

Wenn das Trompe-l'œil auch versucht, dem Charakter eines ›klassischen‹ Gemäldes zu entrinnen, indem es die Mimesis zu übertreffen, das heißt, den Unterschied zwischen dargestelltem Gegenstand und seiner Darstellung aufzuheben sucht, bleibt es dennoch ein Gemälde im Gemälde: somit thematisiert es paradoxerweise sich selbst, setzt sich als Malerei in Szene. Selbst wenn Trompe-l'œil-Künstler oft Stillebenmaler waren, bestand ihr Ziel nicht mehr nur in einer vollkommenen Nachahmung, sondern auch darin, den Gegenstand *als Illusion* zu malen und zu vermitteln. Was wie ein ›Hyperrealismus‹ anmutet, grenzt hier paradoxerweise an eine Entrückung.

Samuel van Hoogstraten zeigt in einem seiner Gemälde auf einer Tür aus Kiefernholz ein Steckfutter und eine weiße Stoffserviette (Wien, Kunsthistorisches Museum; Abb. 127). Wie ließe sich Alltäglichkeit noch banaler wiedergeben? Dennoch handelt es sich um die täuschende Macht eines Kunstwerkes, um gleichsam entrückte Gebrauchsgegenstände. Die Infragestellung der Realität durch den Künstler löst beim Betrachter – noch vor der Bewunderung für das Werk – eine Hinterfragung derselben aus. Seine Verzückung ist keine ästhetische Wertschätzung mehr, sondern eine Antwort auf die Macht des Bildes und auf das Talent des Künstlers.

Die Konfrontation mit dem Trompe-l'œil verleiht dem Liebhaber eine neue Sichtweise, einen neuen Blick. Dieser Blick beruht auf einer neuen ästhetischen Erfahrung, deren Grundlagen ebenso neu sind.

Jede Erfahrung bringt einen zeitlich-räumlichen Rahmen, eine intelligible Realität und einen fühlenden und denkenden Akteur ins Spiel. Die Erfahrung einer Illusion modifiziert die zeitlichen und räumlichen Formen der Realität sowie ihren Inhalt. Der Betrachter, der Wahrnehmung zunächst unterworfen, wird zu deren bevorzugtem Akteur. Die Originalität dieser Gemälde wird schon in der Genrebezeichnung Trompe-l'œil deutlich. Der Begriff kann erst *nach* erfolgtem Rückgriff auf die eigene Erfahrung sowie dem daraus re-

119

sultierenden Erkennen der Täuschung verwendet werden. Auch wenn Trompe-l'œils in der gesamten Bildproduktion diskret, ja eine Art Zufall bleiben, lösen sie einen subversiven Umsturz aus, den der Kunsthistoriker oder Historiker der Ästhetik zwar spürt, dem er aber ausweicht. Die gewöhnliche Wahrnehmung, wonach es sich um ein Gemälde handelt, wird bei dem vom Trompe-l'œil ergriffenen Betrachter irre geführt: einen kurzen Augenblick lang sieht er nicht das Gemälde, sondern lediglich den trügerischen Gegenstand, den es darstellt. Indem er das Gemälde ›übersieht‹, glaubt er, eine direkte und tatsächliche Beziehung zum Gegenstand herzustellen.

Diese Vorspiegelung von Realität läßt den Betrachter in dem Glauben, er habe es mit der Wirklichkeit zu tun und befinde sich mit ihr auf gleicher Ebene. Trompe-l'œils besitzen die Besonderheit, daß der Betrachter zuerst ein Urteil darüber fällt, ob das Dargestellte echt ist oder nicht. Erst dann würdigt er das Talent oder die Virtuosität des Künstlers. Dabei handelt es sich jedoch nicht um ein geschmackliches Urteil über das eigentliche Kunstwerk.

Es ist jedoch zu bedenken, daß die Betrachter des 18. Jahrhunderts die damaligen Trompe-l'œils mit anderen Augen sahen als wir heute. Selbst wenn die gemalten Gegenstände auch weiterhin Gebrauchsgegenstände sind, haben sie in drei Jahrhunderten hinreichende Veränderungen durchlaufen, um dem heutigen Auge veraltet zu erscheinen, sofern sie nicht ohnehin Opfer wandelnder Modeerscheinungen wurden. Heutzutage hängt keine Köchin mehr einen Hahn an die Bretterwand ihrer Vorratskammer; ein gebildeter Mann benutzt heute weder eine Gänsefeder noch versiegelt er seine Schriftstücke, wie in den Geflügel-Trompe-l'œils von Melchior d'Hondecoeter oder dem Sammelsurium von Cornelis Gijsbrechts zu sehen ist. Die beiden großen, mit militärischen Attributen versehenen Kompositionen Vincente Victorias büßen einen Teil ihrer täuschenden Überzeugungskraft durch die Darstellung offenkundig veralteter Waffen ein.

Die vom Trompe-l'œil ausgelöste Verwirrung steht in engem Zusammenhang mit dem Grad der Zeitlosigkeit der dargestellten Gegenstände beziehungsweise von deren Gebrauch. Je weniger zeitgebunden das Sujet des Trompe-l'œil, um so gewaltiger und neuerlicher ist der Schock. Da sich die Illusion verflüchtigt und das Trompe-l'œil nur ein Augenblickseffekt ist, lädt es weder zu einer imaginären Reise noch zu einer Kontemplation des Schönen ein.

Die hervorspringenden Gegenstände dringen in den traditionell neutralen Raum zwischen Bild und Betrachter ein. Wenn das konventionelle Bild gewöhnlich mit einem Fenster verglichen wird, das auf einen anderen Raum – den Ort der *istoria* oder der ausgewählten Sujets – hinausgeht, so kehrt das Trompe-l'œil dieses Raumverhältnis durch die Einrichtung einer besonderen Zone um, einer Zone, in der der Künstler seinen Gegenstand ansiedelt und die in unseren Lebensraum hinüberreicht. Auch hier beruht die Verwirrung auf einer Verschmelzung unserer Welt mit der der Darstellung, die in der Regel als deutlich voneinander getrennt wahrgenommen werden. Die Voraussetzungen dieser Erfahrung jedoch verkehrt das Trompe-l'œil systematisch in ihr Gegenteil. So brechen beispielsweise die zahlreichen Bestandteile der *Atelierecke* von Jean-François Le Motte (vgl. Abb. 99) förmlich in unsere Welt ein, die dadurch im gleichen Maße reduziert wird. Das Gemälde selbst tritt völlig hinter der illusionistischen Gegenwart der dargestellten Gegenstände zurück. Das Bücherregal, die Ablage und die Papierpacken vermitteln den Eindruck eines unwiderruflichen Durcheinanders. Dieser utopische oder virtuelle Raum, in dem die Gegenstände ›schweben‹, ist das Ergebnis einer gewagten Rekonstruktion durch den Künstler. Das Trompe-l'œil Samuel van Hoogstratens in

120

Kremsier (oder Kroměříž) erlaubt, die verschiedenen, bereits erwähnten Ebenen der Realität genau zu definieren. Das mit den Strebebalken aus Kiefernholz verschmelzende Bild weist Gegenstände auf, die aus der wirklichen Welt zu stammen scheinen und für das Sammelsurium ausgewählt wurden (Kamm, Brief, Handschuh, Schere, Papierstücke usw.). Sie stehen im Gegensatz zu denen, die im Dachfenster im oberen Bildteil zu sehen sind und die einer imaginären Welt jenseits der Malerei angehören. Der unermeßliche Vorzug dieses Gemäldes liegt darin, daß es den Zusammenhang zwischen zwei Welten aufzeigt, von denen man willkürlich annahm, sie seien sich fremd oder entgegengesetzt.

Wie Louis Marin schreibt[8], befinden sich die Gegenstände »im Raum der Darstellung in einem transitiven Raum. Außerhalb der Bildebene betreten sie den [reflexiven] Raum der Präsentation. […] Das Trompe-l'œil spielt mit den Grenzen der Repräsentation, es ist drinnen und draußen, gleichzeitig aber weder drinnen noch draußen.« Die schwebenden Gegenstände geben die Dimensionen eines neuen Raumes an: den der Illusion. Der Trompe-l'œil-Maler, ein Halbgott, schafft einen ursprünglichen, von der Kunst bisher nicht besetzten Raum, einen Raum, in dem wir von den Gegenständen beherrscht werden. Sobald sie uns nicht mehr als bekannte Gebrauchsgegenstände entgegentreten,

121

kommt ihre stumme Autonomie, ihre vertraute Unheimlichkeit zum Vorschein. Dieser Raum gehört nicht in den Bereich des Hyperrealen, sondern in den des Bizarren. Im Unterschied zu den Stilleben, die ganz offensichtlich einen ästhetischen Zweck erfüllen, entgeht die ›Schönheit‹ des Trompe-l'œil dem Konventionellen beziehungsweise der Rhetorik eines referenziellen Codes.

Der Künstler und Halbgott kreiert eine neue Realität, die dem Betrachter die Erfahrung neuer zeitlicher und räumlicher Dimensionen ermöglicht. Cornelis Gijsbrechts treibt in seinem großen Sammelsurium, das ein Steckfutter enthält (Statens Museum for Kunst Kopenhagen; Abb. 128), das Spiel mit der Wahrscheinlichkeit so weit, daß er an den Rand des Unwahrscheinlichen gerät. Der an Sinnestäuschungen leidende Betrachter wird zwischen zwei Augenblicken einer unwiderruflich in die Falle geratenen Wahrnehmung hin- und hergerissen: wenn die Erfahrung ihm sagt, daß das Sammelsurium nur eine Täuschung ist, was wird dann aus dem überaus realistischen Vorhang, der fast die Hälfte des Bildes ausfüllt? Der Hinweis auf eine un-

abhängig bestehende Realität der Gegenstände ist an dieser Stelle nicht sehr hilfreich; diese auf den Gipfel getriebene Mimesis verweist auf etwas anderes als auf ein perfektes Abbild. Jenseits der naturgetreuen Kopie wird nicht wirklich etwas nachgeahmt. Es geht nicht darum, etwas zu imitieren, sondern eine Realität zu schaffen, die ihr Eigenleben besitzt, die von ihren Farben und ihrem Relief, ihrer besonderen Intensität und ihrer Tiefe lebt. So verweisen die dargestellten Gegenstände nicht auf die Realität, der sie entnommen wurden, sondern gewinnen vielmehr – als Fiktionen – eigene Realität und eigene Bedeutung. Das ganze Wesen dieses Trompe-l'œil liegt hier im Schein, im Effekt, in der virtuellen und grenzüberschreitenden Präsenz der Gegenstände. Der Blick, verstört von der Fieberhaftigkeit, die sie ausstrahlen, sucht Zuflucht in dem beruhigenden Vorhang. Dieser Vorhang – Bestandteil eines jeden Theaters –, stiftet jedoch noch mehr Verwirrung, weil er den ›theatralischen‹ Charakter dieser Arbeit noch verstärkt. Die dekorativen Alltagsgegenstände wirken daneben um so befremdlicher, ihre Banalität scheint seltsam verzaubert. Wie Pierre Charpentrat schreibt[9], »besteht der Irrtum weniger darin, die Gegenstände für echt als für unschuldig zu halten«. Eben weil sie sich in virtuelle Objekte verwandeln, geben sie in gewisser Weise die originäre Welt der Dinge preis und werden durch den Einbruch und die Unbegreiflichkeit ihrer Präsenz im Raum des Betrachters zu Fremdkörpern. Was für eine seltsame Realität, die sich im virtuellen Bild in ein ›Hier und

121.   JOHANN GEORG HEINTZ
Kleinodienschrank (Regal mit Pistolen),
1666

122.   JACOBUS BILTIUS
Wild, 1679

123.   JOHANNES LEEMANS
Jagdgerät eines Vogelfängers, 1660

Anderswo‹ des Gegenstandes verwandelt. Der Betrachter, durch das Wechselspiel dieser neuen Realität in eine Falle geraten, erlebt eine ästhetische Sinnestäuschung, die sich mit den von synthetischen Drogen ausgelösten Halluzinationen vergleichen läßt.

Die Trompe-l'œil-Malerei wurde lange Zeit ihrem Vermögen nach beurteilt, die Realität nachzuahmen. Damit war sie in den Bereich der Mimesis beziehungsweise der Figuration eingeschlossen. Sie verwertet die Regeln der praktischen Perspektive: sie ist die Kunst, Dinge so darzustellen, wie sie unseren Augen erscheinen. Auch die mit dem Privileg der Phantasie und der schöpferischen Einfallskraft versehene ›große Malerei‹ manipuliert, um wahr auszusehen, die Regeln der Luft- und Zentralperspektive.

Und dennoch konstruiert der Trompe-l'œil-Maler einen geistigen Raum, der sich von der Erfahrung der Wirklichkeit unterscheidet, und seine Malerei kann als das künstlerische Experiment angesehen werden, die Malerei selbst »darzustellen«, wie Claude Lévi-Strauss schreibt: »Worauf beruhen also Macht und Reize des Trompe-l'œil? Auf der wie durch ein Wunder erzielten Verschmelzung flüchtiger und undefinierbarer Aspekte der sinnlichen Welt mit technischen Verfahren, Frucht eines langsam erworbenen Wissens und einer intellektuellen Arbeit, die es ermöglichen, diese wiederherzustellen und zu fixieren.«[10] Cornelis van der Meulen, ein Schüler des um 1680 in Dordrecht tätigen Samuel van Hoogstraten, läßt sich bei der Gestaltung seines Quodlibets weniger von der Sorge um eine peinlich genaue Nachbildung der Dinge leiten als von der Wirkung, die es erzielen soll. Daß die für das Sammelsurium ausgewählten Gegenstände wiederkehren (man findet sie auch in dem Gemälde aus den ehemaligen Sammlungen Oskar II. von Schweden), weist nicht auf traurige und sterile Wiederholungen hin, sondern zeugt im Gegenteil von dem Vermögen, sich ein äußerst gewöhnliches Universum geistig und magisch wiederanzueignen. Ein ausgeklügeltes Spiel, unterstützt durch eine perfekt beherrschte Maltechnik, strapaziert die aufgestellte Ordnung bis zu ihrem ›Kurzschluß‹, einem subversiven Kurzschluß, den der Künstler oder das Auge scheinbar nicht mehr kontrollieren möchte.

Das Trompe-l'œil bildet technisch gesehen den Höhepunkt der Mimesis, seine illusionistischen Kunstgriffe wurden von den Malern gelegentlich jedoch auch innerhalb klassischer Kompositionen benutzt. Dazu gehören bestimmte plastische Elemente wie zum Beispiel Ablagen, Blumengirlanden, unterschiedlich tiefe Nischen oder leicht zur Seite gezogene Vorhänge. Andere Kunstgriffe sind die in zahlreichen Porträts anzutreffende vorgetäuschte Fensteröffnung, der Balkon oder das Geländer, mit denen man akademischen

Posen und Inszenierungen auszuweichen versucht. Sie sind jedoch zu sehr Ergänzung, als daß sie das jeweilige Gesamtwerk zu einem Trompe-l'œil machen würden.

Wie jede Bildproduktion ist auch die Trompe-l'œil-Malerei in einen kulturellen Kontext eingebunden und zeugt von den entsprechenden Mentalitäten, Interessen und Entdeckungen. Die große Anzahl von Trompe-l'œil-Gemälden im 17. Jahrhundert belegt, daß die Problematik der Analyse des Sehens im Vordergrund stand.

Das Auge stand im Mittelpunkt der damaligen Überlegungen. Die Denker – Philosophen und Wissenschaftler – suchten hartnäckig nach dem ›sicheren Fixpunkt‹, auf dem Descartes zufolge jede Erkenntnis fußen muß. Philippe Comar erinnert in seiner Arbeit über die Perspektive zutreffend daran, daß »die Moralisten des 17. Jahrhunderts auf das Modell der Perspektive zurückgriffen, um zu zeigen, daß sich die Ordnung der Welt nur von einem höheren Punkt aus offenbaren kann«.[11] Die philosophischen Fragestellungen des 17. Jahrhunderts waren geprägt von der Interdependenz zwischen Optik, Geometrie und Malerei. Pascal ließe sich hier anführen: »Es gibt nur einen unteilbaren Punkt, der für die Betrachtung eines Gemäldes der richtige Ort ist; die anderen sind zu nahe, zu weit, zu hoch oder zu niedrig. Dieser Punkt wird in der Malerei durch die Perspektive angegeben. Wer aber gibt ihn für die Wahrheit und die Moral an?«[12]

Die Bildperspektive reicht an diesen ›göttlichen‹ Punkt heran. Sie wird zum Modell für jedes darstellende System. Wenn das Gemälde ein rekonstruierter Raum ist, den man beherrscht, dann kann davon ausgegangen werden, daß die in diesem fiktiven Raum geltende Wahrscheinlichkeit zur Wahrheit hinzuführen vermag. Im 17. Jahrhundert verzeichnete man einen Anstieg von Arbeiten zur Theorie der Optik, die mit beachtlichen Anstrengungen zur Verfeinerung der Spiegel und Linsen einhergingen. Sie reichen von Descartes' *La Dioptrique* in Frankreich (1637) bis zu Spinozas Beobachtungen zu den Veränderungen der visuellen Wahrnehmung durch Linsen, die er in Holland schleifen ließ; von Christiaan Huygens Arbeiten, seiner Begeisterung für Brillen, Mikroskope und andere optische Instrumente, auf die die Gelehrten als Mittel der Darstellung der Welt vertrauten, bis zu Keplers Studien über das Auge, dem wesentlichen Werkzeug unserer Beobachtung, das in einer mechanistischen Perspektive erfaßt wird – die Fruchtbarkeit der Forschung spricht Bände. Das Trompe-l'œil fällt in diesem weiträumigen experimentellen Feld deshalb auf, weil es die anderen (entweder optischen oder perspektivischen) Bilddefinitionen jener Zeit untergräbt. Die erste Definition, die für die Bildproduktion des Nordens maßgeblich war, bestimmt das Bild als einen Eindruck auf der Netzhaut. Die zweite Definition, die eine Rekonstruktion nach den festen Re-

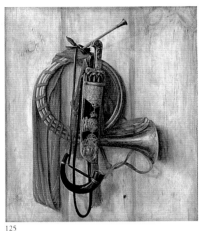

124. SEBASTIAN STOSKOPFF
Trompe-l'œil mit einem Stich von Callot

125. CORNELIS NORBERTUS
GIJSBRECHTS
Trompe-l'œil, 1672

geln der Perspektive vorzieht, ist von Alberti beeinflußt. Auch wenn die Trompe-l'œil-Malerei im wesentlichen von Künstlern des Nordens betrieben wird, darf nicht vergessen werden, daß sie ebensosehr die Illustration eines ›Kunstgriffs‹ ist, den man sich rational erarbeiten muß.

In einem Jahrhundert, in dem die Entdeckung, Beherrschung und Gestaltung der Welt Bestandteil eines ebenso erkenntnistheoretischen wie aktionistischen Programms waren, das sich durch philosophischen, technischen und wissenschaftlichen Eifer auszeichnete, benutzten die Maler für die Projektion ihrer Bilder die Camera obscura. Dieses Verfahren stellte die Bemühungen um die exakte Darstellung »einer wirklich natürlichen Malerei« zufrieden, wie Samuel van Hoogstraten 1678 lobend feststellt.[13] Der zentralen Frage der Wahrnehmung entkamen im 17. Jahrhundert weder die Philosophen noch die Künstler. Selbst wenn Descartes zufolge Sehen und Urteilen identisch sind, selbst wenn es die »Seele ist, die sieht und nicht das Auge«, werden der Geist und der Blick durch das getäuschte Auge im Trompe-l'œil

126

dennoch mit etwas scheinbar Wahrem konfrontiert, auch wenn die Urteilskraft den Betrug aufdeckt. Dies gelingt mit jenem Konzept der ›Wahrscheinlichkeit‹, wonach nicht die Darstellung eines realen Gegenstandes intendiert ist (der stets unvollkommen ist), sondern die ideale Kombination mehrerer Gegenstände der Realität. Diese Kombination ist es, die auf den Betrachter eine ästhetische oder erbauliche Wirkung haben soll. Descartes bekräftigt in der 5. Rede von *La Dioptrique:* »Die Bilder dürfen nicht in allem den Dingen ähneln, die sie darstellen, wäre dem so, gäbe es keine Unterscheidungsmöglichkeit mehr zwischen dem Gegenstand und seinem Abbild … sie dürfen ihm gar nicht ähneln.«[14] Will der Trompe-l'œil-Maler diese Feststellung in die Praxis überführen, muß er das dargestellte Objekt so abändern, daß es *als* größtmögliche *Annäherung* an die Realität wahrgenommen wird. Wie Françoise Séguret schreibt, ging im 17. Jahrhundert »aus der Physik des Auges eine Metaphysik der Wahrnehmung hervor; daraus wiederum die Kunstgriffe des Trompe-l'œils in der

126.   CORNELIS NORBERTUS
GIJSBRECHTS
Das umgedrehte Gemälde, 1670

151

Malerei und die ausgeklügelten Spiele der Anamorphose, das perspektivische Bühnenbild des italienischen Theaters und ein sich selbst beobachtender Blick.«[15] Die Täuschung ist Bedingung dafür, daß etwas wahr erscheint, ›wahr‹ im Sinne jener oben genannten *Wahrscheinlichkeit.* Pater Binet bestätigte, daß »der beste Maler des Universums und der vortrefflichste Handwerker der größte Betrüger auf Erden« sei.[16] Die relativ hohe Anzahl von Trompe-l'œils im 17. Jahrhundert spricht für die Aktualität optischer und philosophischer Fragen, die die Wahrnehmung, das Sehen und das Wahre betreffen. Sie verdeutlicht auch den Willen, die Natur zu verstehen und zu beherrschen und die kognitive Kraft der Sinne aufzuzeigen. Kepler, der ›Sehen‹ mit ›Malen‹ assoziiert, definiert das menschliche Auge als mechanischen Schöpfer von Bildern und verbindet gemalte Schöpfungen wiederum mit dem Sehen. Der deutsche Astronom, der die Lochkammer gewöhnlich für seine astronomischen Beobachtungen verwendete, übertrug seine Erkenntnisse auf den Bereich der Bilder. Seine Experimente und wissenschaftlichen Hilfsmittel übten starken Einfluß auf die Wahrnehmungs- und Darstellungsweisen der nordischen Künstler aus. Das von der Lochkammer erzeugte Bild der Realität avanciert zur perfekten Vorlage, an der sich der Künstler orientiert. Christiaan Huygens – vom gleichen wissenschaftlichen Geist durchdrungen – empfahl, allerfeinste Pinsel zu benutzen, um so genau wie möglich abzubilden, was die Linse des Mikroskops zu sehen ermöglichte. Selbst wenn das Trompe-l'œil durch seine peinlich genaue Maltechnik in den Bereich der mimetischen Kunst gehört, ist es nicht nur eine optische Kopie. Das Gemälde ist ein wahrer Spiegel und die Optik die Disziplin, derer sich der Maler bedienen muß, um die äußere Erscheinung der Dinge mit dem Anschein der Wahrheit wiederzugeben. Dieses für die Malerei grundlegende Gebot bleibt selbst nach dem Ende der figurativen akademischen Kunst bestehen. So bestätigt Cézanne: »Die Malerei ist zunächst eine Optik.« Samuel van Hoogstraten ist vielleicht der einzige, der dem Künstler in seiner Rolle als Illusionist eine wirkliche Anleitung gibt, wenn er schreibt: »Ich behaupte jedoch, daß ein Maler, dessen Aufgabe darin besteht, das Auge zu täuschen, sowohl das Wesen der Dinge verstehen muß als auch die Mittel, mit denen man die Augen täuschen kann.«[17] Auch Francis Bacon dachte in seinen Experimenten über die Verbindungen zwischen der Malerei und der Illusion nach. Er erkannte die Nützlichkeit einer Täuschung durch Bilder an, weil ihnen eine universelle Sprache zum Verständnis der Welt zugrundeliegt. Der Trompe-l'œil-Maler wird so zum Gehilfen des Wissenschaftlers, der alle Mittel, einschließlich der Täuschung und ihrer Mechanismen, für die Verwirklichung seines Projekts – die Beherrschung der Realität – erprobt. Die europäischen Künstler des 17. Jahrhunderts trugen zur Befragung der Wirklichkeit und zu den

Anstrengungen einer experimentellen wiewohl rationalen Denkweise im gleichen Maße bei wie sie davon profitierten.

So wie Trompe-l'œil-Künstler und Wissenschaftler sich einig waren, versuchten auch Philosophen und Kunsttheoretiker, die Regeln einer Ästhetik zu definieren, die zur Systematisierung dieser Welt beitragen sollten. Chapelains Überlegungen, die er in einem Brief an Antoine Godeau aus dem Jahre 1630 darlegt, klingen wie ein eigenartiges Echo auf Francis Bacons Schlußfolgerungen. Chapelain schreibt, daß »die Malerei dem menschlichen Auge – von dem sie beurteilt wird – verständlich sein muß« und das »überraschte Auge gezwungen werden muß, sich selbst und zu seinem eigenen Nutzen zu täuschen«, sonst »gäbe man ihm die Möglichkeit, die Einbildungskraft über die unechte Beschaffenheit der gezeigten Gegenstände aufzuklären und beraubte die Kunst ihres Ziels,

127

das darin besteht, den Betrachter glauben zu machen, es handle sich um etwas Echtes«.[18] Diese Äußerungen verweisen auf die für das 17. Jahrhundert so grundlegende Problematik der Repräsentation und auf die feinen Unterscheidungen, die man in der Ästhetik zwischen der Nachahmung *(imitation)*, der Ähnlichkeit *(ressemblance)* und der oben erwähnten Wahrscheinlichkeit, dem Anschein der Wahrheit *(vraisemblance)* machte.

Die Trompe-l'œil-Malerei ist hierfür ein sprechendes Beispiel. Dadurch, daß die künstlerische Handschrift ausgelöscht wird oder der Künstler anonym bleibt, konstituiert sich das Trompe-l'œil als etwas Autonomes, als ein Werk, dessen virtuelle Realität der Betrachter anerkennen muß. Bei der Frage der Nachahmung der Realität muß zwischen der Kopie des Gegenstands (die getreue, fast fotografische Imitation eines Modells) und dessen Darstellung (Rekonstruktion des Gegenstandes zunächst durch den Künstler, dann durch das überraschte Auge) unterschieden werden. Das Trompe-l'œil wird in sich und durch seine sich unentwegt wiederholende Wirkung auf den Betrachter zum Abgrund jeder Malerei. Auch diese täuscht Gegenstände vor, im Trompe-l'œil jedoch wird der Täuschungs-

127. SAMUEL VAN
HOOGSTRATEN
Stilleben, 1655

prozeß absolut. Das Trompe-l'œil befreit sich aus dem arbiträren Verhältnis von Zeichen und Bezeichnetem und besteht fortan als ebenso autonome wie wirksame Präsenz. Es radikalisiert und faßt die gesamte Problematik der Repräsentation samt ihrer Zweideutigkeiten zusammen, es ist ihre Quintessenz. Nachdem es auf dem Altar der Illusion den Künstler geopfert hat, verweigert das Trompe-l'œil zuletzt sogar dem Handwerk und der ausgefeilten Technik, die es erfordert und von denen es abhängt, die Anerkennung. So werden diese ebenfalls Kraft der Sinnestäuschung in den Hintergrund gedrängt.

In Frankreich stand die gesamte Kunsttheorie des 17. Jahrhunderts unter dem Einfluß von André Félibien. Seine Schriften aus den Jahren 1660 bis 1688 charakterisierten und beeinflußten die französische Bildproduktion. Der vielseitig begabte Historiker und Kunsthistoriker faßte in seinen *Entretiens* (Unterredungen) die Prinzipien zusammen, denen sich die Malerei unterordnen muß, wenn sie sich von der Prägnanz und der bis dahin deutlichen Vorherrschaft der Poesie befreien und unabhängig von ihr existieren will. Er wies der Malkunst eine pädagogische und erzählerische, fast textuelle Funktion zu, erarbeitete aber gleichzeitig ein für sie spezifisches Vokabular, das ihren Aufstieg in den akademischen Rang möglich machte. Er bevorzugt die Zeichnung (Linie und Entwurf sind bei ihm identisch) und stellt eine Hierarchie der Bildgattungen auf, insbesondere im Hinblick auf deren Eigenschaft, eine Botschaft zu übermitteln. Er überträgt die Regeln und Figuren der Redekunst auf den Bereich der Bildrhetorik, um zu demonstrieren, wie man etwas »gut machen« oder »richtig zeigen« kann. Die offensichtlich kaum diskursive Stillebenmalerei wird an das untere Ende der Hierarchie verwiesen. Sie ist zu ausschließlich eine getreue und realistische Nachahmung der materiellen und stillen Welt und findet nur noch in ihrer dekorativen Funktion Anerkennung. Diese Abwertung ist mit Sicherheit eine der Ursachen für die geringe Anzahl von Stillebenmalern in Frankreich. Das Genre wird in seiner Spezifik nur noch insofern wahrgenommen, als es zu den Fragestellungen beiträgt, die die Mimesis aufwirft. In Félibiens *Le Songe de Philomathe* erklärt die Allegorie der Malerei: »Ich stelle Dinge aus, die so echt wirken, daß sie die Sinne täuschen [...].«[19] Félibien erkennt damit an, daß jede Malerei auf Mimesis beruht und daß sie den Gesetzen der Wahrscheinlichkeit *(vraisemblance)* unterworfen ist, er unterscheidet jedoch nicht zwischen den besonderen Ausdrucksformen des Stillebens und des Trompe-l'œil.

Diese zweckbestimmte Malerei, zu deren Zeugen und Befürworter Félibien wurde, setzte sich im 17. Jahrhundert endgültig durch. François Fénelon, für den die Ästhetik

128.   CORNELIS NORBERTUS
GIJSBRECHTS
Trompe-l'œil, 1672

nicht im Mittelpunkt seiner Interessen stand, schreibt: »[…] die Kunst ist mangelhaft, sobald sie übertreibt. Sie muß die Ähnlichkeit anstreben.«

Bedeutsam ist, daß bereits im 1637 veröffentlichten Traktat von Franciscus Junius[20], das erheblichen Einfluß auf die Kunsttheorien des 17. Jahrhunderts ausüben sollte, das Stilleben unerwähnt bleibt. Schon für Leonardo da Vinci war das Auge das Modell jeder Erkenntnis. Es bleibt jedoch unzulänglich, wenn es bei der Wahrnehmung der Welt nicht in den Dienst des Verstands gestellt wird. Die gesamte Malerei und Ästhetik des Mittelmeerraumes wurden von der Furcht bestimmt, die Welt ließe sich ohne rationale Vermittlung darstellen. Man begreift das Trompe-l'œil als eine unvermittelte Wahrnehmung, durch die der Verstand spontan ausgeschaltet wird und bei der die überaus gefürchtete Synthesis von Auge und Objekt eintritt. Indem es die damalige Ästhetik bei diesem Verständnis bewenden ließ, sprach sie dem Trompe-l'œil jeden Wert ab. Keiner der großen französischen Meister verstieß gegen diese zum akademischen Kanon gediehenen Prinzipien und ließ sich ein Stilleben oder gar Trompe-l'œil ›zu schulden kommen‹. Nicolas Poussin, Künstler und Gelehrter, den André Félibien oft zum Vorbild nahm, illustriert durch seine Werke, aber auch durch seine Schriften, den Triumph der intellektuellen Malerei. In einer Schrift zur Verteidigung seiner Ästhetik benutzt er die Begriffe »Aspekt« und »Prospekt« zur Bezeichnung der »zwei Wahrnehmungsmöglichkeiten von Dingen«. In der so gesplitteten Wahrnehmung stehen sich eine passive und ›natürliche‹ Aufnahme des realen visuellen Eindrucks und ein aktiver geistiger Vorgang gegenüber, bei dem der Gegenstand durch eine ›Leistung des Verstandes‹ erkannt und erfaßt wird.

Wenn sich Poussin für einen Wahrnehmungs- und Darstellungsmodus ausspricht, der auf dem »Prospekt« beruht, dann deshalb, weil die Malerei für ihn kein einfacher »natürlicher Vorgang« ist, durch den das auf der Netzhaut ›empfangene‹ Bild in eine entsprechende Darstellung umgesetzt wird, wie Kepler es analysiert hat. Auf der Bestimmung des Bildes als Eindruck auf der Netzhaut gründet sich dagegen die Ästhetik der nordischen Schulen. Dies erklärt vermutlich das Interesse, welches das Trompe-l'œil in diesen Ländern selbst bei ›theoretischen‹ Malern wie Samuel van Hoogstraten auslöste, der neben seiner eigentlichen Spezialität – den Porträts – viele Trompe-l'œils anfertigte. Der heutige Betrachter faßt das Trompe-l'œil nicht als ein armseliges, verspieltes oder rein mimetisches ›Artefakt‹, sondern als eine ausgesprochen originelle und fruchtbare Ausdrucksform, in der zwei gewöhnlich gegensätzliche ästhetische Auffassungen ineinander aufgehen.

Daß man das Trompe-l'œil heute als höchst aussagefähige Kunstform begreift, liegt an aktuellen Überlegungen, die die Befragung der Kunst durch die Kunst und die der Schöpfung durch die Schöpfung zum Inhalt haben, Überlegungen, die mehr auf den Modus und die Möglichkeiten der Darstellung als auf die dargestellte Sache verweisen.

Ein Trompe-l'œil ist nie nur eine optische Täuschung, nie nur eine Vervielfachung der Welt (der Dinge), nie nur eine gemalte Intellektualisierung. Es ist dies alles zugleich, weshalb es sich auch jeder Rationalität entzieht; selbst wenn es nichts anderes ist als eine in ein Gemälde umgesetzte, perfekt beherrschte Technik, beruht sein Wesen als Kunstwerk auf dem, was es zeigt und was sich für eine Deutung anbietet: auf dem Teil, der sich nicht auf etwas Rationales reduzieren läßt. Zum Schluß bleibt das Bild und untergräbt jeden Diskurs ...

In Bezug auf die Trompe-l'œils ließe sich ein Orakel von Delphi anführen: »es sagt nichts, es versteckt nichts, es bedeutet«. Die Bedeutung des Trompe-l'œil offenbart sich nicht in der Evokation der ersten Wahrnehmung. Es überrascht uns durch das Fehlen einer Botschaft, die sich einem konventionellen, für die Malerei des 17. Jahrhunderts charakteristischen Darstellungsmodus zuschreiben ließe. Diese Besonderheit des Trompe-l'œil ist um so paradoxer, als es Ergebnis einer Kombination von unumstößlichen und einengenden Regeln ist, welche die angestrebte Illusion und Verwirrung auslösen sollen. Das Trompe-l'œil wird hier jedoch zum Vermittler zwischen Künstler und Betrachter. Die nordische Malerei, von der Vorherrschaft eines schon fast technischen Realismus geprägt und von erfahrenen Künstlern ausgeübt, verträgt sich mit einer experimentellen und tastenden Denkweise.

In Italien, dessen seltene Trompe-l'œil-Staffeleibilder mit den üppigen Trompe-l'œil-Ausstattungen in Außen- und Innenarchitektur kontrastieren, dominiert eine spielerische und ausgelassene Herangehensweise, die diese Malerei mehr in den Bereich kunstvoller Dekorationen als in den akademischer Arbeiten einordnet ... Schon in der Antike nahm marmorierter Stuck vorgetäuschte architektonische Innendekorationen vorweg. Säulen und Säulengänge – der bevorzugte Bildgegenstand aller Perspektivenstudien – gliedern durch ihre fast systematische Anwesenheit den suggerierten Raum und durch ihre Langlebigkeit die Geschichte der Kunst.

Die künstlerische Virtuosität der Dekorateure, welche die Regeln der Perspektive perfekt beherrschten, führte seit der Renaissance zu einer Vervielfachung von Tiefen- und Reliefeffekten, von Öffnungen, die auf einen virtuellen Außenraum hinausgehen. Sie vermittelten das außerordentliche Gefühl, daß eine Fortführung in einer anderen Dimension möglich sei. So realisierte Baldassare Peruzzi um 1515 im Perspektivensaal der Villa Farnesina in Rom ein

Fresko mit Säulengängen, hinter denen sich eine Landschaft öffnet. Fra Andrea Pozzo dekorierte 1670 im Piemont das Gewölbe der Chiesa del Gesù in Mondovì auf ähnliche Weise: falsche Marmorsäulen ziehen den Blick sogartig an, und die Seele des Gläubigen wird zum heiligen Franz Xaver emporgetragen, dessen Himmelfahrt hier glorifiziert wird. Diese Kunstgriffe der Malerei bieten dem Betrachter eine Fluchtmöglichkeit und befreien ihn aus der beengenden Begrenztheit der Architektur und ihrer Konstruktion.

Ein Gefühl der Befreiung vermitteln auch die Decken, die Ausblick auf einen unbegrenzten Himmel voller realistisch wirkender Wolken gewähren, der von imaginären Engeln und Putti bevölkert wird. Dank dieser Kunstgriffe gerät der Gläubige in der Kirche in Mondovì aus der wirklichen Welt in die der Phantasie. Die dekorativen Elemente (vorgetäuschte Pilaster, Balkone, Gesimse und Kapitelle) zusammen mit den menschlichen und himmlischen Geschöpfen (Engeln, Musikern und dem heiligen Franziskus) der religiösen Vorstellungswelt vermitteln dem Gläubigen das Gefühl, er finde Zugang zum Göttlichen. Die Grenze zwischen Wirklichem und Fiktivem wird mit dem wunderbaren Schlaglicht vollends überschritten, einem göttlichen Licht, das durch das Gestein der Kuppel dringt. Dieses piemontesische Meisterwerk reiht sich in eine Tradition ein, in der sich schon Andrea Mantegna (für die Himmelsdarstellungen) und Paolo Veronese (für die Architekturelemente) ausgezeichnet hatten.

Selbst wenn diese Kunstgriffe niemanden wirklich täuschen, offenbaren sie die traumhafte und schöpferische Kraft der Kunst, Grenzen zu überschreiten und mit der ›Dehnbarkeit‹ von Räumen und Raumkörpern zu spielen – zum Vergnügen des Künstlers und der Betrachter, die den so erzeugten Taumel genießen.

In Frankreich ließ man sich bei der Beurteilung der nur gelegentlich auftretenden Trompe-l'œils von rationalistischen und intellektualisierenden Erwägungen leiten, die ein Denken widerspiegeln, das sich provoziert fühlt. Möglicherweise sind bestimmte Eigenschaften der französischen Stilleben (wie etwa der konsequente, geläuterte, einfache Bildaufbau) Ausdruck einer maßvollen, distanzierten Haltung und eines dem Bild gegenüber verinnerlichten Blicks. Die französischen Gemälde sind in Wirklichkeit Vorwand für Besinnung und Meditation.

Trompe-l'œils ermuntern zu Experimenten, spielerischem Genuß, intellektueller Provokation. Der Betrachter kommt nicht umhin, auf diese drei Herausforderungen zu reagieren. Obwohl er wie versteinert ist, wird sein Denken provoziert, sieht er sich mit Fragen konfrontiert. Wie könnte er die Warnung vergessen, die man an den Betrachter der Malkunst des Nordens richtete: »Glaube nicht, was du siehst!«?[21] Diese Malerei inten-

129.   ANTONIO FORT-BRAS
Die Staffelei des Malers, 1686

129

diert etwas, das über die sinnliche Wahrnehmung hinausgeht. Die vom Trompe-l'œil geschaffene Realität prägt im wesentlichen den Raum zwischen dem Bild und dem Auge des Betrachters. Auch die Erwägungen des Betrachters spielen sich innerhalb dieses virtuellen Raumes ab – das Trompe-l'œil wirft den Betrachter auf sich selbst zurück, sein verblüffender Effekt ist reflexiv.

Wenn das Trompe-l'œil eine wirklich sinnliche optische Erfahrung ist, stellt es unbestreitbar auch den Intellekt auf die Probe. Der Betrachter ist herausgefordert, über die Illusion, ihre Ursachen und mögliche ›Entstellungen‹ der Wirklichkeit nachzudenken; verwirrt von der Erkenntnis, daß die Grenzen zwischen Wirklichem und Schein verschwommen sind, was mitunter dazu verleitet, sich durch die Berührung des Bildes von dessen Materialität zu überzeugen.

Philosophische Zweifel melden sich an. Das Trompe-l'œil täuscht und ent-täuscht in ein- und demselben Vorgang. Wenn es wie jede Malerei eine Darstellung ist, tragen sein Betrug und der komplizenhafte Blick, den es erfordert, zu einer Mäeutik des Bildes bei. Die zahlreichen Zeugnisse, die sich zu Antonio Fort-Bras Trompe-l'œil in Villeneuve-lès-Avignon (heute im Museum Calvet; Abb. 129) erhalten haben, belegen, daß dieses Werk seit seiner Entstehung im Jahr 1686 häufig zu Reflexionen über die täuschende Kraft der Kunst Anlaß gab. Im Unterschied zu dem Gemälde *Das Reich der Flora* nach Poussin, das Fort-Bras in die ausgeschnittene Komposition integriert, ist sein Trompe-l'œil als Ganzes weder narrativ noch erbauend, vielmehr schafft es das Unmögliche: eine Täuschung zu sein, die nichts anderes ist als Täuschung und nur auf sich selbst verweist. Der Sinn liegt hier nicht im Bild (noch wird er durch das Bild vermittelt), sondern darin, daß die getäuschte Person zum Nachdenken gebracht wird.

Der Betrachter des ausgehenden 20. Jahrhunderts entdeckt in den Trompe-l'œils vergangener Epochen möglicherweise die Prämissen der zeitgenössischen beziehungsweise der abstrakten Malerei. Diese vermittelt keine unabhängig von ihr bestehende Botschaft mehr. Sie wird nicht mehr dafür geschätzt, was dargestellt und ›lesbar‹ ist, sondern für ihre evozierende Kraft, für ihre Fähigkeit, im Betrachter Fragen auszulösen.

130. CORNELIS NORBERTUS GIJSBRECHTS
Trompe-l'œil

131. SÉBASTIEN BONNECROY
Stilleben mit Totenschädel, 1668

132. JEAN-FRANÇOIS LE MOTTE
Vanitas-Stilleben

Ähnlich wie das Trompe-l'œil trugen seit dem 17. Jahrhundert unterschiedliche künstlerische Bewegungen wie der Pointillismus oder der Surrealismus dazu bei, die Fundamente der akademischen Kunst zu erschüttern. Man kann jedoch nicht verleugnen, daß dem Trompe-l'œil auch andere als nur spielerische Züge immanent sind, deren Konstanz unter anderem die zuvor erwähnte Anekdote Sandrarts, in der er die amüsierte Reaktion Kaiser Ferdinand III. schildert, beweist. Hinter der unterhaltsamen Überraschung, die das Gemälde auslöst, verbirgt sich die Botschaft vom tragischen Dasein des Menschen, vom Lächerlichen seiner schwächlichen Konstitution. Wenn man sich in den vorhergehenden Jahrhunderten mit Totentänzen vergnügte, fand das 17. Jahrhundert mit seinen Trompe-l'œils Gefallen am Oxymoron des *tragisch Spielerischen*.

Der Betrachter lächelt über seine eigene Verwirrung. Daß seine Wahrnehmung jedoch naiv und unzuverlässig ist, bereitet ihm Sorgen. Er begreift, daß seine Sinne ihn womöglich im Stich lassen und dadurch seine Urteilskraft beeinträchtigen können. Er wird sich der Grenzen seines Erkenntnisvermögens und der Unzuverlässigkeit seiner sinnlichen Wahrnehmung bewußt, damit auch der Ungenauigkeit, mit der er die Realität erfaßt, sowie der Willkür, die seinem Zugang zum Wahren eignet. Ein Hinweis auf die Richtigkeit dieser Deutung der Mentalität des 17. Jahrhunderts ist die Anwesenheit von *Vanitas*-Motiven in Trompe-l'œil-Kompositionen dieser Zeit.

131

132

161

D. D. F. VANDESTRAETEN

Vanitas-Stilleben zeigen das Illusorische und Vergängliche des menschlichen Daseins mittels symbolischer Kompositionen auf, in denen ein Repertoire regelmäßig wiederkehrender Gegenstände – allesamt Symbole des allgemeineren (umfassenderen) Themas des *momento mori* – um einen Schädel herum angeordnet ist. Diese Werke illustrieren die nutzlose Unruhe, die vergeblichen Wünsche und Ambitionen des Menschen – gleichsam als Echo zu den Arbeiten der damaligen Philosophen. Sowohl Montaigne, Shakespeare als auch Pascal sprechen den Leser direkt auf seine Illusionen und die

134

Auswüchse, die diese nach sich ziehen, an.[22] Cornelis Gijsbrechts *Vanitas-Stilleben* im Museum in Boston ist ein Musterbeispiel für die Verschmelzung von Trompe-l'œil und Vanitas. Würde sich die rechte obere Bildecke nicht vom Rahmen lösen (der damit als solcher ausgewiesen wird), müßte man das Bild in den Korpus der Vanitas-Stilleben einreihen. Das umgeworfene Stundenglas und die erloschene Kerze beschwören die Endlichkeit des Menschen herauf, ein Eindruck, der durch das versehentlich abgerissene Bild verstärkt wird, das wiederum an das ungewisse Los des Gemäldes erinnert. Durch dieses Vanitas-Trompe-l'œil wird die Erkenntnis von der Hinfälligkeit aller Dinge noch intensiviert.

In Cornelis Gijsbrechts Gemälde aus dem Museum in Kopenhagen (Abb. 130), das man auf das Jahr 1668 datiert hat, durchdringen sich die beiden evozierten Illusionen (die des Trompe-l'œil und die der Vanitas) gegenseitig. Die mit dem Bostoner Gemälde fast identische Vanitas ist hier nur noch ein Element des ›Atelierecken‹-Trompe-l'œil. Der Betrachter wird durch die Anwesenheit eines Trompe-l'œil im eigentlichen Trompe-l'œil noch mehr verwirrt. Die Hinterfragung dieser doppelten Illusion offenbart die Omnipräsenz und Intensität der pikturalen Täuschung. Dieses Werk, das ›mit zwei Gemälden spielt‹, veran-

133. FRANS VAN MYEROP
(alias CUYCK)
Trompe-l'œil mit toten Vögeln,
um 1670–1680

134. SEBASTIAN STOSKOPFF
Große Rohrdommel

schaulicht zwei verschiedene Formen der Illusion: die intellektuelle und fast moralische der Vanitas sowie die sinnliche und optische des Trompe-l'œil. Cornelis Gijsbrechts hat mit diesem Gemälde eine perfekte Falle aufgestellt. Er übte damit erheblichen Einfluß auf andere Künstler aus, die – da sich das Verfahren kaum weiter treiben läßt – das Gemälde treu kopierten. Sébastien Bonnecroys *Stilleben mit Totenschädel* aus dem Jahr 1668, heute in der Eremitage in Sankt Petersburg (Abb. 131), und Jean-François Le Mottes *Vanitas* aus dem Museum in Dijon (Abb. 132) sind fast besessene Wiederholungen dieses Bildes.

Weniger bekannte Vanitas-Motive, die jedoch die gleiche Bedeutung haben, sind auch in anderen Trompe-l'œil-Gemälden zu finden. So konnte der Künstler den Schädel oder andere traditionelle Symbole des Vanitas-Stillebens durch einen toten Vogel ersetzen. Das Motiv der großen Rohrdommel ist nicht umsonst ein fester Bestandteil des Trompe-l'œil-Repertoires. Dieser seltene Stelzvogel ist für seine Fähigkeit bekannt, sich farblich an das Schilfrohr anzupassen, in dem er sich versteckt, und absolut regungslos verharren zu können. Für den Jäger ist er eine schwierige Beute – ein Grund mehr, ihn in einem *Jagdgemälde* zu verewigen. Das Gemälde von Frans Van Myerop aus dem Museum in Gröningen, in dem eine Rohrdommel neben einer Schnepfe an der Wand hängt (Abb. 133), erinnert daran, daß die Absicht des Tieres, durch die Anpassung an die Natur seine Überlebenschancen zu erhöhen, vergeblich ist – ebenso wie der Versuch, dem Tod zu entrinnen.

Ist es die unausweichliche Vergänglichkeit alles Lebendigen, das um seine Endlichkeit nicht weiß, unser Anthropomorphismus, die uns das Bild als eine Abwandlung des Vanitas-Themas verstehen lassen? Der flämische Künstler erklärt uns mittels des Trompe-l'œil, daß der Stelzvogel zwar tot, aber immer noch präsent ist; sein Flügel wie auch das blaue Band, mit dem er an dem vorstehenden Nagel befestigt wurde, verdecken den gemalten Rahmen. Die Nüchternheit sowie die einfache Farbgebung des Bildes verstärken den Eindruck dieser Präsenz, deren Wesen wir verschüchtert befragen.

Die Rohrdommel Sebastian Stoskopffs (Abb. 134) hängt diagonal vor einer Steinmauer und wirkt, als seien ihre Gelenke verrenkt, wodurch das Gewalttätige und fast Archaische der Komposition betont wird. Die nutzlos gewordenen Fänge des Vogels verweisen auf das Versagen der Natur, die dem Tier sein grausames Schicksal nicht ersparen konnte. Hat der Maler hier nicht versucht, das Undarstellbare darzustellen, indem er das letzte Zucken des Vogels festhält und dies dem Betrachter durch den Kunstgriff des Trompe-l'œil aufzwingt?

Die Trompe-l'œil-Gemälde illustrieren in abgeschwächter Form die Botschaft der Vanitas-Stilleben: das Thema der Vergänglichkeit. Diese Werke lassen den Wunsch laut werden, die kleinen Unannehmlichkeiten und Anekdoten des Alltags nicht zu vergessen und die Zeit anzuhalten. Es handelt sich hier nicht mehr um *memento mori,* sondern um die Darstellung eines *memento.* Diese das Alltägliche symbolisierenden Kompositionen spiegeln die essentielle Unruhe des Menschen wider, der mit der Unumkehrbarkeit und der Unwiderruflichkeit des zeitlichen Ablaufs sowie mit dem Verfall und dem Vergessen konfrontiert wird. Die Künstler versuchen, durch die mehr oder minder mechanische Wiedergabe vertrauter Gebrauchsgegenstände (Briefe, Geldscheine, Scheren, Federn, Kämme, Brillen, Wachsstifte …), die dahinschwindende Zeit zu rekonstruieren und zugleich die nutzlose Fieberhaftigkeit unseres Tuns aufzuzeigen. Der Mikrokosmos des Menschen wird als ein seinem Wesen nach lächerliches Etwas entlarvt. In dem trostlosen Steckfutter, dessen Banalität als Hinweis auf die Bescheidenheit des menschlichen Daseins zu sehen ist, breitet sich ein ganzes Leben vor uns aus. Diese weise Erkenntnis kommt in Cornelis Gijsbrechts Trompe-l'œil aus der Sammlung R. Finck in Brüssel (Abb. 135) geballt zum Ausdruck. Die zahlreichen Versuche dieses Künstlers (wie auch die von Wallerant Vaillant, Samuel van Hoogstraten, Edwaert Collyer oder Claude Duré),

135. CORNELIS NORBERTUS GIJSBRECHTS
Steckfächer

135

das Leben, eine Handlung oder einen Menschen zu fixieren, bleiben vergeblich. Die zufällige Anhäufung persönlicher Gegenstände wird hier nur noch von einigen dünnen Bändern gehalten, die bei der geringsten Belastung zu reißen drohen.

Für die Philosophie ist das Trompe-l'œil weniger eine zur Perfektion gebrachte Technik als eine »in der Autonomie ihrer mimetischen Kraft«[23] äußerst wirksame Präsenz. Diese Autonomie läßt die Wahrheit der Sache in einem Trugbild und in den dafür eingesetzten Mitteln zum Vorschein kommen. Gleichzeitig führt sie exemplarisch den zweifelhaften Charakter der Bilder vor, die unsere Sinne hervorbringen. Die ästhetische Erfahrung der Täuschung führt in einer paradoxen Umkehrung zur Aufdeckung der Täuschung durch den täuschenden Effekt selbst. Die Möglichkeit, den Schwindel aufzudecken, indem man ihn benennt (›Trompe-l'œil‹), befreit von der Illusion, deren Opfer man wurde. Das Trompe-l'œil führt uns zur ontologischen Wahrheit der getäuschten Sinne, zur Erkenntnis ihrer Unzuverlässigkeit und ihrer kognitiven Grenzen.

Unsere Sinne sind es, die uns an der Nase herumführen, sie sind es aber auch, die uns im konkreten Erlebnis des Trompe-l'œil über den Betrug aufklären, einen Betrug, der jederzeit möglich ist und sich unendlich wiederholen kann, obwohl er sich offen als Täuschung, als ›Trompe-l'œil‹ ausgibt. Ein für eine Ontologie der Illusion fruchtbares Paradox, das die komplexe Interdependenz von Sinnen, Vorstellungskraft und Denken erhellt.

Während die Vanitas-Gemälde des 17. Jahrhunderts für Kenner gedacht sind, die mit dem symbolischen Code der Gegenstände und deren ausgeklügelten Kombinationen vertraut sind, richten sich Trompe-l'œil-Gemälde, die das Register des Alltags ziehen, an ein breites Publikum. Das Publikum, das mit Vanitas-Gemälden angesprochen wird, gehört einer kultivierten Schicht an, die sich mit metaphysischen Fragestellungen auseinandersetzt beziehungsweise auf eine Konfrontation mit wesentlichen Fragestellungen und Botschaften vorbereitet ist;[24] sein Interesse für die Vanitas-Stilleben ergab sich daher fast zwangsläufig. Diese entsprechen den Erwartungen, der Kultur, den Interessen und Reflexionen eines zahlenmäßig begrenzten Publikums. Dagegen konstituieren sich die Betrachter von Trompe-l'œils nur bei der ersten Konfrontation mit dem Bild, nur im spontanen, unerwarteten Effekt wirklich als ein Publikum. Sie existieren – als eingeweihtes, eigenständiges Publikum – nicht vor der Begegnung mit dem Trompe-l'œil. Schleichend entdeckt der unvorbereitete und unfreiwillige Betrachter durch das durchtriebene Spiel des Künstlers eine philosophische Botschaft. Die Erfahrung der Reflexion ist eine Art zusätzliches Geschenk. Da kein kultureller Bezugsrahmen erforderlich ist, erweitert sich das Publikum, das für diese Werke – die es sofort als ein Spiel mit der Wahrheit begreift – empfänglich ist. Wenn die metaphysische Botschaft Ergebnis bewußten Nachdenkens ist, die durch die Symbole der Vanitas-Stilleben vermittelt wird, wird im Trompe-l'œil die Hinterfragung der Vergänglichkeit und der Illusion durch seinen verblüffenden Effekt ausgelöst.

Die Objekte der Vanitas-Stilleben haben eine verschlüsselte Bedeutung und bieten sich ausdrücklich für eine symbolische Deutung an. Dagegen sind die Objekte der Trompe-l'œils nicht schon an sich bedeutsam und erfordern keine komplexe Aufschlüsselung. Dieses nicht minder intelligente, aber doch eher der ›Alltagserfahrung‹ geschuldete Verfahren konkretisiert das Problem vielleicht mehr und macht es spektakulärer und damit reizvoller. Diese weniger elitäre Malerei möchte ein größeres Publikum ansprechen und gleichzeitig an wesentliche Fragestellungen heranführen.

ANMERKUNGEN

1. Svetlana Alpers: Kunst als Beschreibung. Die holländische Malerei des 17. Jahrhunderts, mit einem Vorwort von Wolfgang Kemp, Köln 1985, S. 154.

2. Françoise Séguret: L'Œil surpris. Perception et représentation dans la première moitié du XVIIᵉ siècle, Paris 1993, S. 15.

3. Joachim Sandrart gibt diese Auskunft in: Teutsche Academie der edelen Bau-Bild- und Mahlerey-Künste, Nürnberg 1665–1679, 2 Bd.; erwähnt bei J. Brauner in seiner Studie: Sebastian Stoskopff (1597–1657), Straßburg 1933, S. 19.

4. Eduard Safarik und Francesca Bottari: La Natura morta in Italia, Mailand 1989, Bd. I, S. 371.

5. Michel Faré: La Nature Morte en France. Son histoire et son évolution du XVIIᵉ au XXᵉ siècle, Genf 1962, Bd. I, S. 125.

6. René Passeron: L'Œuvre picturale et les fonctions de l'apparence, Paris 1962, S. 236.

7. C. Sterling: La Nature morte de l'Antiquité à nos jours, Paris 1959, S. 122.

8. Louis Marin: Le Trompe-l'œil, un comble de la peinture, in: L'Effet trompe-l'œil dans l'art et la psychanalyse, Paris 1988, S. 87.

9. Pierre Charpentrat: Le trompe-l'œil, in: Nouvelle Revue de psychanalyse, Paris 1971, Nr. 4, S. 163.

10. Claude Lévi-Strauss: Sehen Hören Lesen, München, Wien 1993, S. 30.

11. Philippe Comar: La Perspective en jeu. Les dessous de l'image, Paris 1992, S. 108.

12. Pascal: Gedanken (381–21).

13. Samuel van Hoogstraten: Inleyding tot de Hooge Schoole der Schilderkonst: Anders de Zichtbaere Werelt, in: Een recht natuerlijke Schildery, Rotterdam 1678, S. 263.

14. René Descartes: La Dioptrique, »Discours cinquième: des images qui se forment sur le fond de l'œil«, in: Œuvres et lettres, hrsg. von André Bridoux, Paris 1953.

15. Françoise Séguret (zit. Anm. 2), Vorwort, S. 7.

16. Père Binet: Essais des merveilles de la nature et des plus nobles artifices, Rouen 1621, Kapitel X: De la peinture – Préface au lecteur de la peinture.

17. Samuel van Hoogstraten (zit. Anm. 13), S. 274.

18. Jean Chapelain: Lettre à Antoine Godeau – De Paris le 29 novembre 1630, in: Démonstration de la règle des vingt-quatre heures et réfutation des objections. Œuvres diverses de Chapelain, Paris 1887, S. 336–347.

19. André Félibien d'Avaux: Le Songe de Philomathe, London 1707.

20. Franciscus Junius: De pictura veterum, libri tres, Amsterdam 1637.

21. Svetlana Alpers (zit. Anm. 1), S. 32.

22. Montaigne: Essays, Buch I, Kap. LI, LIV, und Buch III, Kap. IX; Shakespeare: Measure for Measure (III, 1) und King Lear (V, 2), in: The Complete Work of Shakespeare, G. Lyman, Kittredge, Jinn 1936. Das ganze Bündel ›Nichtigkeiten‹ in Pascals Gedanken spiegelt die Erkenntnis unserer Bedingheit wider: »Wer nicht die Nichtigkeit der Welt sieht, ist selbst nichtig […]« (164–36).

23. Louis Marin: Imitation et trompe-l'œil dans la théoric classique de la peinture au XVIIᵉ siècle, in: Imitation, aliénation ou source de liberté?, Paris, Rencontres de l'École du Louvre, Documentation française, 1985, S. 185.

24. Zu einer genaueren Studie von Vanitas-Gemälden, ihrer Botschaft und dem Publikum, an die sie gerichtet sind, siehe Dominique Chevé, Fabrice Faré: La Nature des Vanités françaises: La pensée, in: Littératures classiques, Paris, Nr. 17, Herbst 1992, S. 207–244.

136

Die Trompe-l'œil-Gemälde oder der Genuß der Illusion
18. Jahrhundert

Wenn um 1680 ein Diplomat wie versteinert die Stufen von Charles Le Bruns Botschaftertreppe in Versailles hinaufschritt, wurde sein Verhalten psychologisch und politisch von der Trompe-l'œil-Dekoration konditioniert: dem überwältigten und vom Taumel erfaßten Fremden, dem man alle Ehre erweist, wird schon bei seinen ersten Schritten zu verstehen gegeben, daß er die unbeschränkte Macht und den Glanz seines königlichen Gastgebers anzuerkennen hat. Der Einsatz von Trompe-l'œils in der Innenarchitektur der königlichen Residenz durch den Ersten Maler des Königs bietet Frankreich die Aussicht, politisch und kulturell auf ganz Europa einzuwirken. Das 18. Jahrhundert bietet den Malern und Kunstliebhabern, die ihre Wohnstätten verschönern wollen, zahlreiche Möglichkeiten. Die gesamte Aristokratie Europas gerät in den Sog des schönen Scheins, des Luxus und des Rauschs, der von Frankreich ausgeht.

Das Utrechter Abkommen von 1713, welches den Auseinandersetzungen zwischen Frankreich und den Vereinigten Provinzen ein Ende setzte, markiert den Niedergang dieser Provinzen. Die Erträge der prosperierenden niederländischen Indien-Kompanie reichen gerade aus, die Güter der Prinzen und Bürger instand zu halten, deren Aktivitäten und Einflüsse abnehmen. Die Malerei des Nordens, die vom Reichtum Hollands im 17. Jahrhundert und dessen einzigartiger Blüte zeugt, tritt allmählich hinter der französischen Schule zurück. Ein ähnliches Schicksal trifft die flämische Schule, die ihre Eigenständigkeit nicht aufrechtzuerhalten vermag und in der zweiten Hälfte des 18. Jahrhunderts ihre besten Künstler – Stillebenspezialisten, vor allem jedoch Blumenmaler – nach Paris schickt. Paris, dessen Geschmack und künstlerische Schöpfungen sich an allen Höfen Europas verbreiten, zog ausländische Talente an, die zum Teil sogar in die Königliche Akademie aufgenommen wurden.

FABRICE FARÉ &
DOMINIQUE CHEVÉ

»[...] der Betrachter hat auf diese Anhäufung von Illusionen zumindest einen lebhaften Blick geworfen. Diese vorgetäuschten Raumkörper, diese falschen Wände, diese künstlichen Tische über Abgründen, die die spiralförmig geschälte Obstschale in ihren Sog ziehen, dieses verdächtige Messer, dessen Klinge auf der Kante des Holzklotzes liegt, dessen Schaft jedoch über ihn hinausragt, machen das Gesetz der Schwerkraft zunichte [...]«

MICHEL FARÉ

136.   ALEXANDRE-FRANÇOIS
DESPORTES
Das Büfett, 1726

Nach dem Tode Ludwigs XIV. eröffnet die Regentschaft des Herzogs Philipp II. von Orléans (1715–1723) ein Jahrhundert, das sich dem Genuß und der Kunst des Lebens verschrieb. Der französische Hof wurde von dem Verlangen nach mehr Phantasie ergriffen, ein Fieber, das dann auch auf das Bürgertum und schließlich auf ganz Europa übergriff.

Das Jahrhundert der Aufklärung ist geprägt von der fieberhaften Suche nach dem Glück, vom erklärten Verlangen nach mehr Genuß, von zahlreichen politischen, intellektuellen und künstlerischen Umwälzungen. Es geht darum, »vom Leben zu profitieren, es um jeden Preis zu genießen. Die einzige Auflage lautet Eleganz und Geschmack. Das ist zugleich die Erklärung für das zeitgleiche Aufblühen von sexueller und philosophischer Libertinage, für die Begeisterung für die schönen Künste«.[1] Der Geist des Libertin, im 17. Jahrhundert ein Privileg einiger Auserwählter, brei-

tet sich aus und legitimiert einen freien, selbstbewußten und ausschweifenden Lebensstil – das, was man heute ›Libertinage‹ nennt. Privilegien wie Leichtfertigkeit, Raffiniertheit oder Verlockung, die sich der ›Lustmensch‹ zugesteht, ersetzen Werte wie etwa das anspruchsvolle und strenge Denken einer kritischen Elite. Die Figur des ›Philosophen‹ des 18. Jahrhunderts illustriert sowohl den Wunsch, die Realität objektiv zu erkennen, als auch die Faszination, die den ebenso verlockenden wie trügerischen Erscheinungen engegengebracht wurde.

Die sich mit schillernder Pracht umgebende Gesellschaft vergaß inmitten des Funkelns und Glitzerns ihres delikaten Lebensstils nicht, mit welch heftiger und oft gewalttätiger Realität sie konfrontiert war. Die präzise Scherzhaftigkeit der Salons und Unterhaltungen täuscht weder über die Ernsthaftigkeit der besprochenen Themen hinweg noch über die Scharfsinnigkeit, mit der sie der Verstand analysierte. Spiel und Ironie boten ein Alibi, das es gestattete, die Anstands- und Toleranzgrenzen auszudehnen.

137.   CARL HOFWERBERG
Quodlibet, 1737

138.   JACOBUS PLASSCHAERT
Steckbrett mit Briefen und Stichen

139.   JOHANNES KLOPPER
Quodlibet

138

139

Die neue Freiheit und der verspielte Geschmack spiegeln sich in der Vielseitigkeit der künstlerischen Schöpfungen wider. Die Trompe-l'œil-Malerei gehört zu jenen Kunstgriffen, die hinter ihrem verspielten Äußeren die Scharfsinnigkeit und den Humor des raffinierten Liebhabers auf die Probe stellen. Das Höchstmaß an Eleganz war im 18. Jahrhundert erreicht, wenn der Betrachter an die Leichtigkeit dessen glaubte, das eigentlich Ergebnis höchster Begabung und Meisterschaft war. Die Unterhaltsamkeit und der Illusionismus der Trompe-l'œils, die sich nicht auf einen ›simplen Bilderscherz‹ reduzieren lassen, zeugen in Wirklichkeit von großer Geschicklichkeit und Erfindungsreichtum.

Die Königliche Malakademie, die noch immer über die Bildproduktion bestimmte, wurde unter Philipp II. von Orléans und unter Ludwig XV. von den normativen Zwängen und der Mission, mit der sie betraut worden war, zum Teil entbunden. Die Salons, die das Publikum regelmäßig über die Entwicklung von Stil und Geschmack informierten, gaben zugleich Aufschluß über die Schwankungen innerhalb der Gattungshierarchie und waren verantwortlich für den Erfolg oder Mißerfolg bestimmter Künstler, was sie zu einer anerkannten Institution werden ließ. Die Künstler genossen bei der Auswahl der Bildthemen eine neue Freiheit. So sind die Mehrzahl der Gemälde von Alexandre-François Desportes, der eigentlich als Porträtmaler an die Akademie aufgenommen wurde, Stilleben oder Tierdarstellungen. Jean-Baptiste Siméon Chardin, den man vor allem für seine Genrebilder schätzte, brachte das Stilleben später zu höchster Vollendung. Auch Piat Joseph Sauvage, ein auf die Grisaille-Malerei und die Nachahmung von Basreliefs spezialisierter Maler, wurde Mitglied dieser angesehenen Institution. Auch wenn sich an der Gattungshierarchie mit der Historienmalerei als höchster Ausdrucksform nichts ändert, wird den anderen Gattungen der Malerei mehr Gerechtigkeit zuteil. Die Kataloge der Salons zeigen die Zufriedenheit der Stillebenmaler und ihre bewußte Entscheidung, dem Publikum Trompe-l'œils darzubieten. Daß solche Themen von bereits anerkannten Malern behandelt werden, zeugt davon, daß sie, wenn nicht von der Kunstkritik (im 18. Jahrhundert im Entstehen begriffen), so doch von einem sehr unterschiedlichen und neugierigen Publikum geschätzt wurden.

Der Palast von Versailles, zu dieser Zeit noch immer eine Baustelle, nahm nicht nur als Wohnsitz des Königs, sondern allein schon aufgrund seiner Ausmaße alle Talente und Innovationen in Anspruch. Die Dekorationen des königlichen Wohnsitzes wurden zum Modell für den raffinierten Luxus eines Lebensraums und -rahmens schlechthin. Um das Ansehen des Königs und Versailles' Ausstrahlungskraft zu erhöhen, ließen die Regisseure des königlichen Spektakels mehr und mehr Kunstgriffe in die prachtvolle Ausstattung einfließen. Um sich von den Einschränkungen und Grenzen der Realität freizumachen, griff man immer öfter auf Fiktion und Illusion zurück. Dem Überfluß der täglich erneuerten Blumenbeete des Schloßparks entsprechen die üppigen Blumensträuße der Holztäfelung, wie sie etwa in den Sälen des Großen Trianon zu finden sind. Das Trompe-l'œil schleicht sich in diejenigen Räume und auf denjenigen Flächen ein, die von der traditionellen Malerei und Architektur nicht genutzt werden können. So verwandelt sich die Trompe-l'œil-Malerei notgedrungen in eine Malerei mit Trompe-l'œil-Effekten. Das Geschmeidige und Kunstvolle dieser Umsetzung der illusionistischen Kunst stillte das für das 18. Jahrhundert so typische Bedürfnis nach ›Wundern‹. Während das Trompe-l'œil im 17. Jahrhundert in den intellektuellen Raum des Betrachters eingriff, tragen die Trompe-l'œil-Effekte des 18. Jahrhunderts zur Verschönerung seiner täglichen Umgebung bei. Das Trompe-l'œil verliert seinen intimen Charakter und wird zum Echo einer weltoffenen Gesellschaft, die sich tagtäglich mit Täuschung und Illusion unterhält.

Diese Entwicklung hat nicht nur zur Folge, daß sich der Kreis der Themen und Bildgegenstände des Trompe-l'œil erweitert, auch die Anzahl seiner möglichen Bestimmungsorte nimmt zu. Künstler und Kunstliebhaber vernachlässigen deswegen aber nicht die Qualität dieser von ihrer Bestimmung her an ein Dekor gebundenen Bilder. Die Mentalität jener Epoche hätte die abwertende Beurteilung, mit der die Kritik das ›dekorative Gemälde‹ später abstempeln sollte, nicht nachvollziehen können. Die Gemälde sind zahlreich, die man bei Boucher, Nattier, De Troy, Coypel, Fragonard für großflächige Dekorationsprogramme in Auftrag gab. Der angestrebte wahre Schein aber erklärt, weshalb die auf unbelebte Gegenstände und Blumen spezialisierten Stillebenmaler bei ornamentalen Dekorationen besonders gefragt waren. Diese Entwicklung hebt die vom 17. Jahrhundert entworfenen Trompe-l'œil-Praktiken nicht völlig auf, sie kommt aber vor allem dadurch zum Ausdruck, daß illusionistische Bilder in immer mehr Bereichen zur Anwendung kommen. Wenn Frankreich in der Verwendung seiner Trompe-l'œil-Darstellungen Neuerungen einführt, so werden die Themen und Typen dieses Genres, die im Goldenen Zeitalter in Nordeuropa entwickelt worden waren, von ganz Europa übernommen. Das Modell des Sammelsuriums, des Buchregals, der Atelierecke oder der auf Holzbrettern fixierten Stiche wird in allen Malschulen Europas – vom Norden bis zum Mittelmeer – von oft zweitrangigen Künstlern in der Art eines Gemeinplatzes unermüdlich variiert. Holland und Flandern, die Wiege der Trompe-l'œil-Malerei, trugen im 18. Jahrhundert kaum noch zu deren Weiterentwicklung bei. Das Abkommen zwischen Spanien und Frankreich, das die Streitereien in Nordeuropa beilegte, markiert auf

140

überraschende Weise sowohl die politische Schwächung als auch den künstlerischen Niedergang dieser Staaten.

Jacobus Plasschaert realisierte 1747 in Brügge ein Sammelsurium (Abb. 138) vor einem Hintergrund aus Kiefernholzbrettern, die wie bei Cornelis Gijsbrechts zum Teil von einem Vorhang verdeckt werden. In fast geometrischer Anordnung sind die Briefe, Stiche und Urkunden dieser Komposition über die Fläche verteilt, die von gitterartig gespannten Schnüren unterteilt wird. Wenn dieses Bild auch weiterhin angenehm und erlesen wirkt, so zeugt doch sein relativer Archaismus von dem Verfall, dem das Genre in Flandern, wo der Künstler von der Jahrhundertmitte bis zu seinem Tod im Jahre 1765 tätig war, preisgegeben war. Der aus Tournai in Flandern stammende Piat Joseph Sauvage entfaltete sein Talent in Paris, wo er bereits 1774 zu den Mitgliedern der Lukas-Akademie zählte. Sein Werdegang ist exemplarisch für den vieler begabter Künstler, die – angezogen von den vielfältigen künstlerischen Aktivitäten und reizvollen Aufträgen – nach Frankreich auswanderten.

Jacob de Wit nahm in Holland die Herausforderung der Grisaille-Malerei an, in der Basrelief-Skulpturen durch gemalte Bilder ersetzt werden. Er paßte sie dem Zeitgeschmack an und setzte sie in Amsterdam bereits Anfang des Jahrhunderts durch. Die Rückkehr eines antikisierenden Stils in der zweiten Hälfte des Jahrhunderts führte zur vollen Entfaltung dieser Erfindung des Nordens. J. S. Paan, der vermutlich auch aus Holland stammt, wurde durch ein auf 1779 datiertes Sammelsurium berühmt. Die vorgetäuschte Collage aus Stichen, Vignetten, Spielkarten und Arabeskenzeichnungen, die sich vor einem neutralen Hintergrund abheben, wird glaubwürdig durch die geringe Tiefe der dargestellten Gegenstände, die gleichzeitig deren gemeinsamer Nenner ist. Die fast systematische Abwanderung der nordeuropäischen Künstler ins Ausland und der damit verbundene Mangel an künstlerischer Originalität sind weitere Gründe dafür, daß die Schulen des Nordens ihre Autonomie verlieren und ihre Bedeutung in den anderen Ländern Europas schwindet.

141. MODESTIN ECCARDT
Trompe-l'œil mit Stich und Zeichnung,
1713

142. ELIAS MEGEL
Trompe-l'œil. Brustbild eines Mannes mit
weißem Federhut, der eine Lupe in der
Hand hält

Eine wirkliche Künstlerschule, die sich das Trompe-l'œil zum Lieblingsthema auserkoren hat, findet man recht unerwartet in Schweden, das seit dem 17. Jahrhundert ausgesprochen frankophil ausgerichtet ist. Diese Strömung steht unter dem Einfluß des benachbarten, im 17. Jahrhundert auf illusionistische Gemälde versessenen Dänemark. Die schwedischen Gemälde, die vor allem zwei Themen (Quodlibets und Potpourris) abwandeln, erfreuen sich das ganze 18. Jahrhundert über großer Beliebtheit. Wenn es uns auch oft an genauen biographischen Angaben mangelt, machen es die signierten und datierten Gemälde möglich, die Orte nachzuzeichnen, an denen die Künstler tätig waren. Im Nationalmuseum in Stockholm befindet sich ein Quodlibet des vermutlich aus Holland stammenden Johannes Klopper (Abb. 139), der in der schwedischen Hauptstadt lebte und bis zu seinem Tode 1734 an der Universität von Uppsala Zeichnen unterrichtete. Drei Quodlibets von Carl Hofwerberg, signiert und datiert zwischen 1737 (Abb. 137) und 1740, belegen, daß dieser Künstler in Stockholm in der ersten Jahrhunderthälfte tätig war. In zwei dieser Quodlibets sind auf Französisch verfaßte cartellini zu sehen, die Grußschreiben an angesehene Bürger dieses Landes vortäuschen. Andere Arbeiten des Künstlers belegen, daß er auf dieses Genre spezialisiert war.[2]

143. JOHANN CASPAR FÜSSLI
Quodlibet mit Porträts und antiken
Büsten

Hindric Sébastien Sommar realisiert 1748 die fast identische Kopie einer Trompe-l'œil-Komposition, die ein Jahr zuvor entstanden war. Es ist ein Werk, das sich heute in den Sammlungen des Nationalmuseums in Stockholm befindet (Abb. 140) und in dem eine Reihe von Schlüsseln, Scheren, Kämmen und Bürsten ordentlich und äußerst sorgfältig um einige Briefe herum verteilt sind, die von über Kreuz gespannten Bändern gehalten werden. Diese archaisch anmutende Anordnung läßt das fast besessene Bemühen um eine exakte Darstellung der Dinge und ihrer neutralen und regelmäßigen Aneinanderreihung zu Tage treten. Der in der zweiten Jahrhunderthälfte in Schweden tätige Johan Caspar Jung nimmt die Geradlinigkeit und die Einfachheit früherer Quodlibet-Kompositionen in zwei Gemälden wieder auf, die sich heute in schwedischem Museumsbesitz befinden und die sich mit hoher Wahrscheinlichkeit auf die Jahre 1749 und 1760 datieren lassen. Darüber hinaus ist von diesem Künstler ein Sammelsurium mit Broschüren, Stichen, ge-faltelten Briefen und Papieren bekannt, die in Sottoinsu-Ansicht dargestellt sind. Durch das Fehlen der Bändchen, die die verstreuten Bildelemente in der Realität auf dem hochkant stehenden Holzbrett (das gleichzeitig als Bildhintergrund dient) halten würden, ist der Maler – will er die Wahrnehmung des Betrachters wirklich überlisten – zu einer horizontal ausgerichteten Darstellung gezwungen. Hängt das Gemälde einmal an der Wand, fordert es die Gesetze der Schwerkraft und die Wahrnehmungsgewohnheiten des Betrachters heraus. Diese an die Wand ›geworfenen Papiere‹ bleiben wie durch ein Wunder hängen: eigenartig ist die Macht der unmittelbaren Wahrnehmung, die der überforderte und überraschte Verstand nicht zu zerstören vermag. Diese Sammelsurien, die sich von Quodlibet-Kompositionen ableiten und das Genre erneuern, stellen bei der unaufhörlichen Suche nach neuen illusionistischen Mitteln eine wirkliche Innovation dar. Das neue Verfahren wird in Schweden von Okänd und Christian Martin Broberg angewendet. Parallel zu ihnen kreiert Lars Henning Boman, ein um 1762 in Schweden tätiger Maler, weiterhin Variationen zum traditionellen Thema des Quodlibets mit Riemchen.

Die Vertreter der deutschen Schule scheinen eine Vorliebe für das gemaserte Holz knorriger Kiefern zu haben, an dem sie Stiche, diverse Gegenstände und tote Vögel aufhängen. Im Märkischen Museum in Berlin befindet sich ein auf 1713 datiertes Trompe-l'œil von Mo-destin Eccardt (Abb. 141). Ein Kupferstich mit einem Schlittschuhläufer hängt über der Originalzeichnung, von der sich der Kupferstecher inspirieren ließ. Die drei graphischen Aus-

144

144. GREGORI
NIKOLAJEWITSCH TEPLOW
Stilleben mit Notenbüchlein und
Papagei, 1737

drucksformen – Zeichnung, Stich und Malerei – wirken in dieser einzigartigen Komposition durch die Zauberkraft des Künstlers und Halbgotts wie eins. Franz Roos, 1672 in Frankfurt geboren und im mecklenburgischen Stralsund tätig, signiert ein Quodlibet, dessen sparsame Elemente hinter einem einfachen quergespannten Riemchen klemmen. Dagegen zeichnet sich das 1670 entstandene Bild Gottlieb Friedrich Riedels durch fieberhafte Unordnung aus. Es scheint die Aktivität eines vielbeschäftigten, der französischen Kultur gegenüber aufgeschlossenen deutschen Gelehrten zu veranschaulichen: Dokumente in gotischer Schrift liegen neben Urkunden, die auf Französisch verfaßt sind. In einem anderen, auf 1767 datierten Sammelsurium stellt S. G. Linneman über einem schlichten Bücherregal einen zerrissenen Stich mit einer Darstellung der *Verspottung Christi* neben intime Gebrauchsgegenstände. Elias Megel, auch er ein unbekannter deutscher Maler, hat ein Trompe-l'œil hinterlassen (Abb. 142), in dem ein Stich zu sehen ist, der möglicherweise ein Selbstporträt darstellt oder aber das Spiegelbild eines Blickes, der sich auf das Gegenüber richtet: ist es der Betrachter oder das Modell, das sein Visavis perplex anschaut und mit einem Kneifer spielt, um den Betrüger aufzuscheuchen? Der für seine Porträts und Landschaften bekannte J. Caspar Schneider malte 1779 in Mainz ein eigenartiges Trompe-l'œil, in dem ein Eisvogel an einem Nagel hängt, den man in ein Brett aus Kiefernholz geschlagen hat. Der Realitätseffekt wird durch die Anwesenheit eines von dem toten Vogel angezogenen Insekts noch verstärkt.

Neben diesen Beispielen, die die erstaunliche Vitalität des Genres in Schweden belegen, muß eine besondere Persönlichkeit erwähnt werden, die sich – diesmal in Rußland – ebenfalls mit dem Trompe-l'œil beschäftigte: Gregori Nikolajewitsch Teplow. Der von den schönen Künsten begeisterte Gesandte in den Diensten Katharinas II. malte selbst Gemälde im holländischen Stil und war seit 1765 Mitglied der Akademie von Sankt Petersburg. Vielfältig begabt und von Wissensdrang beseelt, verfaßte er Schriften über die Naturwissenschaften, die Philosophie und die Ästhetik. Das Museum von Kourst besitzt ein einfaches Quodlibet dieses Künstlers, das von einem Bücherregal gekrönt wird, auf das man unachtsam Bücher, Notenbüchlein und einen ausgestopften Papagei gestellt hat (Abb. 144). Diese Arbeit ist auf das Jahr 1737 datiert. Die Tretjakow-Galerie in Moskau besitzt außerdem ein auf 1783 datiertes anonymes russisches Trompe-l'œil, in dem über zwei kleinen Bildern diverse Dokumente geometrisch auf sechs Papierstöße verteilt sind.

Johann Caspar Füssli, ein Vertreter der Schweizer Schule, ging 1724 in Wien bei den Malern Gran und Meytens in die Lehre. Nach Beendigung seiner Ausbildung und Wanderjahren quer durch Europa, besonders durch Frankreich und Italien, ließ er sich in Süd-

deutschland nieder, wo er bis 1740 lebte. Schließlich kehrte er in seine Geburtsstadt Zürich zurück, wo er Schreiber des Stadtrates wurde und Kunstgeschichte unterrichtete. Er malte Trompe-l'œils (Abb. 143), in denen häufig Porträts anzutreffen sind, ein Genre, auf das er spezialisiert war. In einem Gemälde, das sich heute in der Bibliothek von Trogen befindet, porträtiert er die gesamte damalige Schweizer Oberschicht und entwirft eine merkwürdige ›Porträtgalerie‹, in der er die Techniken des Kupferstiches, der Zeichnung und der Malerei simuliert. Zu der für das Trompe-l'œil typischen Verspieltheit gesellt sich hier die Ironie, die die Nichtigkeit des narzistischen Begehrens und der Selbstgefälligkeit brandmarkt, die darin besteht, das eigene Bild vervielfachen zu wollen. Das vermitteln auch die zwei Insekten, die sich, scheinbar, auf der respektierlichen Versammlung niedergelassen haben. 1751 und 1755 realisiert Johann Caspar Füssli weitere Trompe-l'œils, in die er mitunter Elemente des Quodlibets integriert. Joseph Leonhard Rosenkrantz (der in der zweiten Hälfte des 18. Jahrhunderts in Sankt Gallen, 1811 in Freiburg tätig war) malt zwei Jahrzehnte später (1776) ein feinsinniges Trompe-l'œil, in dem ein Stich, vor einem Hintergrund aus Nadelholz, mit der Darstellung eines Schlosses aus dem Kanton Bern zu sehen ist; hinter den Kupferstich wurden scheinbar unachtsam ein Band, ein Briefumschlag, eine Feder und ein Andachts-

145. JOSEPH LEONHARD ROSENKRANTZ
Quodlibet mit Stich, Briefen, Federn und Spielkarten, um 1752

bild geschoben. Von ihm ist noch ein anderes, genauso ausgefeiltes Quodlibet bekannt (Abb. 145), in dem das Durcheinander und die Unterschiedlichkeit der Gegenstände einen Hauch von Ironie vermitteln: so liegen die Spielkarten neben einem Rosenkranz und einem Kompaß. Dieses Gemälde befindet sich gegenwärtig im Schweizerischen Landesmuseum in Zürich. Auch François Ferrière, ein Pastellmaler aus Genf, fühlte sich gelegentlich vom Trompe-l'œil angezogen. Seine Reiselust teilte er mit Jean-Etienne Liotard, auch er ein Pastellmaler. Paris, London, Sankt Petersburg, Moskau und schließlich erneut London – so lauten die Etappen seiner Wegstrecke und seines Renommees; wie Liotard verbringt er seine letzten Lebensjahre in dem friedlichen Kanton von Vaud, unweit von Morges.

Nach England zog es die Künstler des Kontinents wie schon im 17. Jahrhundert wegen der öffentlichen Nachfrage und den offiziellen Aufträgen der königlichen Familie. So war beispielsweise Jean-Baptiste Monnoyer von den britischen Prinzen mit der Dekoration ihrer prachtvollen englischen Wohngemächer beauftragt worden, die er mit gelegentlicher Hilfe seines Sohnes Antoine ausführte. Lord Montagu beschäftigte ihn bis zu seinem Tod im Jahre 1699. Nicolas de Largillière begann seine Karriere mit Stilleben und erwarb sich einen Ruf als ausgezeichneter Porträtmaler seiner Zeit. Doch ist es auch seine Sensibilität als Maler von Trompe-l'œil-Elementen, die erklärt, weshalb man ihn, in der allgemeinen Versessenheit auf französische Dekorationen, besonders schätzte. Auch Alexandre-François Desportes, dessen Jagdszenen die Supraporten in Meudon und Versailles verzierten, reiste 1712 nach England. Seine Arbeiten waren ihm vorausgeeilt und hatten seinen Ruf begründet: sie befanden sich in den Sammlungen des Herzogs von Richmond und der Lords Bolingbroke und Wilroth. François-Xavier Vispré, geboren 1730 in Besançon, stellte in London (von 1763–1778) ›unter Glas fixierte‹ Stilleben und Trompe-l'œils aus. Jean-Etienne Liotard fertigte bei seinem Aufenthalt in London eine Reihe von Trompe-l'œils an, deren eines ›Zwei Kirschen und eine Weintraube an einem Nagel aufgehängt‹ zeigt, wofür er 1774 auf einer Auktion bei Christies 31 Pfund erhielt. Bei dieser Auktion wurden vier weitere Trompe-l'œils – darunter ein anderes, auf Emaille gemaltes Trompe-l'œil von Liotard –, im Katalog sämtlich unter der lateinischen Bezeichnung ›deceptio visus‹ ausgewiesen, veräußert. Wiewohl die Engländer im 18. Jahrhundert keine eigenen landesweit anerkannten Trompe-l'œil-Maler besaßen, bewirkte ihre Vorliebe für das Seltsame und die besondere Aufmerksamkeit, die sie ihrer alltäglichen Umgebung widmeten, daß sie die einzigartigen Effekte dieses Genres zu schätzen wußten und die dekorative Ausstrahlungskraft dieser Arbeiten suchten.

In den romanischen Ländern vollzieht sich in Bezug auf das Trompe-l'œil ein seltsamer Wandel: während Gemälde dieser Art in Italien und Spanien im gesamten Goldenen Zeitalter kaum verbreitet waren, findet das 18. Jahrhundert nun einen gewissen Geschmack und Gefallen an der illusionistischen Malerei. Die politischen Bündnisse, die Spanien im 17. Jahrhundert mit den Staaten des Nordens verband, sind möglicherweise eine Erklärung für das Echo, das die ästhetischen Formen des Trompe-l'œil am Hofe und beim Bürgertum der iberischen Halbinsel fanden. Vor allem Sevilla trat das Erbe dieser ursprünglich aus dem Norden stammenden Bildgattung der Malerei an. Der Louvre besitzt zwei Trompe-l'œils von Bernardo Germán y Llorente, Allegorien des Geschmacks- und des Geruchssinns (Abb. 146 und 147), die an das Motiv der Atelierecken erinnern. Die beiden Sinne werden von kleinen Gemälden mit ländlichen Sujets symbolisiert, die in ihrer Mitte trinkende oder rauchende Personen zeigen. Eine Flasche oder

ein Tabakbeutelchen, die die imitierten Regale am unteren Bildrand schmücken, betonen die sensorische Thematik. Der Wert der Sevillaner Schule erhöht sich noch durch die Schöpfungen und die Originalität zweier weiterer Meister dieser Stadt. Trompe-l'œil-Gemälde sind im Werk des um die Jahrhundertmitte tätigen Pedro de Acostas keine Ausnahme. Er scheint die verschiedenen Möglichkeiten, die das Genre bot, ausgenutzt zu haben. Das Museum der Schönen Künste in Sevilla besitzt zwei zusammengehörige Trompe-l'œils, in denen angenagelte Stiche, herausgerissene Seiten aus Skizzenheften und Deckblätter von Almanachen oder Büchern zu sehen sind. Das Werk ist auf 1741 datiert. Die Unterschiedlichkeit der von ihm gemalten Gegenstände mag ihn zu einem anderen Paar großformatiger Gemälde angeregt haben, das sich heute in der Akademie San Fernando in Madrid befindet und auf 1755 datiert wurde. Verschiedenartige Gegenstände werden von ihm auf ein- und dieselbe Ebene gestellt, womit er eine ganz und gar surrealistische Kühnheit unter Beweis stellt. Ihr Aufeinandertreffen erzeugt ein heftiges Gefühl der Unstimmigkeit: vor der Wand eines Raumes, der eine Speisekammer sein könnte, hängen neben einem halb geöffneten Vorratsschrank, einer toten Taube, aufgehängten Fischen und aneinandergeketteten Blutwürsten zwei Saiteninstrumente, ein Paar Pistolen, ein Vogelkäfig, ein Schlüssel, Stiche

146. BERNARDO GERMÁN Y LLORENTE
Trompe-l'œil. Der Geruchssinn

147. BERNARDO GERMÁN Y LLORENTE
Trompe-l'œil. Der Geschmackssinn

… und eine Perücke! Diese einzigartige Heterogenität und der ihr zugrundeliegende Humor überraschen und stehen im Gegensatz zur gewöhnlichen Strenge der spanischen Malerei. Gleichzeitig schwingt in der Ironie dieser Aneinanderreihung eine tragische Note mit, eine Aneinanderreihung, in der man genauso gut eine Bloßstellung unserer lächerlichen Existenz und unserer mißbrauchten Sinne lesen kann. Von raffinierterer Inspiration und reicherer Technik sind vier, auf 1764 datierte und von Francisco Gallardo signierte Gemälde, die mit einer Thematik spielen, welche die Literatur und Künste bevorzugt. In ihnen wird das Motiv der Atelierecke gekonnt verwertet und variiert. In Madrid befassen sich vor allem zwei Künstler mit dem Trompe-l'œil: Carlos López (bekannt lediglich durch sein Gemälde in der Akademie San Fernando) und der in Neapel geborene Mariano Nani. In ihren Darstellungen überwiegt das Motiv der toten Vögel. Carlos López' Gemälde stellt in einer archaischen Komposition eine Pute und einen Stelzvogel dar, die man an Nägeln aufgehängt hat. Vor dem Hintergrund aus Holzbrettern hebt sich ein Stich von Nicolaes Berchem ab, auch er ist angenagelt. Der zum Zeitpunkt seines Madrid-Aufenthaltes 35jährige Mariano Nani arbeitet sowohl an Musterzeichnungen für Wandteppiche als auch an der Verzierung von Fayencen, in denen er tote Vögel im Trompe-l'œil-Stil darstellt. Vor einem Hintergrund aus Mauerwerk hängt Geflügel neben einem Hauer, während auf dem Brunnenrand ein mit Sperlingen gefüllter Korb steht. Die subtile Atmosphäre und die virtuose Technik dieser Arbeit sind ein Hinweis auf die italienische Ausbildung des Malers.

Mit der außergewöhnlichen Scheinbibliothek von Giuseppe Maria Crespi (Abb. 148) zieht die italienische Schule feierlich in das Genre der Gemälde mit Trompe-l'œil-Effekt ein. Diese um ca. 1710 entstandene Arbeit, die für die Bibliothek des Conservatorio Musicale ›G. B. Martini‹ in Bologna bestimmt war, zeigt ein mit Musikbüchern gefülltes Regal ein Sujet, dessen Möglichkeiten, einen hohen Grad an Wahrscheinlichkeit zu erreichen, in diesem Werk voll ausgespielt werden. Wenn man die Banalität und die Neutralität des Bildes auch nicht bestreiten kann, so sind doch die gekonnte Komposition und die Subtilität der Farbskala ein Beweis für das einzigartige Genie des Künstlers. Das Camaïeu der Brauntöne vereint die verschiedenartigen Bildelemente in einer vollendeten Harmonie. Die schwersten Bücher, die systematisch eingeräumt das gesamte obere Regalfach ausfüllen, stehen griffbereiten leichten Accessoires gegenüber, die scheinbar planlos in die unteren Fächer gelegt wurden. Die Umkehrung der üblichen Weise, Bücher einzuräumen, gibt dem Betrachter das Gefühl, überrollt zu werden, was die Wirkung des Bildes noch verstärkt. Diese Arbeit, die im Werk von Giuseppe Maria Crespi einzigartig

148.   GIUSEPPE MARIA CRESPI
Bücherregal, um 1710

dasteht, wirkt wie ein eigenartiges Echo auf das Unikum, das ihr in der Geschichte des italienischen Stillebens um zweihundert Jahre in Form des berühmten Bildes von Jacopo de' Barbari in der Alten Pinakothek in München vorausgegangen war (vgl. Abb. 70).

Cristoforo Munari, einer der wichtigsten Stillebenmaler der italienischen Schule, arbeitete auch im Bereich der Trompe-l'œil-Bildgattung. Er stellt für die italienische Schule das dar, was einige Jahre zuvor Gijsbrechts für die Holländer bedeutet hatte: Munaris beschnittene Trompe-l'œils zeigen aufgehängte Musikinstrumente, Atelierecken, Quodlibets – Motive, die an das Repertoire des nordischen Künstlers erinnern. A. Ghidiglia Quintavalle ist es gelungen, ein besonders repräsentatives Trompe-l'œil von Cristoforo Munari in den Sammlungen des Opificio delle Pietre Dure in Florenz ausfindig zu machen (Abb. 151). Dieses bei einem Aufenthalt in Florenz um die Jahrhundertwende entstandene Werk, in dem die Elemente des Atelierecken-Motivs mit denen des Quodlibets verbunden werden, steht der großen Tradition des Nordens in nichts nach. In einem anderen Gemälde zeigt er Musikinstrumente, deren ausgeprägte plastische Wirkung an eine auf 1672 datierte Arbeit Cornelis Gijsbrechts erinnern (vgl. Abb. 125).

Das beschnittene, eine *Atelierecke* darstellende Gemälde (ehemals Sammlung Faucigny-Lucinge; Abb. 149) kann als Munaris Meisterwerk in dieser Bildgattung angesehen werden.[3] In der Komposition erinnert es an die *Atelierecke* von Jean-François Le Motte, wobei es sich in der Darstellung des intimen Durcheinanders am Arbeitsplatz eines Künstlers mehr Freiheit herausnimmt. Die Überlagerung eines gemalten Bildes durch eine Kiefernholzplatte, auf der wiederum Stiche, ein leicht ramponiertes Gemälde und im Vordergrund kleine Bilder und Basreliefs zu sehen sind – dazu kommt noch die mit Zeichnungen und zerknitterten Papieren übersäte Konsole –, hat eine besonders verblüffende Wirkung, obwohl sich Munari an die bei diesem Genre unerläßliche Flächigkeit hält. Abbé Marrini lobte diesen Maler – im 18. Jahrhundert einer der anerkanntesten Meister des Trompe-l'œil – 1764 als »einen außergewöhnlichen Nachahmer des Wahren«. In der Beschreibung des Talents und der Arbeiten des Künstlers durch den Kritiker heißt es, daß er »mit solcher Wahrhaftigkeit, mit solch verblüffender Ähnlichkeit [male], daß man bei ihrer Betrachtung in höchstes Erstaunen und Verzücken gerät.«

149. CRISTOFORO MUNARI
Atelierecke

Egidio Maria Bordoni, wahrscheinlich ein Zeitgenosse Munaris, der sich ebenfalls in die Tradition des Nordens einreihen läßt und der noch Mitte des 18. Jahrhunderts tätig war, signierte ein Trompe-l'œil, in dem ein Stapel volkstümlicher Stiche und Urkunden zu sehen ist, die einzig von einem Bändchen gehalten werden (Abb. 150).

In Norditalien scheint das Trompe-l'œil-Thema besonders in zwei Kunst-Zentren, in Bergamo und Venetien, bevorzugt worden zu sein. In Bergamo ragt vor allem eine Persönlichkeit heraus: Antonio Mara, genannt Scarpetta. Wenn seine Quodlibets auch traditionell sind, so führt er doch mehrere Hintergründe – meist aus Holzbrettern – ein, auf denen er kleine Scheinkonsolen anbringt. Die heterogene Auswahl der vorgetäuschten Gegenstände wird bestimmt durch das Bemühen um Raffinesse und Preziosität. Die kleinen, sorgfältig eingerahmten Bilder stehen neben Musikinstrumenten und Goldschmiedearbeiten. Francesco Raspis, auch er um 1750 in Bergamo tätig, signiert zwei zusammengehörige Trompe-l'œils, in denen in improvisierter Aneinanderreihung rechteckige Zeichnungen neben ovalen Malstudien stehen. Diese Kompositionen zeichnet eine gewisse Bescheidenheit und Ruhe aus. In Vicenza findet sich in Trompe-l'œil-Darstellungen erneut das Motiv der kleinen Tische und Konsolen. Benedetto Sartori stellt in der ersten Hälfte des 18. Jahrhunderts Hintergründe aus ungehobelten Kiefernbrettern dar, an denen klei-

150. EGIDIO MARIA BORDONI
Trompe-l'œil mit Stichen und diversen Dokumenten

151. CRISTOFORO MUNARI
Trompe-l'œil

152

ne Regale angebracht wurden (Abb. 157). Sowohl die hier verwandte Technik als auch die Auswahl der Gegenstände zeugen von einem Archaismus und einer Einfachheit, die genauso köstlich wie volkstümlich ist. Sartoris Landsmann Sebastiano Lazzari schuf in der zweiten Hälfte des 18. Jahrhunderts zahlreiche künstlerisch hochwertigere Arbeiten, in denen er mit geographischen und astronomischen Instrumenten sowie mit einem erweiterten Repertoire an Gegenständen spielte, das mitunter auch Tiere umfaßte (Abb. 152, 153). Eine Komposition mit einem Papagei (1763 in Verona signiert und datiert) findet sich in einem Gemälde von Francesco Bossi fast haargenau kopiert wieder, das dieser wohl 1774 in Este in Venetien malte. Lazzaris Schwiegersohn, Francesco Gianlisi, schuf 1762 ein Trompe-l'œil, das in vielerlei Hinsicht von den Werken des Schwiegervaters angeregt worden war. Wenn die Technik dieses Bildes auch weniger ausgefeilt ist, erinnern die Anordnung und die Auswahl der Accessoires an das Repertoire der Familie.

Florenz war das dritte Zentrum der italienischen Trompe-l'œil-Malerei des 18. Jahrhunderts. Stefano Mulinari spielt auf ironische Weise mit den großen Werken der Renais-

152. SEBASTIANO LAZZARI
Trompe-l'œil mit Papagei

sance (Abb. 154, 155), wenn er emblematische Bilder von Michelangelo, Guido Reni, Giulio Romano, Parmigianino oder Raffael vor einer Wand aus Holzbrettern wiedergibt. Der Maler, selbst ein Zeichner und Kupferstecher, inszeniert den unumkehrbaren Verfall, die Beschädigung der Werke durch die Zeit. Abgesehen davon, daß dieses Trompel'œil den Betrachter irreführt, ist es auch eine kritische Anspielung auf den Sammler, der sich vergeblich anmaßt, die Spuren früherer Genies aufzubewahren. Antonio Ciocchi realisiert 1762, auch er in Florenz, eine eigenartige Komposition, in der die Zeichnung eines Satyrs, die hinter ein vorstehendes Brett geschoben wurde, neben einem Medaillon mit einer Darstellung des heiligen Petrus, einem Kartenspiel, einem Schneckenhaus, einer Karaffe, einem Buch und den Werkzeugen eines Architekten zu sehen ist. Eine andere, in vielerlei Hinsicht ähnliche Komposition vereint eine Landschaftsskizze in der Art Salvatore Rosas mit dem Porträt eines Orientalen. Sowohl das Motiv als auch die subtile Farbskala erinnern an die Handschrift und den Stil Cristoforo Munaris, der in derselben Stadt eine Generation zuvor tätig gewesen war. Ein weiteres Beispiel für die Gunst, in der

153. SEBASTIANO LAZZARI
Trompe-l'œil mit Obst und Gemüse

154

514

das Genre in der Toskana des 18. Jahrhunderts stand, ist das mit Temperamalereien gefüllte Skizzenbuch des Grafen Gentiluccio Rocchi, der in Iesi lebte. Diese auf 1770 datierte Quodlibet-Sammlung, die siebzehn Tafeln mit verschiedenen und scheinbar völlig unterschiedlichen Sujets enthält, gewährt in einer Aufeinanderfolge illusionistischer ›Collagen‹ Einblicke in den Mikrokosmos des toskanischen Edelmanns und Künstlers.

Daß das Trompe-l'œil in hoher Gunst stand, wird auch durch andere Bilder bestätigt, deren Urheber bis heute nicht ausreichend identifiziert worden sind. Antonio Piaggio, der Mitte des 18. Jahrhunderts in Rom tätig war, signiert und datiert 1746 eine erstaunliche Arbeit, die die Illusion erzeugt, Papiere und Vignetten seien auf eine Landkarte der Mark Brandenburg ›geworfen‹ worden (Abb. 156). Dieses Sammelsurium läßt sowohl an den Kubismus als auch den Minimalismus in unserem Jahrhundert denken, wo das Sujet hinter die Komposition beziehungsweise deren Dekonstruktion tritt. Gegen Ende des Jahrhunderts führt der Künstler Michele Bracci die Thematik des Quodlibets und der Scheincollagen weiter. 1769 signiert er ein Sammelsurium, das anscheinend den im gleichen Jahr gewählten Papst Klemens XIV. preisen sollte. Zwei weitere Gemälde desselben Typs sowie ein überladenes Quodlibet aus dem Jahre 1792 zeugen davon, daß der Reiz, den das Trompe-l'œil auf die italienischen Liebhaber ausübte, bis Ende des Jahrhunderts Bestand hatte.

Auch in Venedig, dieser dem Dekorativen par excellence ergebenen und von scheinbarer Sorglosigkeit belebten Theaterstadt, in der die Maske die von einem ironisch und gleichzeitig tragisch existentiellen Gefühl geprägte soziale Wirklichkeit verklärte, ließen

154. STEFANO MULINARI
Trompe-l'œil

155. STEFANO MULINARI
Sammelsurium mit Stichen

156. ANTONIO PIAGGIO
Landeskarte von Brandenburg und Stiche, 1746

157. BENEDETTO SARTORI
Trompe-l'œil mit Drucken und Pistolen

188

sich die Künstler von den französischen Kunstgriffen der Dekoration anregen. Die vielen, lange Zeit Francesco Guardi zugeschriebenen Camaïeu-Supraporten, mit vornehmlich perlgrauen oder bläulichen Hintergründen, werden dem letzten Stand der Forschung zufolge einem Künstler zugeschrieben, den man durch sein Monogramm ›F. co G‹ (Abb. 158) ausfindig gemacht hat. Diese Dekorationen unterstrichen mit viel Aufwand das Prestige und die Ansprüche der adriatischen Stadt.

155

156

Frankreich, im 18. Jahrhundert das geographische und kulturelle Zentrum Europas, war der Schmelztiegel dieser malerischen Innovationen. Die Begeisterung für Kunstgriffe und Überraschungseffekte sowie die virtuose Komplizenschaft zwischen den Künstlern und ihren Schöpfungen kamen der alltäglichen Umgebung und ihrer Ausschmückung – ob in Schlössern oder bürgerlichen Wohnhäusern – zugute. In keinem anderen Jahrhundert wie dem 18. sollte das Trompe-l'œil solch große Erfolge feiern. Der Kritiker Dezallier d'Argenville ging bis zu der Behauptung, daß »ein Künstler, der die Natur vollkommen imitiert – und sei es nur ein Insekt oder Obst –, in seinem Genre genauso vollkommen ist wie Raffael in dem seinen«. Dasselbe Urteil vertritt Joseph Pernety in seiner Enzyklopädie[4], wonach »das Vergnügen, das aus der Imitation erwächst, eine Art Fortpflanzung und Vermehrung derselben Dinge ist […]. Die imitierenden Künste müssen daher als eine Gunst des Himmels betrachtet werden, als eine Annehmlichkeit, die von der höchsten Weisheit als für das menschliche Leben notwendig erachtet wurde.« Die Annehmlichkeiten, die Genußsucht und die Wollust des damaligen Frankreich ließen es zum bevorzugten Ort für Gemälde mit Trompe-l'œil-Effekten werden.

157

Die Malerei bricht aus dem traditionellen Rahmen des Bildes aus, um die unterschiedlichsten, noch unbesetzten Orte wie Supraporten, Kaminverkleidungen oder Holzvertäfelungen zu besetzen: Daß man an diesen Stellen Malereien anbringt, mag zunächst erstaunen, sie erlauben jedoch, die gesamte Palette illusionistischer Effekte zu nutzen, über die das Trompe-l'œil-Genre verfügt. So wie die Deckenmalerei die Grenzen der Staffeleimalerei überschreitet, sind Supraporten im Grunde nichts anderes als Gemälde, mit denen ein ganz bestimmter Zweck verfolgt wird: sie bleiben der Ordnung und der Technik des Trompe-l'œil-Gemäldes verhaftet und verhelfen dem Betrachter zu einem optischen Ausbruch. Indem die Dekorationskünstler die Luftperspektive öffnen oder die dunklen Feuerstellen der Kamine scheinbar füllen, erweitern sie das Reich der Phantasie. Indem sich diese Kunstgriffe von den statischen Zwängen des Trompe-l'œil (das heißt der Verschmelzung von Bildhintergrund und Leinwand) im strengen Sinne des Wortes durch die Effekte des Raumes oder des Kontextes befreien, geben sie der Bildgattung eine neue Richtung. Was jetzt gezeigt wird, ist keine trügerische Illusion mehr, wie sie für die ›bürgerliche‹, der Tradition des 17. Jahrhunderts verpflichteten Trompe-l'œil-Malerei typisch war, sondern ein Trompe-l'œil-Effekt, der an eine Dekoration gebunden ist.[5] Der ›Verstoß‹ gegen die Regeln, die von der Trompe-l'œil-Staffeleimalerei aufgestellt worden waren, ermöglicht fiktive Öffnungen und schafft dadurch einen visuellen und imaginären Raum, in dem der Betrachter zu einer Art ›weltlicher Unendlichkeit‹ vorstößt. Die für die Welt empfänglichen Sinne integrieren das ›Anderswo‹ in den häuslichen Raum und nehmen es in Besitz oder sie vervielfachen durch die illusionistische Dekoration den Innenraum der Wohnung. Die Sorge um den äußeren Schein (sei er auch trügerisch) in Verbindung mit einer Neigung zu Grenzüberschreitungen ist es, was das 18. Jahrhundert kennzeichnet. In ihm wird das Paradox zur dominierenden Mode erhoben. Solange das Kunstwerk dem Liebhaber Genuß bereitet, begnügt er sich mit der Wahrscheinlichkeit, und seine befriedigte Phantasie erfährt in der Durchschauung des Kunstgriffs die Wahrheit eines momentanen Vergnügens. Wie Jean Baudrillard treffend schrieb, gehört »das Trompe-l'œil oder die verzauberte Simulation«[6] voll und ganz in den Bereich des Paradoxen, dessen Modalität und Wesen darin bestehen, daß es »noch falscher als das Falsche« ist, worauf gleichzeitig das Geheimnis der Erscheinung beruht.

Die außergewöhnliche Entfaltung von Gemälden mit Trompe-l'œil-Effekten im Frankreich des 18. Jahrhunderts laden dazu ein, diese stilistisch, thematisch und geographisch aufgesplitterte Produktion zu klassifizieren: so wäre zum Beispiel eine Einteilung und Unterscheidung nach den für diese Dekorationen vorgesehenen Bestimmungsorten möglich. Aus der Einbeziehung eines bereits kodifizierten Genres in vorgegebene Räume und Dekorationselemente ergeben sich drei neue Bestimmungen der Wahrnehmung: sie ist erfinderisch, da sie neue Plätze für Bilder entdeckt; sie beruht auf Gewohnheit, denn sie ersetzt Gegenstände an ihren traditionellen Orten durch vorgetäuschte; sie ist schließlich fokussierend, da sie sich aus spezifischen Darstellungen ergibt, die über das gewöhnliche Repertoire des Trompe-l'œil hinausgehen. Wenn die Subjektivität der Wahrnehmung auch unbestreitbar ist, so untersagt diese deshalb laut Ernst Gombrich nicht die »Anwendung objektiver Normen, die die Exaktheit der Darstellung zu garantieren vermögen«.[7] Die Illusion erfordert, daß der Maler sich um Exaktheit bemüht und daß der Betrachter in eine Situation versetzt wird, die er aus eigener Erfahrung kennt. Die Supraporten und Kaminverkleidungen

158

bilden eine Teilgruppe der Gemälde mit Trompe-l'œil-Effekten, die voraussetzt, daß der Standpunkt des Betrachters und der Bestimmungsort des Bildes berücksichtigt werden. Die Supraporten erfordern einen von unten nach oben ausgerichteten Blickwinkel. Die hohen Räume der Paläste und Fürstengemächer boten Flächen, die weder mit Tapisserien noch mit Spiegeln oder Bronzen ausgefüllt werden konnten. Fast wie von allein bemächtigte sich die Malerei der Freiräume zwischen den oberen Türrahmen und den Deckengesimsen. Bereits Ende des 17. Jahrhunderts erfreute sich diese Kunst der Supraporten in Frankreich allgemeiner Beliebtheit, während die Maler des Nordens, die mit Innendekorationen von viel kleinerem Ausmaß beauftragt waren, dieses neue Trompe-l'œil-Genre kaum praktizierten. So stellte Madeleine de Boulogne schon im Salon von 1673 sechs Gemälde mit Kriegstrophäen aus, die für die oberen Partien der Holzvertäfelungen in Versailles gedacht waren. Wenn sie den Betrachter auch nicht täuschen, laden diese äußerst raffinierten Supraporten doch zu einem Sinnengenuß ein, zur Durchquerung eines von der Architektur nur scheinbar begrenzten Raumes, zum Erleben der Poesie eines fiktiven Anderswo. Läßt sich etwas Listigeres und Verschlüsselteres vorstellen als die in derartigen Höhen plazierten sinnenfreudigen Blumensträuße des Großen Trianon in Versailles? Jean-Baptiste Monnoyer, der von seinem Sohn Antoine und seinem Schwiegersohn Jean-Baptiste Belin de Fontenay unterstützt wurde, gilt als einer der Meister dieser illusionistischen Malerei. Nicolas de Largillière (Abb. 159) führt die perspektivischen Verkürzungen mit peinlicher Genauigkeit aus, die durch die hohe Aufhängung der Gemälde erforderlich werden. Aus seinem Nachlaßinventar geht hervor, daß er sogar seine eigene Wohnung mit Supraporten dekorierte. Köstliches Obst türmt sich verschwenderisch auf Konsolen, von denen lediglich der Rand zu sehen ist, und hebt sich von dem Hintergrund eines Himmels ab, der mit Baumzweigen durchsetzt ist. Dieser Künstler, der nur gelegentlich Stilleben und Trompe-l'œils malte, verleiht diesen eine wahr-

158. FRANCESCO GUARDI (?)
Stilleben mit Blumen, einem Obstkorb und einem Papageienweibchen

191

159

160

scheinliche Dimension und verwandelt mittels
derselben meisterlich seinen Lebensraum.

Auch Pierre-Nicolas Huilliot bedient sich einer barocken Szenographie, um die von ihm
bemalten Wandflächen mit einer ostentativ luxuriösen Dekoration zu versehen. So stellt er in
seinem Gemälde *Blumenstrauß, Gitarre und
Globus* (Abb. 160) nicht nur die unterschiedlichsten Gegenstände zusammen, sondern dra-

161

piert in der rechten oberen Bildecke zusätzlich einen schweren purpurroten Vorhang, wodurch die dargestellten Gegenstände wie vor einer monumentalen Bühnenarchitektur
plaziert erscheinen. Das Zusammenspiel der zahlreichen Elemente im Vordergrund mit der
vorgetäuschten Architektur im Hintergrund verleiht diesem Trompe-l'œil eine schwindelerregende Wirkung. Diese Bilder, als Antwort auf die Zwänge einer wirklichen Architektur
entworfen, verlieren sich nun selbst in ineinander verschachtelten Scheinarchitekturen. Das
Gemälde *Strauß, Weintrauben und Papagei unter einer Steinarkade* (Abb. 161) ist ebenfalls
eine perfekte Illustration dieser ›halluzinatorischen‹ Visionen. Diese Strategie der Illusion
ist jedoch nicht auf Blumenmotive begrenzt. In Salzburg befindet sich heute eine Supraporte desselben Künstlers, auf der in einer Scheinnische elegante Musikinstrumente, ein
Geldbeutel mit Münzen und Spielkarten zu sehen sind. Diese Komposition kann als eine
Allegorie des musikalischen Spiels, des Zufalls oder der Vergänglichkeit verstanden werden.
Die großen Stillebenmaler wie Boyer, Desportes, Oudry – sie alle waren Mitglieder der
Königlichen Malakademie –, erhielten Aufträge, die königlichen Gemächer mit Supraporten auszustatten. Die Erteilung solcher Aufträge durch den königlichen Baudirektor zeugen
von der Bedeutung dieser Bilder, von der Ehre, die man diesen Künstlern erwies, und von
der offiziellen Anerkennung der Malerei mit Trompe-l'œil-Effekten.

René Démoris schrieb über das Werk Jean-Baptiste Chardins: »Es steht mehr als andere
im Zeichen des Schweigens und dies nicht nur aufgrund der stummen Dinge, die es darstellt«.[8] Dieser Künstler, einer der bedeutendsten des 18. Jahrhunderts, der 1728 in die Königliche Akademie aufgenommen wurde, praktizierte sowohl die Genre- als auch die Stillebenmalerei. Seine Perfektion und die Modernität seines Pinselstrichs verhalfen ihm innerhalb
der französischen Schule zu einer Sonderstellung. Der *Mercure de France* mißt 1761 sein Genie am Geist der ausländischen Schulen: »Die Geduld der Holländer hat die Natur nicht ge-

159. NICOLAS DE LARGILLIÈRE
Stilleben

160. PIERRE-NICOLAS
HUILLIOT
Blumenstrauß, Gitarre und Globus

161. PIERRE-NICOLAS
HUILLIOT
*Strauß, Weintrauben und Papagei unter
einer Steinarkade*

162.   JEAN-BAPTISTE SIMÉON
CHARDIN
Die Attribute der Musik, 1765

treuer zu kopieren vermocht, und das Genie der Italiener hat keinen nachdrücklicheren Pinsel für ihre Wiedergabe verwandt: Welch erstaunlicher Stoff für jene, die gern nachdenken!«[9] Die metaphysische Dimension der Stilleben Chardins drängt sich mit außergewöhnlicher Intensität und Präsenz auf. Diderot äußert sich anläßlich des Salons von 1763 lobend über dieses Werk, das über eine bloße Imitation der Dinge weit hinausgeht: »...] es ist die Natur selbst. Die Dinge treten aus der Leinwand und wirken so wahrhaftig, daß sie die Augen täuschen [...] er versteht sich auf die Harmonie der Farben und des Lichts.« Diese Würdigung ist um so erstaunlicher, als das Genre des Stillebens bei dem Philosophen und Kritiker keine hohe Wertschätzung genoß. Die im Salon von 1765 ausgestellten Supraporten mit den *Attributen der Musik* (Abb. 162) und den *Attributen der Kunst,* heute im Louvre, präsentieren dem nach oben blickenden Betrachter zwei allegorische Entwürfe. Durch die Ausführung solcher Werke, bestimmt für die königlichen Gemächer, adelt Chardin ein Genre, das man ungerechterweise und voreilig als dekorativ abgetan hat. Die Subtilität der Farbgebung und die originelle Verarbeitung der Farbsubstanz wie die ausgewogene Komposition und das kontrastreiche, komplementäre Verhältnis der aufeinander Bezug nehmenden Gegenstände verleihen diesen Werken beeindruckende Größe und Ungebundenheit. Die Gemälde waren auf Vorschlag von Nicolas Cochin vom Marquis de Marigny für die Galerie seines Schlosses in Choisy in Auftrag gegeben worden. In dem Brief, den Cochin am 23. Oktober 1764 an den Baudirektor richtet, begründet er seinen Vorschlag folgendermaßen: »Sie wissen, bis zu welchem Grad an Illusion und Schönheit er die Imitation der Dinge treibt, die er nach der Natur herzustellen weiß.« Später stellt Chardins Befürworter das genaue Dekorationsprogramm der zwei oder drei Trompe-l'œils auf, die der Künstler anfertigen könnte. Danach sollte eines die Attribute der Wissenschaften vereinen, das andere die der Kunst und der Musik. Nachdem er den Auftrag erhalten hatte, führte der Künstler seine Meisterwerke aus und stellte sie im Salon von 1765 aus. In der Besprechung, die der *Mercure de France* veröffentlichte, werden die Gemälde wie folgt erwähnt: »Man kann die Transparenz, das Faßbare, die schöne Wahrheit der Dinge und das Geschick, mit der sie zusammengestellt wurden, nicht genug loben [...].« Im Salon von 1767 konnten Chardins Zeitgenossen zwei weitere Supraporten bewundern, die dieser für das Schloß Bellevue gemalt hatte, erneut ein Auftrag des Marquis de Marigny. In ihnen werden zwei Bereiche der Musik, die Militärmusik und die unterhaltende Musik, thematisiert. Ein anderes ikonographisches Programm verfolgte Chardin mit zwei Gemälden mit Trompe-l'œil-Effekten, die sich heute im Museum Jacquemart-André in Paris befinden. Sie stellen die Attribute der Künste und Wissenschaften dar (Abb. 163 und 164).

Jean Paptiste Huet erweitert 1790 das Repertoire der Dekorationsprogramme mit zwei Supraporten, die ein Pendant bilden: die *Trophäe des Friedens* und die *Trophäe des Krieges*. Vor einer Marmorterrasse heben sich die antagonistischen Attribute in Trompel'œil-Manier vom himmelfarbenen Hintergrund ab. Aus den Archiven und Inventaren des 18. Jahrhunderts geht hervor, daß Jean-Jacques Bachelier und Henri-Horace Roland de La Porte, beide Maler der Königlichen Adademie, Supraporten sowohl für den König als auch für den Marquis de Marigny persönlich ausführten.

Nicolas-Henri Jeaurat de Bertry, 1756 in die Akademie aufgenommen und Maler der Königin, schuf Supraporten, die vor allem für eine bürgerliche Kundschaft gedacht waren. Ein Beispiel aus Frankreichs Provinz ist das Hôtel de Tonduti-Lescarène in der Papststadt Avignon, das von Nicolas Mignard, genannt Mignard d'Avignon, bereits um 1660 dekoriert worden war; mehrere Supraporten weisen Gegenstände auf, deren Inspiration und virtuoser Illusionismus sich mit dem Erbe erklären lassen mag, das Antonio Fort-Bras in dieser Stadt hinterlassen hatte. Von Jean Coustou schließlich ist ein vierteiliges Gemälde im gleichen Stil bekannt, das auf 1774 signiert und datiert wurde und sich gegenwärtig im Museum der Bildenden Künste in Béziers (Abb. 166) befindet.

Im Gegensatz zu den Supraporten setzten die Kaminverkleidungen einen Blick voraus, der von oben nach unten fällt. Der Platz, den die erloschene Feuerstelle freigibt, bietet sich vom ästhetischen und funktionalistischen Standpunkt aus einmal mehr für die malerischen Kunstgriffe des Trompe-l'œil an. Zur Verdeckung der Feuerstelle, zur Vermeidung störender Luftzüge, aber auch, um dem neugierigen Auge des Kenners zu schmeicheln, entwickelten die Künstler im letzten Viertel des 17. Jahrhunderts für den Kaminsims diese Form der Verkleidung. Dieser Gemäldetyp, den man häufig dem Verlauf der Marmorverkleidung des Kamins anpaßte, wurde 1672 mit einer Arbeit Jean Garniers, die ihm zur Aufnahme in die Königliche Akademie verholfen hatte, feierlich in Versailles eingeführt. Dieses Werk, eine prunkvolle Zelebration der Monarchie, zeigt ein Porträt des Großen Königs, umgeben von den Attributen der Kunst und der Wissenschaft, die in illusionistischer Manier auf dem Boden verteilt sind.

Um überzeugend zu wirken, stehen die scheinbar in die Feuerstelle hineingestellten Gegenstände dieses Bildtyps auf gemalten Steinplatten; im Bildhintergrund sind häufig jene schmiedeeisernen Platten zu erkennen, mit denen man den Kaminschacht verschloß.

Michel Boyer, der die Malerei bis 1689 in Rom erlernt hatte, fertigte bereits 1693 ein ›Kaminstück‹ an, das sich heute im Louvre befindet. Zwei Jahre später wird er als ›Per-

spektivenmaler‹ in die Königliche Akademie aufgenommen. 1709 enthüllt er in seiner Komposition *Schemel, Musikinstrumente und Noten* mittels eines aufgezogenen Vorhangs eine scheinbar intime Szene: Man könnte meinen, zwei Musiker, die in ihrem Spiel unterbrochen wurden, hätten ihre kostbaren Instrumente gegen einen Schemel gelehnt. Ein Gemälde aus dem Jahre 1693 setzt auf ähnliche Weise eine Violoncello-Stunde in Szene (Abb. 165): Thema der Illusion sind hier sowohl der imaginäre Augenblick als auch die vorgetäuschten Gegenstände. Auch Jean-Baptiste Oudry hält Bruchstücke des Lebens fest. Er setzt einen Spaniel in Szene, der nach anstrengender Jagd seinen Durst aus dem neben ihm stehenden Porzellannapf gestillt zu haben scheint. Das Anekdotische wird hier vom Künstler in den Rang der Kunst erhoben. Er zögert denn auch nicht, sein Gemälde im Salon von 1751 auszustellen. M. Watelet, ein Freund der Philosophen, besaß von Oudry ein großformatiges Trompe-l'œil, das im Salon von 1742 ausgestellt worden war. Der Ausstellungskatalog erwähnt »eine Kaminwand mit einem nach der Natur gemalten Hund; einen Rohrhocker, auf dem ein Dudelsack, Stiche und Bücher liegen […]«. Von dem heute verstümmelten Gemälde, das man der Tierdarstellung beraubte, vermutlich, weil es zu viel Platz einnahm, hat sich nur der auserlesene *Lackschemel* als ein wertvolles Zeugnis für die Kunst, das Können und die Raffinesse Jean-Baptiste Oudrys erhalten.

Chardin spielte mit einer ähnlichen Thematik. Er stellt einen bescheiden gedeckten Tisch dar, als habe man ihn hastig in die Nische eines Kamins geschoben. Im Mittelpunkt dieser Komposition (*Die Tischdecke,* Art Institute of Chicago; Abb. 167) leuchtet das Weiß der Tischdecke: eine Überraschung für das Auge des Betrachters, der an die traditionelle Dunkelheit dieser Orte gewöhnt ist. Dieser Überraschungseffekt ist es, auf den Baillet de Saint-Julien anspielt: »Das Auge, getäuscht von der angenehmen Leichtigkeit deiner Ge-

163. JEAN-BAPTISTE SIMÉON CHARDIN
Die Attribute der Künste, 1731

164. JEAN-BAPTISTE SIMÉON CHARDIN
Die Attribute der Wissenschaften, 1731

165

166

165.   MICHEL BOYER
Violoncello, Notenheft und Schwert,
mit einer gefälschten Signatur von
J.-B. Oudry

166.   JEAN COUSTOU
Die Skulptur, Supraporte, 1774

mälde und ihrer offensichtlichen Ungezwungenheit möchte herausfinden, worin ihr Geheimnis besteht: vergeblich. Es versenkt sich, verliert sich im Pinselstrich.«[10] Auch andere Maler der Königlichen Akademie haben offensichtlich nicht das Gefühl, unter ihrer Würde zu arbeiten, wenn sie sich etwa mit dem weniger angesehenen Bemalen von Verkleidungen beschäftigen. Roland de La Porte schuf für die Sammlung des Marquis de Marigny eine Blumenkomposition, in die er einen Affen und Obst einfügte. Von Jeaurat de Bertry sind zwei Gemälde aus den Jahren 1775 und 1777 bekannt, in denen vorgetäuschte Möbel den Raum des Kamins ausfüllen. Eine Feuerzange, die scheinbar am erloschenen Feuer vergessen wurde, treibt die Illusion, das Zusammenspiel zwischen Imagination und Wahrscheinlichkeit, bis zu einem Höchstmaß. In dem Gemälde mit dem Titel *Die Instrumente der Künste* (Abb. 168) wird die Leere des häuslichen Raumes durch das Wirrwarr eines Künstlerateliers ersetzt. Es scheint, als ob die Gegenstände unachtsam an einem bestimmten Platz abgelegt und dann plötzlich beiseite geschoben worden seien. Die subtile, von Brauntönen beherrschte Farbskala und die willkürlich zusammengewürfelten Gegenstände verwandeln das akademische Motiv der Attribute der Künste in eine illusionistische, ebenso durchdacht wie realistisch gestaltete ›Rumpelkammer‹.

Neben der königlichen Institution stellten auch die Supraportenmaler der Lukas-Gilde ihr Talent in den Dienst der Dekoration und schufen Kaminverkleidungen. Unter diesen Künstlern ragt vor allem Louis Tessier hervor, ein Angestellter der Gobelin-Manufaktur, der mit der Herstellung von Musterzeichnungen für Wandteppiche betraut war, jedoch darauf hoffte, als Maler und Künstler anerkannt zu werden. Sein Meisterwerk, der *Delfter Fayencetopf* (Abb. 169), beweist, daß eine Kaminverkleidung an den Glanz des Stillebens heranreichen kann, dabei aber weiterhin ein Gemälde mit Trompe-l'œil-Effekt bleibt. Der unerwartete Ideenreichtum und die fast provozierende Ungezwungenheit dieser so seltsamen Komposition verdienen besondere Aufmerksamkeit: das Gemälde ist aufgeführt im *Katalog der verschiedenen Kuriositäten aus Wissenschaft und Kunst aus dem Wunderkabinett des seligen Marquis de Ménars, Direktor und Bevollmächtigter der königlichen Gebäude, Gärten, der Akademie und der Manufakturen.* Der von Pierre-François Basan und François Joullain erstellte Katalog erschien 1781. Unter Nummer 159 findet man: »[einen] großen Porzellantopf, gefüllt mit Papieren, mehrere Schachteln aus Karton, einen Globus usw.«. Woher stammt dieses Gemälde? War es eine Auftragsarbeit oder ein Geschenk, eine Hommage oder ein eigennütziges Manöver? Dieses Bild faßt recht gut einen Lebensstil zusammen, in dem Charme und Witz dominieren. Es bedarf lediglich eines Blickes auf die elf zerknüllten Bittschriften, die hastig in den Delfter Fayencetopf geworfen wurden. Unsere Taktlosigkeit, über einen privaten Briefwechsel herzufallen, zahlt sich aus: »Herr Tessier, Maler der Königlichen Gobelin-Manufaktur, bittet untertänigst um Aufträge für den König wie Supraporten oder anderes, was ihm beliebt […] Herr Tessier, eifersüchtig […], wird alles tun, was in seinen Kräften steht […] würdig zu erweisen.« Die Lektüre wird zum Teil von anderen Bittschriften erschwert, die bewußt so plaziert wurden, daß sie die anderen Briefe verdecken. Entziffern können wir noch folgendes: »Herr, soeben habe ich erfahren«, »für die Militärschule […] erhalten«, »das Ersuchen, welches ich die Ehre hatte, an Euch zu richten«. Dabei handelt es sich um gewöhnliche Post, hier an einen Baudirektor adressiert, was wir einem zusammengerollten Blatt entnehmen können: »An den Marquis de Marigny«. Aufgebrochene Siegel, zerschlagene Wachsstäbe und herumliegende Federn erinnern an die zahlreichen Aufgaben des Bruders der Marquise de Pompadour. Eine Schachtel mit der Aufschrift ›Königliche Mal- und Bildhauerakademie‹ ist eine Anspielung auf die Ernennung des Marquis de Marigny zum Schirmherr der Akademie. Eine andere Schachtel enthält der Aufschrift zufolge die Akten und Archive der Militärschule, eines Gebäudes, auf das seine Schwester und er zu Recht stolz sein konnten. Ein Plan des Louvre schließlich erinnert an die damals vorgenommenen Bauarbeiten. Diese Arbeit, die das Arbeitszimmer des Marquis de Marigny zierte, weckt unsere Phantasie. Der Betrachter, der die historischen Fakten nicht kennt, gibt sich vielleicht noch Illusionen hinsichtlich der Realität der dargestellten Szene hin, der verdrossene und hellsichtige Künstler dagegen ist sich über die Wirkungslosigkeit seiner Bittschriften im klaren. Eine seltsame Dialektik zwischen Illusion und Desillusion.

Von dem Talent und der Eleganz Louis Tessiers zeugt auch der etwas unbeschwerter wirkende *Eierkorb* (Abb. 170). Diese Komposition strahlt einen faszinierenden Charme aus: man fragt sich, welch edle Hand bei ihrer Rückkehr aus dem Trianon den Eierkorb, aus dem Strohhalme ragen, auf dem Fußschemel des Salons abgestellt hat, während für den abwesenden Schoßhund für alle Ewigkeit ein Schluck Wasser in einem Porzellannapf bereitsteht. Dieses zauberhafte Bild hat nicht nur eine Veränderung der Raumdefinition zur Folge (ein ursprünglich neutraler Raum wird mittels der Kaminverkleidung für die Malerei gewonnen); es spielt auch mit einer fiktiven Zeitlichkeit: die Momentaufnahme impliziert, daß eine Person vorbeigekommen ist, um ihren Korb abzustellen, und daß die Ankunft des Haustieres unmittelbar bevorsteht. Der festgehaltene Moment suggeriert Anwesenheit und symbolisiert Abwesenheit. Alle Realitätseffekte sind hier vorgetäuscht; die Gegenstände und die ›Anwesenheit‹ von Personen – Täuschungen der Sinne und Vortäuschung eines endlosen Augenblicks.

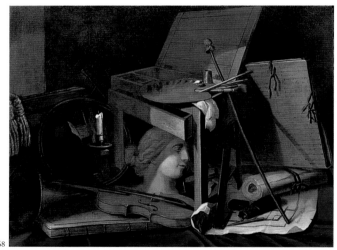

167. JEAN-BAPTISTE SIMÉON
CHARDIN
Die Tischdecke, 1731–1732

168. NICOLAS-HENRI JEAURAT
DE BERTRY
Die Instrumente der Künste

169. LOUIS TESSIER
Delfter Fayencetopf

170

François Jourdain (oder Jourdan), der 1768 in die Lukas-Gilde aufgenommen wurde, hielt 1784 auf einer Kaminverkleidung eine überaus realistische Szene fest (Abb. 171). Ein Schornsteinfegerjunge liest kniend die Schlacke auf, die durch den Feuerblock des Kamins, an dessen Wand eine Feuerzange lehnt, gefallen ist. Er verachtet den phantasielosen Betrachter und spielt mit dem heimlichen Einverständnis des Liebhabers der Illusion, was durch das schelmische Lächeln des kleinen Kaminfegers versinnbildlicht wird. Der ironische Effekt wird durch den Realismus der hier dargestellten Tätigkeit verstärkt, die auf den Bestimmungsort des Gemäldes, den Kamin, abgestimmt ist. Die Mode der illusionistischen Kaminverkleidungen war nicht auf die Hauptstadt beschränkt. Guillaume-Dominique Doncre, ein Mitglied der Lukas-Gilde in Arras, malte für den Eigenbedarf eine Kaminverkleidung, deren Spur sich neben anderen Trompe-l'œil-Gemälden in seinem am 12. März 1821 veräußerten Nachlaß findet. Die genannten Beispiele lassen eine Besonderheit dieses einzigartigen Genres hervortreten: den Hang zur Anekdote, der sich wohl nur mit der Sorge um Wahrscheinlichkeit erklären läßt, die der besondere Bestimmungsort dieses Artefakts im häuslichen Raum erfordert.

Wenn Supraporten und Kaminverkleidungen aufgrund ihres Bestimmungsortes an besondere Auflagen gebunden waren und dem Betrachter einen ungewohnten Blickwinkel vorschrieben, so reihen sich wiederum andere Elemente dieser beiden Bildtypen in eine allgemeinere Entwicklung ein und können in vertrauter Weise wahrgenommen werden. Der ritualisierte Pomp und Luxus sowie das immer schwerfälligere und prunksüchtigere Protokoll führen zu einer extremen Kodifizierung der Dekoration, die dem sozialen Rang, den Besonderheiten der Gemächer und dem Anlaß der Festlichkeiten Rechnung trägt. Die grandiosen Inszenierungen, die bereits Ende des 17. Jahrhunderts einen Höhepunkt erlebt hatten und während des gesamten 18. Jahrhunderts fortgeführt wurden, spiegeln die Ansprüche der Monarchie und das Machtstreben eines auf seine Vorrechte und seinen Rang bedachten Adels wider. Die Dekorationen wurden mit pompösen und prunkvollen Trompe-l'œils ausgestattet, deren Motive eine alltägliche und banale Umwelt verklären. Buffets, Jagdtrophäen und Basreliefs wurden so durch gemalte Trugbilder ersetzt als eine Art Echo auf einen extremen und außergewöhnlichen Luxus.

170. LOUIS TESSIER
Der Eierkorb

Dem Geschirrschrank des bürgerlichen Eßzimmers entspricht die kostbare Anrichte der Prinzen und Monarchen, Zeichen der Macht und des Reichtums, die der Hofgesellschaft ostentativ dargeboten werden. Bei Zeremonien war es üblich, Bühnenbildner mit der Gestaltung der Feste und Banketts zu betrauen. Später gab es sogar eine eigene Abteilung am Hof, die ausschließlich für die »Organisation der Festmähler« zuständig war. Anläßlich solcher Empfänge versuchte man, einander durch immer phantastischere Arrangements aus Gold- und Silbergeschirr zu übertreffen. Diese Gesellschaft, die dem Prunk den Vorrang gab, den äußeren Schein über alles andere stellte und sich von der Sorge leiten ließ, diese vergänglichen Dekorationen festzuhalten, wird eine Realität unerschwinglicher Gegenstände ihrer Substanz berauben und sie durch Bilder ersetzen, die diese Realität entweder vortäuschen oder wie ein Nachhall auf sie wirken. Jean-Baptiste Belin de Fontenay entwarf am Ende der Herrschaft Ludwigs XIV. eine großformatige illusionistische Komposition, in der sich prächtige Goldschmiedearbeiten in einer kunstvollen Pyramide auftürmen (Abb. 172). Diese Trompe-l'œil-Komposition unterscheidet sich von anderen durch den kleinen ›Negerpagen‹, der den Betrachter scheinbar dazu einlädt, von den dargebotenen Leckereien zu kosten. Das in einer vorgetäuschten Gartenlaube stehende ›Buffet‹ ist mit Blumengirlanden geschmückt.

Die auf 1726 datierte Komposition von Alexandre-François Desportes (Abb. 136) ist vom selben Geist durchdrungen: Gußstücke, flaches Geschirr und Porzellan sind in monumentaler und barocker Manier um einen massiven Obstständer herum angeordnet. Angesichts dieser fast arroganten Anhäufung von Reichtümern verschlägt es dem Betrachter nicht nur wegen des Trompe-l'œil-Effektes, sondern auch wegen der ostentativen Verschwendung die Sprache. Vom selben Künstler ist ein anderes, fast ebenso prachtvolles Buffet bekannt, das

171.   FRANÇOIS JOURDAIN
Kleiner Schornsteinfeger

auf einem mehrstöckigen Marmorständer präsentiert wird. Die Obstpyramide ist fast identisch, dazu gesellen sich ein Krug aus Chinaporzellan und eine Medicivase aus Porphyr. In diesen Trompe-l'œil-Gemälden, Allegorien einer weltoffenen Gesellschaft, die ihren Charme und ihren Prunk zur Schau stellt, wird der Anspruch auf Glanz so ins Extreme getrieben, daß man an die Grenzen des Wahrscheinlichen stößt. In einem Gemälde aus dem Jahre 1740, das man ›bescheidener‹ nennen könnte, würden dort nicht für die Krone gefertigte Goldschmiedearbeiten von Thomas Germain gezeigt, wird das gleiche Motiv abgewandelt. Diese Buffets riefen in ganz Europa eine solche Begeisterung hervor, daß sie selbst in die Dekorationen ausländischer Fürstenhöfe einflossen. Im Nationalmuseum in Stockholm befindet sich ein herrliches Buffet (Abb. 173), das Friedrich I. um 1733 bei Antoine Monnoyer, der sich damals in Schweden aufhielt, für das Speisezimmer seines Palastes in Auftrag gegeben hatte. Erwähnt sei auch ein fünfteiliges Gemälde von Pierre-Nicolas Huilliot aus dem Jahre 1742, das sich bemerkenswert gut erhalten hat. Eines der Gemälde, in dem ein Buffet zu sehen ist, auf dem sich ein Berg von Früchten türmt, wird von einem kostümierten Affen und einem an einer Melone pickenden Ara belebt. Im Hintergrund dieser prächtigen Anrichte erblickt man eine Rotunde, ein Motiv, auf das der Künstler in mehreren Trompe-l'œil-Gemälden zurückgriff. In einer anderen Darstellung eines Buffets desselben Künstlers steht ein prunkvoller Wasserkrug inmitten eines mit diversem Silber gefüllten Geschirrschranks. Auf einer Marmorkonsole, die zum Teil von einer weißen Tischdecke verdeckt wird, unter der ein Basrelief hervorlugt, liegen Reste einer Mahlzeit; ein Theater der Illusionen, das sich dem Betrachter hinter dem hochgezogenen schweren Vorhang enthüllt.

Es erweist sich, daß illusionistische Gemälde von Anrichten, auf denen man Goldschmiedearbeiten und Geschirr in Szene setzte, für die erste Hälfte des 18. Jahrhunderts äußerst charakteristisch waren und ihre Produktion die meisten Stillebenmaler einbezog. Jean-Baptiste Oudry, damals noch ein junger Maler der Lukas-Gilde, der auf der Messe des Pont-Notre-Dame ausstellte, führte einen Auftrag für ein Buffet aus, der ihm 1715 von M. d'Hulst erteilt worden war. Auch in den Salons, an denen er später als Maler der Königlichen Akademie teilnahm, zeigte er regelmäßig solche Kompositionen. Die Kataloge von 1725, 1738 und 1743 belegen dies. Die meisten dieser Trompe-l'œil-Kompositionen sind jedoch leider verschwunden. Das gilt auch für das Buffet von Jean-Marc Ladey, einem Maler der Akademie, im Salon von 1741 ausgestellt und wie folgt beschrieben: »ein silberner Tafelaufsatz, mit Blumen und Obst verziert«. Auch Nicolas de Largillière entdeckte Chardins Talent 1728 an der Place Dauphine, wo er *La raie (Der*

172

173

Rochen) und *Buffet* bewundern konnte, das sich heute im Louvre befindet. Dem Blick des Betrachters werden nüchterner als in früheren Arbeiten die einzelnen Gänge einer Mahlzeit dargeboten. Die zarte Harmonie dieses Jugendwerks kündigt den Zauber an, der für diesen Meister des 18. Jahrhunderts so typisch werden sollte.

Auch die Darstellung anderer Elemente der täglichen Umgebung gehört in die Kategorie der Trompe-l'œil-Gemälde: das gilt insbesondere für Motive, die an die Unterhaltung und das Privileg der Jagd gebunden waren. Was unterscheidet diese Gemälde von den zahlreichen Wild-Stilleben? Der ›minimalistisch‹ gehaltene Hintergrund sowie das quasi unumgängliche Aufhängen von getöteten Tieren ermöglichen illusionistische und plastische Effekte, wie sie Trompe-l'œil-Gemälde auszeichnen. Stilleben weisen traditionell durchdachte, üppige Kompositionen auf, die mit verschiedenen narrativen Elementen angefüllt sind. In diesen Trompe-l'œils dagegen wird der Blick durch die scheinbar ungezwungene, unstrukturierte und ungeschlachte Komposition auf den zentralen und oft vereinzelten Gegenstand gelenkt. Der Trompe-l'œil-Effekt wird besonders durch das ›dargebotene‹ Wild verstärkt, als sei es ein Geschenk von der Hand des Künstlers, der seine Beute illusionistisch aus der Leinwand hervorspringen läßt.

Das neue Repertoire des Weidwerks will die Gesten und Heldentaten der Jäger verewigen. Zu diesem Zweck werden die natürlichen Hüllen des erlegten Wilds in der Darstellung ›geläutert‹ und es wird mit dem Effekt des Realen gespielt. Die Trophäen können so als Metapher für Jagden überhaupt verstanden werden. Zwei ›ikonographische‹ Figuren erlauben, diese Gemälde im Hinblick auf ihre ästhetische Wahl zu unterscheiden. So zeichnen sich bestimmte, etwas verwirrende Arbeiten durch eine Art bildlicher Metonymie aus: anstatt des Tieres sieht man lediglich einen isolierten Teil seines Körpers wie zum Beispiel das Geweih, das den Hirsch symbolisiert. Dem steht eine Gruppe von Trompe-l'œil-Gemälden gegenüber, die sich durch eine traditionelle mimetische Darstellung auszeichnen und in denen tote Vögel, Hasen oder Kaninchen vollständig abgebildet sind.

Die von Ludwig XV. bei Jean-Baptiste Oudry, später bei Jean-Jacques Bachelier in Auftrag gegebenen *Bizarren Köpfe,* die man in der Art spezifischer Jagdembleme behandelte, bilden eine ebenso überraschende wie ansehnliche Galerie. Wie die Sieger der Antike, die die Waffen und Harnische ihrer Gegner auf Holzgerüsten ausstellten, tragen die Maler in Form dieser simulierten Trophäen die ›Verteidigungsmittel‹ ihrer Jagdopfer (Hauer, Stoßzähne, Geweihe) symbolisch zur Schau. Einzig weil es dem König beliebt, wird beispielsweise ein Hirschfell mittels der Kunst des dafür ausgewählten Malers in den Rang eines ›Porträts‹ erhoben. Die Hetzjagd, ein Privileg des Königs, ist mit ihren Rotwild-Trophäen in Trompe-l'œil-Manier ein monarchisches Thema schlechthin. Der Seltenheit der Trophäe entspricht der Ausnahmecharakter ihrer Darstellung als Trompe-l'œil. Bizarre Gemälde für ›bizarre Köpfe‹: so nannte man unregelmäßig ausgebildete Geweihe, die für die Jäger eine glorreiche Beute darstellten. Ludwig XV. war so glücklich, ein solches Tier erlegt zu haben, daß er diese Großtat zu verewigen wünschte. Diese Gemälde erstaunen durch den Erfindungs- und Variantenreichtum, den die beiden Maler trotz ihres letztlich recht begrenzten Bildgegenstandes an den Tag legten. Die beschwörende Kraft dieser Arbeiten beruht auf dem Kontrast beziehungsweise der Ausgewogenheit zwischen dem ›rustikalen‹ Bildgegenstand und dem äußerst raffinierten Stil. Der *Ausgewachsene Zehnender* von Oudry aus dem Jahre 1741 (heute im Schloßmuseum von Fontainebleau; Abb. 175) ist vom gleichen Geist durchdrungen. Er sollte die Jagd vom 3. Juli 1741 im Wald von Rambouillet verewigen. Der magische Realismus dieses im Profil gezeigten vorgetäuschten Geweihs, das an einer Bretterwand lehnt, an

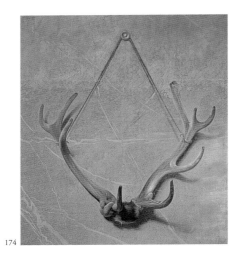

174. JEAN-BAPTISTE OUDRY
Samtenes Geweih eines von Ludwig XIV.
1749 im Wald von Compiègne erlegten
Zehnenders, 1752

175. JEAN-BAPTISTE OUDRY
Geweih eines ausgewachsenen
Zehnenders, 1741

176

176. JEAN-JACQUES BACHELIER
*Samtenes Geweih eines vom König am
1. Juli 1767 erlegten Zehnenders*

177. JEAN-FRANÇOIS PERDRIX
*Trompe-l'œil eines seltsamen Hirsch-
geweihs mit Schädelplatte*

der ein *cartellino* befestigt ist, das die genauen Umstände der Ergreifung der Beute erklärt, ist bewegend. Eine ähnliche Trophäe, die 1749 vom König im Wald von Compiègne erbeutet worden war, wird in einem anderen Werk desselben Künstlers f estgehalten. Ab 1752 stellt Oudry diese unregelmäßigen Geweihe an Schnüren aufgehängt vor kampanischem Marmor dar, dessen bläuliche Färbung mit der braunen Farbskala bricht, die dem Sujet eigentlich entspricht: er führt Neuerungen in eine Szenerie ein, deren Code vom Begehren des Monarchen vorgegeben worden war (Abb. 174). Das Motiv der Schnüre, mit denen man die Trophäe befestigte, um sie besser ausstellen zu können, nimmt Jean-Jacques Bachelier in der Darstellung des Geweihes eines Hirsches wieder auf, den der König am 1. Juli 1767 erlegt hatte (Abb. 176). Noch im selben Jahr malt er auf ähnliche Weise einen früheren Fang. Das geronnene Blutrinnsal auf der in Seitenansicht dargestellten feinen Steinnische erhöht den Realismus der Szene. Die Eigentümlichkeit der Formen und der Schatten sowie der Farbkontrast verleihen ihr jedoch eine surrealistische Färbung. Die Gewalt, von der die Unregelmäßigkeiten der Geweihbögen sprechen, die äußerste Virtuosität des Künstlers, sein schneller Pinselstrich und seine zwanglose Handschrift lassen das Sujet zum Piktogramm eines Gehenkten, zu einem Bildsymbol des Todes beziehungsweise der Vergänglichkeit werden. Dennoch wird dieses Zeichen zu einem Teil der Geschichte der kleinen alltäglichen Freuden mittels des *cartellino,* der präzisiert, daß »[das Tier] am 10. Juni 1767 vom König in Saint-Hubert erlegt wurde«. In eben diesem Wald hatte Ludwig XV. drei Jahre zuvor einen alten Hirsch erlegt, dessen samtenes Geweih auf einer Steinkonsole dargestellt wurde, die sich vom Himmel des Hintergrundes abhebt. Auch hier nimmt Jean-Jacques Bachelier die Ästhetik des Surrealismus vorweg. Jean-François Perdrix, der 1763 in die Lukas-Gilde aufgenommen wurde, eignet sich die seltsamen Jagdsouvenirs wie ein Wilddieb an, der den Jagdhüter abzulenken sucht. Das wird besonders in einem Trompe-l'œil deutlich, das sich heute im Musée Condé in Chantilly befindet, in dem die Relikte eines Hirsches an einer Bretterwand befestigt sind (Abb. 177). Die allegorische Kraft dieser Trophäensammlung im Trompe-l'œil-Stil veranschaulicht das Heldenepos der aristokratischen Jäger.

In traditionell mimetischen Bildern beschränkt sich die weidmännische Thematik auf Rebhühner, Enten, Fasane, Sperlinge und Tauben, auf Hasen und Kaninchen oder auf Fleischgerichte, die für eine bürgerliche Mahlzeit zubereitet wurden. Die Monotonie dieses Bildgegenstandes zu durchbrechen, gelingt nur jenen Künstlern, die ausreichend Talent und Genie besitzen, um die Komposition eines in hohem Maße kodierten Sujets durch glücklichere und phantasievollere Arrangements neu zu erfinden.

Alexandre-François Desportes beispielsweise entwirft 1706 eine Marmornische (heute in Le Havre), in der zwei Rebhühner an einem kostbaren blauen Band aufgehängt sind. Ein Hase liegt auf dem Sims neben einer von Früchten überquellenden Porzellanschale (Abb. 179). Die phantastisch anmutende Komposition und der Einfallsreichtum, den der Künstler bei der Farbgebung beweist, verklären die Banalität des Sujets. Jean-Baptiste Oudry seinerseits wiederholt sich ab 1712 in Szenen, die tote Vögel zeigen – eine ferne Variation des Jagdthemas (Abb. 178). Er verfällt in seinen Trompe-l'œils mehr als einmal dem Klischee, wenn er Hasen, Fasane und Rebhühner recht einfallslos vor einem gediegenen und neutralen Hintergrund übereinander anordnet. Das gilt insbesondere für ein Gemälde aus dem Jahre 1740, das sich gegenwärtig im Worcester Art Museum befindet. Daß dieses Motiv im Werk des Künstlers im Übermaß vorkommt, hängt sicherlich damit zusammen, »daß es den Jägern eine Freude war, ihm von überall her Wild zuzusenden« (Auszug aus dem Vortrag, den Abbé Gougenot 1761 über den Künstler hielt). Nichtsdestotrotz hat Oudry in dieser Kategorie einige Meisterwerke geschaffen. 1739 bekam der Künstler von einem Jäger einen Sperber geschenkt. Den Raubvogel, der nun selbst zur Beute geworden ist, hält der Maler in einer ergreifenden Umkehrung fest (Abb. 180): ein Fang des Greifvogels hängt, höhnisch an einem Strick befestigt, genau unterhalb eines Hakens, der in einen einfarbigen Hintergrund geschlagen wurde. Der herabhängende Kopf, die im endgültigen Versagen ausgebreiteten Flügel – der ganze Körper ist eine leuchtende, strahlende Masse, die in scharfem Kontrast zu dem neutralen graugrünen Untergrund steht, der den Vogel aus dem Bild herauszuschleudern scheint. Der diesen Effekt noch verstärkende Widerspruch zwischen dem dichten flauschigen Gefieder des Tieres und dem nüchternen Hintergrund der Komposition steuert zu der verwirrenden und radikalen Wirkung bei, die für solche Darstellungen typisch ist. Die häufige Wiederkehr des Motivs in nur geringfügigen Variationen schwächt den Überraschungseffekt zwar ab, befriedigt jedoch den Geschmack der Liebhaber und der damaligen Kritiker: In einer Eloge auf den Künstler stellt Dezallier d'Argenville 1727 fest, daß »die Imitation dann perfekt ist, wenn sie soweit getrieben wird, daß sie uns täuscht«.[11] Das Trompe-l'œil wird hier zu einem charakteristischen Kunstgriff der Präsentation, was von dem *Stilleben mit einem Hasen, einem Fasan und einem roten Rebhuhn* aus dem Jahre 1753, heute im Louvre, perfekt illustriert wird. Als wolle er die Monotonie abschütteln, schuf Oudry noch im gleichen Jahr sein Meisterwerk, die *Weiße Ente* (Abb. 181), das er im Salon als Pendant zu dem Gemälde im Louvre ausstellte (der Salon von 1753 war die letzte Ausstellung, an der er teilnahm). Dieses außergewöhnliche Werk kann als Vermächtnis seines künstlerischen Genies und seiner ästhetischen Theorien verstanden werden, Theorien, die er bei seinen Vorträgen über die nem vom 7. Juni 1749) Gegenstände »vor einem zum Beispiel eine weiße te, ein Porzellangefäß, eine ein silberner Kerzenständer log des Salons unter der wird) bilden eine ästheti- der Künstler stolz an- der Weißtöne zur Gel- sche Farbskala, von der würde eine farbige Bild-

178

Farbe (insbesondere in je- erläuterte. Studien weißer weißen Hintergrund, wie Ente, eine Damastserviet- Sahnespeise, eine Kerze, und Papier« (wie im Kata- Nummer 23 beschriebe sche Herausforderung, die nimmt. Die alle Nuancen tung bringende harmoni- man annehmen könnte, sie fläche ärmer machen, trägt

im Gegenteil dazu bei, die dargestellten Gegenstände plastisch hervorzuheben. Der Abbé Le Blanc schrieb hierzu: »Herr Oudry hat bewiesen, was Tintoretto behauptet hat, nämlich daß Schwarz und Weiß für jene, die sich auf ihre Anwendung verstehen, die kostbarsten Farben sind, weil nur sie die Schatten und Reliefs liefern, die der Malerei ihre großartigen Effekte ver- schaffen. Auch wenn er sich vorgenommen hatte, nur eine technische Schwierigkeit zu mei- stern, so hat er ein weiteres Beispiel für die Perfektion geliefert, die diese Kunst erlangen kann.«[12] Die Bewunderung angesichts der virtuosen Ausführung wird auch vom Verfasser des Ver- kaufskataloges der Sammlung Thiebault vom 25./26. Februar 1817 geteilt, in dem das Gemäl- de unter der Nummer 73 aufgeführt ist: »[…] Dieses Gemälde gehört zu jenen, bei denen man von Tour de force oder gemeisterter Schwierigkeit spricht […].« Oudrys fast monochromes Trompe-l'œil – von einer Kühnheit und Raffinesse, die im 18. Jahrhundert so begehrt wa- ren – stellt auf meisterliche Weise ein Gleichgewicht zwischen den leeren und den gefüllten Raumpartien her, spielt im Rahmen einer unbefleckten, lediglich von einigen Farbakzenten unterbrochenen Reinheit mit dem Gegensatz der abgerundeten und geradlinigen Formen.

Jean Jacques Oudry, der 1748 in die Akademie aufgenommen wurde, verwandte wie sein Vater die stets gleichen, aber nie identischen Vorlagen von aufgehängtem Wild. Dies ist auch der Fall bei den endlos variierten Kompositionen anderer Künstler wie zum Beispiel Jean-Jac- ques Bachelier oder Anne Vallayer-Coster, beide Maler der Akademie. Bachelier signiert *Eine tote Ente* (ein Gemälde, das im Salon von 1753 ausgestellt wurde und sich gegenwärtig im Mu- seum der Bildenden Künste in Antwerpen befindet; Abb. 182), die schwerfällig vor einer Bret- terwand hängt. Anne Vallayer-Coster präsentiert 1787 auf ähnliche Weise eine *Ringeltaube* und

178. JEAN-BAPTISTE OUDRY
Stilleben mit Insekten, 1712

179. ALEXANDRE-FRANÇOIS DESPORTES
Stilleben in einer Marmornische, 1706

180. JEAN-BAPTISTE OUDRY
Sperber, 1739

179

180

181

Zwei Rebhühner in einem Paar ovaler Bilder. Chardin wiederum lockert dieses Trompe-l'œil-Motiv mit Hilfe einer Frucht, einem Krug, einer Jagdtasche oder einem Pulverkasten auf und setzt in einem sinnlichen Spiel mit der Farbsubstanz bei der Wiedergabe des Gefieders oder der Felle kleine Farbtupfer übereinander. Selbst wenn die Sujets und die Kompositionen dieser Gemälde verbraucht sind, schafft es der geniale Künstler, sie in seiner subtilen Suche nach Harmonie zu verklären und ihnen eine metaphysische Dimension zu verleihen.

Die Maler der französischen Provinz wie zum Beispiel Jean-Baptiste Dusillion, Dominique Pergaut, Jean-Pierre-Xavier Bidauld oder Daniel Hinn, ein Schüler Oudrys, fertigten im 18. Jahrhundert ähnliche Kompositionen an. Unter diesen Gemälden zieht eines besonders die Aufmerksamkeit auf sich: *Die toten Vögel* von Jean-Baptiste Dusillion (Abb. 183), die dieser im Salon der Akademie von Lille 1786 ausstellte. Die originelle Komposition sowie die Ansammlung verschiedener pittoresker Vögel lassen an die Werkstatt eines Präparators denken ..., es sei denn, die Vielfalt der dargestellten erlegten Vögel soll das traurige Blutbad einer erfolgreichen Jagd heraufbeschwören. Wie dem auch sei, die vom Künstler am unteren Rand über seiner Signatur angebrachte Inschrift »*Requiescat in Pace*« weist darauf hin, daß der Tod in illusionistischen Darstellungen von Jagdtrophäen allgegenwärtig war. Auch hier ermöglicht der Kunstgriff des Trompe-l'œil, etwas Undarstellbares zu suggerieren und mittels des illusionistischen Effekts und der vorgetäuschten Realität eine grundlegende metaphysische Fragestellung zu veranschaulichen.

Im Laufe des 18. Jahrhunderts bedient sich die Staffeleimalerei einer Technik, die bis dahin weitgehend der Architekturdekoration vorbehalten war: der Grisaille. Diese neue Kategorie der Trompe-l'œil-Malerei, die Basreliefskulpturen vortäuscht, ist in einem marmor- oder steinfarbenem Camaïeu gehalten und fast völlig monochrom. Später flossen auch die subtilen Töne von Bronze, Ton und Gips in diese Technik ein, und man spielte mit der grünlichen oder bräunlichen Patina, mit Rosa- und Ockertönen oder den Nuancen von Weiß und Grau. Die genaue Farbgebung in Verbindung mit dem raffinierten Einsatz von Licht und Schatten evoziert die gewünschte plastische Wirkung. Die Besonderheit dieser Gemälde besteht in der Weichheit und Originalität ihrer Farbskala, die stark hervorspringende Effekte ausschließt.

In Holland hatte sich Jacob de Wit bereits in der ersten Hälfte des 18. Jahrhunderts auf die Imitation von Basreliefs für dekorative Zwecke spezialisiert (Abb. 184).

181. JEAN-BAPTISTE OUDRY
Weiße Ente, 1753

182. JEAN-JACQUES BACHELIER
Tote Ente

183. JEAN-BAPTISTE DUSILLION
Tote Vögel, 1786

In Frankreich findet diese Technik zunächst als ästhetischer Zusatz in komplexeren Kompositionen Eingang. Die großen Formate der Trompe-l'œil-Dekorationen begünstigten die Entstehung dieses malerischen Kunstgriffes. In den Arbeiten von Alexandre-François Desportes finden sich simulierte Basreliefs auf den Ablagen und Konsolen, die die Dinge des ›stillen Lebens‹ präsentieren. Auch Chardin stellt im Vordergrund seiner Supraporte *Die Attribute der Kunst* (Paris, Musée Jacquemart-André) über einer gemalten weißen Marmorbüste ein falsches Basrelief dar, um die Kunst der Skulptur zu versinnbildlichen.

Diese Trompe-l'œils steigen von einfachen Accessoires zu einer eigenständigen Bildkategorie auf. Auch wenn sich ihre Ikonographie fast immer nur um mythologische Szenen und Gestalten dreht (Faune, Cupidos, Putti, Bacchanten), lassen die verschiedenen, mannigfaltigen Inszenierungen des vorgetäuschten Gesteins dagegen Raum für Innovationen. Diese Gemälde imitieren Basreliefs aus Gips, gebranntem Ton, Marmor, Bronze und mitunter sogar aus Achat und Onyx. Die Maler geben getreu die Werke bekannter Bildhauer wieder, die berühmten Basreliefs von François Duquesnoy oder François Flamand, die spielende Kinder zeigen, werden durch den Kunstgriff des Trompe-l'œil vervielfacht. Diese illusionistischen Gemälde resultieren aus der Verschmelzung zweier Kunstgattungen – Malerei und Bildhauerei –, aber auch aus den vereinten Talenten der beteiligten Künstler. Diese antikisierenden Basreliefmalereien kann man als Versuch der Maler des ›stillen Lebens‹ ansehen, sich die pompöse Große Kunst und den ›Großen Geschmack‹, die der Historienmalerei vorbehalten waren, diskret anzueignen.[13]

Die Ästhetik wurde in der zweiten Hälfte des Jahrhunderts stark von den Arbeiten Johann Joachim Winckelmanns geprägt.[14] Die Vorliebe für die Antike beeinflußte und veränderte die europäische Ästhetik während des gesamten Jahrhunderts.

In seinem Loblied auf Oudry betont der Abbé L. Gougenot, daß dieser »bei der Imitation von Basreliefs die höchste Stufe der Illusion erreicht« habe: der Maler fertigte in der Tat meh-

184. JACOB DE WIT
Religio und Libertas

rere Trompe-l'œil-Arbeiten an, die er für hinreichend gelungen hielt, um im Salon ausgestellt zu werden. Das gilt insbesondere für die im *Mercure de France* erwähnte Nachahmung eines Basreliefs aus Bronze aus dem Jahre 1738, welches Silen und die Nymphe Aglaï zeigt, oder für ein 1751 gemaltes Basrelief, das dem Katalog zufolge »nach einem Gipsabdruck von F. Flamand« entstand. Der Ästhetiker und Theoretiker Dezallier d'Argenville kommentiert Oudrys Kunst mit folgenden Worten: »Seine leuchtenden Gemälde sind weniger Sache des Herzens oder des Gefühls als vielmehr eine Leistung des Verstandes und der Vorstellungskraft […] er

hat Vasen und Basreliefs aus Bronze gemalt, die alle Welt getäuscht haben.« Glaubt man den Brüdern Goncourt, so wurden die Zeitgenossen von der zwischen Oudry und Chardin herrschenden Rivalität mitgerissen.[15] Die beiden Kritiker vermuten, daß die zwei Künstler anläßlich ein- und desselben hypothetischen Trompe-l'œil-Basreliefs aneinandergeraten waren. In der Tat sind von Chardin Szenen mit vorgetäuschten Skulpturen bekannt, die dies plausibel erscheinen lassen. Wie Oudry stellte auch er seine Trompe-l'œil-Arbeiten in den Salons aus. Schon eines

185

seiner ersten Werke in dieser Kategorie, das um 1731 entstand, ist die Kopie eines Frieses »im Stil von F. Flamand«, das eine antike Bronzearbeit nachahmt. Im Salon von 1769 präsentiert er zwei Grisaille-Malereien, in denen Satyre und eine mit Ziegen spielende Bacchantin zu sehen sind, bukolisch anmutende Arbeiten, deren Inspiration möglicherweise auf eine Lektüre Virgils zurückgeht. 1770 fertigt Chardin zum Thema der mit einem Ziegenbock spielenden Amoretten ein Trompe-l'œil an, das er unter dem Titel *Der Herbst* im Salon ausstellt (Abb. 185). Es handelt sich um die Imitation eines Werkes von Edmé Bouchardon. Im Salon von 1777 präsentiert er ein Basrelief, das ein Jahr zuvor entstanden war.

Die Vielseitigkeit und die Originalität von Chardins kreativem Genie zeigt sich in seiner Kunst der Grisaille, dem Gebiet, in dem die Malkunst ihre Überlegenheit gegenüber der Dekoration bekräftigt. Die Anekdote, die Haillet de Couronne in seinem Vor-

185. JEAN-BAPTISTE SIMÉON CHARDIN
Amor, mit einem Ziegenbock spielend, auch *Der Herbst* genannt, 1770

trag am 2. August lichen Akademie bekannt: ihr zufolge hatte der junge Künstler an der Place Dauphine ein »perfekt imitiertes« Basrelief aus Bronze ausgestellt. Als Van Loo ihn fragte, welchen Preis er dafür verlange, fand er die genannte Summe lächerlich im Vergleich zum Wert der Arbeit und bezahlte ihm mehr. »Man stelle sich die Wirkung vor, wenn ein so bekannter Mann wie der illustre Jean-Baptiste Van Loo seine Hochachtung bekundet«, fügt der Redner hinzu. Chardin wird also aufgrund der Virtuosität, die er in einem seiner Trompel'œils zur Schau stellte, eine öffentliche Figur, wenn nicht sogar ein berühmter Maler. Sein Sohn, Pierre Jean-Baptiste Chardin, wurde von den Kritikern und Historikern seltsamerweise außer acht gelassen. Seine Spur findet sich 1779, fast zehn Jahre nach seinem Tod, im »Salon de la correspondance« wieder. Pahin de la Blancherie entwirft anläßlich dieser Veranstaltung ein Panorama der französischen Malerei und erwähnt Chardins Sohn mit einer Arbeit, die »spielende Kinder zeigt, ein Basrelief auf Holz, die Imitation einer Bronzearbeit nach Lesquesnoi [sic]«. Ist dieses Trompe-l'œil nicht ein postumes Zeugnis des Talents von Pierre Jean-Baptiste, der von seinem Vater in die Malerei eingeführt wurde!

Das Motiv historischer Gestalten, die im Profil in einem Basreliefmedaillon dargestellt werden, hat sodann Chardins Nacheiferer angeregt. Jean-Jacques Bachelier stellt im Salon von 1753 sein Gesellenstück aus, ein von Blumen eingefaßtes Medaillon des Königs. Ein anonymer Chronist lobt und kommentiert dieses Trompe-l'œil mit folgenden Worten: »[…] Es ist von geradezu irreführender Frische: auf den Blumenblättern erkennt man Wassertropfen, die vollkommen wahrhaftig aussehen. Der gleichen Illusion erliegt man bei der gemalten Fliege im Hintergrund, die man am liebsten wegscheuchen möchte.«

186. HENRI-HORACE ROLAND DE LA PORTE
Trompe-l'œil-Porträt von Ludwig XV. im Medaillon

187. FRANÇOIS FERRIÈRE
Die Poesie: Putti, gemaltes Trompel'œil-Basrelief

Derselbe Künstler rivalisiert in der Kategorie der Basrelief-Trompe-l'œils zehn Jahre später mit Henri-Horace Roland de La Porte. Dieser stellt im Salon ein *Kaiserhaupt* aus, dem der *Mercure* mit folgenden Worten Lob zollt: »Dieser Maler, der in der Kunst der Augentäuschung mit seiner Malkunst bereits große Berühmtheit erlangt hat, scheint mit der Imitation eines Basreliefs, dessen Rahmen aussieht, als sei er an einer Holztafel befestigt, die Perfektion erreicht zu haben. Wir geben zu, angesichts einer Spielkarte, die halb in einer Holzspalte zu stecken scheint, selbst der Illusion erlegen gewesen zu sein: der Irrtum zu glauben, sie sei echt und ›dreidimensional‹, ist bei den geschicktesten Meistern der Kunst schon jedem unterlaufen [...].« Bachelier präsentiert wiederum Grisaille-Skizzen, von denen die Revue *L'Année littéraire* schreibt, sie seien »mit einem Witz und einer Charakterstärke getroffen, die den italienischen Meistern ebenbürtig sei«.

Das Motiv eines Medaillons, das ein Basrelief imitiert, wird von Roland de La Porte im Salon von 1765 (Abb. 186) wiederaufgenommen. Dem *Mercure de France* zufolge handelt es sich um ein Gemälde, in dem das Profil des Königs, »das in einem alten, an einigen Stellen zerbrochenen Goldrahmen hängt, so von Staub bedeckt ist, daß man selbst bei näherer Betrachtung noch Mühe hat, sich der Illusion zu erwehren [...]«. Diderot verreißt das Werk und erklärt leicht verächtlich: »[...] dieses Genre ist so gebrechlich, daß nur das Volk es noch bewundert«. Als dagegen Anne Vallayer-Coster 1776 – sie war gerade an die Akademie gewählt worden – weit bescheidener »Spielende Kinder, die Imitation eines Basreliefs« zeigt (Abb. 190), läßt es sich der Kritiker nicht nehmen, den »Zauber der Imitation« zu loben und zuzugeben, daß sie »täuscht«. Sechs Jahre später stellt sie zwei Basreliefs mit Kindern aus, von denen das eine den Winter, das andere den Frühling symbolisiert.

Während Trompe-l'œils im Werk der bisher erwähnten Künstler Ausnahmen bildeten, widmete sich Piat Joseph Sauvage fast ausschließlich illusionistischen Kompositionen. Dieser Künstler, der mehrmals von den Akademien der Provinz ausgezeichnet wurde (1774 wurde er Mitglied der Akademie von Toulouse, 1776 der von Lille) und Mitglied der Lukas-Gilde in Paris war, fertigte in Versailles noch vor seiner Aufnahme in die Königliche

188

Akademie »drei Basreliefs für das Badezimmer von Madame Adélaïde«, der Tochter des Königs. Diese Dekoration wird er später noch durch zwei Supraporten und ein Kamingemälde im gleichen Stil ergänzen. Die Bestätigung seines Talents und der von ihm betriebenen Bildgattung findet mit seinem Aufstieg an die Königliche Akademie im Jahre 1783 ihren Höhepunkt. Eine solche Laufbahn ist bezeichnend für die Begeisterung und Anerkennung, die das Publikum und die Institutionen der Trompe-l'œil-Malerei im allgemeinen und der schöpferischen Kraft dieses Künstlers im besonderen entgegenbrachten. Daß Sauvage absichtlich einen genauen Stil gewählt hatte, wird bereits 1774 in einer Mitteilung betont, aus der hervorgeht, daß »Herr Sauvage uns bereitwillig mit seinen Bas-reliefs beliefert: die seinen sind mit viel Kunstfertigkeit und Wahrhaftigkeit gefertigt.«[16] Der vom subtilen Spiel der glänzenden Oberfläche gebannte Blick untersucht aufmerksam die nachgeahmten Materialien: rosafarbener gebrannter Ton, geschwärztes Kupfer, mit Patina überzogene Bronze, Marmor und Kameen voller Kontraste. Diderot, der für diese Symphonie von Lichtspiegelungen und Verzierungen empfänglich war, schrieb in seiner Besprechung des Salons: »Die Illusion ist stets erstaunlich und beweist zumindest, daß man bei der Verteilung von Schatten und Licht größte Intelligenz hat walten lassen.«[17] Die sich rasch ausbreitenden Grisaille-Friese, in denen Putti charmante, manchmal aber auch etwas gekünstelte bacchantische und bukolische Sainetes vortäuschen, beschwören eine Poesie herauf, die an die Dichtkunst Anakreons erinnert. Sauvage setzt denn auch in einer Art Hommage den Dichter zusammen mit Lycoris in einem Basrelief in Szene, das für den großen Speisesaal in Compiègne gedacht war. Die aus der Antike schöpfende Inspiration und das der Mythologie entlehnte Repertoire des Künstlers erinnern daran, wie sehr Anspielungen auf die Kunst des Hellenismus im ausgehenden 18. Jahrhundert geschätzt waren. Der Abbé Le Brun meint, daß »Herr Sauvage das Lob der Kunstliebhaber aus zwei Gründen verdient. Der er-

188.   PIAT JOSEPH SAUVAGE
Terrakottafries mit Putti

222

ste Grund lautet, daß er die Fabel, die Allegorie und ihre Verwendungen genau studiert zu haben scheint. Der zweite Grund ist das einzigartige Geschick, mit dem er unsere Augen zu täuschen vermag …«[18] Der Fries mit den spielenden Putti aus nachgeahmtem gebrannten Ton ist dafür exemplarisch (Abb. 188). Aus den Katalogen des Salons geht hervor, daß Basreliefs von Flamand/Duquesnoy oder Clodion dem Künstler Vorlagen für das ikonographische Repertoire seiner gemalten Skulpturen lieferten. Das überzeugendste Beispiel für die Raffinesse seiner Malerei ist zweifellos eine ovale Tafel, die das Symbol der Fruchtbarkeit der Erde darstellt: eine junge Faunin, die mit Amoretten spielt und ihnen Weintrauben reicht (Abb. 189). Der Patina-Effekt dieses Trompe-l'œil, das eine Bronzearbeit nachahmt, wurde dank getönter Firnisse erzielt, mit denen man die rosafarbenen, blauen und grünen Pinseltupfer überzog. Als Vorlage diente ein Werk Clodions, dessen Reiz und Finesse sich in der virtuosen Umsetzung Sauvages widerspiegelt. Es ist deshalb wahrscheinlich, daß dieser vor allem in der Imitation von Bronze brillierte. Für den Monarchen gab es kein Bauvorhaben, bei dem auf Sauvages Talent und seine meisterlichen Dekorationseffekte hätte verzichtet werden können. Seine Gemälde zieren die Wohngemächer des Königs und der Königin im Schloß von Compiègne, aber auch den Damensalon der königlichen Familie im Schloß Bellevue, das Schlafzimmer des Bruders des Königs in Versailles, das Schloß von Fontainebleau und den Weiler des Kleinen Trianon. Zu einer Zeit, als Schäferspiele in Mode waren, konnten illusionistische Werke gar nicht anders, als im Künstlichen und Konventionellen aristokratischer Orte aufzugehen. Die Beben der Revolution mögen der Grund gewesen sein, weshalb Sauvage sich später von der Pariser Gesellschaft distanzierte und sich nach Tournai zurückzog. Die Kataloge der Salons in Brüssel von 1811 und 1813 belegen, daß er in seiner Heimat weiterhin Trompe-l'œils malte, die für Kunstliebhaber aus seiner näheren Umgebung bestimmt waren.

189. PIAT JOSEPH SAUVAGE
Eine junge Faunin spielt mit Amoretten, denen sie Weintrauben reicht

190. ANNE VALLAYER-COSTER
Satyre und Kinder spielen mit einer Löwin, gemalte Nachahmung eines Basreliefs, 1776

Die Ausstrahlung des Künstlers und die ausgesprochene Vorliebe des Publikums für die Macht des Scheins erklären das Aufblühen eines Genres, das von den Malern unbegrenzt betrieben wurde. Kompositionen dieser Art wurden im Norden Frankreichs von Guillaume-Dominique Doncre, Jean-Baptiste Dusillion oder François Eisen dem Älteren geschaffen. Im Südwesten ahmten Jean Valette-Penot und Jean Coustou gebrannten Ton oder Stein nach. In Paris wurden viele der auf Dekorationen spezialisierten Künstler, die oft der Lukas-Gilde angehörten, durch Gemälde bekannt, die in Ausstellungen dieser Gilde gezeigt wurden. Zu ihnen gehören beispielsweise Antoine de Marcenay de Ghuy, Jean-François Peyron, Simon-Michel Liégeois, Guillaume Gasnier, Nicolas Boileau, Jean-Baptiste Piauger, Scheneau Raguenet und Jean-Baptiste Vavoque. In Genf sind es unter anderem François Ferrière (Abb. 187) und Jean-Etienne Liotard, die dieses Genre gelegentlich betreiben. Wahrscheinlich ist, daß sie sich während ihrer Aufenthalte in Paris und während ihrer Reisen quer durch Europa mit den Kniffen des Trompe-l'œil vertraut machten, in einer Epoche, die unaufhörlich auf der Suche nach neuen Talenten und Modellen war.

Insofern *Gemälde mit Trompe-l'œil-Effekt* zur Theatralisierung des sozialen Lebensraums einer begüterten beziehungsweise aristokratischen Klasse beitragen, erfreuen sich auch die traditionellen *Trompe-l'œil-Gemälde,* die den für das Genre typischen Kriterien unterworfen waren, das ganze Jahrhundert lang großer Beliebtheit. Auch sie ordnen sich in die für die Epoche so charakteristische Suche nach Unterhaltung ein. Die in ihnen dargestellten Gegenstände drängen sich dem Blick des Betrachters auf und scheinen in seine Intimsphäre einzudringen. Ihre ästhetische Daseinsberechtigung beruht auf ihrer Kunst der Verwirrung und ihrer Verspieltheit. Die Beziehung zum vorgetäuschten Gegenstand löst eine Hinterfragung der Realität von Dingen und Bildern aus. Auch wenn, wie schon im 17. Jahrhundert, illusionistische Malereien in jedem Land Europas anzutreffen waren, so bietet sich doch die französische Schule aufgrund ihrer Vielseitigkeit und Fülle ganz besonders als Untersuchungsfeld für eine ästhetische Studie an.

Die Natur und ihre Früchte blieben eine dem Trompe-l'œil angemessene Inspirationsquelle. Wenn Vögel und Wild von zahlreichen Pariser Malern wie zum Beispiel Jean-Baptiste Oudry und Jean-Jacques Bachelier oder Malern aus der Provinz wie Dominique Pergaut während des gesamten Jahrhunderts vor einer Bretterwand dargestellt wurden, zeigte man Obst und besonders Weintrauben an Nägeln. Schon der junge Nicolas de Largillière entschied sich 1677 dafür, an Nägeln hängende Weintrauben zu malen. Jean-Etienne Liotard wählte für das erlesene Trompe-l'œil, heute in der österreichischen Galerie im Belvedere in Wien, das gleiche Motiv und die gleiche Komposition, führte es aber als Pastell aus. Louis-Léopold Boilly schließlich reduziert das Sujet auf eine einzige Traube, die vor einer neutralen Mauer hängt. Ihre rustikale Einfachheit, verbunden mit einem gewissen Charme, trifft die für das Trompe-l'œil charakteristischen technischen und ikonographischen Erfordernisse (Abb. 191).

Inmitten vertrauter Gebrauchsgegenstände und einem gewohnten Umfeld setzen die Künstler ihre Atelierecken in Szene. So signieren Jean Valette-Penot (Abb. 192), Jean Cossard oder Jean-Baptiste Boisset drei Gemälde, allegorische Mikrokosmen ihres Handwerks, die wie ein Echo aufeinander wirken. Sie halten das Wirrwarr ihrer Arbeitsplätze und ihre Malutensilien in persönlich inspirierten, jedoch sehr ähnlichen Kompositionen fest.

Zahlreiche Künstler wandeln wie ihre Vorgänger im 17. Jahrhundert das Motiv des Sammelsuriums ab. Thematisiert werden Alltagssorgen und intime, tagtäglich wiederholte Handgriffe. Guillaume-Dominique Doncre (*Trompe-l'œil,* 1785, Museum von Arras, Abb. 193), aber auch Louis-Léopold Boilly bedienen sich des gleichen Kunstgriffs, um Stiche, Briefe, Kneifer und Werkzeuge mittels Bändern festzuhalten. Diese Kategorie von Trompe-l'œil-Gemälden, die in der Produktion der beiden Künstler nur gelegentlich vorkommt, ist bei Jean Valette-Penot und Gaspard Gresly dagegen häufig anzutreffen. Letzterer, ein Künstler aus Béziers, stellt in einem Gemälde, das symbolisch sowohl den Ernst als auch die Bedeutungslosigkeit der menschlichen Existenz widerspiegelt, einen ironischen Eklektizismus unter Beweis. Die Ungewißheit und das tägliche Elend, dargestellt durch Spielkarten und ärztliche Rezepte, finden sich neben dem Maß und der Weisheit, die durch einen Stich versinnbildlicht werden, der Diogenes zeigt, sowie durch einen Zollstock (Abb. 194). Eine auf die Stirn des kynischen Philosophen gesetzte Fliege und die Falz des hastig mit Siegeln angebrachten Stiches symbolisieren den mangelnden Respekt vor der von diesem Philosophen gelebten und gepriesenen Botschaft des Verzichts und

191

191.   LOUIS-LÉOPOLD BOILLY
Weintrauben-Trompe-l'œil

192

bestätigen zugleich die Lächerlichkeit und Relativität des menschlichen Daseins.

Die Arbeiten von Jean Valette-Penot sind im Vergleich wertvoller und reichhaltiger (Abb. 195). Wie in einem Katalog werden in diesem ausgeklügelt und minutiös gearbeiteten Sammelsurium unter anderem ein Stilleben mit Granatäpfeln, ein Stich (bei dem es sich vielleicht um ein Selbstporträt handelt) und ein beschädigtes Medaillon Ludwig XV. angeboten. Die Schleifen aus Satinband scheinen den leuchtend roten, hervorspringenden Riemchen in der unteren Bildhäfte zu korrespondieren. Die Spielkartenschnipsel betonen die zur Befestigung verwandten Nägel und tragen so zur Divergenz der Komposition bei, indem sie den Eindruck der Ungewißheit noch verstärken, der den Inszenierungen alltäglicher Objekte ohnehin eigen ist. Manche Künstler wie Jean-Jacques Restieu (Abb. 198), Jean Coustou, Gaspard Gresly oder Jehan Douelle ersetzen die Schnüre durch Stiche, hinter die sie Federn, Drehbleistifte, Briefe und andere Papiere scheinbar zufällig übereinandergeschoben haben. Claude Nicolas de La Croix, der am 20. Mai 1743 in die Lukas-Gilde in Paris aufgenommen wurde, realisiert 1773 vor einem Hintergrund aus rohem Splintholz in einer noch ›minimalistischeren‹ Perspektive ein ergreifendes Trompe-l'œil (Abb. 196). Dieses Gemälde verewigt eine Gebärde der Revolte gegen die Erlasse des Königs und spiegelt einen vorrevolutionären opponierenden Geist wider. In der ebenso gewaltsamen wie radikalen Herausforderung wird die Autorität des Königs und seiner Handlanger durch die Darstellung einer zerrissenen königlichen Order in Frage gestellt. Die symbolische Darstellung des Königs und der Königin auf Spielkarten ist ebenfalls in Stücke gerissen, Stücke, die von Nägeln durchbohrt werden, die eigentlich die noch verbleibende Macht festhalten sollen: dieses Bild illustriert die Kühnheit eines Künstlers, der durch seine geistige Unabhängigkeit und durch die Beherrschung der Regeln des Trompe-l'œil sowohl die politische Autorität als auch die Konventionen der akademischen Malerei untergräbt. Dominique Pergaut nagelt 1790 in einem klassischer gearbeiteten Gemälde, *Die Dorfbewohnerin,* einen Stich von A. Blondel d'Azaincourt nach einer Zeichnung von François Boucher auf eine Bretterwand, die gleichzeitig als Hintergrund dient (Abb. 197). Der Stich stellt ein ›Vielfaches‹ der Originalzeichnung dar, das Trompe-l'œil gibt ihm dagegen seinen einmaligen Charakter zurück.

192. JEAN VALETTE-PENOT
Trompe-l'œil mit einem Stich von Sarrabat

226

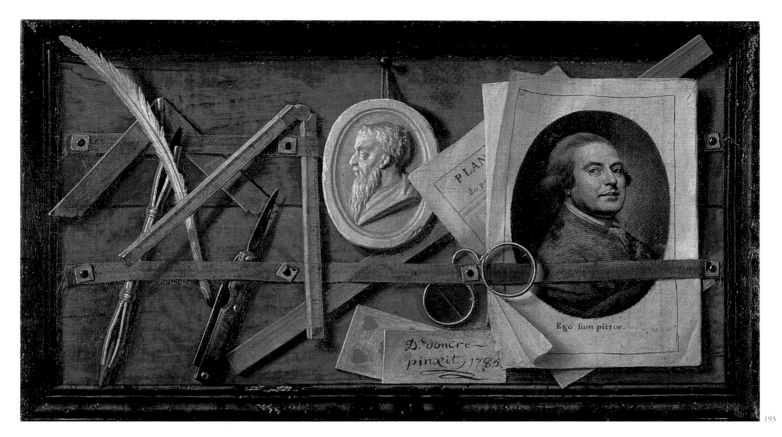

193

Jean Valette-Penot läßt sich in einem Trompe-l'œil aus dem Jahre 1767, genannt Trompe-l'œil »mit zerbrochenem Glas« (Abb. 199), von einem anderen Stich François Bouchers inspirieren. Es wurde im Salon der Akademie von Toulouse 1781 ausgestellt (Nr. 125).[19] In diesem neuen Typ illusionistischer Gemälde wird ein zusätzlicher Kunstgriff eingeführt, der den täuschenden Effekt verdoppelt: der vorgetäuschte Stich oder die falsche Zeichnung hängen hinter einer Glasscheibe, die selbst vorgetäuscht ist und so aussieht, als sei sie nach einem Aufprall zerbrochen. Glasbruch und -scherben ziehen den Blick auf sich und verlagern das Zentrum der Illusion vom getreu wiedergegebenen Bild zur scheinbar beschädigten, gewöhnlich verglasten Oberfläche.

Diese Kombination von Täuschungen, die eine vollendete Maltechnik erfordert, zieht mehrere Trompe-l'œil-Künstler an. Etienne Moulineuf realisiert 1767 ein *Zerbrochenes Glas* (Abb. 200), hinter dem der Stich *Die Savoyerin* von Dumont le Romain zu sehen ist. François Vispré, ein Spezialist der Malerei hinter Glas, verwendet Genreszenen, die er ins Lächerliche zieht. Eine von ihnen, die Wandermusikanten zeigt (Abb. 202), trägt den Titel *Die Pracht.* Gespielt wird hier auf ironische Weise mit dem Paradox des ›edlen‹ Titels auf der einen und dem bescheidenen Inhalt auf der anderen Seite. Der Kunstgriff des zerbrochenen Glases versinnbildlicht die Vergeblichkeit des Bemühens, etwas aufbewahren zu wollen und setzt die Hinfälligkeit der Gegenstände – seien es auch Kunstwerke – in Szene. Laurent Dabos verdanken wir ein ähnliches Gemälde: hinter einer zerbroche-

193. GUILLAUME-DOMINIQUE DONCRE
Trompe-l'œil, 1785

227

nen Glasscheibe, die ein Sammelsurium bedeckt, kommt ein Porträt Napoleon Bonapartes zum Vorschein (Paris, Musée Marmottan; Abb. 201). Die Übereinanderlagerung flacher Gegenstände (Stiche, Zeichnungen, Bilder und zerbrochene Glasscheiben) befreit den Maler von der Schwierigkeit, die Tiefe der Gegenstände in einem Trompe-l'œil realistisch darzustellen und macht dieses glaubwürdiger, indem sie den Effekt der Täuschung verstärkt. Boilly reduziert die Tiefe seiner Kompositionen, indem er sogar die zerbrochene Glasscheibe wegläßt. Seine Trompe-l'œils bestehen nur noch aus einer gewagten Übereinanderschichtung von Skizzen und Entwürfen. François Vispré sucht einen ähnlichen Effekt. Sein Verfahren, das die Konturen der Gegenstände besonders plastisch hervorhebt, ist vielleicht noch überzeugender (Abb. 203).

Will man das Auge mit einem Trompe-l'œil überlisten, muß sich der Künstler an bestimmte Techniken halten. Seine Kreativität kann sich insofern entfalten, als sich im Trompe-l'œil eine perfekt beherrschte Maltechnik mit einer ungezügelten Phantasie verbindet. Künstler wie Valette-Penot oder Ferrière, die sich zum Beispiel mit dem Problem konfrontiert sehen, das Trompe-l'œil einzurahmen, gehen in der Illusionsgestaltung gar so weit, den traditionellen Rahmen direkt auf die Leinwand zu malen. Dieser Kunstgriff ist eine Hinterlassenschaft von Illuminatoren wie Jean Bourdichon, die schon im 16. Jahrhundert ihre Miniaturen von falschen Goldrahmen eingefaßt zeigten. Auch Georg Flegel spielte Ende des 16. Jahrhunderts mit diesem Trick. Er meisterte diese Schwierigkeit in einem Gemälde, das heute in Budapest aufbewahrt wird. Schon die Maler des 17. Jahrhunderts, die sich mit der Unmöglichkeit konfrontiert sahen, ein Bild – sollte es im Bereich der gewünschten Neutralität und Illusion bleiben – zu signieren und daher für sich in Anspruch zu nehmen, nahmen es mit Hilfe von *cartellini* oder Briefen wieder in Besitz, die eine banalisierte oder verschleierte Signatur trugen: so erlaubten die abgebildeten Holz- oder Kupferstiche den Künstlern, den Namen des Kupferstechers oder Graveurs durch ihren eigenen zu ersetzen.

Während im 17. Jahrhundert die Trompe-l'œil-Malerei oder ihre Effekte der französischen Schule so gut wie unbekannt blieben, wird dieses Genre im 18. Jahrhundert von den Institutionen anerkannt und unterliegt damit gleichzeitig deren Einfluß und Auflagen. Mit dem Beginn der Regentschaft Philipps II. schwächt sich die durch die Schriften Félibiens gewissermaßen geheiligte Hierarchie der Gattungen ab, bleibt jedoch nach wie vor relevant. Wenn auch das Trompe-l'œil und seine Künstler in den Rang der Königlichen Akademie aufsteigen, so bleibt doch die bevorzugte Vereinigung dieser auf Dekorationen spezialisierten Maler die Lukas-Gilde, die die technische Meisterschaft fortführt. Das Staffeleibild erschien nun fast wie

194

194. GASPARD GRESLY
*Trompe-l'œil mit einem Stich, der
Diogenes zeigt*

ein Architekturelement, und die Malerei, die sich jetzt über ihre täuschenden Effekte definierte, mußte ihre traditionelle Gattungshierarchie umstellen. Das Trompe-l'œil, das sich an der Grenze zwischen Malerei und Architektur ansiedelt, erlangt in diesem Kontext neues Ansehen, selbst wenn man es weiterhin als Produkt einer handwerklichen Arbeit versteht. Das Genre beruht nicht auf dem *wesentlichen Schönen,* sondern findet, getragen von der Vorliebe für Verzierungen, am Rande eines dogmatischen ästhetischen Systems, das mehr und mehr in Frage gestellt wird, seinen eigenen, wenn auch begrenzten Platz. Diese stummen Werke ohne jede *istoria* werden von den Befürwortern des Akademismus herabgesetzt. Restout etwa beanstandet die mangelnden theoretischen Kenntnisse sowie das Fehlen einer wirklichen Kreativität bei diesen Künstlern, die er als »Cacopaintres« disqualifiziert.[20]

Der Autor dieses abwertenden Urteils scheint nicht wahrhaben zu wollen, daß es so etwas wie eine – von Diderot eingeräumte – ›Erhabenheit der Technik‹ geben kann. Dergleichen läßt die Schwierigkeiten erkennen, mit denen die Kritik des 18. Jahrhunderts bei der Bewertung von Kunstwerken und des Genies ihrer Schöpfer konfrontiert war.

Das Gewicht und die Autorität der Akademie blieben für die Karriere der Künstler trotz alledem entscheidend. Waren es Künstler wie Oudry, Desportes und Chardin, die in den Genuß königlicher Aufträge kamen, so mußte sich doch der Großteil der ›technischen Meister‹ in Paris und der französischen Provinz damit begnügen, die Nachfrage und die Launen eines Bürgertums zu befriedigen, das danach strebte, seinem sozialen Aufstieg gemäß seine Umgebung auszuschmücken. Mitte des Jahrhunderts »hatte die Monarchie mit der Herrschaft Ludwig XV. erneut das Aussehen des Absolutismus angenommen«.[21] Mit den Direktoren der königlichen Gebäude, Lenarmand und Tournehem, nahm im Bereich der bildenden Künste eine königliche Kulturpolitik Gestalt an. Die Akademie war das Werkzeug der Machthaber, um die der künstlerischen Schöpfung innewohnende Freiheit und Kraft zu kontrollieren. Die königliche Institution wurde daher mit der Aufgabe betraut, ihre Meisterwerke regelmäßig auszustellen, um den Geschmack des Publikums zu schulen. Die Idee, einen Teil der königlichen Sammlungen, die bis dahin lediglich der Verschönerung der Wohngemächer des Monarchen gedient hatten, dem Blick der Kunstliebhaber zugänglich zu machen, stammt übrigens auch aus jener Zeit. Unter Ludwig XVI. wurde sogar eine Kommission gebildet, die mit der Einrichtung des Museums beauftragt war.

195. JEAN VALETTE-PENOT
Sammelsurium

Zudem hatte die Einführung eines regelmäßig stattfindenden Salons (zunächst zweimal pro Jahr, dann einmal pro Jahr) zahlreiche Auswirkungen. Der Andrang, den diese öffentlichen Veranstaltungen auslösten, zeugt von der damaligen Begeisterung für die Malerei, der die Kunsthändler durch den Aufbau eines regelrechten Kunsthandels gerecht zu werden versuchten. Das Aufhängen der Gemälde, das eine Abschwächung der Gattungshierarchie nach sich zog, ermöglichte es einem frivolen und raffinierten Publikum, die Überraschungen des Trompe-l'œil zu entdecken. Die Salons riefen auch die Kunstkritik auf den Plan, selbst wenn diese nicht immer dem Geschmack eines bürgerlichen, prosperierenden und pragmatischen Publikums Rechnung trug. Die Trompe-l'œils profitierten von der Dynamik und geschmacklichen Erneuerung, welche die Regentschaft Philipps II. ausgelöst hatte. Sie waren Gegenstand einer eher leichten und spielerischen als sinngebundenen, metaphysischen oder ästhetischen Lesart. So prangerte Louis Petit de Bachaumont denn auch den »oberflächlichen Geschmack«[22] einer mondänen Gesellschaft an, die die Kunst vor allem als Konvention und Unterhaltung schätzte. Diese neue Klientel fand im Künstlichen des Trompe-l'œil eine Quelle der Unterhaltung und der Anmut, die das traditionelle Verhältnis zu den Gegenständen des täglichen Lebens veränderte.

Das 18. Jahrhundert, in dem die ästhetisch-literarischen Krisen des 17. Jahrhunderts fortwirkten (der Streit zwischen Alten und Modernen, die leidenschaftliche Debatte zwischen den Verfechtern der Zeichnung oder des ›Entwurfs‹ und denen der Farbe), wird zum Zeugen »der Entwicklung einer Theorie, die die Erkenntnis als schöpferische Energie versteht (die Aufklärung)« und wohnt »der Entwicklung der eigentlichen Ästhetik« bei, »für die der Begriff der Schöpfung grundlegend ist«.[23] Die Kunst wird in zahlreichen und widersprüchlichen kritischen Schriften theoretisiert, und das Genre des Trompe-l'œil wird zum Opfer willkürlicher ästhetischer Urteile und Doktrinen. Die zentrale Frage der Überlegungen und Polemiken des 18. Jahrhunderts drehte sich um ein einziges Thema: was zeigt die Malerei? Der Status des Trompe-l'œil veränderte sich: sowohl die Wahrnehmung als auch der Bezug zur Malerei und zu den Gegenständen standen auf dem Spiel. Was damals aufgewertet wurde, hatte mehr mit der visuellen Wahrnehmung als mit dem dargestellten Sujet zu tun.

Während im 17. Jahrhundert ein Gemälde bevorzugt ›gelesen‹ wurde – man verstand es als einen in Bilder umgesetzten Text, der sich Félibiens Prinzipien gemäß an den Verstand richtete –, sind die Forderungen des 18. Jahrhunderts nach einer umfassenden Wahrnehmung, nach einer augenblicklichen und fühlbaren Erfahrung der Grund dafür, weshalb den Gefühlen,

ORDONNANCE
DU ROI,

QUI enjoint à tous Fermiers, Laboureurs & autres f...
Commerce de Fourrages dans les dix lieues de l...
Compiegne, d'obéir aux Avertiffemen...
Prevôt de fon H...
tout fous les pei...

DE

S...

196

197

198

196. CLAUDE NICOLAS
DE LA CROIX
Königliche Order, 1773

197. DOMINIQUE PERGAUT
Die Dorfbewohnerin, 1790

198. JEAN-JACQUES RESTIEU
Trompe-l'œil

J. Valette Pénots. pinxit.   1767.

199

Effekten und Sinneseindrücken zunehmend größere Bedeutung eingeräumt wird. Die für die Erfahrung des Trompe-l'œil typische Macht der Verwirrung und die Intensität der Überraschung sind in diesem Zusammenhang die eigentlich gesuchten Wirkungen. »Das Ziel der Malerei besteht weniger darin, den Geist zu überzeugen, als die Augen zu täuschen.« Diese von Roger de Piles in seinem *Dialogue sur le coloris (Dialog über die Farbgebung)* getroffene Feststellung avanciert zum Credo der Malkunst im Jahrhundert der Aufklärung. Schon die Gunst, in der Pierre Mignard am Ende des Goldenen Jahrhunderts stand, symbolisiert den Triumph der Koloristen. Die Farbe ist nicht mehr zweitrangig. Man schätzt sie für ihr Vermögen, Dingen Leben einzuflößen (Dandré Bardon schrieb über Chardin, »[seine] Farbtupfer [würden] unbelebte Wesen mit Seele erfüllen«). Den Vorrang, den die Maler der Farbe und ihrer Beherrschung einräumten, setzte der bis dahin dominierenden akademischen Hierarchie ein Ende und gestattete Malern minderwertigerer Bildgattungen, in höchste Ränge aufzusteigen. So werden Chardins Stilleben von der Kritik gewürdigt. Dem Trompe-l'œil kommen die starken – so fühlbaren wie trügerischen – Effekte der Farbe zugute. Wie René Démoris schreibt, waren in der ästhetischen Debatte um Farbe oder Zeichnung zwischen Rubenisten und Poussinisten »Liberalismus und Toleranz angesagt«.[24] Die Positionen von Antoine Coypel, dem Direktor der Akademie, zeigen, daß der Gegensatz schon zu Beginn des 18. Jahrhunderts abgenommen hatte. Die Möglichkeiten der Farbe wurden in den luxuriösen Dekorationen mit Trompe-l'œil-Effekten reichlich ausgenutzt.

Diderot äußerte sich zu diesem Thema recht zweideutig und widersprüchlich, wahrscheinlich, weil er in seiner Vorliebe für eine realistische Malerei mehr zum menschlichen Drama und zur Vorführung von Gefühlen neigte, die dem Trompe-l'œil fremd sind. Für ihn ist die künstlerische Dimension ein Effekt des Realismus, dessen erste Qualität darin besteht, daß er die Seele des Betrachters berührt. Die Malerei sieht er aus dem Blickwinkel des Dramaturgen, der der Handlung und möglichen Beziehungen zwischen Personen und Gegenständen im geschlossenen Raum des Gemäldes Vorrang gibt. Selbst wenn er in seinen Besprechungen des Salons Jean-Baptiste Greuze und dessen moralisierenden Realismus lobt, kommen Chardins zauberhafte Stilleben nicht zu kurz, denn sie eignen sich für

den Entwurf einer Art Dramaturgie. Er schätzt ihre Ruhe, ihr Schweigen, sieht aber auch die Möglichkeit einer Reise, eines Driftens zwischen den Gegenständen, so als durchstreife man eine Landschaft. Sein Urteil wird zögerlich, wenn er Trompe-l'œils gegenübersteht, die frei von jedem Drama, von jeder Geschichte oder von Räumen sind, die [206]Träumereien oder Gemütsbewegungen evozieren. Er verurteilt das Genre, wenn sich ein Roland de La Porte darin versucht, bewundert aber als Philosoph die Technik und Intelligenz von Schatten- und Lichtverteilung bei Sauvage, ganz besonders aber in einem Basrelief von Oudry: »Die Hand berührte eine flache Oberfläche; und das noch immer gebannte Auge sah ein Relief; so daß man den Philosophen hätte fragen können, welcher seiner beiden Sinne, deren Zeugnisse sich widersprachen, gelogen hat«[25] (Salon von 1761). Das Spiel mit Raum und Illusion gibt dem Trompe-l'œil so einen Anschein von narrativer Tiefe.

Andere Kritiker und Theoretiker äußerten sich zwar auch zum künstlerischen Wert des Trompe-l'œil, aber eher indirekt, da sie es zur umfassenderen Kategorie des Stillebens zählten. La Font de Saint-Yenne, aber auch der Abbé du Bos lehnten die Nachahmung der Realität ab und verwiesen sie in den Rang des Vulgären. Als Vertreter des idealen Standpunktes einer »Schönen Natur« verwarfen sie ›Materialität‹ und befürworteten eine Kunst, die »berührt« und auf ein »seelisches Bedürfnis« eingeht. Trompe-l'œil und Stilleben werden wie jede andere Darstellung unbelebter Gegenstände geringgeschätzt und mit ›Schamlosigkeit‹ gleichgesetzt. Die Kritik räumt nichtsdestoweniger ein – darin den toleranten Geist von Roger de Piles fortführend –, daß man die Trompe-l'œil-Maler als wirkliche Künstler betrachten müsse, wenn das Talent bei der Aufstellung einer Hierarchie als Kriterium gelte. Alle sind sich darin einig, daß ein brillant ausgeführtes Gemälde gefallen kann, daß es somit eine Daseinsberechtigung hat und dadurch den Status eines Kunstwerkes erlangt. Man ermißt, wie schwer es den theoretischen und kritischen Diskursen fiel, nicht der Versuchung anheimzufallen, erneut eine Hierarchie der Genres, der Sujets, der Kunstgattungen, des Geschmacks und des Publikums aufzustellen.

Am Rande der künstlerischen Produktion des 18. Jahrhunderts erzeugt das Genre Paradoxa und Verzerrungen. Das Trompe-l'œil, das sich in alle Kunstformen einschleicht, bringt

199. JEAN VALETTE-PENOT
Trompe-l'œil, genannt *Trompe-l'œil mit zerbrochenem Glas*, 1767

200. ÉTIENNE MOULINEUF
Trompe-l'œil, genannt *Trompe-l'œil mit zerbrochenem Glas*, 1767

die bestehenden Hierarchien ins Wanken. Indem es eine Skulptur, einen Stich, eine Zeichnung oder Architektur vortäuscht, verwischt das Trompe-l'œil die Grenzen, nicht nur zwischen Schein und Realität, sondern auch zwischen den verschiedenen Kunstformen, Bildträgern oder Ausdrucksformen. Mittels der mimetischen Kraft des Trompe-l'œil demonstriert die Malerei, daß sie den anderen akademischen Künsten wie etwa der Ronde-bosse (›erhabene Verzierung‹), dem Kupferstich oder der Zeichnung überlegen ist. Wenn Sauvage beispielsweise die Effekte des Basreliefs nachahmt, macht er sich zum direkten Konkurrenten der Bildhauer, die ihm die Vorlagen zu seinen Sujets liefern. Wie Robert Gavelle schreibt, »handelt es sich hier um eine Kunst, die zwischen der Skulptur und der Malerei liegt«.[26] Die zahlreichen Bemerkungen der ›Salonkritiker‹ bestätigen die Zweideutigkeit und subversive Funktion des Trompe-l'œil. Mit Hilfe des Kunstgriffs präsentiert diese illusionistische Malerei dem überlisteten Auge zugleich Stiche und Zeichnungen. Man ermißt das Ausmaß des Paradoxes, das darin besteht, die Maler unbelebter Gegenstände – also Trompe-l'œil-Maler – an das untere Ende der Gattungshierarchie zu setzen, während es gerade ihre Maltechnik, die Technik des Trugbildes ist, die sicherstellt, daß diese Malerei den anderen Kunstformen überlegen ist. Wenn Roger de Piles dem Talent eine künstlerische Dimension zugesteht, scheint er die spezifische Macht des Trompe-l'œil, den Triumph der Malerei zu offenbaren, verkannt zu haben. Das Trompe-l'œil verwertet zudem mit meisterhafter Technik und höchst subtil das Vermögen der Malerei, sich selbst darzustellen. Den anderen Kunstformen, insbesondere der Skulptur, stehen keine anderen Darstellungsmöglichkeiten zur Verfügung als die der Allegorie. Die Trompe-l'œil-Maler, denen ihre meisterliche Beherrschung der Farbe zu Hilfe kommt, stellen in ihren Gemälden häufig andere Gemälde, kleine Bildchen oder zerrissene Leinwände dar. Diese Szenographie vorgetäuschter Objekte auf der Leinwand mutet wie ein Echo auf das ›Spiel im Spiel‹ in der Kunst des Dramas an.

Eine weitere Instanz wird durch das Trompe-l'œil auf die Probe gestellt: die des ästhetischen Urteils. Das geringe Interesse der Kritik an diesem Genre zeigt sich entweder in einer summarischen oder voreiligen Erfassung desselben oder in der simplen Ablehnung beziehungsweise Verleugnung seines kreativen Stellenwerts. Man gibt vor, daß sich diese Gemälde der Mimesis zu sehr unterwerfen, daß sie das Modell zu wahrheitsgetreu – ohne geistiges, rationales oder gefühlsmäßiges Konzept – kopieren. So betitelte Diderot 1765 einige Trompe-l'œils von Roland de La Porte als »vulgär«, indes er 1769 Grisaille-Malereien von Chardin übertrieben gelobt hatte. Die »Magie« und die schöpferische, die Realität verwandelnde Kraft, die er dem Maler zugesteht, beruhen auf der Subjektivität seines

201. LAURENT DABOS
Friedensvertrag zwischen Frankreich und Spanien, nach 1801

Geschmacks, aber auch Voreingenommenheit: Urteilen, die keinen die im Hinblick auf Maler jedoch kaum zu ist wahrscheinlich auch der Philosoph gegension sperrt, die im 20. listische‹ großen Ein-

auf seiner ästhetischen diese führt Diderot zu Widerspruch dulden, andere illusionistische rechtfertigen sind. Das der Grund, weshalb sich über derjenigen Dimen-Jahrhundert als ›surreafluß haben wird.

Die Entstehung eines anonymen und bürgerlichen Publikums im 18. Jahrhundert läßt die Differenz zwischen dem theoretischen Diskurs über die Malerei und dem Geschmack der großen Mehrheit offensichtlich werden. Das liegt vermutlich daran, daß die Kritiker nicht mit den Käufern identisch sind und die künstlerische Produktion durch die Nachfrage eine Aufwertung erfährt, die im Hinblick auf den von den Theoretikern bekräftigten Kanon überrascht. Die Salons sind für den Geschmack des Publikums maßgebend, und die Künstler benutzen sie als Schaufenster für ihre Schöpfungen. Ursprünglich eingerichtet, um die Sensibilität zu schulen, driften die Salons ins Kommerzielle ab. Schon 1756 beklagt Lacombe de Prézel die Diktatur »ungerechter und opulenter« Kunstliebhaber, die die Künstler dazu zwingen würden, die »großen Vorbilder« aufzugeben.[27] Unter solchen Umständen gedeiht das Trompel'œil, was sich auch in den Katalogen der Salons widerspiegelt. Diese Gemälde faszinieren die öffentliche Meinung. Wenn sich die schöpferische Tätigkeit auch vom Hof in die Städte verlagert, so nimmt der König dennoch in einem solchen Maße Teil an dieser Geschmacksveränderung, daß P. F. Dupont de Nemours in einem Brief aus dem Jahre 1779 an die Markgräfin Caroline-Louise von Baden schreibt: »[...] der seelige König gab ›mehr‹ Geld für Supraporten in geschmacklosen Gebäuden aus« als für Werke des *großen Genres.* Die ›Experimente‹ des Publikums verdeutlichen die Freude am Spiel, den Genuß und den Sinn für ›Schwänke‹ in einem ereignisreichen Jahrhundert. Mehrere Anekdoten belegen die Bewunderung neugieriger Kunstliebhaber, die stets auf der Suche nach Entzücken und Verwunderung waren. So schrieb der *Mercure de France* schon im September 1685: »Wir haben vor einigen Monaten eine Perspektive [von Michel Boyer] entdeckt, die von ganz Paris bewundert wird. Sie verdankt ihren Ruf ganz ihrer Schönheit und diejenigen, die sie Ende letzten Jahres zufällig in der Galerie des Hôtel de Vendôme gesehen haben, wo sie aufgehängt war, kamen nicht umhin, sie zu loben. Was sie darüber sagten, weckte die Neugier der anderen, so

daß man sich fast darum schlug, dieses seltene Werk zu Gesicht zu bekommen; um dem Andrang des Publikums nachzukommen, waren wir gezwungen, neben einem der Messetore eine
Galerie zu errichten, an deren Ende das Bild aufgehangen wurde.« Die Haltung der glücklich
getäuschten Betrachter läßt sich mit der des Präsidenten de Brosse vergleichen, der angesichts
des Trompe-l'œil von Antonio Fort-Bras »in Illeneuve-lès-Avignon das Verhalten eines Kenners an den Tag legte, der die sichere Beherrschung einer Technik, die Kühnheit einer Glanzleistung und die Seltenheit einer ›Kuriosität‹ zu beurteilen weiß, sich gleichzeitig aber wie ein
Opfer verhält, entzückt darüber, von einem ausgezeichneten Scherz getäuscht worden zu sein«,
wie P. Charpentrat berichtet.[28] Für die angenehme Überraschung, die Trompe-l'œils bereiten,
stehen auch die privaten Dekorationen der Wohnungen von Künstlern wie Pierre Mignard
oder Nicolas de Largillière. Auch diesen Arbeiten liegt der Wunsch nach Unterhaltung und
Täuschung zugrunde. Der Abbé de Monville beschreibt in seiner Biographie von Mignard
(*Vie de Mignard,* 1730) eine Dekoration, die so täuschend echt wirkte, daß sich die Hunde
an einer Stelle gegen die Wand warfen, an der eine Katze dargestellt war. Damit griff er einen
Urmythos der mimetischen Malerei wieder auf. Das Nachlaßinventar von Nicolas de Largillière aus dem Jahre 1746 läßt erkennen, in welchem Ausmaß dieser seine Wohnung mit Supraporten und anderen illusionistischen Gemälden ausgestattet hatte. Täuschende Effekte er-
freuten sich bis zum Ende des Jahrhunderts großer Beliebtheit. Anläßlich des Salons von 1800
beschreibt ein Kunstliebhaber ein Trompe-l'œil von Louis-Léopold Boilly auf folgende Weise: »Er zeigt ein Potpourri oder eine Montage verschiedener nachgeahmter Zeichnungen, die
er übereinanderstellt und die eine täuschende Wirkung haben. Auf diese Zeichnungen malt
er eine zerbrochene Glasscheibe [...] Dieses Gemälde, das in einer Ecke des Saals hängt, zieht
so große Mengen an, daß man ein Absperrgitter davorstellen mußte«.[29] Die von den Be-
trachtern auserwählten Trompe-l'œils setzten sich trotz der Bedenken der Theoretiker durch
und nahmen in der Malerei einen wichtigen Platz ein. Zwischen dem libertären Geist des Jahrhunderts und dem Trompe-l'œil gab es eine geheime Verbindung, die fruchtbar für beide war.
Zudem vermochte diese zweideutige und verführerische Bildgattung sowohl den Ängsten der
Zeitgenossen Ausdruck zu verleihen als auch ihrem Bedürfnis zu entsprechen sich abzulenken. »Die Kunst«, bekräftigt der Abbé Batteux, sei »nur dazu da, um zu täuschen«[30]; in der
Kunst ist alles künstlich. In dieser Epoche jubelnder Sinnenfreude triumphiert der Tastsinn.
Das Trompe-l'œil scheint im Bereich der Kunst dafür das beweiskräftigste Genre zu sein. Es
ist das paradoxe Beispiel einer fast taktilen Malerei: so »bemüht sich der Künstler, der gemalten Oberfläche das Ansehen einer greifbaren Oberfläche zu geben«[31], und lädt damit den Be-

trachter zu einer fühlbaren Erfahrung ein, der Erfahrung der Berührung, die sich jedoch als trügerisch erweisen muß. In dieser seltsamen Welt des Trugbildes werden die Sinne in Anspruch genommen, um den Verstand zu erreichen.

Die Trompe-l'œil-Gemälde erfordern von ihren Schöpfern eine perfekt beherrschte Technik, in der die Zeichnung dominiert; im Gegensatz zur traditionellen Ästhetik setzt Roger de Piles kühn die Zeichnung mit dem Tastsinn in Beziehung: er »behauptet, daß die Intelligenz der Zeichnung ein rein technisches Wissen voraussetze, dessen Kriterien in den Bereich der manuellen und nicht in den der visuellen Beschäftigungen gehören … Aus der Nähe gesehen, mit der Hand berührt: für Roger de Piles sind diese beiden Wendungen gewissermaßen identisch«.[32] Daß die Zeichnung auf dem Tastsinn beruht, sollten sowohl Künstler als auch Betrachter erfahren. Das gesamte Denken des 18. Jahrhunderts setzte sich mit den Mitteln auseinander, die es ermöglichen, die verschiedenen Weisen der Welt- und Wirklichkeitserkenntnis zu verstehen; es räumt dem Seh- und dem Tastsinn den Vorrang ein, die somit zum Privileg für jedermann werden. Man kann sich vorstellen, daß das antikisierende Medaillon, das Henri-Horace Roland de La Porte 1763 im Salon ausstellte, die Besucher mehr aufgrund des ihm zugrundeliegenden künstlerischen Kraftaktes beeindruckte als durch die Gelehrsamkeit des Sujets. Die Revue *L'Année littéraire* beschreibt es als »ein Basrelief, welches eine antike Büste nachahmt und so wahrheitsgetreu darstellt, daß der Betrachter es berühren möchte um sich zu vergewissern, daß es sich um Malerei handelt«. Auch im Falle einer im Salon von 1783 gezeigten Arbeit von Sauvage hat vermutlich der Reiz der taktilen Wahrnehmung den Sieg über das mythologische Sujet davongetragen, wie in einem Bericht Louis Bachaumonts deutlich wird: »Herr Sauvage […] täuschte mit seinen Gouache-Kameen, auf denen Cerealien und Bacchanale dargestellt sind. Er ahmte das Relief so überzeugend nach, daß der Betrachter nicht umhin konnte, die Hand auszustrecken.«

Diderot hatte das Phänomen des Zögerns des Betrachters vor dem Gemälde ganz und gar erfaßt. Das geht insbesondere aus seinen Anmerkungen zu Chardin hervor. Der aufgeklärte Denker des Sensualismus schrieb in seinen *Entretiens sur le fils naturel (Unterredungen über den unehelichen Sohn)*: »Alle Sinne sind letztlich nur eine Berührung«. Die Malerei dient ihm dafür als Experimentierfeld und Chardins typischer Zauber versetzt ihn in Entzücken: »[…] Treten Sie näher und alles verschwimmt, wird flacher und verschwindet. Entfernen Sie sich und alles entsteht neu und fängt von vorne an«.[33] Unaufhörlich weist er darauf hin, daß die Handbewegung spontan erfolgt – eine Macht der Gemälde, die für ihn bei der Bewertung der Vollkommenheit des Kunstwerkes ein Kriterium ist. Genauso schreibt Baillet de Saint-Julien 1750: »[...] selbst intelligente Menschen und Kenner sind schon auf sein Talent hereingefallen [...]. Nachdem ihre Augen getäuscht worden waren, hat man sie dabei beobachtet, wie sie die Hand auf den Gegenstand legten, der die Sinnestäuschung verursacht hatte, obwohl alles in diesem Moment darauf hinauslief, sie über ihre Sinnestäuschung aufzuklären [...] Herr Oudry, ein Zauberer der Malerei?« Ein Trompe-l'œil zu sehen, bedeutet also, es berühren zu wollen. Diese Berührung jedoch, die eigentlich den Effekt des Trompe-l'œil zerstören müßte, wird seltsamerweise stets aufs Neue provoziert. So glaubt der Ritter von Noeuf-Ville, der sich von einer Grisaille-Malerei Jean-Baptiste Oudrys aus dem Jahre 1738 täuschen ließ, an »eine geheime Kraft, die dazu antreibt, [das Trompe-l'œil] durch eine Berührung zu überprüfen. Hat dieser Sinn nun aber die Täuschung entdeckt, ist man nicht etwa beruhigt, daß es sich nur um eine flache Malerei handelt, sondern das Auge sagt einem erneut, daß es der Tastsinn ist, der sich täuscht.« Dem Philosophen bleibt nichts anderes übrig, als herauszufinden, welcher der beiden Sinne ein »Lügner« ist – ein Begriff, den Diderot in seinem *Lettre sur les aveugles (Brief über die Blinden)* verwendet.

Die Ästhetik, die im Jahrhundert der Aufklärung triumphiert, spiegelt sowohl in der Definition des Schönen als auch in den Analysen des Empfindungsvermögens und der Geschmacksbildung die besessene Suche nach heftiger Erregung, nach größtmöglicher Intensität und Lustbarkeit wider. Sie kann Jean Deprun zufolge als »Schockästhetik« bezeichnet werden.[34] Dieser präzisiert, daß mehrere Denker (Helvetius, Diderot und Sade) das Schöne als »etwas Traumatisches« definieren und zitiert Helvetius: das Schöne sei das, »was uns heftig trifft«. Ebenso sei die Suche der Aufklärung jene nach einem diesseitigen Glück, das entweder statisch ist (und damit Ruhe und Ausgewogenheit impliziert) oder dynamisch (dann beinhaltet es Wohlbehagen und Erregung der Gefühle). Das Bedürfnis nach neuen Eindrücken ermutigt die Künstler, das akademisch Schöne durch das Außerordentliche zu ersetzen, um Überraschung oder heftiges Erstaunen auszulösen. Die Erwartungen des Publikums werden durch vermehrte dekorative Effekte befriedigt, wie sie die Techniken des Trompe-l'œil ermöglichen. Diese fesselnden und sich wiederholenden, auf den Augenblick der Sinneswahrnehmung reduzierten ›Schocks‹ beruhen auf der Magie der Illusion. Das Trompe-l'œil trägt jedoch die Keime der Desillusionierung des Betrachters schon in sich, der durch eine prüfende Handbewegung die Realität des Gemäldes bestätigt, damit aber auch die des Trugbildes und folglich auch die des Bildeffektes. Das ästhetische Vergnügen beruht auf der Inszenierung des Verhältnisses des Betrachters zu einem Gegenstand, von dem er weiß, daß dieser nur Darstellung ist.

Die Philosophie des Empirismus und des Sensualismus verbreitet sich im 18. Jahrhundert in ganz Europa. Besonders John Locke, dessen Überlegungen sich nunmehr auf die visuelle Wahrnehmung konzentrieren, stellt einen wichtigen Faktor bei der Erneuerung des ästhetischen Denkens dar. Nach Locke interessieren sich die Enzyklopädisten besonders für die Thematik des »Blinden«, mit der sie sich – als theoretischem Konstrukt – in ihren Studien zu den Grundlagen der Erkenntnis und Wahrnehmung des Realen intensiv auseinandersetzen. Die Aufwertung der Vorstellungskraft und des Empirismus durch die englischen Philosophen führt dazu, daß das Gemälde als Darstellung des eigentlichen Aktes der Wahrnehmung des Realen definiert wird und nicht mehr nur als eine Darstellung, die ein Modell wiedergibt.[35] Das Trompe-l'œil scheint diesem neuen ästhetischen Ansatz genau zu entsprechen, da man es mehr über seine Wirkung als über die von ihm dargestellten Gegenstände definiert. Auch wenn der Empirismus nicht von allen Denkern des Jahrhunderts aufgegriffen wurde, hatte er eine Rehabilitierung des Konkreten zur Folge und begünstigte somit – zu Lasten der bisherigen Vorrangstellung der Ideen – eine Ästhetik des Gegenstandes, des Sinneseindrucks und des Greif- und Fühlbaren. Selbst wenn der Empirismus nicht ausreicht, den Aufschwung und die Vorliebe für die Malerei von Gegenständen und genauer noch für das Trompe-l'œil zu erklären, ist er – der »dazu neigt, alles Denken auf ein Bildsystem zurückzuführen«[36] – bei der Rehabilitierung der Empfindung gegenüber dem Verstand im Erkenntnis- und Lebensprozeß entscheidend. Wie sollte man zudem keine Verbindung herstellen zwischen der Denkweise der Sensualisten und einer Bildform, die die Darstellung des Realen in Frage stellt, und damit genau das, was ihre eigentliche Aufgabe ist? Das Trompe-l'œil-Gemälde ist natürlich kein Spiegelbild, mit dem der Künstler sich am Rande des Realen bewegt, aber es erfordert einen Beweis der Existenz des Realen, um dieses erkennen zu können, sowie eine perfekt beherrschte Technik, um es bestmöglich darzustellen. Die empirische Kenntnis der Gegenstände, welche den Stillebenmaler auszeichnet, garantiert diesem einen gewissen Grad an Emanzipation und einen autonomen Status als Kunstschaffender. Auch wenn der Sensualist Étienne Bonnot de Condillac die Malerei alles Menschlichen bevorzugt und aus diesem Grund das Genre des Unbelebten ignoriert, gestattet es sein Konzept der Malerei, das Trompe-l'œil zu berücksichtigen[37]: bei diesem ist es nämlich die im Betrachter ausgelöste Verwirrung, die sowohl die sensitive als auch die kognitive Dimension zum Vorschein bringt, die der menschlichen Natur eigen ist. Der Mensch gehört hier nicht in die Ordnung des Dargestellten, sondern in die des Gelebten und der Erfahrung, die eine Reflexion über die Wahrnehmung der Welt durch den Menschen nach sich ziehen kann. Das kakophonische Schweigen des Trompe-l'œil privilegiert eher das Verhältnis, das der Blick und damit das verblüffte Individuum zum Gemälde herstellt, als ein narratives, poetisches und erbauliches zu den dargestellten Gegenständen.

»Verzaubern heißt, als Realität zu sterben und als Trugbild aufzutreten«[38]; das Wesen, aber auch die gesamte Problematik des Trompe-l'œil werden in dieser Definition des verzaubernden Aktes zusam-

203

mengefaßt, den der Künstler des 18. Jahrhunderts im Spiel mit dem Betrachter intendiert. Zur Zeit von *Les fausses confidences* und *La fausse suivante*, als man sowohl mit Assignaten als auch mit Gefühlen Spekulationen trieb, zur Zeit der *Gefährlichen Liebschaften* und der unheilvollen Verführungen erweitern das Trompe-l'œil beziehungsweise das damit evozierte Trugbild das Repertoire der Verkehrung, indem sie an der allgemeinen Simulation mitwirken. Könnte folglich in Bezug auf diese irreführenden Gemälde nicht von einer Ästhetik der Verkehrung gesprochen werden, deren bildliche Ausdrucksform sie wären? Der Verweis auf eine ›Verkehrung‹ trifft jedoch noch in anderer Hinsicht zu: zum einen hinsichtlich der abnehmenden Intensität der täuschenden Effekte aufgrund ihrer gehäuften Anwendung, zum anderen hinsichtlich der Abnahme der Bewunderung, die das Trompe-l'œil als solches auslöst. Die Dekorateure, die sich dieser Gemälde bedienen, banalisieren deren Wirkung durch zahllose Wiederholungen. Ihr täglicher Anblick vermindert die Zahl der Anlässe, sich zu täuschen. Um sich als Trompe-l'œils behaupten zu können, hätten sie Ausnahmen in der Malerei bleiben müssen. Die im 18. Jahrhundert triumphierenden Gemälde mit Trompe-l'œil-Effekt reißen die Aufmerksamkeit nicht mehr an sich, sondern dienen der bloßen Ausschmückung der alltäglichen Umgebung. Der Maler wird unbemerkt zu einem illusionistischen Handwerker, der die Zwischenräume des Dekors ausfüllt, selbst wenn die berühmtesten Trompe-l'œil-Maler, denen man allmählich den künstlerischen Status zugesteht, ihre Meisterwerke in den Salons ausstellen. Es bleibt der Kunstgriff, der mehr um seiner selbst als um der Verwir-

203. FRANÇOIS VISPRÉ
Trompe-l'œil

241

rung und der Unruhe willen geschätzt wird, deren Auslöser er ursprünglich war. Wenn der Hang zum Kunstgriff den Menschen allgemein auszeichnet, so entspricht die Vorliebe für das Künstliche um des Künstlichen willen offenbar dem Verhältnis, das der selbstgefällige Kunstliebhaber des 18. Jahrhunderts zur Realität hatte. Der wiederholte Anblick dieser Gemälde läßt die Sorge um Wahrscheinlichkeit hinfällig werden, von der sich Künstler und Publikum leiten ließen, als diese Werke noch ungewöhnlich waren. Will man den Betrachter auch weiterhin in Erstaunen versetzen, so soll dieser vor allem mittels eines quantitativen Überangebots im schwindelerregenden Zustand der Illusionen gehalten werden. Dieses ständige Überbieten läßt schließlich sogar ein Publikum, das starke und verwirrende Gefühle erwartet,

gleichgültig werden. Trotz ihrer technischen Perfektion beunruhigen diese Gemälde schließlich nur noch den Einfältigen. Das mag der Grund sein, weshalb Diderot angesichts eines Gemäldes von Roland de La Porte aus dem Salon von 1761, das ein Kruzifix zeigt, seiner Verachtung für dieses Genre öffentlich Ausdruck verleiht. Das Gemälde wird zum Vorwand, um die »leichte« Technik und die »mittelmäßig begabten Künstler, … [die] sich darin ausgezeichnet haben«, schlechtzumachen. Wer den künstlerischen Wert eines Kunstwerks nur im Genie sucht und damit in dessen Einmaligkeit, für den ist das Trompe-l'œil nicht Gegenstand eines wirklichen ästhetischen Urteils, da es zu sehr »Methode« und zu ausgiebig abgewandelt ist – vielmehr ist es Gegenstand eines »Gewohnheitsurteils«, um mit Condillac zu sprechen. Der künstlerische Niedergang der Bildproduktion und der evozierten Emotionen geht zudem mit einer Desorientierung des Betrachters einher, um so mehr, als dessen Urteil bei immer zweideutigeren Gemälden gefragt ist, die andere Kunstwerke zum Bildgegenstand nehmen. Offensichtlich, schreibt Claude Henri Watelet, resultieren das Vergnügen und die Bewunderung, die man vor einem Gemälde verspürt, daraus, daß man die Mittel wiedererkennt, die »mit großer Umsicht erfunden und eingesetzt wurden. Diese Erkenntnis ist es, die bei denjenigen, die Kunstproduktio-

nen genießen, eine angenehme, mit Bewunderung gemischte Empfindung entstehen läßt, die zwischen dem Werk, dem Künstler und der Kunst, oft aber auch mit der imitierten Vorlage geteilt wird, ohne daß man sich darüber wirklich klar würde.«[39]

Jede Begegnung der Realität mit der Kunst gipfelt damals in »einem momentanen Irrtum« oder genauer gesagt in der Täuschung eines geblendeten Blicks, der das Bild mit der Realität verwechselt. Das Trompe-l'œil bildet keine Ausnahme von dieser Regel. Wenn das Trompe-l'œil jedoch eine reale Skulptur oder einen Stich zur Vorlage nimmt, ist es dieser dargestellte (Kunst)gegenstand, der ursprünglich Gegenstand des stillschweigenden Paktes zwischen Kunst und Realität war. An genau dieser Stelle setzt die Verkehrung ein: was genau bewundert der faszinierte Neugierige? Ist es das Original der Vorlage beziehungsweise dessen Darstellung durch den Bildhauer oder Kupferstecher, oder ist es dessen Darstellung durch den Trompe-l'œil-Maler? Bewundert ein Beobachter, der sich mit einer Grisaillemalerei von Piat-Joseph Sauvage konfrontiert sieht, das nachgeahmte Basrelief von Clodion oder dieses selbst? Ist er noch in der Lage, den Gegenstand seiner Bewunderung zu erkennen? Gerät er über der Fusion der ›Schönheiten‹ und Talente in Verzückung, oder beschränkt er sich angesichts dessen vorsichtig darauf, die Technik des Malers zu würdigen?

204. LOUIS-LÉOPOLD BOILLY
Basrelief nach Clodion

Die Vermittlung zweier verschiedener künstlerischer Ausdrucksformen durch den Trompe-l'œil-Maler bedeutet nicht, daß dieser den Neugierigen wie einen verrückten »Zuschauer aus Baltimore«[40] behandelt, der das Vorbild mit dem Gemälde verwechselt. Ohne sich über den Betrachter lustig zu machen oder ihn in die Irre zu führen, lenkt der Maler dessen Erfassungs- und Unterscheidungsvermögen ab und macht ihn damit zu seinem unerläßlichen und umsichtigen Komplizen.

Der Künstler verändert den Blickwinkel des Betrachters auch ohne die Strategie des Trompe-l'œil. Dessen Platz, der sich traditionell vor dem Gemälde befindet, wechselt auf die Seite des Künstlers. Jedoch auch hier ist der Betrachter über den eingesetzten Kunstgriff zu sehr im Bilde, als daß er ein reiner Kunstliebhaber bleiben könnte. Über das mimetische Verhältnis hinaus ist das Trompe-l'œil der Ort eines ›hellsichtigen‹ Trugbildes, das man – weit mehr als in der Täuschung, der niemand wirklich zum Opfer fällt – im *Artefakt* entdeckt, das überzeugt und sich erneuert, »während man sich voll und ganz des Spiels und des Kunstgriffs bewußt ist«.[41] Ahnte Robin dies nicht schon 1787, als er mit Bezug auf das Trompe-l'œil schrieb, daß »sich die Augen noch immer weigern, daran zu glauben, selbst wenn man weiß, daß es sich um eine Illusion handelt«?[42]

Die meisten der im 17. Jahrhundert entstandenen Trompe-l'œils belieferten einen vom Zufall bestimmten Markt und konnten den Käufer daher noch überraschen. Im 18. Jahrhundert dagegen entsprachen die Gemälde mit Trompe-l'œil-Effekt, die von Dekorateuren als Auftragswerke ausgeführt wurden, einem ganz bestimmten und bewußten Verlangen nach Täuschung. Der Illusionist ist nun kein Künstler mehr, der mit seinem Publikum spielt, sondern jemand, der im Rahmen einer offenkundigen Simulation mit dem hervorgebrachten Trugbild spielen und ob dessen Macht jubilieren möchte. Dergleichen Gemälde verdanken sich weit mehr dem Hang zur Verspieltheit und zur Manipulation als einem ästhetischen Bedürfnis. Das auf diese Weise geschaffene Vergnügen besteht darin, ›zu tun als ob‹ und sich den ›Anschein zu geben, als glaube man daran‹. Der Narzißmus des Auftraggebers wird in den ersten Trompe-l'œils dadurch befriedigt, daß er seinen Besuchern im Wissen um die Täuschung voraus ist und dieses Gefühl der Überlegenheit genießen kann. Dieses Vergnügen wird abgelöst von dem des Künstlers, der sich über die Anerkennung seiner Meisterschaft, über das gefällige Wesen und die ›spaßige‹ Dimension des in Trompe-l'œil-Manier ausgeführten Werkes freut. Dasselbe Vergnügen lebt schließlich in der vom Betrachter augenblicklich empfundenen Verwirrung sowie in der Erkenntnis wieder auf, einer Falle entgangen zu sein: eine Welle des Vergnügens breitet sich aus, die jedem schmeichelt, aber niemanden täuscht. Überraschung, Simulation und Künstlichkeit werden nur noch um ihrer selbst willen hervorgebracht. Der gemeinsame Nenner dieser echoartigen Spiele, ihre angestrebte demonstrative Theatralik ist die der Maskerade. Die Akteure sind nicht mehr bedacht auf die Suche nach dem Schönen oder dessen Regeln, sondern auf die Verfahren, Effekte und Zeichen selbst. Am Rande des ästhetisch ›Anständigen‹ beschränken sich Gemälde mit Trompe-l'œil-Effekten nicht mehr nur darauf, ein armseliges Spiegelbild der Welt zu geben, vielmehr verzaubern sie, als seien sie Bilder des Teufels. Darin mag das faszinierende Geheimnis der fesselnden und subversiven Macht des Trompe-l'œil liegen; steht nicht jede Verzauberung mit dem Bösen im Bunde?

Zwei Trompe-l'œil-Gemälde von Louis-Léopold Boilly, einem Virtuosen der Zeichnung und der für den Neoklassizismus so typischen minutiösen Technik, liefern ein Beispiel für die Verworrenheit, die das Spiel der mannigfachen Verschiebungen nach sich zu ziehen vermag. Diese Gemälde ahmen zwei Stiche mit Genreszenen nach samt ihrer Ränder, Schriftzeichen und Widmungen an die Marquise de Pétris (Abb. 205, 206). Keine zerbrochenen Glasscheiben, keine ausgefransten Ränder, kein Hintergrund mehr, von dem sich die vorgetäuschten Stiche abheben, die diesen Scheinbildern Tiefe oder eine plastische Wirkung verleihen würden, sondern eine perfekte Flächigkeit, die die totale Verschmelzung der Leinwand, des imitierten Stiches und der Trompe-l'œil-Malerei zur Folge hat. Das Staunen über diese ausgefeilte Technik der Verschleierung weicht schnell den Fragen, die den eigentlichen Gegenstand der Darstellung betreffen. Es ist offensichtlich, daß der Künstler seine Überlegenheit über die Kunst des Graveurs beweisen möchte. Darin liegt jedoch nicht das Interesse seines Verfahrens. Schon der Stich ist die Reproduktion eines vorher bestehenden Gemäldes. Wenn sich das Trompe-l'œil hier den Anschein eines Stiches gibt, kann es dann seinerseits Gegenstand einer Reproduktion durch einen Kupferstich werden? Welchen Sinn hätte dann diese endlose Verdoppelung, wenn nicht den einer Negierung des Werkes? Der Betrachter verliert sich in den Abgründen des Verfahrens. Boilly, bekannt für seinen Hang zur Provokation, läßt die alltäglich gewordene Verwirrung des ursprünglichen Trompe-l'œil zu einer Quelle schwindelerregender Unruhe werden. Das Scheinbild hat damit seinen Höhepunkt, aber auch seine Grenzen erreicht. Alles sieht danach aus, als ob der Maler, der von der Realität der Gegenstände ausgeht, diese in einer Hyperrealität verortet. Der Künstler stellt die Gegenstände durch seine Inszenierung in eine andere, augenscheinlich sur-reale Realität, so daß diese blutleer werden. Das Scheinbild treibt ins Schemenhafte ab. Die beiden emblematischen Trompe-l'œils von Boilly bewegen sich an der Grenze der Malerei: aufgrund der eingesetzten Werkzeuge und

Bildelemente (Leinwand, Farben, Pinsel, Rahmen usw.) sind sie noch Gemälde, zugleich jedoch schon Phantome einer gemalten und graphischen Realität ohne wirkliche Konsistenz – so sehr hat diese ihre Identität verloren. Worin besteht nun das ›Kunstobjekt‹, wenn es nur noch das Gespenst einer Realität, der Schatten eines Stiches, eines Gemäldes oder nur noch reine Form ist? Wenn es nur noch ein Raum ist, der von einer Technik in Besitz genommen wurde, ist es dann nicht auf eine letzte Bilderfahrung reduziert? Tappt das Trompe-l'œil nicht in seine eigene Falle, in eine ästhetische Sackgasse?

205

205. LOUIS-LÉOPOLD BOILLY
Dankbare Seelen

Die Herausforderung des Trompe-l'œil besteht im Versuch einer Deutung des Sinnes dieses Genres. Das Trompe-l'œil, das zunächst die Realität herausfordert, jedoch weit davon entfernt ist, sie durch seine Darstellungen endlos zu reproduzieren, löst deren Präsenz in einem mimetischen Exzeß auf. Der charakteristischste Zug dieser Gemälde ist ihr minimalistischer, fragmentarischer, disintegrativer Zug: Fragmente einer Realität, die schon an sich bedeuten, daß das Nichts die Darstellung unterhöhlt. Das Trompe-l'œil, das im Dienste der Realität zu stehen scheint, wird deren ironischer Verräter. Es nimmt das Reale und seine Erscheinungsformen auseinander: die Welt wird endgültig ihrer Sinnfälligkeit beraubt. Die Gegenstände verlieren ihre Daseinsberechtigung und ihre Funktion. Im 18. Jahrhundert verwandelt sich das Arsenal des Trompe-l'œil in ein übernatürliches Trugbild der Welt.

Worauf beruht diese ›Realität‹ der Täuschung, die uns zunächst verblüfft, uns danach aber die Ungewißheit bewußt macht, die jeder Erfassung der Wirklichkeit zugrundeliegt? Hinter dem

Trompe-l'œil verbirgt sich der radikale Zweifel an der Realität respektive ihrer verstandesmäßig gelingenden Erfassung. Dort liegt die Herausforderung, die an die Wahrnehmung gerichtet wird. Die Augen zu täuschen, heißt gleichzeitig, sie zu öffnen. Nachdem uns das Trugbild manipuliert und zu einer naiven Handbewegung verführt hat, läßt es uns den trügerischen Charakter des eigentlichen Sehaktes erkennen. Die Distanz erlaubt sowohl die Illusion als auch das kritische Nachsinnen. Indem der Künstler in seinen Atelierecken alle Gegenstände seiner Malarbeit auf der Leinwand ausbreitet, demaskiert er seine eigene Zauberkraft und realisiert so eine *Allegorie* der Täuschung. Dem menschlichen Bewußtsein gibt das Trompe-l'œil ästhetisch und philosophisch eine Chance, indem es mit den Illusionen der Realität und der damit einhergehenden Zerstörung derselben spielt. Dieses künstlerische Spiel vereint den Mißbrauch der Sinne mit der Erkenntnis des Irrtums. Im 17. Jahrhundert versuchte der Stillebenmaler, das Undarstellbare darzustellen. Vom Künstler des 18. Jahrhunderts könnte man sagen, daß er die *Täuschung selbst* darzustellen versucht. Vielleicht ahnte er, daß wir stets vor einem Bild stehen wie »vor etwas, das sich uns entzieht«.[43]

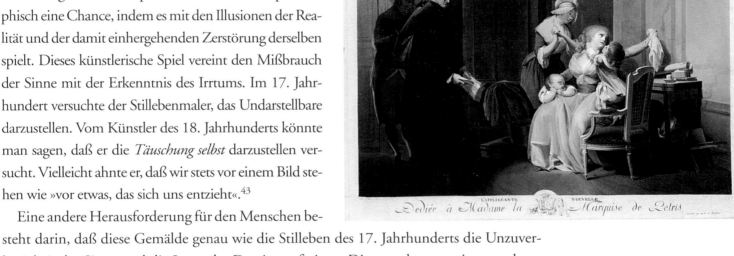

L'AFFLIGEANTE NOUVELLE
Dediée à Madame la Marquise de Letris

206

Eine andere Herausforderung für den Menschen besteht darin, daß diese Gemälde genau wie die Stilleben des 17. Jahrhunderts die Unzuverlässigkeit der Sinne und die Leere des Daseins aufzeigen. Diese weder narrativen noch erbaulichen, sondern ironischen und frivolen Gemälde enthüllen die Nichtigkeit der Welt und die Eitelkeit des Menschen. Eine Maxime von Horaz ließe sich darauf beziehen: »[…] *guid rides? mutato nomine, de te Fabula narratur* […]«.[44] Die Botschaft der Vanitas-Malereien ist ihrem Wesen nach esoterisch. In den Stilleben kann sie die Form einer gelehrten Symbolik annehmen, deren komplexer Code vom Künstler und vom gebildeten Menschen des 17. Jahrhunderts beherrscht wurde. Der Sinn des Trompe-l'œil offenbart sich weiterhin in der von ihm vermittelten fühlbaren Erfahrung. Im Jahrhundert des äußeren Anscheins und des Genusses bevorzugte man eine empirische Vorgehensweise. Das Trompe-l'œil, das von einem flüchtigen Urteilsspruch auf ein pikturales ›Nichts‹ reduziert wird, kehrt sich in ›Wesentliches‹ um, das den Betrachter auf sich selbst zurückwirft und ihn über sein Dasein und seine Bedingtheit meditieren läßt. Man kann dieses in ein Bild umgesetzte ›Nichts‹ mit dem

206. LOUIS LÉPOLD BOILLY
Die schmerzliche Nachricht

247

vergleichen, das Marivaux in einer Antwort an einen Kritiker beschrieb: »[…] Sie sind darüber erstaunt, daß ein Nichts einen so großen Effekt hervorbringt. Wissen Sie nicht, Sie Besserwisser, daß das Nichts das Motiv der größten Katastrophen ist, die über den Menschen hereinbrechen? Wissen Sie nicht, daß das Nichts hier den Geist aller Sterblichen bestimmt […]?«[45] Daß diese nach Pascal klingende Verwarnung im 18. Jahrhundert weiterlebt, bestätigt ein Gedicht in einem von Federico Zeri erwähnten Vanitas-Trompe-l'œil von Benedetto Sartori, dessen Wortlaut die endliche, dem Zerfall preisgegebene Existenz heraufbeschwört.[46] So stellt das Trompe-l'œil-Motiv der *zerbrochenen Glasscheiben,* die den sicheren Verfall einer vergeblich geschützten Zeichnung sowie die Nichtigkeit des Schutzes als solchem deutlich machen, eine wirkliche Analogie zu unserem eigenen Schicksal dar beziehungsweise zu unseren lächerlichen Versuchen, diesem zu entrinnen. Die Suggestivkraft und Symbolik dieser Werke findet sich erneut in den *Jagdtrophäen* oder den *Wildstücken.* Außerhalb ihres gewöhnlichen Kontextes sind diese Gegenstände dem Tod preisgegeben, und der durch sie erregte Schwindel ist symptomatisch für unsere eigene Angst. Das Trompe-l'œil des 18. Jahrhunderts verbindet die Einladung zum Genuß mit der Erkenntnis, daß das menschliche Dasein ganz und gar trügerisch ist. Summa summarum: der Betrachter, der einer Empfehlung Voltaires folgt, die dieser im *Philosophischen Wörterbuch* unter dem Stichwort ›Frivolität‹ ausspricht – nämlich alles zu genießen –, kann die Zweideutigkeit der Botschaft nicht ignorieren, selbst wenn er sich mittels Verdrängung, Arroganz und »Hoffart« vor dieser Konfrontation zu schützen sucht. Ohne Moralismus, aber auch ohne Selbstgefälligkeit präsentieren sich diese Gemälde auf eine Weise, die es dem Betrachter des 18. Jahrhunderts unmöglich macht, der List der Zeichen und Trugbilder zu widerstehen. Er erkennt die im Trompe-l'œil endlos abgewandelte und in einem bruchstückhaften Bildraum zwischen zwei Spiegeln erfaßte Wirklichkeit als Reflexion desjenigen Bildes der Wirklichkeit wieder, das sich in seinem Bewußtsein formt. Fülle und Vielfalt der Gemälde mit Trompe-l'œil-Effekt sind charakteristisch für das die Scheinhaftigkeit der Realität und ihre Darstellung thematisierende Spiel der Verdoppelung im 18. Jahrhundert.

Das Trompe-l'œil, diese »beunruhigende Sublimation des Stillebens«[47], bewahrt im 18. Jahrhundert seine metaphysische Dimension. Es neigt über eine endlos reproduzierte Realität und eine Überfülle von Effekten hinaus dazu, »das undarstellbar Undurchdringliche einer Präsenz zu ersetzen«[48], deren Spuren auf einer Kartographie des Leeren beruhen. Frivolität und Hellsichtigkeit sind es, aus denen der Stoff der Aufklärung und ihrer Spiegelbilder gewoben wird.

18. JAHRHUNDERT

ANMERKUNGEN

1. J.-N. Vuarnet: Le Joli Temps. Philosophes et artistes sous la Régence et Louis XV, 1715–1774, Paris 1990, S. 12.

2. Siehe für eine tiefgehendere Analyse die genaue Studie von L. Ljungström: *Contoirsstycket: Äldre svenska quod libet – stilleben och meningen med dem (17th and 18th centuries)*, in: Konsthistorisk Todskrift, Stockholm 1988, Bd. 57, Nr. 1, S. 30–45.

3. Nach einer kürzlich in Raccolta di oggetti antichi insoliti e rari (Rom, 1993) erschienenen Untersuchung dieses Gemäldes scheint eine Zuschreibung an Antonio Cioci triftiger.

4. Pernety, J.: Dictionnaire portatif de peinture, sculpture et gravure, Paris 1757.

5. Y. Bonnefoy: Rome 1630, Paris 1970.

6. J. Baudrillard: Von der Verführung, München 1992, S.88–89.

7. E. H. Gombrich: Kunst und Illusion. Zur Psychologie der bildlichen Darstellung, dt. Übersetzung, Zürich 1978.

8. R. Démoris: Chardin, la chair et l'objet, 1991, S. 7.

9. Mercure de France, Oktober 1761, S. 156.

10. L. G. Baillet de Saint-Julien: Réflexions sur quelques circonstances contenant deux lettres sur l'Exposition de tableaux du Louvre, Amsterdam 1748.

11. A. J. Dezallier d'Argenville: Abrégé de la vie des plus fameux peintres, Paris 1745–1753, 3 Bde. (Kapitel über J.-B. Oudry).

12. L'abbé Le Blanc: Observations sur les ouvrages de M. M. de l'Académie exposés au Salon du Louvre en l'année 1753, Paris 1753.

13. A. Becq: Genèse de l'esthétique française moderne. De la raison classique à l'imagination créatrice, 1680–1814, Pisa 1984, Bd. II, S. 743: »Die Ideengeschichte erreicht im Zeitalter der Aufklärung eine europäische Dimension, die sich im Bereich der Ästhetik hinsichtlich des Strebens nach dem großen Schönen, das wiederum die Rückkehr zur Antike herauskristallisiert, leicht aufzeigen läßt.«

14. J. J. Winckelmann: Gedancken über die Nachahmung der griechischen Wercke in der Mahlerey und Bildhauer-Kunst, Dresden 1927; Geschichte der Kunst des Altertums, hrsg. von Wilhelm Senf, Weimar 1964.

15. E. et J. de Goncourt: L'art du dix-huitième siècle, Paris 1881 (Heft II), Chardin, Kapitel XII, S. 103.

16. Anonym: Il n'y a pas de règle sans exception ou le bavard sur l'exposition de l'Académie de Saint-Luc, Paris 1774.

17. J. Seznec: Diderot. Salons, Oxford 1967, Bd. IV, S. 377 (Salon von 1781).

18. A. Le Brun: *Exposition de Peintures, Sculptures, et autres Ouvrages de M. M. de l'Académie de Saint-Luc, faite le 25 août et jours suivants à l'Hôtel Jabach ...,* in: Mercure de France, Oktober 1774, Bd. I. S. 178.

19. R. Mesuret: Les Expositions de l'Académie royale de Toulouse de 1751 à 1791, Toulouse 1972, S. 386.

20. J. Restout: La Réforme de la Peinture, Caen 1681, S. 38.

21. A. Becq (zit. Anm. 13), Bd. II, S. 489.

22. L. Petit de Bachaumont: Mémoires secrets pour servir à l'histoire de la république des lettres en France depuis 1762 à nos jours, London 1777-1789, Bd. XIII, S. 107 (Salon von 1771).

23. A. Becq (zit. Anm. 13), Bd. I, S. 227.

24. R. Démoris: *Chardin ou les couleurs du désir,* in: Portrait de la couleur, Orléans 1993, S. 35.

25. J. Seznec: Diderot. Salons, 1957, Bd. I, S. 136 (Salon von 1761).

26. R. Gavelle: *Aspects du Trompe-l'œil,* in: L'Amour de l'Art, Paris, Juli 1938, Nr. 6, S. 232.

27. J. Lacombe de Prézel: Le spectacle des beaux-arts, ou considérations touchant leur nature, leurs objets, leurs effets et leurs règles principales, Paris 1758, S. 37.

28. P. Charpentrat: *Le trompe-l'œil,* in: Nouvelle Revue de Psychanalyse, Paris 1971, Nr. 4, Effets et formes de l'illusion, S. 164.

29. Une lettre d'un amateur anonyme publiée par M. de Montaiglon, in: Les Archives de l'Art Français, 1888.

30. C. Batteux: Les Beaux-Arts reduits à un même principe, Paris 1746, S. 260–261.

31. R. Gavelle (zit. Anm. 26), S. 231.

32. J. Lichtenstein: *Le coloris ou l'interdit du toucher,* in: Portrait de la couleur, Orléans 1993, S. 24.

33. J. Seznec (zit. Anm. 25), Bd. I, S. 223 (Salon von 1763).

34. J. Deprun: La philosophie de l'inquiétude en France au XVIIIᵉ siècle, Paris 1979, S. 76.

35. Siehe dazu die Analyse von M. Baxandall, in: Formes de l'intention, Nîmes 1991, insbesondere S. 158–172 und ihre Anwendung auf das Werk Chardins.

36. A. Becq (zit. Anm. 13), Bd. II, S. 650.

37. Siehe dazu die besonders interessante Arbeit von R. Démoris: *Condillac et la peinture,* in: Condillac et les problèmes du langage, Genf 1982, S. 379–393.

38. J. Baudrillard (zit. Anm. 6), S. 98–99.

39. C. H. Watelet (und P. C. Lévesque): Dictionnaire des arts de peinture, sculpture et gravure, Paris 1792, Bd. I, S. 479–480 (Stichwort ›Konvention‹).

40. Stendhal erzählt in *Racine et Shakespeare* folgende Anekdote: Im Theater von Baltimore hielt ein Soldat die heftige Handbewegung Othellos für wahr, verletzte ihn seinerseits und erlebte dabei etwas, was der Romanschriftsteller die »vollkommene Illusion« nennt, während der Betrachter gewöhnlich an der »unvollkommenen Illusion« Geschmack findet – eine der bevorzugten Formen der Verneinung.

41. J. Baudrillard (zit. Anm. 6), S. 91.

42. Robin: L'Ami des artistes au Salon (sans offenser l'amitié sait instruire), Paris 1787.

43. H. Michaux: Face à ce qui se dérobe, Paris 1975.

44. »[...] warum lachst du? Ändere deinen Namen, diese Fabel ist deine Geschichte [...]«, Horaz: Satiren, I, Buch 1.

45. Diese Parallele wird von R. Démoris aufgestellt in: Chardin, la chair et l'Objet, Paris 1991, S. 19–20, der den kühnen Text von Marivaux zitiert (Auszug aus *Pharsamon,* in: Œuvres de jeunesse, Paris, S. 562–563).

46. La natura morta in Italia (Gemeinschaftsarbeit hrsg. von F. Zeri), Mailand 1989, Bd. I, S. 376.

47. L. Cheronnet: Marianne, 18. November 1937, S. 9.

48. P. Charpentrat (zit. Anm. 28), S. 162.

207

Das Jahrhundert der verlorenen Illusion
19. Jahrhundert

»Die Aufgabe der Kunst besteht nicht darin, die Natur zu kopieren, sondern sie auszu-
drücken!«[1] Dieser von Balzac in *Le Chef-d'œuvre inconnu (Das unbekannte Meisterwerk)*
formulierte Satz, den Cézanne ergründete und Picasso illustrierte, klingt bereits 1831 wie
eine Herausforderung an die damalige Malerei[2] und – wie das Todesurteil des Trompe-
l'œil. Die weitere Geschichte bestätigt dies: die Aufmerksamkeit, die man einer bis ins kleinste Detail perfekt nachgeahmten Realität schenkte, sollte die Romantik nicht überstehen.
Amaury-Duval macht sich in *L'Atelier d'Ingres* über die Geschichte des Zeuxis lustig, der
Weintrauben so erfolgreich malte, daß Vögel herbeiflogen, um an ihnen zu picken, und er
setzt fort: »Kann man sich Künstler vorstellen, die, die Werke von Phidias und die Wunder der griechischen Architektur vor Augen, sich mit der Malerei von Trompe-l'œils die
Zeit vertrieben hätten, wie dieser brave Mann, den ich in meiner Jugend kannte, der die
Wände des Instituts mit einer schier unendlichen Anzahl von Gemälden bedeckte, in denen ausschließlich Eier in einer Schüssel dargestellt waren?«[3] Delacroix fegt den kaum wahr-
nehmbaren Pinselstrich der Davidianer hinweg, Ingres stellt ihn in den Dienst jener Form-
veränderungen, mit denen er seinen Stil ›à la nature‹ durchsetzt. Welcher Platz blieb dem
Trompe-l'œil – das mit Boilly höchste Raffinesse erreicht hatte – in einem Jahrhundert,
das die Sorge um eine wahrheitsgetreue Nachahmung allmählich aus dem Blickfeld verlor
und in dem sich illusionistische Erfolge mehr und mehr auf den Bereich der zweitrangigen Künste (Miniaturen, Blumengirlanden, Tapeten, Dioramen, Bühnenbilder) beschränkten? Gemälde wie der *Friedensvertrag zwischen Frankreich und England,* das Laurent Dabos unter dem Konsulat (1799–1804) schuf und in dem die zerbrochene Glasscheibe das Porträt Napoleon Bonapartes zu bedrohen scheint, schließen unmittelbar an
die Werke des vorangegangenen Jahrhunderts an.[4] Dieser Typ technisch einwandfreier
Kompositionen – politische Allegorien, die es zu entziffern gilt, oder ein reiner, für Kunstliebhaber und Neugierige gedachter Zeitvertreib – wird jedoch immer seltener.

ADRIEN GOETZ

207.   JEAN-ANTOINE LAURENT
*Ein Schlosser versucht, einen Eichelhäher
dazu zu bewegen, in seine Feile zu
beißen,* 1829

Ging eine Bewegung, die in der Renaissance ihren Anfang genommen hatte, dem Ende zu? Benvenuto Cellini hatte versichert: »Besteht das schönste Lob, das man einem Gemälde machen kann, nicht darin, zu sagen, daß es plastisch scheint?«[5] In der klassischen Tradition – in der sich jede Malerei illusionistisch gab, in der jedes kritische Lob einer Vorlage gemäß verfaßt wurde, die über zahlreiche Umwege auf Vasaris Beschreibung der *Mona Lisa*[6] zurückging – bildete das Trompe-l'œil im zweifachen (handwerklichen und intellektuellen) Sinn den Gipfel der Malerei, es beschloß die Gattungshierarchie und faßte sie auf eine gleichermaßen verspielte wie folgenlose Art zusammen. Mit dem 19. Jahrhundert sollte sich das grundlegend ändern.

Schon in der ersten Fassung seiner Erzählung räumt Balzac dem Trompe-l'œil, ohne es beim Namen zu nennen, einen zentralen, für die Größe und Misere des Genres symptomatischen Platz ein. Für die drei Künstler des 18. Jahrhunderts, die er in Szene setzt – den alten Pourbus, den jungen Poussin und den mythischen Frenhofer –, bleibt die getreue Nachahmung der Wirklichkeit das höchste Kriterium für die Wertschätzung eines Gemäldes. So erscheint eines Tages Frenhofers Meister Mabuse, bekleidet mit auf Papier gemaltem »Damast«, vor Karl dem Großen: »Der Kaiser war überrascht vom außerordentlichen Glanz des Stoffes und wollte ihm ein Kompliment machen, [...] als er den Betrug entdeckte.«[7] Alle schließen daraus auf die Überlegenheit Mabuses – doch Balzac hütet sich davor, diese Urteile in seiner Funktion als Autor zu bestätigen, hat er doch – absichtlich – die Erzählung in eine andere Zeit verlegt. Auch die wundervolle Frau, die Frenhofer zehn Jahre lang heimlich gemalt hat, entspricht der Definition des ›Trompe-l'œil‹. Zunächst weil das Gemälde für den Maler keines mehr ist. Er selbst täuscht sich – mit Feuer und Flamme: »Sie stehen vor einer Frau und Sie suchen ein Gemälde. [...] Es sieht so wahr aus, daß Sie es nicht mehr von seiner Umgebung unterscheiden können. Wo ist die Kunst? Verloren, verschwunden!«[8] Darin bestand in der Tat das bescheidene und stolze Ziel des Trompe-l'œil, so wie es Boilly und seine Nachfolger verstanden hatten. Es wäre naiv für die Historien- oder Aktmalerei, ein ähnliches Ziel behaupten zu wollen. Frenhofers Gemälde entspricht aber vor allem deshalb dem Kanon des Trompe-l'œil, weil es für Poussin und Pourbus unsichtbar bleibt: »›Ja doch, es ist wirklich ein Gemälde‹, sagte Frenhofer, wobei er den Zweck dieser gewissenhaften Untersuchung falsch verstand. ›Das ist der Rahmen ...‹«[9] Gewöhnlich ist das Trompe-l'œil ein Betrug, vom Maler eingerichtet, um das Publikum zu täuschen. In unserem Fall täuscht sich Mabuses Schüler jedoch selbst, und als ihm die beiden anderen »seine gemalte Wand« zeigen, die nichts mehr darstellt – das erste nicht-figurative Gemälde, das hier, vor seiner eigentlichen Zeit, beschrieben wird und das keiner von beiden verstehen kann –, bringen sie Frenhofer um seine Illusion – und er nimmt sich das Leben.

Die leidenschaftliche Suche nach der Illusion treibt Balzacs Helden in den Wahnsinn, in den Tod, in eine unverständliche Malerei: einzig das Trompe-l'œil gestattet, das Ideal eines anderen Zeitalters (die Wahrheit in der Malerei) zu erreichen, wobei es seine Ambitionen auf die wahrheitsgetreue, kodierte Wiedergabe flacher, stark beleuchteter Gegenstände beschränken muß.[10] Balzacs Erzählung, die den illusionistischen und verspielten Zeitvertreib vergangener Jahrhunderte in den Konfliktstoff eines phantastischen Dramas verwandelt, bei dem das Leben auf dem Spiel steht, demonstriert, daß die Zeit der mimetischen Malerei, die eine perfekte und naive Illusion anstrebt, vorüber ist. Zur Geschichte des Trompe-l'œil im 19. Jahrhundert kann man folgende Hypothese aufstellen: dieser Gemäldetypus, ein zweitrangiges Genre, das aus den Salons und kritischen Kommentaren[11] fast völlig verschwunden und zur Domäne einiger Provinzstukkateure oder Meister aus Ländern Europas mit einer weniger erfinderischen Malerei geworden ist, unterliegt einem stetigen Bedeutungsverlust. Wenn dem so ist, bleibt zu verstehen, durch welches Wunder es am Ende des Jahrhunderts in den Vereinigten Staaten wieder auftauchte.

Das Trompe-l'œil im Hintergrund

Als man um 1800 das Wort im Französischen erfindet[12], ist dessen Gegenstand längst veraltet. In der Zeit der Restauration (1815–1830) stellt die ›gelungene Ausführung‹ das Kriterium bürgerlicher Bewunderung schlechthin dar, worüber sich Balzac in *Pierre Grassou*[13] lustig macht. Ein Beispiel unter vielen: Bei dem Vordergrund des sehr holländisch anmutenden Gemäldes von Jean-Antoine Laurent aus dem Jahre 1829 (*Ein Schlosser versucht, einen Eichelhäher dazu zu bewegen, in seine Feile zu beißen;* Abb. 207) könnte es sich um ein reduziertes Trompe-l'œil-Modell handeln: zu sehen sind an einem Metallhaken hängende Kirschen, Werkzeuge und Tierdarstellungen auf einer mehr oder minder beschädigten Mauer, jene Fabel von La Fontaine aufgreifend, die das Gemälde inspiriert hat. Man kann sich natürlich über den Staub, die Schatten und den Pinselstrich auslassen, der eines Miniaturisten würdig wäre. Es ist jedoch das gleiche Jahr, in dem Delacroix *Die Ermordung des Erzbischofs von Lüttich* malt.

Im Gegensatz zum Trompe-l'œil verzeichnet das Stilleben damals keinen Rückgang an Popularität, und der Illusionismus findet in ihm seine Zuflucht – Tautropfen perlen auf den

Blumensträußen Redoutés und seiner Schüler[14], die Früchtekörbe und andere Kompositionen Antoine Berjons machen den Ruf der Schule von Lyon aus und erreichen ein Publikum, mit dem es die Historienmalerei nicht aufnehmen kann. Es handelt sich nicht mehr um ›Trompe-l'œils‹ im strengen Sinn, wie sie das 17. und 18. Jahrhundert definiert hatte, sondern um Trompe-l'œil-Zitate, verborgen in Gemälden (die keine sind), in einem Detail im Hintergrund, welches das geübte Auge jedoch bemerkt. So erinnern einige Blumensträuße, die im Leeren aufgehängt ihre Schatten an die Wand werfen, wie zufällig noch an Trompe-l'œils. Die Trompe-l'œil-Technik – eine zweitrangige Kunst, eine Unterkategorie des Stillebens – findet auch in dekorativen Wandtapeten Unterschlupf, die Stoffe, Schleifen und falsche Posamenten imitieren.[15] Von der Decke herablaufend, erweckten sie den Anschein, als rahmten sie die wirklichen Gemälde ein, Werke in denen damals andere Bildgegenstände dominierten.

Chateaubriand beschreibt die gestreiften und abgeflachten »*Trompe-l'œil-Schleifen*«[16], die die Stiche in seinem Herbergszimmer in Waldmünchen, einem entlegenen Winkel Europas, einrahmen. Mit dem Aufkommen des Realismus in der Malerei, mit Vourbet, Manet und den Impressionisten, mit der Erfindung der Photographie hat das Trompe-l'œil keine Daseinsberechtigung mehr. Selten sind die geworden, die wie die Brüder Goncourt Chardin loben[17] oder wie Fromentin flämische Meisterwerke detailliert beschreiben.[18] Die Trompe-l'œil-Gemälde des 17. Jahrhunderts geraten in Vergessenheit. Für Maxime Du Camp ist Millais' *Rückkehr der Taube Noah* (Abb. 208) aus dem Jahr 1855 – ein Meisterwerk des Präraffeliten – »ein wirkliches Trompe-l'œil. Dieses Bild ist keine Kunst mehr, sondern eine kolorierte Photographie. Jeder Gras- und Strohhalm [...], jede Feder aus den Flügeln des Vogels ist zum Verwechseln ähnlich gezeichnet, gemalt und reproduziert«.[19] Diese Art Kritik mußten sich die Präraffeliten häufig gefallen lassen. Der Ausdruck ›Trompe-l'œil‹ wurde jetzt verwendet, um das Gegenteil eines ›Kunstwerks‹ zu bezeichnen. Das *Grand Dictionnaire universel du IIe siècle* von Larousse dekreditiert unter dem

208.   SIR JOHN EVERETT
MILLAIS
Rückkehr der Taube Noah, 1851

209.   EDOUARD MANET
Porträt Emile Zolas, 1868,
Gesamtansicht und Detail

Deckmantel der Sachlichkeit: »Die Realität so nachzuahmen, daß eine Illusion entsteht, daß *das Auge* des Betrachters *getäuscht wird* – darin besteht für den gemeinen Mann das höchste Ziel der Kunst. Leute mit Geschmack fordern etwas anderes …«[20] Das Trompe-l'œil wird nun zu den Erzeugnissen der Industrie in Beziehung gesetzt, auf die man rechnet, um der Natur ›Konkurrenz‹ zu machen. So träumt Des Esseintes, Huysmans Romanheld aus *Gegen den Strich,* von Trompe-l'œils in Lebensgröße, die sich betreten lassen und Landschaftsgemälde sowie Stilleben überflüssig machen.[21] Der Kritiker Jules Adeline versucht erst gar nicht, in seiner 1894 erschienenen Apologie des Trompe-l'œil, in der er sich ganz offensichtlich für eine verlorene Sache einsetzt, das Trompe-l'œil-Staffeleibild zu rehabilitieren.[22] Er zieht es vor, die von Daguerre und seinen Nachahmern erfundenen Dioramen zu bewundern, die ihm zufolge die Tradition der Trompe-l'œil-Malerei wiederaufleben lassen: »Solche Eindrücke [zum Beispiel das berühmte Diorama *Die Mitternachtsmesse von Saint-Etienne-dû-Mont*[23], dem 1831 ganz Paris nachlief] erinnern, so scheint uns, ganz besonders an die Kunst des Trompe-l'œil«.

209

Die Brüsseler Fassung von Davids *Krönung Napoleons I. und der Kaiserin Joséphine*[24], die 1826 und 1827 zwischen New York, Philadelphia und Boston im Umlauf war, oder Géricaults *Floß der Medusa,* während des England-Aufenthaltes des Malers 1820–1821 in der Egyptian Hall in London zu sehen, wurden in Sälen gezeigt, die den Figuren eine trügerische Kraft verliehen, die der Evokation eines Dioramas entsprach. Eine ausgeklügelte Beleuchtung verwandelt eine in Lebensgröße gemalte Figur leicht in ein ›Trompe-l'œil‹.[25] Das hindert Jules Adeline nicht daran, den Humoristen Töpfer zu zitieren, für den »das Trompe-l'œil eine der niedrigsten Stufen der Kunst«[26] ist. Ein solches Urteil verwundert nicht, wenn man weiß, daß Töpfer es war, der das Comic erfand.

209 (Detail)

Wurde dem Trompe-l'œil die Zuneigung wirklich völlig entzogen? Auch für Zola hat das Wort ›Trompe-l'œil‹ eine abwertende Bedeutung, wie 1868 in seiner detaillierten Beschreibung des Porträts deutlich wird, das sein Freund Manet von ihm angefertigt hatte (Abb. 209): »Ich spreche nicht von den Stilleben, den Accessoires und den Büchern, die auf dem Tisch herumliegen: Edouard Manet ist darin zum Meister geworden. Ich empfehle ganz besonders die Hand, die auf dem Knie der Gestalt ruht; sie ist ein Wunder an Ausführung. Endlich einmal Haut, wahre Haut, ohne lächerliches Trompe-l'œil.«[27]

Zola ist geschickt: Wovon spricht er nicht? Eben von dem Bildteil, der sich an der Grenze zwischen Stilleben und Trompe-l'œil bewegt. Als wollte er der Kritik zuvorkommen, bringt er sogleich den Begriff des ›Trompe-l'œil‹ ein, um zu unterstreichen, daß es nicht dieser Bildteil ist, der höchste Bewunderung verdient. Betrachtet man die rechte obere Ecke jedoch einmal genau, nimmt man eine Ausführung wahr, der fast alle Codes des Trompe-l'œil eignen, ohne dergleichen wirklich ins Werk zu setzen. Es ist ein Zitat vergangener Trompe-l'œils, ohne jedoch Rücksicht auf die Proportionen beziehungsweise die Machart der Vorlagen zu nehmen. In dem Wirrwarr der Utensilien und Bücher, das Porträtfunktion hat, erblickt man Zolas Broschüre *Edouard Manet, étude biographique et critique*[28], die hier als Hommage und als Signatur – zwei traditionelle Funktionen des Trompe-l'œil – fungiert. Die drei Bilder, die im Rahmen darüber hängen, entsprechen noch mehr den Vorstellungen der Zeit Boillys – zum einen, weil sie flach sind (sie wurden hinter Glas oder vielmehr hinter den Rahmen geschoben), zum

anderen, weil der Maler zugleich einen Holzschnitt von Kuniaki II, eine Radierung nach *Los borrachos* von Velázquez und eine Reproduktion der *Olympia* anzudeuten weiß. Diese drei Bilder, in dem dunklen Rahmen vereint, bilden ein Glaubensbekenntnis. Sie symbolisieren die drei Quellen von Manets Kunst, wie Zola sie in der blauen Broschüre analysiert hatte: Japan, Spanien und das wirkliche Leben. Manet gibt zu verstehen, daß er den Kritiker billigt – oder dessen Analyse sogar zur eigenen macht.[29] Wäre dieses Detail vom Bild losgelöst, so würde es sich streng genommen um ein Trompe-l'œil handeln. Sogar der ›winzige‹ Irrtum, der den Betrug aufdeckt (etwa wenn Boilly eine falsche Gravur mit ›*pinxit*‹ signiert[30]), ist berücksichtigt worden: der Blick Olympias ist nicht mit dem des Originals

211

211 (Detail)

identisch.[31] Hier ist es Zola, den sie im Visier hat, als ob sie sich bei ihm bedanken wolle. Manet malt weder eine Photographie noch einen Stich Olympias, sondern ein ›Trompe-l'œil‹ seines eigenen Gemäldes, in dem der Blick Olympias abgelenkt wird, um den Betrachter vom Nebensächlichen zum Wesentlichen zurückzuführen. Dieser Gemeinplatz scheint Zola gestört zu haben. Er befürchtete, man könnte darin einen Archaismus sehen: Manet dagegen will unbedingt den alten Meister mimen. Zola jedoch spielt nicht mit. Für seine Generation ist die Tatsache, ein Trompe-l'œil oder auch nur Zitate eines Trompe-l'œil beziehungsweise überkommene illusionistische Kunstgriffe aufzugreifen, ein Wagnis und wird fast zu einer neuen Herausforderung. Fast wie zufällig malt Claude Monet in seinem *Einweckglas mit Pflaumen* (Abb. 210) dessen sich im Marmor spiegelndes Bild in der Art eines Trompe-l'œil von einst, und Cézanne verleiht diesem Paradox kühn Ausdruck: »Imitation und ein wenig Trompe-l'œil müssen sogar sein; […] dies schadet nicht, wenn Kunst dabei am Werke ist.«[32]

210. CLAUDE MONET
Einweckglas mit Pflaumen

211. JACQUES-LOUIS DAVID
Porträt von Lavoisier und seiner Frau,
1788, Gesamtansicht und Detail

212 (Detail)

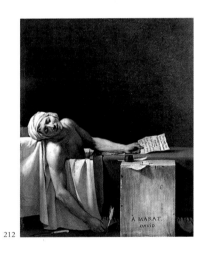

212

212. JACQUES-LOUIS DAVID
Der ermordete Marat, 1793,
Gesamtansicht und Detail

213. JEAN-AUGUSTE
DOMINIQUE INGRES
Die Gräfin d'Haussonville, 1845,
Gesamtansicht und Detail

214. JEAN AUGUSTE
DOMINIQUE INGRES
Madame de Sennones, 1814,
Gesamtansicht und Detail

215. ALBERT CASAUS
*Trompe-l'œil mit La Petite
Gironde und Spielkarten*

All das sind Hinweise darauf, daß das Genre, wenn auch diskret, im 19. Jahrhundert weiter fortbesteht. War es zwischen 1800 und 1860 wirklich ein totes Genre oder könnte es sein, daß es nur für die Kritik und für die Kunsthistoriker des 20. Jahrhunderts ›gestorben‹ war? Fest steht, daß das Trompe-l'œil in dem Zeitraum zwischen Boilly, der sämtliche Kunstgriffe dieses Genres ausschöpfte, und Manet, der darauf anzuspielen weiß, in der großen Malerei heimlich überlebt hat. Man muß sich nur darin üben, es im Hintergrund der Porträts zu entdecken. Bestimmte ›Details‹ erfüllen nicht die Funktion eines Trompe-l'œil, beziehen sich aber ganz eindeutig darauf. Viele Maler bedienen sich dessen, um zu beweisen, daß sie seine geheimen Kniffe kennen. Sie können sich des Effektes nach wie vor sicher sein, den ein weißer, ein durchsichtiges Glas oder eine schimmernde Perle suggerierender Strich auf ein uneingeweihtes Publikum hat. In den psychologischen Porträts definieren diese Stilleben die abgebildete Person. Jacques-Louis David hat dafür spannende Beispiele geliefert: die chemischen Instrumente der Lavoisiers formen ein Stilleben, das die illusionistische Präzision eines Trompe-l'œil besitzt (Abb. 211). Die Holzkiste, die beschriebenen Blätter und der zusammengefaltete Geldschein, die man im Vordergrund des *Ermordeten Marat* (Abb. 212) erblickt, treten dem Betrachter gewissermaßen entgegen und liegen dem Genre um so näher, als sich das Drama in ihnen entschlüsseln läßt. Das Opernglas, die Visitenkarten der Besucher und die sich spiegelnden Blumen, die Ingres hinter der Gräfin d'Haussonville in deren Porträt von 1845 gemalt hat (Abb. 213), sollten die ›gemalte Beschreibung‹ der Gräfin abrunden. Schon in seinem Porträt der Madame de Sennones aus dem Jahre 1814 hatte Ingres zwischen Rahmen und Spiegel seine eigene Visitenkarte geschoben: der Besucher ist der Maler, der sig-

258

213 (Detail)

213

214

214 (Detail)

215

niert (Abb. 214). Würde man diese Bildausschnitte isolieren, hätte man Trompe-l'œils der großen Tradition, elliptische Porträts des Modells, des Malers oder beider gemeinsam.

Bestimmte Stilleben aus der Mitte des Jahrhunderts bewegen sich an der Grenze zum Trompe-l'œil. Decamps, eigentlich für orientalistische Werke bekannt, verziert ein *Stilleben mit toten Tieren* mit einer Hängelampe und Papierschnipseln und hinterläßt sein Monogramm auf der Wand. Einzig der illusionistisch gemalte Stuhl im Vordergrund (gearbeitet mit jener zähen und kostbaren Farbpaste, die den Maler so erfolgreich machen sollte), der vom Rahmen beschnitten wird, verweist das Gemälde in den Bereich des Stillebens. Der Maler bricht auf diese Weise absichtlich mit der Illusion, damit das Trompe-l'œil, das er gerade erst so meisterlich hervorgebracht hat, nicht als solches bezeichnet werden kann. Ihm liegt daran, zu den großen Meistern gezählt zu werden. Delacroix warnt in seinem *Tagebuch* die Künstler vor einem zu raffinierten Geschmack für das Nebensächliche und vor der »Mühe, die man sich damit macht, bestimmte Details, die untergeordnet sein müßten, hervortreten zu lassen«.[33]

Die europäische Tradition des Trompe-l'œil im 19. Jahrhundert

Das reine Trompe-l'œil scheint nichtsdestotrotz aus den Salons verschwunden und aus der Mode gekommen zu sein. Es ist indes nicht tot. Die leidenschaftlichen Debatten, die um Delacroix' Gemälde *Der Tod Sardanapals* geführt wurden, hatten nicht zur Folge, daß man von heute auf morgen damit aufgehört hätte, Kaminverkleidungen für die Schlösser des Périgord

216

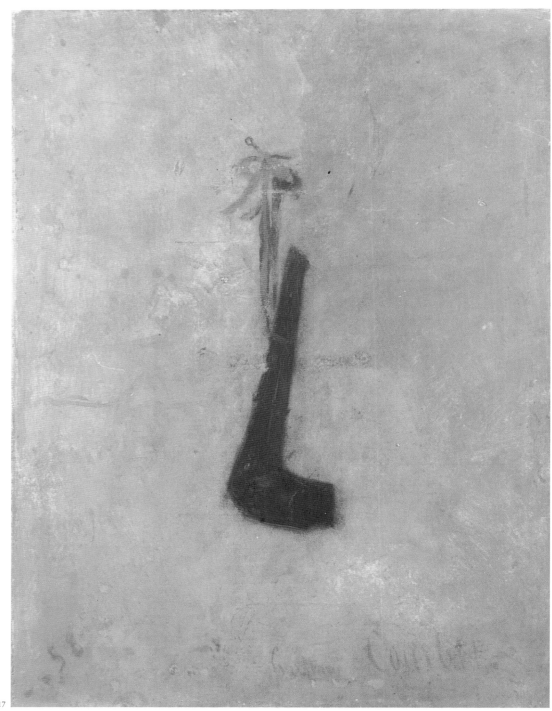

216. CLARA KRÜGER
Blumen, 1877

217. GUSTAVE COURBET
Die Pfeife, 1858

218 u. 219. ARSÉNE-
SYMPHORIEN SAUVAGE
Aufgehängtes Wild (zwei Gemälde)

220. UNBEKANNTER MEISTER
DER SCHULE VON BARBIZON
Trompe-l'œil, gemalt auf ein Büffet
des Gasthofs Ganne, genannt Büffet
»Vollon«

217

218

219

220

zu malen.[34] Camille Lefort malte Trompe-l'œil-Aquarelle, die sich heute in privaten Sammlungen befinden.[35] Andere Maler wie G. V. de Moléon, J. Maupin und Albert Casaus führten zur Zeit der Restauration, des Second Empire und am Ende des Jahrhunderts die Tradition der Malerei illusionistischer Stiche fort. Letzterer beispielsweise vergnügte sich damit, eine
Ausgabe der *Petite Gironde* mit Zigarettenpapiermarken und Spielkarten zu bedecken
(Abb. 215). Dieser provinzielle Zeitvertreib hat in den Überlegungen zur Kunst des 19. Jahrhunderts keine Spuren hinterlassen. Piat Joseph Sauvage, ein Meister der Trompe-l'œil-Su-
praporten, starb 1818. Als Professor an der Zeichenakademie von Tournai prägte er Schüler,
Kunstliebhaber und ›Dekorateure‹, die die europäische Kunstgeschichte vergessen hat. Sein
Namensvetter, Arsène-Symphorien Sauvage, ein Schüler Gérômes, präsentierte bei seiner ersten Ausstellungsbeteiligung im Salon von 1868 zwei Kompositionen mit *Aufgehängtem Wild*
(Abb. 218 und 219), die das exakte europäische, heute in Vergessenheit geratene Pendant zu
William Harnetts Gemälde *Nach der Jagd* (vgl. Abb. 225) darstellen. In Barbizon malt einer
der Pensionsgäste des Gasthofes Ganne, Mitglied einer Künstlergruppe, die der Kunst der illusionistischen Meister entgegengesetzt war, ein Trompe-l'œil mit Geschirr und Früchten auf
die Flügeltüren eines Buffets (Abb. 220): das Trompe-l'œil ist zum Künstlerstreich geworden,
mit dem ein volkstümliches oder wenig begütertes Publikum unterhalten wird.

Courbet ging das Wagnis eines wirklichen Trompe-l'œil wenigstens einmal ein, und zwar
während seines Aufenthaltes in Bayern, einem Land, in dem das Publikum nach wie vor ins-

221. HUGH WELCH
DIAMOND
Stilleben, um 1850

262

besondere hohe Qualität in der ›Ausführung‹ der Kunstwerke erwartete, woran Courbet nicht gewöhnt war. Riat berichtet, daß Courbet, als er 1869 in München »von den bayrischen Künstlern gebeten worden war, seinen Charakter zu umreißen, eine Pfeife malte und in den Zierrahmen darunter die berühmte Inschrift: *Courbet, sans idéal et sans religion.*« Wenn es sich bei diesem Gemälde um jenes handelt, das sich heute in einer deutschen Privatsammlung befindet[36], und in dem eine an einem Nagel hängende Pfeife vor einer weißen Mauer dargestellt ist, dann haben wir es wirklich mit einem Trompe-l'œil zu tun – das hier als Selbstporträt fungiert[37], die Signatur des Malers enthält und als Glaubensbekenntnis dient. Wie das immense *Atelier* ist *Die Pfeife* (Abb. 217) eine ›reale Allegorie‹. Könnte es sein, daß Courbet zum Spaß das alte Trompe-l'œil als Vorläufer des Realismus geschickt neu besetzt hat? Wenn das Genre auch nicht immer atheistisch gefaßt worden war, hatten seine Protagonisten doch stets dazu geneigt, ideelle Werte auszuklammern.

Über den damaligen spektakulären Veränderungen in der französischen Kunst dürfen die seltsamen Phänomene dieser Zeit nicht vergessen werden – die bayrische Pfeife Courbets ist ein Hinweis darauf –, die die Suche nach dem Trompe-l'œil für einen Zeitraum erleichtern können, in dem es als verschollen galt. Eine Feststellung, die nicht schwerfällt, so verstreut sind die wenigen Indizien, die in den heutigen Museen vom Fortleben des Trompe-l'œil jenseits der Modeerscheinungen und der großen Strömungen zeugen. In Europa – in Deutschland und vor allem in den Niederlanden – findet man tatsächlich noch einige Trompe-l'œil-Gemälde. Zeugen sind auch die ausgeschnittenen Silhouetten, die man weiterhin verwendete, oder die Tischplatten, die während des ganzen Jahrhunderts in Hamburg, Stockholm[38] oder München hergestellt wurden – und die die amerikanischen Künstler während ihrer Europareisen sahen.[39] In England fertigt ein gewisser Reverend Mouchel Trompe-l'œil-Kompositionen an, die sich aus Büchern und Kupferstichen zusammensetzten.[40] 1877 drapiert Clara Krüger Blumen vor einem Zaun (Abb. 216) in einem Stil, der demjenigen der amerikanischen Malereien des folgenden Jahrzehnts stark ähnelt. In Rußland führt 1857 der Amateurmaler Alexander Nikolajewitsch Mordwinow, der zu seinen Lebzeiten mehr wegen seines Onkels, des Marineministers Mordwinow, bekannt war als für seine Gemälde, ein Jahr vor seinem Tod ein perfektes Trompe-l'œil aus, von dem man meinen könnte, es sei ein Jahrhundert zuvor entstanden: sowohl der umgedrehte Rahmen als auch das Skizzenheft und die Tondos aus Stuck entsprechen den traditionellen Bildelementen des Emblems der schönen

222.   ADOLPHE BRAUN
Stilleben mit Hase und Enten (Fotonegativ mit Kollodium behandelt)

Künste. Ein anderer, anonymer Künstler aus Rußland malt wahrscheinlich um 1850 ein *Bild in einem Spiegel,* das einerseits eine Genreszene zeigt, die man in einem geschliffenen Spiegel erblickt, zum anderen einen Vordergrund, der in der Art eines Trompe-l'œil gehalten ist: wirres Nähzeug, in eine offene Schublade geworfen. Von Madrid bis zum Schwarzwald werden in allen Provinzen Europas weiterhin Trompe-l'œils hergestellt. Einige naive Beispiele, die Trompe-l'œil-Verfahren einschließen, finden sich bei den Anhängern von Antonio Pérez de Aguilar sogar in Mexiko, wie zum Beispiel bei Appollinar Fonseca, der um 1850 *Bodegónes* schuf: ein Phänomen, das man im Blickfeld behalten muß, will man die amerikanischen Trompe-l'œil-Gemälde zur gleichen Zeit verstehen.

Der Impressionismus und die Fotografie mögen den Sieg über das ›offizielle‹ Genre des Trompe-l'œil davongetragen haben, dem Reiz, den diese unterhaltenden Kunstformen auf das Publikum ausübten, sowie der – zugestandenermaßen sehr intellektuellen – Vorliebe für die verstandesmäßige Erfassung der Objekte jedoch setzten sie kein Ende.[41] In der Fotografie dienen die Erfindungen des Trompe-l'œil, geschickt verlagert, den Fotografen als Modellvorlagen. Sie finden sich in ganz Europa. Die Engländer Francis Edmond Curey und Dr. Hugh Welch Diamond, der beispielsweise totes Wild zusammen mit im Vordergrund drapierten Gegenständen fotografiert (Abb. 221), finden Gefallen daran, Gemälde in die Fotografie zu übertragen. Im Katalog des elsässischen Fotografen Adolphe Braun (Abb. 222), dem Gründer des Hauses Braun & Co. in Dornach, das hochberühmte Kunstreproduktionen vertrieb, sind Jagdtrophäen aufgeführt, die wie zuvor die Chromolithographien zur Ausschmückung von Eßzimmern bestimmt waren.[42] Diese Fotografien, in denen sich die Gegenstände stark vom Hintergrund abheben – das Haus Braun vertrieb auch Stereoskopien, eine andere illusionistische Technik – , suggerieren Plastizität und dienen in neukomponierter und geläuterter Form dem Amerikaner Harnett als Bezugspunkt.[43] Harnett stieß mehr durch diese Fotografien als durch Chardin und Oudry auf das europäische Thema der ›Rückkehr von der Jagd‹, das er später erfolgreich zu gestalten wußte. Ohne Hemmungen übernimmt die Fotografie den Kanon ebenso wie die dekorativen und spielerischen Funktionen des Trompe-l'œil, während sich die Malerei gerade von ihm distanziert. Claude Lévi-Strauss hat gezeigt, daß diese Fotografien in nichts den intellektuellen Spielen genügen, die das Trompe-l'œil in der Malerei ermöglicht. Für ihn ist in diesen Fotografien zwar »... Reproduktion im Spiel, aber der Anteil der Intellektion dabei ist eher dürftig«, und er schlußfolgert: »Besser als der irrige Glaube, die Kunst des Trompe-l'œil sei der Fotografie erlegen, wäre es anzuerkennen, daß sie jeweils Ausdruck einander entgegengesetzter Tugenden sind.«[44]

223. WILLIAM MICHAEL HARNETT
Der Tisch des Sekretärs, 1870

Die Vereinigten Staaten, eine Provinz Europas?

Der Besuch der großen amerikanischen Museen zeigt wohl am besten, daß das Trompe-l'œil im 19. Jahrhundert nicht verschwunden war, sich vielmehr ausgebreitet zu haben scheint. Dieses Phänomen muß indes mit Vorsicht gedeutet werden. Erklärt es sich dadurch, daß die amerikanische Malerei im Vergleich zur europäischen Kunst im Verzug war, daß ein weniger anspruchsvolles Publikum sich leichter verzaubern ließ oder daß man in den Sälen der amerikanischen Museen ›mangels großer Malerei‹ das ausstellte, was europäische Kuratoren nicht einmal in ihren Sammlungen zeigen konnten, weil ihre Vorgänger es nicht eingekauft hatten? Eine andere Hypothese lautet: Ist es möglich, daß man nach den kubistischen Stillleben einer vorgeblichen ›Schule von Philadelphia‹ eine Bedeutung beimaß, die sie ihrerzeit gar nicht gehabt hatte? Das Trompe-l'œil von Raphaelle Peale, das auf *Nach dem Bade* ›umgetauft‹ wurde (Abb. 247),[45] galt erst in den 30er Jahren als eines der unbestrittenen Meisterwerke der amerikanischen Kunst. Zwischen seinem Tod im Jahre 1892, dem Höhepunkt seines Ruhms, und seiner Wiederentdeckung in den 30er Jahren war William Michael Harnett völlig in Vergessenheit geraten.[46] Es bedurfte der Arbeiten eines Alfred Frankenstein,[47] um den Korpus seiner Werke von dem seines Rivalen John F. Peto sinnfällig zu unterscheiden. Auch diese Gemälde gelangten nicht vor den 30er Jahren in die Museen.[48] Damals schätzte man das perfekte Wissen, mit dem Harnett, mit einer Strenge und Kälte gewappnet, die einen gewissen Humor nicht ausschlossen, die Farben in dem Bild *Der Briefhalter von M. Hulings* aufeinander abstimmte. Diese hyperrealistische Komposition grenzt mit ihren hellen Rechtecken vor schwarzem Hintergrund an eine paradoxe Abstraktion. Es ist nicht verwunderlich, daß dieser Gemäldetyp erst nach dem Ersten Weltkrieg wieder ›sichtbar‹ wurde. In *Der Tisch des Sekretärs* (Abb. 223) durchbricht Harnett die Harmonie von Blau, Grün und Grau mit einigen roten Farbakzenten: der Wachsstab in der Mitte, das Siegel auf der linken

223

224

224. Nach WILLIAM MICHAEL
HARNETT
Die alte Geige, 1887, Chromolitho-
graphie

225. WILLIAM MICHAEL
HARNETT
Nach der Jagd, 1885

226. WINTHROP CHANDLER
Bücherregal

225

226

Seite, drei kleine Punkte auf dem Kerzenständer auf der rechten. Das Stück ist zu Ende, die Flamme erloschen: es bleibt eine nüchtern konstruierte Komposition, die es zu entziffern gilt. Die Künstler der ersten Hälfte dieses Jahrhunderts konnten gar nicht anders, als sich darin wiederzuerkennen. Will man den Status des Trompe-l'œil des ausgehenden 19. Jahrhunderts in den Vereinigten Staaten definieren, muß man die zeitgenössischen Raster vergessen, die sie so nah erscheinen lassen. Man muß sich in jene Zeit zurückversetzen, in der Harnett seiner Virtuosität wegen geschätzt wurde, für seine Kunst beispielsweise, die Transparenz eines speckigen Tamburinfells wiederzugeben.[49] Es wäre falsch, sich eine blühende Schule vorzustellen, die das Genre neu erfunden und von Philadelphia ausgehend sich über das ganze Land ausgebreitet hätte. Das Trompe-l'œil, das, mit Distanz betrachtet, als eine der wichtigen Aktivitäten der amerikanischen Schule erscheint, erfährt 1885 in den Vereinigten Staaten ebensowenig Wertschätzung wie in Europa. Es ist eine Kategorie von Stilleben unter anderen, einer Kundschaft aus Kleinindustriellen und Händlern vorbehalten, die der Gegenstand amüsiert, die jedoch keine ernsthaft interessierten Sammler sind. Harnetts *Nach der Jagd*, das berühmteste der amerikanischen Trompe-l'œils (Abb. 225)[50], ist nichts anderes als ein *Saloon*-Gemälde, das von 1886 bis 1918 in Theodore Stewarts Unternehmen in New Yorks Warren Street hing und wie die *Alte Geige* (Abb. 224) erst den Westen eroberte, nachdem es in Form von Chromolithographien kopiert und vertrieben wurde. Für das Publikum und die Kritiker um 1880 war das mit Sicherheit nicht die große amerikanische Malerei.[51] Die *Académie pour rire, 49e exposition des Beaux-Arts, Philadelphie,* 1878, eine satirische Zeitschrift, die sich aus Zeichnungen zusammensetzt, zeigt inmitten einer Masse karikierter Gemälde einen verloren wirkenden Harnett. Dargestellt ist ein leerer Rahmen, der die Inschrift einfaßt: »das Innere dieses Rahmens findet sich bei allen Tabakhändlern«.[52]

227

228

Damit es soweit kommen konnte, mußte die Kunstgeschichte in den USA mit dem Erwerb von deren Unabhängigkeit quasi von vorn beginnen. Für die junge Demokratie schien es notwendig zu sein, die Malerei neu zu erfinden: es bedurfte eines John Mare, um auf die gestärkte und spitzenlose Manschette des ernsten John Keteltas[53] eine Fliege zu setzen (eine bewußte Neuauflage der Fliege Giottos?), die Cimabues Nachfolger nur unter Aufbietung all ihrer Kräfte zum Fliegen gebracht hätten.[54] Man versäumte nicht, die Anekdote von der angeblichen Reaktion George Washingtons auf das doppelte Trompe-l'œil-Porträt von Charles Willson Peale zu erzählen, das zwei seiner Kinder, Raphaelle und Titian,[55] in einem Treppenhaus darstellt[56]: er habe sie höflich gegrüßt, bevor er sich seines Irrtums bewußt wurde. Das geknickte Stück Papier im Vordergrund des Porträts, das die Signatur des Malers trägt, verweist die kontrastreiche lebensgroße Komposition in das Genre des Trompe-l'œil. In seiner ursprünglichen Präsentation war es ein echter Türrahmen, der als Rahmen diente, mit einer soliden Holzstufe als Schwelle. Das Publikum von Philadelphia fand Geschmack an dieser

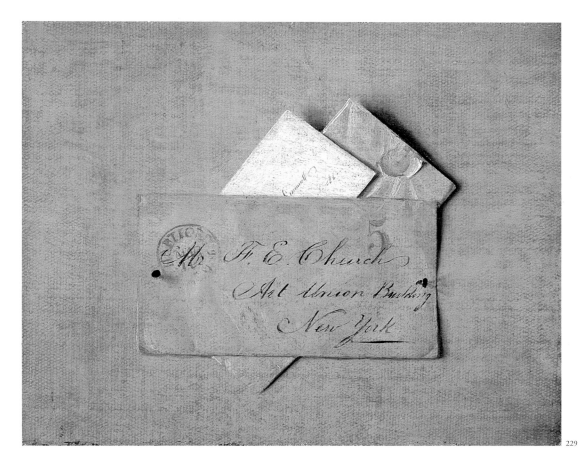

229

Kunst des ›Schwindels‹. Bereits Ende des 18. Jahrhunderts hatte sich das Genre in Amerika
ausgezeichnet, ohne daß man endgültig sagen könnte, ob es sich um eine Neuerfindung handelte oder um eine bloße Wiederaufnahme durch eingewanderte Maler oder durch solche, die
Reproduktionen europäischer Arbeiten gesehen hatten. Ein Beispiel ist das *Bücherregal* von
Winthrop Chandler (Abb. 226), der die Einrahmung wegläßt. Die Porträts *Der Junge mit dem
Eichhörnchen* (Abb. 228) und *Paul Revere* (Abb. 227) von John Singleton Copley spielen mit
illusionistischen Effekten wie der Spiegelung auf dem Holztisch oder den Meißeln, die vor
dem Goldschmied liegen. In der Familie Peale sind die Erfindungen des Familienoberhaupts
Charles Sillson ein gemeinschaftliches Erbe. Besonders Raphaelle, Miniaturist, Reisender und
Exzentriker, war dem illusionistischen Stilleben verbunden. Er machte sich damit auf Aus-
stellungen, die von der Pennsylvania Academy of Fine Arts organisiert wurden, einen Namen.[57]
Schon 1795 zeigte er drei Trompe-l'œil-Bilder, *Das verdeckte Gemälde*, *Der Schwindel* und *Das
Billet*, die heute als vermißt gelten.[58] Das berühmte Gemälde *Venus, aus dem Wasser steigend* –

227. JOHN SINGLETON
COPLEY
Paul Revere, 1768

228. JOHN SINGLETON
COPLEY
*Der Junge mit dem Eichhörnchen
(Henry Pelham)*, 1765

229. FREDERICK EDWIN
CHURCH
Rachebrief, vor 1892

230

Ein Schwindel (Nach dem Bade; Abb. 247) ist nicht das verschleierte Porträt einer Frau: die Dimensionen des Bildes beweisen eindeutig, daß es sich um ein Trompe-l'œil handelt. In ihm wird ein Badetuch dargestellt, das vor das Gemälde einer Frau (für das ein Stich nach einem Werk von James Barry Peale als Vorlage diente), nicht aber vor eine ›wirkliche‹ Frau gehängt wurde. Der ›Schwindel‹ ist also mehrschichtig: es handelt sich um das Trompe-l'œil eines Tuchs, das vor ein virtuelles Gemälde gespannt wurde, dem, so weit man erkennen kann, ein Stich zugrundelag, der wiederum nach einem anderen Gemälde angefertigt wurde, das seinerseits eine Frau als Venus zeigt. Die Geschichte, derzufolge Raphaellas Frau auf das Bild eifersüchtig gewesen sein und versucht haben soll, das Badetuch zu lüften, erneuert auf ›jungfräulichem‹ Territorium Plinius' Berichte und andere Anekdoten über die griechischen Maler.[59] Damit war die Voraussetzung geschaffen, das amerikanische Publikum für einen solchen Gemäldetyp einzunehmen – wobei zwei Vorbilder nicht vergessen werden dürfen, die Amerika sowohl in der Politik als auch in der Kunst beeinflußten: die Holländer des 17. Jahrhunderts (hinsichtlich Sujet und Stil) und die antiken Autoren (hinsichtlich der Diskurse über die Kunst).

Gemälde, die man ohne Mühe für Werke europäischer Herkunft halten könnte, sind ausgesprochen repräsentativ für die ersten amerikanischen Trompe-l'œils: sowohl die Komposition *Der Wandschrank des armen Künstlers* (Abb. 230) von Charles Bird King (um 1815) als auch die Sammelsurien von Goldsborough Bruff (um 1845) oder die aufgehängten Fische von William Aiken Walker (um 1860) sind Zwischenetappen auf dem Weg zu den berühmten Trompe-l'œils von Harnett und Peto. Der Humor ist bereits vorhanden, wie zum Beispiel im *Rachebrief* (Abb. 229) des berühmten Landschaftsmalers Frederick Edwin Church, der einem Freund die Macht seines Pinsels unter Beweis stellen wollte, oder der umgedrehte, um 1870 entstandene Rahmen von William M. Davis, den dieser mit »Kro Matic« signierte.[60] Die Verbindung zwischen der primitiven Kunst Amerikas und der sich um 1880 herausbildenden Trompe-l'œil-Schule ist jedoch nicht vollends geklärt, und die Schlußfolgerung wäre voreilig, in Copley oder der Familie Peale die Gründerväter der »amerikanischen Trompe-l'œil-Schule«[61] sehen zu wollen. John La Farge, dessen anakreontisch beeinflußtes Gemälde *Agathon an Erosanthe, ein Liebeskranz* (Abb. 231) an den Stil von Lawrence Alma-Tadema erinnern mag, wurde in Paris ausgebildet.[62] Er hat der amerikanischen Schule demnach nichts zu verdanken. Sein Kranz ist ein geschicktes Blumenstilleben, die Art jedoch, in der dieser in den

230. CHARLES BIRD KING
Der Wandschrank eines armen Künstlers,
um 1815

231. JOHN LA FARGE
Agathon an Erosanthe, ein Liebeskranz

Raum des Betrachters den er auf die sorgfäl- Wandfläche wirft, die und das Datum auf es voll und ganz zu De Scott Evans, des- dener *Papagei* mögli- brochene Glasscheibe‹ Schule darstellt, war guereau in Paris – und schrift gibt zu der Ver- das Gemälde während tes des Künstlers ent-232

eintritt, der Schatten, tig herausgearbeitete eingravierte Inschrift der Fußleiste machen einem Trompe-l'œil. sen um 1877 entstan- cherweise die erste ›zer- der amerikanischen ein Schüler von Bou- die französische In- mutung Anlaß, daß des Pariser Aufenthal- standen war.[63]

Harnett zwischen München und Philadelphia

Nach seinem vierjährigen Aufenthalt in München begann William Harnett, eigentlich ein Stillebenmaler, sich dem Trompe-l'œil zu widmen. In München war er mit den technisch äußerst ausgefeilten Werken von Ludwig Eibl und David Neal – Schöpfer einer *Rückkehr von der Jagd* (1870), heute in Los Angeles – in Berührung gekommen. Auch die ›glatten‹ Still- leben von Johann Wilhelm Preyer in Düsseldorf waren ihm bekannt, die Interieurszenen von Moritz von Schwind, in denen sich unzählige Gegenstände in einem verwirrenden Realismus zusammenfügen, oder die Genreszenen von Franz von Defregger, in denen ganze Waffen- sammlungen an den Wänden hängen oder Tische mit wie zufällig dort abgelegten Gegen- ständen stehen. Nikolaus Gysis liefert 1881 das verblüffende Beispiel eines gerupften Huhns (Abb. 232). Die ersten Stilleben von Harnett, insbesondere das aufgehängte Wild, verwenden die typischen Elemente des Genres: ein geometrisch organisiertes Wirrwarr, eine Tür aus ro- hem Holz, in die der Maler mit dem Taschenmesser seine Signatur gekerbt hat, grelle Lichteffekte und ein zärtlicher und geradezu unsichtbarer Pinselstrich.[64] Obwohl Harnett nichts anderes malen wollte, hat er nur wenige Porträts hinterlassen. *Kompanie, stillgestanden!* (Abb. 233) aus dem Jahre 1878 zeigt ein mit einem Besen bewaffnetes Kind.[65] Sein Gesicht wirkt wächsern, die Details dagegen wurden in Trompe-l'œil-Manier ausgeführt. Die Figur wird nebensächlich und die wahren Porträts von Harnett sind jene, in denen sie völlig fehlt.

232. NIKOLAUS GYSIS
Stilleben mit gerupftem Huhn, 1881

233. WILLIAM MICHAEL HARNETT
Kompanie, stillgestanden!, 1878

234. WILLIAM MICHAEL HARNETT
Der Tisch des Bankiers, 1877

Mit seinen Geldscheinen und Münzen, den abgegriffenen Zahlungs-
büchern und dem an einen Empfänger in New York City adressierten
Briefumschlag ist *Der Tisch des Bankiers* (Abb. 234) aus dem Jahre 1877
die perfekte Beschreibung des Amerika der Pionierzeit. Die mit wenigen
Strichen umrissenen ›Charaktere‹ dieses La Bruyère der *saloons* greifen
mitunter sogar die traditionellen Elemente der Vanitas wieder auf, so zum
Beispiel 1876 in *Sterblichkeit und Unsterblichkeit* (Abb. 237), in dem ein
Schädel, eine Geige und ein offenes Gebetbuch zusammengetragen wurden. In der Tat integrieren bestimmte Trompe-l'œils von Harnett europäische Kulturelemente und stellen damit eine Ambition zur Schau,
die sie in den Augen ihres Publikums über den *joke* erhebt. Das *Stilleben
mit Trödelkram* (Abb. 235) aus dem Jahre 1878 ist eine Zusammenfas-
sung der Kunst dieses Jahrhunderts: neoklassische Elemente mischen sich

233

234

273

235. WILLIAM MICHAEL
HARNETT
Stilleben mit Trödelkram, 1878

236. WILLIAM MICHAEL
HARNETT
Stilleben von München, 1882

237. WILLIAM MICHAEL
HARNETT
Sterblichkeit und Unsterblichkeit, 1876

236

237

mit orientalistischen oder japanischen Kunstgegenständen. Das *Stilleben von München* (Abb. 236) aus dem Jahre 1882 ist sowohl eine Erinnerung an die Reise des Künstlers als auch eine Anerkennung der Quellen seiner Kunst. Der ›amerikanische‹ Charakter von Harnetts erfolgreichen Bildern *Der treue Colt* oder *Das goldene Hufeisen* wurde häufig betont. Dabei läßt man jedoch die Anstrengungen unberücksichtigt, die er unternahm, um sich in Europas visuelle kulturelle Tradition einzufügen. So führte er Büsten von Dante oder Shakespeare in seine Stilleben ein[66] oder bildete Objekte seiner eigenen Sammlung ab wie zum Beispiel Helme alter Rüstungen oder einen der alten holländischen ›Enghalskrüge‹.[67] Ein Gemälde wie *Alte Modelle* oder *Geige und Musikalien (Musikalien und Glücksbringer;* Abb. 238) – letzteres aus dem Jahre 1888, das möglicherweise seinen vollständigen ›Trödelladen‹ darstellt, denn in ihm finden sich das Holzfenster, die verrosteten Eisenwaren, das Hufeisen, die Geige sowie die Visitenkarte des Malers – wird besser verständlich, wenn man den Bezug zu einem zur gleichen Zeit in Europa entstandenen Bild herstellt, etwa zu den *Musikinstrumenten* (Abb. 239) von François Bonvin aus dem Jahre 1882, in dem eine Geige, eine Flöte und eine Trompete von Périnet zu sehen sind … Selbst wenn Bilder wie *Das sonntägliche Abendessen,* in dem gerupfte Hühner dargestellt sind, maßgeblich zu Harnetts Erfolg beitrugen, galt sein Ehrgeiz doch weit mehr jener Kategorie von Stilleben, die für das Publikum von Philadelphia, welches von nichts anderem als von der Vergangenheit träumte, das ›alte Europa‹ versinnbildlichte.[68] Paradoxerweise sollten diese Gemälde, die man zunächst gerade aufgrund ihrer europäischen Färbung schätzte, 50 Jahre später die Quintessenz des amerikanischen Geistes verkörpern.

Harnetts Werk breitete sich mit Hilfe der Chromolithographie schnell aus: durch dieses Verfahren wird das Genre in eine gewisse Entfernung gerückt wie zuvor durch die Stiche, die noch zu Beginn des Jahrhunderts nach Trompe-l'œils ausgeführt wurden. Es behält alle Elemente, die es als ein Trompe-l'œil zu identifizieren gestatten, aber es täuscht nicht mehr. Ein weiterer Beweis für den Erfolg des Genres ist die Tatsache, daß sich in Harnetts Umkreis eine ganze Reihe von Trompe-l'œil-Spezialisten herausbildeten. Harnett hat jedoch keine wirkliche Schule hervorgebracht. Zwischen 1876 und 1880 stand

238. WILLIAM MICHAEL
HARNETT
Musikalien und Glücksbringer, 1888

239. FRANÇOIS BONVIN
Musikinstrumente, 1882

er in Philadelphia in Kontakt mit John Frederick Peto, einem diskreten Künstler, der mit Fotografien gehandelt und begonnen hatte, für lokale Kundschaft Trompe-l'œils anzufertigen, ohne je das Renommee seines älteren Künstlerkollegen zu erlangen. Seine Werke wurden erst wiederentdeckt, als ein Händler auf die Idee kam, sie mit Harnetts Signatur zu versehen.[69] Sie zeichnen sich durch eine zugleich anekdotische und humoristische Dimension aus (zum Beispiel der *Arme Leute-Laden* aus dem Jahre 1885; Abb. 240) sowie durch ›abstrakte‹ Anhäufungen von Briefwänden, deren Inhalt es zu entziffern gilt.[70] Sieht man von einigen Sendungen an die Pennsylvania Academy ab, die ohne Echo blieben, wurden seine Arbeiten einzig in Island Heights ausgestellt, einer Stadt im Bundesstaat New Jersey, in der er sich niedergelassen hatte.

Die Schublade des Junggesellen (Abb. 241) von John Haberle,[71] der dritten großen Figur dieser ›Schule‹[72], die niemals eine war, zieht die Konsequenz sowohl aus Harnetts als auch aus Petos Trompe-l'œils. Der Betrachter wird eingeladen, in diesem klug verteilten Durcheinander das Falsche vom Wahren zu scheiden. Sicher ist alles ›gemalt‹, einer der dargestellten Geldscheine jedoch ist eine Fälschung, die ausgeschnittenen Artikel, die den Künstler loben, sind möglicherweise aus Gefälligkeit geschrieben worden, ein Buch mit dem Titel *Wie Ihr Baby heißen soll* und die Zeilen über das Engagement der Ehe klingen wie eine Parodie. Dazu gesellen sich eine Pfeife, Fotografien von Tänzerinnen sowie Spielkarten. Das moralische Urteil ist unterschwellig: es handelt sich um ein Selbstporträt, das man ›zwischen den Zeilen‹ lesen muß, um eine Verurteilung *in absentia* – der Maler ist möglicherweise kein Junggeselle mehr.

Die ›Abwesenheit‹ des Besitzers – im juristischen Sinn des Wortes – verleiht diesen herrenlosen Gegenständen eine etwas morbide Dimension: die ungeschlacht zusammengefügten Bretter und durcheinandergeworfenen Dinge vor dem dunklen Hintergrund, die zum Lachen bringen oder zum Nachdenken anregen sollen, erinnern an ein Nachlaßinventar. Haberle ist unbestritten der größte Humorist im Bunde, wenn er das Außenseiterdasein eines Falschmünzers für sich in Anspruch nimmt und wiederholt Geldscheine malt – nutzlose Fälschungen, doch von höherem Wert als wirkliche. Schon 1879 malt Harnett ein Stilleben mit dem Titel *Ten-Cent Bill* – dies ist nur ein Beispiel von vielen, der Geldschein wird in der Tat eines der beliebtesten Motive des amerikanischen Trompe-l'œil – das einen abgegriffenen, auf einen schwarzen Hintergrund geklebten Geldschein neben einem unentzifferbaren Zei-

240

240. JOHN FREDERICK PETO
Arme Leute-Laden, 1885

tungsartikel zeigt. Haberle geht in seiner Selbstanzeige sogar noch weiter. In seiner satirischen Komposition *Reproduktion* (Abb. 242) ist neben einem gefälschten Geldschein ein Zeitungsausschnitt zu sehen, in dem es um den Fälscher geht – was es ermöglicht, als Trompe-l'œil sowohl ein Porträt des Künstlers als Verbrecher zu malen (in Form eines imitierten Stiches, der ihn unter eine Lampe gebeugt bei der Arbeit zeigt) als auch ein wirkliches Porträt (in Form einer imitierten Fotografie, die einen Steckbrief ›zieren‹ könnte). Die Philosophie, die hinter dieser Collage steht, ist eindeutig: in der Kunst ist alles Fälschung.

Dieses im Umkreis von William Harnett wiedererfundene Genre fand zahlreiche Anhänger, und die Kundschaft wurde seiner nicht müde. George Cope malt aufgehängte Trophäen, von denen er eine Buffalo Bill widmet, William Keane adaptiert das Motiv

241

›alter Geigen‹ für sein Gemälde *Das alte Banjo* (Abb. 244), Richard La Barre Goodwin wird mit dem Bild *Die Tür von Theodor Roosevelts Jagdhütte* berühmt und Victor Dubreuils bevorzugtes Motiv sind zwischen 1880 und 1910 Dollarbündel, die in Panzerschränken oder – noch pittoresker anmutend – in Fässern liegen. Der Verweis auf Europa ist, wie man sieht, aus der Mode gekommen. Das Trompe-l'œil gibt sich schon um die Jahrhundertwende als amerikanisch zu erkennen. Jefferson David Chalfant gestaltet sein Werk ganz im Geiste Harnetts und Haberles. Sein Gemälde *Welche ist welche?* zeigt zwei Briefmarken, von denen eine gemalt ist. Nur das Altern des kleinen viereckigen Papiers macht es möglich, daß wir die Frage heute ohne Zögern beantworten können und beweist damit noch einmal die Nichtigkeit der realen Welt angesichts der vergehenden Zeit.

242

241. JOHN HABERLE
Die Schublade des Junggesellen,
1890–1894

242. JOHN HABERLE
Reproduktion, 1886–1887

»Die groben Dinge und die unsichtbare Seele …«

Die amerikanischen Trompe-l'œils des ausgehenden 19. Jahrhunderts werden besser
verständlich, wenn man sie einmal neben ihre europäischen Pendants aus der gleichen
Zeit gestellt und in das Milieu ihrer Auftraggeber zurückversetzt hat. Es bleibt die Frage, was sie Neues in die Geschichte des Genres eingebracht haben. Da wären zunächst
einige wirkliche, heute unumstrittene Meisterwerke sowie die humoristische Dimension, die bis zu diesem Zeitpunkt nur unterschwellig im Spiel gewesen war, jetzt jedoch offen zu Tage tritt. Vom technischen Standpunkt aus gesehen gibt es jedoch nur
wenige Innovationen. Nach Boilly scheint das Trompe-l'œil ein geschicktes Gestal-
tungsspiel geworden zu sein, dessen festgelegte Bestandteile und sorgfältig aufgestellte Regeln im Dienste eines maximalen Effekts stehen. In Europa begnügten sich die
Maler des 19. Jahrhunderts mit Variationen zu bereits vorhandenen Themen und suchten mehr das historistische Zitat als die Erneuerung des Genres. Das von der niederländischen Kunst des 17. Jahrhunderts beeinflußte Gemälde *Tote Vögel und Fliege*
(Abb. 245) von Philippe Rousseau gefällt dem Publikum von 1856 aufgrund seiner
guten Ausführung. Auch die Stilleben Théodule Ribots stellen Reminiszenzen an andere Kunstepochen dar – und entfernen sich vom Trompe-l'œil. Von Simon Saint-Jean
stammt das Bild *Die Symbole der Eucharistie* (1841–1842; Abb. 243), das Théophile
Gautier gefiel: in Technik und Komposition ist dieser Kranz eine direkte Anspielung
auf die Mythen der flämischen Vorläufer.[73] In Deutschland bewegt sich Otto Scholderer mit einer Komposition wie *Stilleben mit Heringen und Eiern* (Abb. 246) innerhalb jener Tradition von Bildern, die aufgehängte Lebensmittel zeigen, bezieht jedoch
gleichzeitig die Lektionen Courbets und Fantin-Latours mit ein – eine Neuerung, die
nicht ausreichte, um das illusionistische Stilleben zu revolutionieren. Indem die Amerikaner die humoristische Dimension betonten und dadurch die Objekte und die
Kunst selbst in eine bestimmte Entfernung rückten, gelang es ihnen *in fine,* einen Stil
zu kreieren, der zwar das Ende einer Tradition darstellte, jedoch hinreichend innova-
tiv war, um die Aufmerksamkeit der Avantgarden des 20. Jahrhunderts auf sich zu ziehen. Diese Poesie der Gegenstände, dieser kunstvolle Effekt, der sich aus ihrer Ansammlung ergibt – ein Leben, dessen Spuren sie verkörpern – findet sich in *A Song for
Occupations,* einem Text von Walt Whitman wieder, der zur gleichen Zeit wie Harnetts Trompe-l'œils entstand:

(101) Strange and hard that paradox true I give Objects
gross and the unseen soul are one. [...]

(114) Goods of gutta-percha, papier mâché, colors,
brushes, brushmaking, glazier's implements,

The veneer and glue-pot, the confectioner's ornaments,
the decanter and glasses, the shears and flat-iron,

The awl and knee-strap, the pint measure and quart measure,
the counter and stool, the writing-pen of quill or metal ...[74]

243

Diese Zeilen liefern möglicherweise den Schlüssel zu Harnetts
und Petos Werken: sie ermöglichen zu verstehen, weshalb diese
ein Teil dessen sind, was den Ruhm der von Whitman besunge-
nen Nation ausmacht, weshalb sie die Gegengewichte zu den
großen offenen Horizonten liefern, die von Malern wie Frederick
Edwin Church oder Martin Johnson Heade festgehalten wurden,
und weshalb sie die davon untrennbare Kehrseite der neuen amerikanischen Kunst bilden.

Vorschnell wird geglaubt, daß das Trompe-l'œil im 19. Jahrhundert nur in Amerika existiert
hat und daß es dort eine beispiellose Entwicklung nahm. Im Gegensatz dazu hat das Jahrhundert des Realismus in Europa nicht den Tod des Staffelei-Trompe-l'œil besiegelt – weil es
auf lokaler Ebene fortbestand, aber auch, weil das Jahrhundert des Realismus gleichzeitig das
des Historismus war. Selbst wenn diese Epoche der Trompe-l'œil-Technik andere Aufgaben zu-
wies (Innendekorationen, gemalte Bühnenbilder, Bühnenvorhänge, Dioramen),[75] brachte sie
überall kleine Meister hervor, unter denen die amerikanischen Maler nur das perfekteste und
am besten untersuchte Beispiel darstellen. Das Trompe-l'œil setzte parallel zum allgemeinen
Lauf der Kunstgeschichte, parallel zu den Strömungen der Romantik, des Realismus oder des
Impressionismus seinen Weg im Verborgenen fort, bevor es in der amerikanischen Kunstpro-
duktion wieder auftaucht, die ihrerseits von den Historikern der großen Nation mit Konzep-
ten überladen und rationalisiert wurde und so eine große Anzahl von Kunstkritikern irreführ-
te. Die amerikanischen Maler, die nie eine Schule herausgebildet hatten, sprachen zu ihren
Lebzeiten genau wie ihre europäischen Kollegen lediglich kleine Kaufleute, Bankangestellte und
›Grundbesitzer‹ an. Die Trompe-l'œil-Maler standen abseits der künstlerischen Bewegungen:
das Jahrhundert Braques und Duchamps indessen machte sie zu Pionieren, was sie selbst höchst
erstaunt hätte. Delacroix, der sich vielleicht an Balzacs Postulat erinnerte – er hatte Frenhofers
Abenteuer 1854 in den Händen gehalten –, schrieb in seinem Tagebuch: »Die kalte Genauig-

243. SIMON SAINT-JEAN
Die Symbole der Eucharistie,
1841–1842

keit ist nicht die Kunst: die sinnreiche Kunstfertigkeit, wenn sie *gefällt* oder etwas *ausdrückt,* ist die Kunst ganz und gar. Die vorgebliche Gewissenhaftigkeit der meisten Maler ist nichts als Perfektion, angewandt auf die *Kunst zu langweilen.* Diese Leute würden, wenn sie könnten, mit der gleichen Sorgfalt die Rückseiten ihrer Bilder bearbeiten. Es wäre kurios, einmal einen Aufsatz über all die Falschheiten zu beschreiben, aus denen sich das Wahre zusammensetzen kann.«[76] Die Verurteilung war nicht kategorisch. Solange der Künstler »ausdrückte« und das Publikum ihm folgte, konnte er es sich Delacroix zufolge erlauben, die Illusion im Blickfeld zu behalten.

Der schroffe, expressive und gefällige Charakter sowie die außergewöhnliche Qualität bestimmter amerikanischer Trompe-l'œils, die in der Tat das klassische Thema des ›umgedrehten‹ Gemäldes wieder aufgreifen, macht es möglich, daß sie heute in den großen Sammlungen vertreten sind, wo sie neben Werken von ›Meistern‹ ihrer Zeit zu sehen sind, ohne daß ihnen dies zum Nachteil gereichen würde. Schon Baudelaire mochte Catlins Indianerporträts und zögerte nicht, in seiner Kritik des Salons von 1859 das Kapitel über die Landschaft mit einer provozierenden Verteidigung der Jahrmarktdioramen abzuschließen: »Ich wünschte mir, man würde mich zu diesen Schaubildern zurückbringen, deren brutaler und enormer Zauber mir eine nützliche Illusion aufzwingt. Ich betrachte lieber einige Bühnenbilder, in denen ich meine teuersten Wünsche künstlerisch ausgedrückt und tragisch konzentriert finde. Gerade weil diese Dinge falsch sind, kommen sie der Wahrheit unendlich näher, während die meisten unserer Landschaftsmaler Lügner sind, eben weil sie es versäumt haben, zu lügen.«[77] Diese Sätze lassen sich mühelos auch auf das Trompe-l'œil, diese andere »nützliche« Illusion anwenden. In der Geschichte des Geschmacks sind plötzliche Kehrtwendungen nichts Neues. So kann man im Metropolitan Museum in New York schon ein rekonstruiertes Diorama besichtigen, das Ludwig XVIII. auf seinem Balkon in Versailles zeigt. Vielleicht wagt man es eines Tages auch in Europa, diese Bildträger von Träumen und alltäglichen Tragödien von den Dachböden der Provinz ans Licht zu holen, diese Kaminverkleidungen und Tischplatten, Stücke, die ironisch und traumhaft sind, aufgehängte Hühner, Gräber, Schubladen, zerbrochene Spiegel, mit Verve gemalte Gemeinplätze: die vergessenen Trompe-l'œils des 19. Jahrhunderts.

245

244. WILLIAM KEANE
Das alte Banjo, um 1889

245. PHILIPPE ROUSSEAU
Tote Vögel und Fliege, 1856

246

246. OTTO SCHOLDERER
Stilleben mit Heringen und Eiern, 1884

ANMERKUNGEN

1. Honoré de Balzac: Le Chef-d'œuvre inconnu et autres nouvelles, mit einem Vorwort von A. Goetz, Paris 1994, S. 43.

2. Siehe A. Goetz: *Frenhofer et les maîtres d'autrefois*, in: L'Année balzacienne, 1994, S. 69–89.

3. L. Amaury-Duval: L'Atelier d'Ingres, mit einer Einführung und Fußnoten von D. Ternois, 1993, S. 297.

4. Dabos war ein ausgezeichneter Trompe-l'œil-Maler, der mitunter Blumen hinzufügte, die Spielkarten durchbohrten, welche wiederum an der Bretterwand befestigt waren. Er starb 1835.

5. B. Cellini: *Sur l'art du Dessin«, in: Traités de l'Orfèvrie et de la Sculpture*, mit einem Vorwort von A. Goetz, École nationale supérieure des beaux-arts, 1992, S. 181.

6. Diese Beschreibung macht aus dem Gemälde, das Vasari nicht einmal gesehen hatte, den Archetyp des absoluten Meisterwerks, den Gipfel einer Kunst, die implizit als Trompe-l'œil definiert wird.

7. Balzac, Le Chef-d'œuvre inconnu (zit. Anm. 1), S. 54.

8. Ebda., S. 65.

9. Ebda., S. 66.

10. Diese Kodifizierung erfolgte vor allem durch Boilly; siehe dazu in diesem Band auch S. 245, 246.

11. Die Nüchternheit der im Salon zwischen 1800 und 1870 ausgestellten Stilleben verrät, daß kein solcher Maler es wagte, sein Trompe-l'œil als solches zu erkennen zu geben. Dagegen trifft man bei den unzähligen Blumenkompositionen, Assemblagen von Muscheln oder Schmetterlingen (zum Beispiel die 1871 gezeigten Gemälde von Debarbe) auf einige unbestreitbare Trompe-l'œils. Das Gleiche gilt für die nicht minder zahlreichen Stilleben, die Wildstücke oder Jagdtrophäen zeigen, Standardverzierungen des Jägertreffpunkts bzw. des Eßzimmers in der Provinz (*Die aufgehängte Taube* von Aubin (1810), die Jagdgemälde von Antoine-Jean Arondel oder von Charles Béranger (um 1840), die Gemälde von Malapeau oder Xénophon Hellouin, der *Hase, an einem Baum aufgehängt* von Planson (1839), sowie für einige Stilleben (*Kruzifix aus Elfenbein* von Marin Malgras (1839), *Médaillon umrankt von einem Blumenkranz* von Franz Gruber (1841), *Weintrauben auf einem antiken Basrelief* von Louis Estachon (1850)).

12. Der Ausdruck, der in den *Thesaurus de la langue française* eingetragen wurde, trat zum ersten Mal in *Le Citoyen français*, Nr. 329, 18. Weinmonat (1. Monat des französischen Revolutionskalenders) im Jahre IX auf. M. L. d'Otrange Mastai, *Illusion in Art Trompe-l'œil. A History of Pictorial Illusionism* (Abaris Books, New York, 1975, S. 246) datiert seinerseits das Wort auf das Jahr 1803, betont aber, daß es im Atelierjargon schon vorher existiert haben muß. Das Wort wird 1835 von der Akademie zugelassen und geht in andere Sprachen ein.

13. Und zwar im Zusammenhang mit einem Werk seines mittelmäßigen Helden und Namensgebers, *Die Toilette eines Chouan ...*, das ganz maßgeblich von Gerard Dous *Die wassersüchtige Frau* inspiriert wurde. Für die damaligen Besucher des Louvre war es der Archetyp eines illusionistischen holländischen Meisterwerks.

14. Siehe É. Hardouln-Fugier und É. Grafe: Les Peintres de fleurs en France de Redouté à Redou, Paris 1992; Adrien Goetz, Stichwort ‹Redouté› in der *Encyclopedia universalis, Thesaurus Index*, 1995.

15. Wie zum Beispiel die von Balzacs Wohnzimmer im Schloß von Saché.

16. Chateaubriand setzt das Wort kursiv, zweifellos um seinen technischen, in der literarischen Sprache wenig gebräuchlichen Charakter zu unterstreichen und um sich über das raffinierte Detail des schlichten Zimmers lustig zu machen, in dem er gezwungen war, Halt zu machen. Er meint wohl kleine Schleifen aus weißem Eisen, die an der Wand befestigt und mit Imitationen von Bändern bemalt waren, in: Mémoires d'outre-tombe, hrsg. von Maurice Levaillant, mit einem Vorwort von Julien Gracq, Paris 1982, Bd. IV, S. 201.

17. Und selbst dann sind es nicht die illusionistischen Qualitäten, die die Brüder Goncourt in Chardins Stilleben loben.

18. Fromentin scheint es für notwendig zu halten, bestimmte Trompe-l'œil-Effekte zu rechtfertigen, etwa die, die bei Memling vorhanden sind; so schreibt er über die *Jungfrau des Domherren Van der Paele*: »[...] und unter den Füßen der Jungfrau den schönen orientalischen Teppich, diesen alten Perser, der vielleicht täuschend ähnlich kopiert ist, aber auf alle Fälle, wie das übrige, in vollkommenem Einklang mit dem Bilde steht.«, aus: Die Alten Meister, aus dem Franz. v. E.L. Schellenberg, Weimar 1914, S.295 [eine Neuauflage dieser Ausgabe erscheint im Frühjahr 1998 bei DuMont].

19. M. du Camp: Les Beaux-Arts à l'Exposition universelle de 1855. Peinture, Sculpture, Paris 1855, S. 301. Zitiert bei B. Jobert, Dissertation, 1995.

20. Stichwort ‹Trompe-l'œil›.

21. J. K. Huysmans: Gegen den Strich, Bremen 1991, S. 33: »Es gibt im übrigen keine als subtil oder grandios gelobte Erfindung [der Natur], die das menschliche Genie nicht ebenfalls hervorbringen könnte, keinen Wald von Fontainebleau, keinen Mondschein, die von elektrischen Lichtstrahlen überflutete Kulissen nicht herbeizuzaubern vermöchten, keinen Wasserfall, den die Hydraulik nicht täuschend ähnlich nachahmte, keinen Felsen, den Pappmaché nicht nachbildete, keine Blume, der prächtiger Taft und zart bemalte Tapeten nicht gleichkämen.«

22. Welches er »gemaltes Trompe-l'œil« nennt: »das gemalte Trompe-l'œil – und darin besteht sein großer Mangel – denkt nur an die gute, bis an die äußerste Grenze getriebene Ausführung, eine Ausführung, die man im Atelierjargon zurecht die dumme Ausführung nennt«, Jules Adeline: L'Art du trompe-l'œil. L'Art provincial, Rouen 1894, S. 11.

23. Durch ein Spiel mit der Beleuchtung scheint sich die bemalte Dekoration zu beleben, die Nacht hereinzubrechen und die Kirche sich zu füllen.

24. 1822 beendet, im Museum von Versailles.

25. Für Adeline wird Tizians *Danaë*, richtig beleuchtet und mit einfallsreich drapierten Vorhängen in Szene gesetzt, zu einem Trompe-l'œil.

26. J. Adeline (zit. Anm. 22), S. 7.

27. Zola: Écrits sur l'art, in der Ausgabe von J.-P. Leduc-Adine, Paris 1991, S. 200.

28. Erschienen 1867.

29. Siehe zu diesem Thema die Analyse von H. Loyrette, in: Impressionnisme, les origines 1859–1869, Paris 1994, S. 216–217.

30. Darin bestand eines der Vergnügen der Trompe-l'œil-Maler, die einen Fehler einschoben, nicht technischer, sondern intellektueller Natur (ein gefälschter Geldschein, ein irrtümliches Geldstück in einem Brief), um den Betrug aufzudecken und ihre Meisterschaft ins rechte Licht zu setzen.

31. Siehe zu diesem Bild der Olympia P. Georgel und A.-M. Lecoq: La peinture dans la peinture, Paris 1987, S. 251.

32. Zitiert von E. Bernard: Souvenirs sur Paul Cézanne, Paris 1925, S. 92.

33. E. Delacroix: Journal 1822–1863, Vorwort von H. Damisch, Einleitung und Fußnoten von A. Joubin, überarb. Ausgabe von R. Labourdette, 1981, S. 722, wo man ebenfalls lesen kann: »Zu den Accessoires: sie tun viel für den Effekt und sollten dennoch immer geopfert werden.« Noch an anderer Stelle warnt Delacroix vor »der übermäßigen Sorgfalt, die man darauf verwendet, die Details hervortreten zu lassen, um seine Geschicklichkeit unter Beweis zu stellen«; vor »[...] der allgemeinen Gewohnheit, alle Accessoires, die dazu bestimmt sind, zum Effekt beizutragen, genau nach der Natur zu fertigen.« - Der oben zitierte Eintrag vom 3. Juli 1858 ist in der (gekürzten) deutschen Ausgabe, Eugène Delacroix, Dem Auge ein Fest - aus den Tagebüchern des Malers Eugène Delacroix, Berlin 1979, der die folgenden Zitate und Verweise entnommen sind, nicht enthalten.

34. Siehe G. De Lastic Saint-Jal: *Des découvertes à faire, Les devants de cheminée*, in: Connaissance des Arts, Nr. 39, 15. Mai 1955, S. 26–31. Es gibt Künstlerfamilien, die auf diese intimistischen Arbeiten spezialisiert waren. Gabriel-Germain Joncherie und sein Sohn Hector-François (1825) stellten im Salon unter der Juli-Monarchie aus und fertigten für Privatpersonen gleichzeitig Kaminverkleidungen an, die wie so oft zerschnitten und in Stilleben umgewandelt wurden.

35. Siehe zu diesem Thema und den nachfolgend erwähnten Künstlern den Katalog »Trompe-l'œil anciens et modernes«, Rathäuser des 10. und 16. Arrondissements in Paris, 1985–86 (Katalog von B. de Andia, C. Marcus, F. Faré).

36. Diese Meinung wird von R. Fernier in seinem Werkkatalog vertreten (»Courbet«, Lausanne, Paris 1977, Bd. I, S. 144, Nr. 234). Fernier zitiert den Text von Riat, weist aber darauf hin, daß das Gemälde nicht die erwähnte Inschrift beinhaltet, sondern nur die Signatur und daß das Datum nicht das gleiche ist (1858). Gibt es zwei Trompe-l'œils mit einer Pfeife, verwechselt Riat die beiden Daten oder war das Glaubensbekenntnis auf dem Rahmen abgebildet?

37. Bekanntlich trägt eines von Courbets berühmtesten Selbstporträts den Titel *Der Mann mit der Pfeife* (Montpellier, Musée Fabre).

38. Zum Beispiel das um 1830 gemalte *Quod Libet* von Carl Oscar af Funck, abgebildet in: Ljungström: *Contoirsstycket*, in: Konsthistorisk Tidskrift, Stockholm 1988, Bd. 57, S. 42.

39.   Zum Einfluß der deutschen Trompe-l'œils auf die amerikanische Schule siehe W. H. Gerdts: *On the Tabletop: Europe and America,* in: Art in America, 60, Nr. 5 (Sept.–Okt. 1972), S. 62–69.

40.   Siehe Katalog »Trompe-l'œil anciens et modernes« (zit. Anm. 35), Nr. 60.

41.   Claude Lévi-Strauss schreibt in diesem Sinne: »Der Impressionismus hat das Trompe-l'œil abgelehnt. Der Unterschied zwischen den Schulen aber ist nicht, wie der Impressionismus glaubte, der zwischen Subjektivem und Objektivem, zwischen Relativem und Absolutem. Er hängt vielmehr mit der Illusion des Impressionismus zusammen, man könne sich dauerhaft am Schnittpunkt der beiden Gegensatzpaare einrichten. Die Kunst des Trompe-l'œil weiß ihrerseits, daß die vertiefte Kenntnis des Gegenstandes und eine sehr weit getriebene Introspektion getrennt voneinander entwickelt werden müssen, damit es gelingt, das Ganze des Objekts und das Ganze des Subjekts in einer Synthese zu vereinen, anstatt sich an den oberflächlichen Kontakt zu halten, der sich vorübergehend auf der Ebene der Wahrnehmung zwischen ihnen einstellt.«, in: Sehen Hören Lesen, München, Wien 1995, S. 30 f.

42.   Sogar in den Vereinigten Staaten: das Haus L. Prang and Col in Boston verkauft Chromolithographien als ›Dining-Room Pictures‹.

43.   Siehe Dr. R. Nickel: *Harnett and Photography,* in dem Sammelband: William M. Harnett, hrsg. von D. Bolger, M. Simpson und J. Wilmerding, The Metropolitan Museum of Art, Inc. New York 1992, S. 177–183.

44.   C. Lévi-Strauss (zit. Anm. 41), S. 31. In seinem Kommentar über das Verschwinden des Genres im 19. Jahrhundert schreibt er: »Die Romantik, für die die Kunst nicht die Natur nachahmt, sondern zum Ausdruck bringt, was der Künstler von sich selbst in seine Bilder hineinlegt, entgeht diesem Problem durchaus nicht; ebensowenig die zeitgenössische Kritik, die das Gemälde zu einem System von Zeichen macht. Denn das Trompe-l'œil hat stets seine Herrschaft über die Malerei ausgeübt und tut das auch weiterhin.« (ebda., S. 29) Lévi-Strauss zufolge machen die großflächigen spektakulären Arbeiten des Engländers John Martin diesen im 19. Jahrhundert zu einem »Virtuosen des monumentalen Trompe-l'œil« (ebda., S. 30).

45.   Das Gemälde befindet sich in Kansas City, Missouri, in der William Rockhill Nelson Gallery of Art im Nelson-Atkins Museum of Art.

46.   Siehe E. Johns: *Harnett enters Arts History,* in: Williams M. Harnett (zit. Anm. 43), S. 101–112. Bei seinem Tod von Philadelphias Presse beweihräuchert, war Harnett bereits zehn Jahre später völlig vergessen.

47.   A. Frankenstein: After the Hunt: William M. Harnett and Other American Still Life Painters, 1870–1900, Berkeley, Los Angeles 1953, überarb. Auflage 1969. Diese Arbeit stellt eines der Fundamente für die Forschung in diesem Bereich dar.

48.   So erwarb das älteste öffentliche Museum Amerikas, das Wadworth Atheneum in Hartford, Harnetts *Treuen Colt* im Jahre 1935. Das Gemälde wurde bereits 1938 an die Pariser Ausstellung »Drei Jahrhunderte Kunst in den Vereinigten Staaten« (Musée du Jeu de Paume, Katalog von Alfred H. Barr Jr.) ausgeliehen.

49.   Man wird auch an ein Gemälde aus dem Jahre 1889 erinnert, das in Großbritannien in den City Art Galleries von Sheffield aufbewahrt wird.

50.   Das bekannteste Gemälde dieser Serie, datiert auf 1885, befindet sich im California Palace of the Legion of Honor, San Francisco.

51.   Siehe zu diesem Thema T. E. Stebbins Jr.: *L'épanouissement de la nature morte,* in: Ausstellungskatalog »Un nouveau monde: chefs-d'œuvres de la peinture américaine«, 1760–1910, Boston, Washington, Paris, 1983–1984, Paris 1984.

52.   Zur Aufnahme Harnetts seitens der Kritik seiner Zeit, siehe W. H. Gerdts: *The Artist's public face, Lifetime Exhibition and critical reception,* in: W. M. Harnett (zit. Anm. 43), S. 87–99.

53.   Das Gemälde von John Mare (1739–1768) befindet sich in der New York Historical Society.

54.   S. zu diesem Thema den Kommentar von M.-L. d'Otrange Mastai (zit. Anm. 12) und den Essay von A. Chastel: *Musca depicta,* in: F. M. R., 1994.

55.   Man weiß, daß Charles Willson seinen Kindern die Namen der größten Künstler aller Zeiten gegeben hatte. Siehe: The Peale family: Three Generations of American Artists, The Detroit Institute of Arts, Utica, New York, The Munson-Williams Proctor Institute, 1967.

56.   Das Gemälde befindet sich im Philadelphia Museum of Art, Sammlung George W. Elkins.

57.   Siehe C. C. Sellers: Ausstellungskatalog »Raphaelle Peale, 1774–1825: Still Lifes and Portraits«, Milwaukee Art Center und New York 1959.

58.   Ein Aquarell aus dem Jahre 1802 mit dem Titel *A Deception,* das Papiere, Artikel und Stiche zeigt, die unordentlich hinter ein Kreuz aus Bändern geschoben wurden, wird in einer Privatsammlung aufbewahrt.

59.   Siehe in diesem Band S. 57–59.

60.   Das Gemälde befindet sich im Museum at Stony Brook, Long Island, New York; Schenkung von Mrs. Beverly Davis.

61.   Siehe N. Cikovsky Jr.: *»Sordid Mechanics« und »Monkey-Talents«. The Illusionistic Tradition,* in: William M. Harnett (zit. Anm. 43), S. 19–27.

62.   Besonders bei Thomas Couture. Siehe H. Adams: John La Farge, 1830–1870: From Amateur to Artist, Dissertation, Yale University, 1980.

63.   Diese Meinung vertritt M. L. d'Otrange-Mastai, die dieses Gemälde illustriert (zit. Anm. 12), S. 288.

64.   Zu den deutschen Quellen von Harnetts Kunst siehe E. J. Connell: *After the Hunt,* in: William M. Harnett (zit. Anm. 43), S. 277–287.

65.   *Das alte Modell von München,* ein anderes wächsernes Porträt von Harnett aus dem Jahre 1882, befindet sich in der Sammlung von Mr. und Mrs. John L. Gardner, Hamilton, Ma. (abgebildet im Katalog von A. Frankenstein: The Reality of Appearance, the Trompe-l'œil Tradition in American Painting, Washington, New York, San Francisco, Detroit, 1970, Nr. 37, S. 74.

66.   Zum Beispiel das *Stilleben mit einer Büste von Dante,* 1883, High Museum of Art, Atlanta.

67.   Siehe den Beitrag von C. Troyen über das *Alte Modell* im Ausstellungskatalog »Un nouveau monde« (zit. Anm. 51), S. 302–303. In Paris präsentierte Blaise Desgoffe in den Salons Stilleben von Sammlerobjekten, die zum Teil aus dem Louvre stammten.

68.   Harnett beschäftigte sich mehrmals mit dem Thema, ganz besonders in den Jahren 1882 (Gemälde der Corcoran Gallery of Art in Washington D. C., Museum Purchase, William A. Clark Fund) und 1888 (Gemälde des Art Institute of Chicago, Wilson L. Mead Fund). Nikolaus Gysis malt in Europa 1881 ein gerupftes Huhn, das diesem Gemäldetyp sehr nahekommt (München, Bayrische Staatsgemäldesammlungen).

69.   Siehe J. Wilmerding: Ausstellungskatalog »Important Information Inside: The Art of John F. Peto and the Idea of Still Life Painting in Nineteenth-Century America«, National Gallery of Art, Washington, 1933 und A. Frankenstein: Ausstellungskatalog »John F. Peto«, Brooklyn Museum, New York 1950.

70.   Petos Gemälde *Der alte Briefhalter* (Museum of Fine Arts, Boston) wurde die Ehre zuteil, mit seinen Nachahmungen frankierter Briefumschläge in einer wirklichen Serie amerikanischer Briefmarken abgebildet zu werden.

71.   Zu Haberle siehe R. F. Chirico: *John Haberle and Trompe-l'œil,* in: Marsyas 19, 1977–1978, S. 37–43, und den Ausstellungskatalog »Haberle Retrospective Exhibition«, New Britain Museum of Art, Conn. 1962.

72.   M.-L. d'Otrange-Mastai verwendet den Ausdruck ›zweite Schule von Philadelphia‹ mit großer Vorsicht (mit der ersten Schule ist Peales Generation gemeint).

73.   Saint-Jean, von dem einige Werke auf Porzellan abgebildet wurden (was ihren Erfolg beweist), zeigte im Salon von 1843 eine *Blumengirlande, über einer gotischen Nische hängend, die ein Bild der heiligen Jungfrau enthält.* Diesen Typ christlicher Trompe-l'œils trifft man noch im 19. Jahrhundert an, das auch das symbolische Stilleben kannte. Beispiele dafür sind François Frédéric Grobon mit *Die Eucharistie, Blumengemälde* im Salon von 1852 und der *Rosenstrauß vor einem Kruzifix* von Pierre Meister aus dem Salon von 1868 …

74.   Walt Whitman: Leaves of Grass, hrsg. von Sculley Bradley und Harold W. Blodgett, New York, London 1973, S. 211–219.

75.   Delacroix notiert in seinem Tagebuch (dt. Ausgabe, zit. Anm. 33), S. 227-228: »Um der Wahrheit näher zu sein, war man vor gut zwanzig Jahren auf der Bühne der Oper so weit, in der *Jüdin* und *Gustav III.* echte Dekorationen zu bauen […] So gelangte man dazu, aus Liebe zur Illusion, diese völlig davonzujagen […] Das war auch die Zeit, als man echte Rüstungen auf die Bühne einführte usw.; so kehrte man durch Vervollkommnung zurück in die Kindheit der Kunst«.

76.   Delacroix (zit. Anm. 33), Eintrag vom 18. Juli 1850, S. 78-79.

77.   Baudelaire: Œuvres complètes, Bd. II, hrsg. von Claude Pichois, Paris 1976, S. 668.

Das verschwundene Trompe-l'œil
20. Jahrhundert

Mit dem 20. Jahrhundert scheint das Ende des Trompe-l'œil einzusetzen: Im Zeitalter des Niedergangs der gegenständlichen Darstellung hat diese extreme Form der Figuration kaum mehr einen Platz. Allein einem – soziologisch definiert – orientierungslosen Publikum kann es als Alibi dienen, einem Publikum, das sich an die Überreste einer Tradition klammert, zurückgeworfen auf ein früheres Stadium der Geschmacksgeschichte. Diese Entwicklung wird bereits am Ende des 18. Jahrhunderts mit jenen sich abzeichnenden Spannungen spürbar, die im nächsten Jahrhundert die mimetische Tradition aufbrechen sollten. So stellt der Kritiker Philippe Chéryl im Oktober 1800 das Trompe-l'œil als eine Mode bloß, die der krassen Ignoranz der Neureichen schmeichle, ein Genre, das gerade dazu tauge, die Kahnfahrer des Pont-Neuf anzuziehen.[1] Und dies zu einer Zeit, in der sich mit der Entstehung einer neuen Gesellschaftsschicht eine weitaus größere Kundschaft als zu Zeiten des Ancien Régime herausbildet, die anderen Geschmackskriterien huldigt, den Markt und die Geographie der Kunst neu definiert und die Hierarchie des Genres verändert. In der Gunst der neuen Kunstliebhaber stehen nun kleine, dem bürgerlichen Interieur angepaßte Formate, Porträts, galante Sujets und Genreszenen. Das gefällige und virtuose Doppeldeutige der Trompe-l'œils kommt einem Publikum, das sich auf der Suche nach einer beruhigenden und ermutigenden Bilderwelt befindet, gerade gelegen. Diese Gunstbezeugung ist in gewisser Hinsicht ein Anzeichen für die Verkümmerung und den unmittelbar bevorstehenden Untergang dieser Bildgattung.

Im Werk (und Werdegang) von Louis-Léopold Boilly wird die Endparabel des Trompe-l'œil mit Sicherheit am deutlichsten. Es scheint, als wären sich die letzten und größten Meister des Genres (Boilly und nach ihm Harnett) dieser Tatsache bewußt gewesen, als hätten sie mit letzter Energie eine Form kultiviert, deren Entzauberung im Gange ist, als hätten sie sich mit einer gewissen Zynik einer, bereits auf ihren reinen Tauschwert reduzierten, Vir-

PATRICK MAURIÈS

247. RAPHAELLE PEALE
Nach dem Bade, 1823

287

tuosität bedient. Kein Wunder also, wenn Boilly am Ende seiner Karriere die Kunst zugunsten des Börsenspiels aufgab. Erst kürzlich hat man das Exemplarische seiner Laufbahn aufgezeigt[2], die mit Heroenbildern, dem ›Großen Genre‹, ihren Anfang genommen hatte und schließlich in der Produktion bloßer Gebrauchsgüter endete, wobei sich Boilly mit seltener Hellsichtigkeit strategisch einer Kundschaft anpaßte, der es nach kunsthandwerklichem *savoir-faire* verlangte und die weder Anspielungen noch Anzüglichkeiten scheute. Der Künstler ist gleichermaßen Opfer und Manipulator, Gefangener und Spieler, auf einen Erfolg bedacht, dessen Rezept er gleichzeitig ironisiert. Da wäre etwa das Bild des Malers, welches wir zynisch und triumphierend in Szene gesetzt in vielen seiner Trompe-l'œils wiederfinden: höhnisch grinsend, verzerrt und miniaturisiert. Da wäre (wie auch bei Harnett und den ihm Nahestehenden) der gefälschte Geldschein – in einer Gattung, die sich kaum anders denn als Fälschung bezeichnen kann. Polemische Anzeichen für die Entweihung des Bildes, für das Verschwinden seiner *Aura*, für seine unaufhaltsame Banalisierung.

Wenn die moderne Kunst für dieses überholte Genre trotzdem eine ›Rolle‹ fand, so gerade aufgrund seines Verschleißes: man besetzte diese leere Form, diese tote Rhetorik mit fremden Inhalten. Die Umkehrung der Figuration durch den Surrealismus spielte in dieser Hinsicht eine Schlüsselrolle. Die perfekte Beherrschung der Darstellung stellte diese selbst in Frage. Als ›Ruine‹, wie Walter Benjamin es formuliert hätte, als ein Schatten seiner selbst konnte das Trompe-l'œil zu unzähligen Strategien der Umkehrung benutzt werden: sein Veraltetsein machte es von vornherein zu einem Objekt der Nostalgie, zum Chiffrierschlüssel von Traum und Phantasie, zum Werkzeug einer anderen Logik.

Die Sättigung des Marktes mit abstrakter Malerei, die Ablehnung einer erstarrten, reaktiven Moderne begünstigten Anfang der dreißiger Jahre eine erste Rückkehr zur figurativen Darstellung, zu Strategien der Repräsentation, die zu denen des Surrealismus parallel standen. Diese ästhetischen Strömungen – obschon zweitrangig und verkannt – spielten eine wichtige Rolle. Die Erfinder der Trompe-l'œils des 20. Jahrhunderts fanden dort ihren Platz. Ob Gertrude Stein oder die Familie Noailles, ob James Thrall Soby oder Pierre Roy – diese auf den ersten Blick so unterschiedlichen Persönlichkeiten waren allesamt Akteure dieser Geschichte; die Wiederbelebung eines angeblich zweitrangigen Genres setzte ein kultiviertes Publikum voraus, das sich auf ›schräge‹, vom Üblichen abweichende Lesarten verstand und durchtriebene Strategien zu schätzen wußte.

Die Wiederauferstehung des Trompe-l'œil in der ersten Hälfte des 20. Jahrhunderts ist so einer Handvoll von Künstlern, Galeristen und kosmopolitischen Kunstliebhabern zu ver-

danken, die auf beiden Seiten des At-
lantiks in einem fast geschlossenen Kreis
einen Markt schufen und versorgten.
Diese mondäne Künstlerclique, die der
Moderne keineswegs verachtend ge-
genüberstand (im Gegenteil, sie war sogar aktiv an deren Verbreitung betei-
ligt), unterstützte mit ihrer rückwärts
gewandten Liebe zum Handwerklichen
und zur figurativen Syntax den Erhalt
eines paradoxen Gegenstandes. Wir
wollen hier versuchen, einigen dieser
Personen nachzuspüren. Es nimmt
nicht Wunder, daß William Michael
Harnett ausgerechnet von diesem Kreis
wiederentdeckt wurde. Man knüpfte
damit an eine unsichtbare und geheim-
nisvolle Tradition an.

Am 13. April 1935 versuchte Edith
Halpert, die Direktorin der Downtown
Gallery in New York, einen jungen Ku-
rator eines Museums in Connecticut

248

über eine große Enttäuschung hinwegzutrösten. A. Everett Austin Jr. hatte erstaunliche ge-
schmackliche Unabhängigkeit bewiesen, als er auf ein von ihr gemachtes Angebot – ein eigenwilliges Bild von Raphaelle Peale, *Nach dem Bade* (Abb. 247) – sofort reagiert hatte. Das
Bild war ihm dennoch von einem obskuren Museum in Kansas City, Missouri, vor der Nase
weggeschnappt worden. Edith Halpert bedauerte den Vorfall, bot ihm schließlich aber etwas viel Interessanteres an: »das außergewöhnlichste Bild, das wir abgesehen von Peale – mit
dem es aber jeden Vergleich standhält – in den letzten Jahren finden konnten.«[3]

Austin konnte die *trustees* seines Museums, des Wadsworth Atheneum in Hartford,
um so leichter zum Ankauf dieses Werkes überreden (auch wenn diese einen großen Preis-
nachlaß verlangten), als auf ihm ein an einer Holztäfelung hängender, meisterhaft ausgeführter Colt zu sehen war und Samuel Colt nicht nur die Symbolfigur der Stadt, sondern

248. WILLIAM MICHAEL
HARNETT
Der treue Colt, 1890

289

249. EUGÈNE BERMAN
Die ausweglose Situation der Medusa,
1942

250. EUGÈNE BERMAN
Die antike Säule 1936

251. EUGÈNE BERMAN
*An den Toren der Stadt bei Einbruch der
Nacht,* 1937

249

250

251

auch ihr Wohltäter war. Mit dem Ankauf seines Gemäldes *Der treue Colt* (Abb. 248) durch das Wadsworth Atheneum wurde William Harnett zum ersten Mal die Ehre zuteil, in eine öffentliche Sammlung aufgenommen zu werden.[4] Damit begann die langsame Rehabilitation einer Malerei, die für viel Aufregung innerhalb der breiten Masse gesorgt hatte, nach einigen Augenblickserfolgen[5] jedoch ins Vergessen geraten war. Heute ist sie aus der amerikanischen Kunstgeschichte nicht mehr wegzudenken. Harnetts Wiederentdeckung, die derjenigen von Peto und Haberle vorausging, war einem Kreis von Kritikern, Sammlern, Galeristen oder Kuratoren zu verdanken, die alle dem wohlhabenden Milieu Neuenglands angehörten. Sie waren auch die späteren Verehrer von Bérard, Bermann und Tschelitschew.

Austin könnte den Ausgangspunkt unserer Nachforschungen bilden. Er wurde 1900 als Sohn einer wohlhabenden, in der Nähe von Boston ansässigen Familie geboren. 1922 erhielt er sein Diplom in Harvard. Daraufhin arbeitete er ein Jahr mit dem Archäologen George Reisner in Ägypten und im Sudan. Nach einem sechsmonatigen Aufenthalt in Frankreich, Belgien und Holland, deren große Museen er besuchte, kehrte er nach Harvard zurück, um die Geschichte der italienischen Malerei und die Tempera-Technik zu studieren.[6]

Im Oktober 1927 wurde er an das Wadsworth Atheneum von Hartford berufen. Das Museum, das dank einer privaten Zuwendung (die Schenkung Sumner) über großzügige finanzielle Mittel verfügte, entwickelte sich unter Austins Leitung zu einer der bemerkenswertesten öffentlichen Sammlungen der Vereinigten Staaten. Austin, der sich sowohl für die (damals noch unterbewertete) italienische Barockkunst als auch für Mirós neueste Arbeiten, für das französische 18. Jahrhundert und die ›Negerkunst‹ interessierte, erwarb für das Museum ein Gemälde von Goya, zwei von Luca Giordano sowie Arbeiten von Hopper, Fra Angelico, Tintoretto, Daumier und Cézanne. Er stellte Derain, Matisse und De Chirico aus und sammelte Möbel von Chareau, Ruhlmann und Breuer. 1932 ließ er sich eine palladianische Villa errichten, die im Grunde nur Fassade war (ihre Tiefe entsprach gerade der eines Zimmers) und deren Wände mit einer turinischen Holztäfelung aus dem Jahre 1720 verkleidet waren. Zur Ausstattung gehörten ein österreichischer Rokoko-Alkoven sowie venezianische Barockmöbel (das Ganze vertrug sich dann noch mit Stühlen von Gropius und Bruno Paul).

Ein derartiger Prunk war nicht dazu angetan, das Bürgertum vor Ort gleichgültig zu lassen. Mit der Organisation mondäner Abendgesellschaften und venezianischer Bälle verstand es Austin, die Bürger der Stadt für eine Sache zu begeistern, von der sie nichts verstanden. Er beeindruckte einen jungen reichen Ästheten aus Hartford derart, daß dieser seine Postimpressionisten-Sammlung aufgab und zum großen Leidwesen seiner Umgebung diverse Exponate von Matisse, Derain und Kisling erwarb. James Thrall Soby wurde später einer der bedeutendsten Kunstkritiker sowie Kurator im Museum of Modern Art in New York – damals unter der Leitung von Alfred Barr. Er spielte bei der Einführung des Surrealismus in den Vereinigten Staaten eine zentrale Rolle und war einer der Kunstliebhaber, die die Ansprüche einer neuen Generation am deutlichsten formulierten. Er selbst, Austin, Warburg und der Sammler und Ballettomane Lincoln Kirstein schufen wichtige Verbindungen zwischen dem Europa der dreißiger Jahre und den Vereinigten Staaten. Sie wurden zu Wortführern einer ganz eigenen Sensibilität, die als Reaktion auf die Formeln und Diktate einer mechanisch und konformistisch gewordenen abstrakten Kunst verstanden werden muß.[7]

Gertrude Stein, eine der Symbolfiguren des Kubismus, hatte die Notwendigkeit einer neuerlichen Veränderung begriffen. Der Maler Pawel Tschelitschew schrieb im Januar 1951 rückblickend an Soby, sie sei »[ihrer] aller Mutter« gewesen, ein Brückenkopf zwischen zwei Kontinenten und zwei Generationen.[8] Sie hatte – nicht ohne eine gewisse Arroganz – eine Handvoll junger Maler unter ihre Fittiche genommen, welche nur durch die ihnen gemeinsame ablehnende Haltung gegenüber der Abstraktion miteinander verbunden waren. Es fiel dem Kritiker Waldemar George zu, die einzelnen Punkte dieser sich vollziehenden Veränderung zu formulieren. Eine Ausstellung in der Galerie Druet vereinte 1926 Arbeiten von Christian Bérard, Eugène und Léonid Berman, Pawel Tschelitschew, Christians Tonny und Thérèse Debains unter der Etikette ›Neohumanismus‹ oder ›Neoromantik‹, ein Ausdruck, der nie in die Kunstgeschichte einging. Austin beeilte sich, diese Ausstellung nach Amerika zu holen, wo sie 1931 im Wadsworth Atheneum gezeigt wurde. Sie nahm damit »New Super Realism«, die erste Ausstellung der Surrealisten in den USA, um mehrere Monate vorweg (der Galerist Julien Lévy, ein wichtiger Vermittler beider Bewegungen, hatte an beiden Veranstaltungen großen Anteil).

Hinter dem Versuch, eine solche neue Sensibilität zu benennen, stehen verschiedene Motive: die Ablehnung einer verschlüsselten Abstraktion, die Rückkehr zur gegenständlichen Darstellung, die Anrufung des Gefühls, die Wiederentdeckung des »künstlerischen Erbes der griechisch-römischen Antike«, die Suche nach einem fremdartigen Ambiente, nach einer Poesie, die der hybriden des Surrealismus zwar ähnlich sein, jedoch deren Exzesse, offensichtliche Theatralik und Vorliebe für das Kunsthandwerkliche vermeiden sollte.[9]

Eine solche Sensibilität ist natürlich nicht von der ›Rückkehr zur Ordnung‹ zu trennen, die die ästhetischen Theorien Europas seit 1910 aufrührt.[10] Sie unterscheidet sich jedoch deutlich sowohl vom Purismus der französischen Tradition als auch von der italienischen,

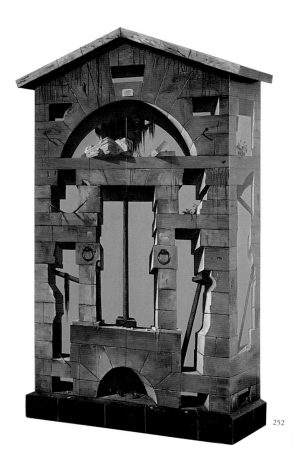

252

tendenziell monumentalisierenden, die oft dem faschistoiden Thema der ›Rückkehr zu den Wurzeln‹ nahesteht. In einem 1935 veröffentlichten wichtigen Essay, *After Picasso,* faßt Soby die Prinzipien einer »Bewegung« zusammen, zu deren wichtigsten Sammlern er gehörte. Schon der Titel spricht Bände. Er entwirft eine manieristische Problematik dieser Bewegung, die im Schatten großer Werke – dem von Picasso, aber auch dem von De Chirico – steht, Werke, die sie weiterführt, gleichzeitig aber auch umkehrt. Die Neoromantiker »stellten den Wert jeder Form abstrakter Kunst bewußt in Frage, sei sie klassisch oder modern. Bereits in den ersten Arbeiten wird ersichtlich, daß sie die nichtfigurative Malerei aufgeben und zu einem Sujet sowie zum Ausdruck eines Gefühls in diesem Sujet zurückzukehren versuchten. […] Ihre Jugend erlaubte ihnen, die Umwälzung der Tradition durch Picasso als abgeschlossen anzusehen und in einer Konterrevolution darüber hinauszugehen.«[11]

Diese Reaktion bestätigt sich bis in die zähe, aufwendige Textur dieser Malerei hinein, die mit ihren strengen Farbgebungen in deutlichem Gegensatz zur Klarheit und Evidenz der abstrakten Malerei steht. Dennoch bildet der unübersehbare, ja polemische Wille, an das Gefühl, an ein gewisses Pathos wieder anzuknüpfen – ein Anzeichen für das Mißbehagen der Menschen angesichts einer von Krisen gebeutelten Welt –, eine der auffallendsten (rückschauend jedoch eine der überholtesten und unbedeutendsten) Komponenten der neoromantischen Sensibilität. Dieser komplexen ›Reaktion‹ liegen noch weitere Motive zugrun-

252.   EUGÈNE BERMAN
Kabinett

de, die um so interessanter sind, als sie erklären, wie die Liebhaber dieser Malerei den Charme des Trompe-l'œil zu einem Zeitpunkt wiederentdecken konnten, als einige dieser Künstler – allen voran Eugène Berman – an eine verlorengegangene Tradition anknüpften.

Bérard, die Brüder Berman und Tschelitschew (wie vor ihnen Picasso in seiner neoklassischen Periode, Pierre Roy oder Dali) wollten zunächst die Virtuosität des Handwerks wiederbeleben, die klassische Ausarbeitung von Figur und Bild beherrschen. Die Auftraggeber teilten – jeder auf seine Art – diesen Geschmack: Lincoln Kirstein wurde nicht müde, in seinen Urteilen über Tschelitschew (und später über den amerikanischen Maler Paul Cadmus) die ›Qualität‹ zu betonen. Die Virtuosität war der Grund, weshalb Soby bei Berman eine Reihe von Trompe-l'œils für seine Wohnung in Auftrag gab. Auch Waldemar George rückte sie ins Zentrum einer neuerfundenen Tradition. Und Virtuosität ist es auch, die eine große Anzahl der von Austin für das Wadsworth Atheneum erworbenen Bilder – ob alte oder moderne, ob kleine holländische Meister oder Werke von Pierre Roy – auszeichnet.[12] Als Verehrer von Ernst, Arp oder Miró waren diese Sammler und Kritiker sowohl Akteure als auch Zuschauer bei der »erstaunlichen Rückkehr zum romantischen Gefühl der Malerei von einst«. Diese Malerei, so Austin bei seiner Präsentation der Neoromantiker in Hartford, stünde »im Gegensatz zu der mathematischen Ausarbeitung von Farbe und Komposition, wie sie seit dem Krieg dominiert«.[13]

In einer erstaunlichen Umkehrung wurde die gegenständliche Kunst zum Ort der Phantasie und Emotion im Unterschied zu einem Intellektualismus, dessen letzte Ausformung die abstrakte Kunst gewesen war – die beiden Pole eines uralten Gegensatzes. Soby folgte dem von Waldemar George eingeschlagenen Weg, als er in einer zwischen 1942 und 1944 entstandenen Arbeit über die »romantischen Maler« schrieb, daß »die romantische Malerei momentan den Triumph der Phantasie über die Vernunft in dem Krieg darstellt, den sie sich seit dem 17. Jahrhundert offen liefern.«[14] Er deutete De Chirico – neben Picasso eine weitere Symbolfigur der Neoromantiker – als Vertreter einer Kunst, »die dem Emotionalen zu einer neuen Perspektive verhalf und eine rätselhafte Welt auf halbem Wege zwischen Traum und Träumerei entwarf.«[15]

Traum, Gefühl, eine Vorliebe für die Fiktion: der Charme des ›Sujets‹, die schauspielhafte Dimension des Kunstwerks, das Spiel mit dem Betrachter – all das mußte sich bei dem Versuch, eine Alternative zur figurlosen Kunst und zum reinen Formalismus der abstrakten Malerei zu finden, erneut bestätigen. So war es möglich, daß Austin 1933 eine ehrgeizige Ausstellung mit dem Titel »Literature and Poetry in Painting since 1850« organisierte, in der die

253

253.   REX WHISTLER
Dekorative Wandverkleidung für das Boudoir der Lady Louis Mountbatten, 1937

254.   REX WHISTLER
Dekorative Wandverkleidung für das Eßzimmer von Plas Newydd, 1936–1938

verschiedenen Genres der narrativen Malerei rehabiliert wurden – indem alte neben modernen Werken gezeigt wurden –, darunter auch das Trompe-l'œil mit seinen Tricks und Täuschungen. Diese technisch virtuose, lesbare und verwirrende, für die neue Sensibilität exemplarische Kunstrichtung, die man in vielerlei Hinsicht als reaktionär bezeichnen könnte,
verstand sich selbst jedoch als völlig modern und als Spiegel ihrer Zeit. »Die ultramoderne
Kunst«, erklärte Austin, »zeigt dem Publikum nicht mehr die offensichtlich unverständlichen
Aspekte der abstrakten und superrealistischen Malerei der letzten zweiundzwanzig Jahre. Das
bedeutet nicht, daß diese Malerei künstlerisch überholt ist, gerade jetzt, wo jüngste Strömungen den Eindruck vermitteln können, als würden sie zu konservativeren Formen zurück-
kehren. Die Neoromantik, die in den plötzlichen Veränderungen der Damenmode vor zwei
Jahren eine verblüffende Ausdrucksform fand, erscheint in der Literatur, der Musik und der
Malerei als eine Reaktion der kreativsten jungen Künstler auf die Ideen ihrer Vorgänger – auf
die Generation von Picasso, Matisse und Derain. Eine solche Reaktion ist stets ein Anzeichen für das Wohlbefinden der bildenden Kunst, weil sie den für die Stimulierung von Kreativität notwendigen Elan verleiht.«[16]

Eine Malerei der Gegenwart also, die den Zeitgeist in sich aufnimmt – und durchaus wieder mit ihm verschwinden konnte. Ein Grund dafür war, daß die Maler, für die sich Austin
interessierte, erst am Anfang ihrer Karriere standen. Es war daher unmöglich, ihren ›Wert‹
oder Platz zu bestimmen, den sie in der Kunstgeschichte einnehmen würden. So blieb nur

254

255

die Möglichkeit, sie als ›Neuheit‹, als Vertreter der Malerei des modernen Lebens im Sinne Baudelaires auszugeben. Diese Malerei war um so bewunderungswürdiger, als ihr im Grunde nur ein kurzes Leben beschieden sein konnte. Es ist faszinierend, wie Austin 1931 zum Beispiel versuchte, die ›Superrealisten‹ einzuordnen: »Die Bilder, die Sie diesen Monat sehen werden, sind schick. Sie sind unterhaltsam. Sie sind für den Moment gedacht. Viele von ihnen sind voller Humor und bringen uns zum Lachen. Andere sind düster und erschreckend, aber nicht düsterer und erschreckender als die Tagespresse …«[17] Die Epoche selbst verlangt nach neuen Werten: »Wir können der Zeit, in der wir leben, wahrlich keinen Mangel an Sophistikation vorwerfen. Folglich läßt sich ihr genaues Spiegelbild wohl kaum im ewigen Kult des Primitiven finden.« Sei es eine vergängliche, zweitrangige oder dekorative Kunst, sie beeindruckt durch einen neuen ›Zivilisationsanspruch‹, das heißt durch eine gewisse Leichtigkeit, durch spielerische Komplizenschaft, durch eine Vorliebe für Zitate und Maskeraden, für Anspielungen und Trugbilder. Es ist also kein Zufall, daß Austin gleichzeitig noch eine ehrgeizige Karriere als Zauberkünstler verfolgte und sich ›the great Osram‹ nennen ließ. Ebensowenig ist es ein Zufall, daß er 1936, unterstützt von Berman und Tschelitschew, im Wadsworth Atheneum einen ›Papier-Ball‹ veranstaltete, der danach in aller Munde war.[18] Und kein Zufall ist es schließlich auch, daß Tschelitschew, Bérard und Berman viele Entwürfe für Theater und Ballett anfertigten, daß der Tänzer und Choreograph George Balanchine bei seiner Ankunft in den USA in Hartford haltmachte und daß Kirstein ihn davon überzeugte, Europa zu verlassen. Die Liebe zum Theater und zur Illusion waren die höchsten Werte dieser Generation und des kosmopolitischen Kreises, dessen Netzwerk wir hier umreißen. Die Vergänglichkeit der Dinge, das Doppelspiel der Erscheinungen, der Taumel der Identität, die Leidenschaft für optische Täuschungen, die Vorherrschaft der ›Phantasie‹ – alles Prinzipien, die für die Neubewertung des Trompe-l'œil unerläßlich waren.

Auch wenn Bérard und Tschelitschew immer wieder bestimmte traditionelle Kunstgriffe des Trompe-l'œil verwendeten, fertigten sie nicht Trompe-l'œils im strengen Sinne des Wortes an. Dagegen benutzte und variierte Eugène Berman die typischen Grundelemente dieses Genres während seiner gesamten Karriere (Abb. 250). Geboren am 4. November 1899 als Sohn einer großbürgerlichen Familie in Sankt Petersburg, mußte er später die gleichen Stationen des Exils durchlaufen wie sein Landsmann Tschelitschew: Deutschland, Frankreich, die USA und schließlich Italien, wo beide ihre letzten Lebensjahre verbrachten. 1918 wurde er zur Flucht nach Paris gezwungen, wo er gemeinsam mit seinem Bruder Léonid Kurse an der Académie Ranson belegte, an der Pierre Bonnard, Edouard Vuillard und Maurice Denis unterrichteten, Kurse, die auch Bérard besuchte. Seine erste Reise nach Italien im Jahre 1922 schmälerte den Einfluß, den Picassos blaue Periode auf ihn ausübte. Die Begegnung mit dem Werk De Chiricos, mit der Malerei des 18. Jahrhunderts und der italienischen Szenographie und Architektur waren für die Herausbildung seines Stils und ganz besonders für seine Hinwendung zum Trompe-l'œil entscheidend.

Nachdem er an der Gründungsausstellung der Neoromantiker in der Galerie Druet 1926 teilgenommen hatte, nachdem er die Brücken von Paris, die Landschaften von Venedig und den Brenta-Kanal, den Park von Versailles und die Felsen von Les Baux gemalt hatte, fuhr er 1935 zum ersten Mal in die Vereinigten Staaten, wo er sich zwei Jahre später niederließ. Er führte dann für seinen New Yorker Galeristen Julien Lévy zwei erstaunliche Trompe-l'œil-Wandtäfelungen aus, deren leuchtende Farbgebung im starken Gegensatz zu seiner düsteren Pariser Periode stand. »Die Täfelungen für meine Wohnung wurden als minutiöse Trompe-l'œils ausgeführt. Die mit Marketerien versehenen Rahmen waren jedoch nicht aus Holz, sondern peinlich genaue Nachahmungen – bis zu den Löchern der Nägel und Holzwürmer und bis zu den Schlagschatten, die für ein überzeugendes Relief sorgen sollten. ›Bildhintergrund‹ und Wände waren von der gleichen hellen Farbe, um die Illusion eines ›leeren Rahmens‹ glaubhaft zu machen. So war es unmöglich zu wissen, wo die Wand aufhörte und wo Bermans Malerei anfing.«[19] Kordeln, Kieselsteine, Stoffetzen und Lappen schmücken diesen leeren, scheinbar mit Marketerien versehenen Rahmen, in dem – als handle es sich um Relikte alter Gemälde – öde Strände mit Gestalten in der Art eines Salvator Rosa oder eines beliebigen anderen Tenebristen des 17. Jahrhunderts festgehalten sind: Bruchstücke und Überreste, die in ihrer offensichtlichen Armseligkeit, Figuren, die in ihren verschlissenen Theaterkostümen wie die alten Verkleidungen einer uralten, im Verschwinden begriffenen Kultur wirken.

Berman nahm Variationen dieses Motivs (Strandszenen und italienische Flußufer) in einer Wanddekoration wieder auf, die er ein Jahr später für James Thrall Soby in Farmington schuf. Die Meisterschaft aber, mit der er dieses Thema beherrschte, wird in dem Ensemble am deutlichsten, das er 1938 für Wright Ludington in Santa Barbara, Kalifornien anfertigte: Lévy berichtet, daß »er sich erneut mit dem Problem des ›Wo hört die Wand auf?‹ auseinandersetzte, indem er Wandrisse und scheinbar mit Reißzwecken befestigte Skizzen malte, die sich von der Wand zu lösen und in das Zimmer hineinzuhängen schienen. Eine andere Entwurfsreihe aus der gleichen Zeit stellt ein Projekt vor, das nie verwirklicht wurde. Die Wände sollten hier hinter Scheinarkaden den Blick auf eine

256

256. MARTIN BATTERSBY
Madame de Sévigné

weitläufige, perspektivische Landschaft freigeben, man wollte mit der pittoresken Illusion eines dramatisch vergrößerten Zimmers spielen.«[20]

Berman, der von der illusionistischen Definition des Raums und vom Spiel mit Perspektive und Architektur fasziniert war, fertigte zwischen 1940 und 1972 unzählige Bilder, Zeichnungen, Szenographien und Montagen an, die allesamt die Rhetorik des Trompel'œil in Anspruch nahmen: Rahmen-im-Rahmen, angeklebte, angenagelte oder verschobene Bilder, Bildbeschreibungen und vorgetäuschte Überlagerungen. Er benutzte in verschiedenen, surrealistisch anmutenden Bildern (»An den Toren der Stadt bei Einbruch der Nacht, Abb. 251, *The Gate of Victory, Sunrise*) das Motiv des *cartellino,* auf dem ein falsches Etikett, der Titel und die Signatur zu sehen sind. Ende der vierziger und Anfang der fünfziger Jahre verwendete er in seinen Medusa-, Kassandra- und Melancholie-Interpretationen (Abb. 249), in denen er seine Frau, die Schauspielerin Ona Munson, in Szene setzte, häufig das Motiv von zerbrochenem Glas: die inneren Spannungen des Sujets werden symbolisch auf die Bildoberfläche projiziert. 1939 begann er mit dem Entwurf eines Kabinetts in Form einer ›Ruine‹ (Abb. 252), das sich bei näherem Hinsehen als unwahrscheinlich entpuppt (Schatten, Perspektive und Architekturmasse führen ins Nichts), dessen augenfälliger Realismus jedoch ganz und gar in die Tradition des Trompe-l'œil gehört. Berman setzte die Logik des surrealistischen ›Fundstücks‹ auf seine Weise in zahlreichen Montagen fort, in denen er das reale Objekt – einen Stein, einen Felsen, eine Muschel oder einen Schmetterling – mit der gemalten Dekoration verschmelzen läßt, das somit zu einem Element der Simulation wird und von deren illusorischem Kontext nicht mehr zu trennen ist. Ob es sich um Titelseiten von Modemagazinen handelte oder um dreidimensionale Objekte, die zur Aufhängung an die Wand bestimmt waren, Berman blieb seiner Vorliebe für diese ›ernsthaften Spiele‹ treu, die ganz im Geiste eines barocken Trompe-l'œil, eines imaginären Italiens standen.

Bermans Arbeiten befriedigten bestimmte Aspekte von Sobys und Austins Geschmack auf geradezu exemplarische Weise: Diese kultivierte, verspielte, traditionsbewußte, sich gleichzeitig aber als modern ausgebende Kunst – zumindest was deren jüngste Entwicklungen betraf – schöpfte ihre Kraft aus einem gewissen Außenseiterdasein: dies einerseits, weil sie sich von der ›Hauptströmung‹ (das heißt der ›abstrakten‹ Malerei) abhob und darin gleichzeitig ihre Existenzberechtigung fand, andererseits, weil sie sich für zweitrangige oder exzentrische Strömungen der Kunstgeschichte interessierte. Der alles andere als zufällige oder nebensächliche ›mondäne‹ Charakter dieser Arbeiten beförderte sie endgültig ins Abseits: beseelt von der Nichtigkeit der Dinge, fasziniert vom Theater, von der Mode,

von Bällen und Abendveranstaltungen und allgemein von der Dramaturgie des Vergänglichen, konnte man sie (genau wie die Werke Bérards oder Léonor Finis) einer gewissen
›Frivolität‹ verdächtigen, ein Vorwurf, den die Surrealisten damals auch gegen die Arbeiten eines in ihren Augen gewinnsüchtig gewordenen Dali richteten. Austin dagegen, der
sich gerade für das Frivole, Virtuose und mitunter recht Kitschige der Neoromantiker interessierte, gehörte einer ›Familie mit Geschmack‹ an, die ohne Zweifel eine Minderheit
darstellte, deren Einfluß auf die bildende Kunst zu Beginn der dreißiger Jahre aber noch
immer unterschätzt wird. Austin, der vom Wadsworth Atheneum zum Museum in Sarasota wechselte, ist bezeichnenderweise auch der legendäre Besuch von Edith und Osbert
Sitwell im Jahre 1949 zu verdanken. Die Sitwells gehörten seit den zwanziger Jahren zu
den Leitfiguren jener ›Rückkehr zum Barock‹ (Sacheverell Sitwells Bücher über das Ro-
koko und den Barock des Südens hatten in Austins Ausbildung eine große Rolle gespielt[21]).

Edith Sitwell trat als Schutzpatronin Tschelitschews die Nachfolge von Gertrude Stein an
und versäumte es nicht, diesen in das Management ihrer eigenen Karriere einzubeziehen.[22]
Zur Familie der Liebhaber, der man die Neubewertung und die Rückkehr des Trompe-l'œil
zu verdanken hat, gehörten die Sitwells jedoch aufgrund der Aufmerksamkeit, die sie bisher
mißachteten Bereichen der Kunst schenkten – wie zum Beispiel dem deutschen, italienischen
oder lateinamerikanischen Barock, den *victoriana*, den Möbeln des Georgian Style, den Skur-
rilitäten aller Art, der narrativen Malerei und den naiven Vorgängern des Surrealismus.

257. MARTIN BATTERSBY
Trompe-l'œil

258. MARTIN BATTERSBY
Trompe-l'œil

259. MARTIN BATTERSBY
Trompe-l'œil

or Evelyn Waugh Esq..

260

260. MARTIN BATTERSBY
Trompe-l'œil

261. PIERRE ROY
Die Sommerzeit, 1929

Eine Analyse des Milieus und der Geschmackskriterien, über die die Sitwells in Europa zweifellos am eloquentesten entschieden, würde längere Ausführungen erfordern. Hier sei nur erwähnt, daß sie von dem Mäzen und Milliardär Edward James (1907–1984) nicht zu trennen sind. James huldigte sein ganzes Leben dem Kult des Bizarren, finanzierte die *Ballets 1933,* arbeitete als Dichter, investierte in Dali und Magritte, entwarf zu Ehren seiner Frau, der Schauspielerin Tilly Losch, eine exzentrische Dekoration und verbrachte die letzten Jahre seines Lebens auf einem Gut im südamerikanischen Dschungel, das dem Palast des Facteur Cheval alle Ehre gemacht hätte.[23] Auch der mondäne Stephen Tennant, ein Zeichner der einstudierten ›Ungeschicklichkeit‹ und Szenograph seiner eigenen Existenz, gehörte zu den Liebhabern des Singulären, imstande, die Logik einer ›schrägen‹, vom Üblichen abweichenden Ästhetik zu verstehen, die die Tradition im gleichen Maße parodierte wie sie sie neu erfand. In Frankreich teilten die Noailles, Charles de Beistegui, Emilio Terry und der Kreis um Jean Cocteau ähnliche Anschauungen. Mitte der dreißiger Jahre zeichnet sich in Frankreich in den dekorativen Künsten eine ähnliche Tendenz ab, für die Waldemar George wichtige Impulse lieferte: Indem sie aus einem eher fragwürdigen Nationalismus Kapital schlugen, aus der Rückkehr zur Tradition und einem handwerklichen, angeblich das französische Genie offenbarenden *savoir-faire,* erfüllten Architekten und Bildhauer wie André Arbus, Jean-Charles Moreux, Emilio Terry und Serge Roche mit einem Ensemble von mit Illusionen und Zitaten spielenden Möbeln, Objekten und Dekorationen die Forderungen nach einer Alternative zur Abstraktion und zum fetischistischen Kult der Moderne.

Rex Whistler schuf in England im Laufe seiner frühzeitig unterbrochenen Karriere unzählige Wandtäfelungen und -dekorationen, die sich der traditionellen Trompe-l'œil-Rhetorik bedienten. Als Bühnenbildner, Illustrator, Dekorateur und Maler ließ er in einem Stil, der das 18. Jahrhundert parodierte, das Repertoire der späten Barockornamentation mit seinen Urnen, Kartuschen, Rahmen und kleinen Engeln wiederaufleben, die hier eine neue Funktion erfüllten. Ersichtlich wird dies auch in seinen Dekorationen für Port Lympne (Kent), Plas Newydd (Gwynned; Abb. 254) oder Mottisfont Abbey, in denen er Ebenen zwischen Realität und Fiktion, zwischen dem Raum des Bildes und dem des Betrachters entwickelt hat (so finden sich etwa in Plas Newydd Abdrücke von nassen Füßen auf dem Fußboden – womöglich ein fernes Echo an die Fußabdrücke von Tilly Losch, die Edward James für sein Anwesen in Monckton in einen Teppich einweben ließ), die die Anwesenheit eines aus einer imaginären Welt auftauchenden Neptuns zu verraten scheinen. Whistler erfand auch die Grisaille-Thematik neu, sowohl in einer Reihe von Wandtäfelungen für Lord Mountbattan (Abb. 253) als auch in einer Reihe wirklicher Trompe-l'œil-Gemälde, die er für die Armee entwarf.[24] Sein vielleicht zu eigenwilliges Werk, das als simple Dekoration abgetan und von der Kunstgeschichte völlig ignoriert wurde, fand abgesehen von der in England weitverbreiteten Domäne der Illustration keine Weiterführung.

261

Einzig Martin Battersby schien seinem Beispiel zu folgen und konzentrierte sein Schaffen auf das Trompe-l'œil, ob als Wanddekoration oder als Staffeleibild. Er spielte bei der Neubewertung des Trompe-l'œil in der ersten Hälfte des Jahrhunderts eine relativ wichtige Rolle, da er sowohl ihr Aktivist als auch ihr Chronist war. Er war der erste, der in einer Reihe von erst viel später veröffentlichten Büchern (*The Decorative Twenties,* 1969; *The Decorative Thirties,* 1971) die Rolle der Künstler, Sammler und Dekorateure hervorhob, deren Bedeutung bis dahin ignoriert worden war. Trotz der unterschiedlichen, schnell

262

und schematisch umrissenen Profile wird die Kohärenz eines kosmopolitischen und kurio-
sen Geschmacks deutlich, dessen anderen Liebhabern wir bereits auf den vorhergehenden Seiten begegnet sind. Auch das 1974 in London erschienene Buch *Trompe-l'œil,* eine
Synthese beziehungsweise ein Überblick der ›Geschichte‹ des Trompe-l'œil, räumt ihm
im Abschnitt über die zeitgenössische Behandlung des Sujets einen wichtigen Platz ein.

Battersby, der aus einer großbürgerlichen Londoner Familie stammt, erhielt seine Ausbildung in einer Theaterwerkstatt, studierte (vorübergehend) Architektur, arbeitete am
Theater (er entwarf 1938 sein erstes Bühnenbild für das Londoner Theater Old Vic) und
wurde nach eigener Aussage stark von den Neoromantikern und Rex Whistler beeinflußt.
Er schuf seine ersten Wanddekorationen für den Händler und Sammler Arthur Jeffress,
noch ein Kunstliebhaber, der durch sein Interesse für den Surrealismus auf das Trompe-
l'œil gestoßen war. Philip Garner schreibt, daß »Battersby in einem der Kapitel von *The
Decorative Thirties* hinsichtlich des Ende der dreißiger Jahre wiedererwachten Interesses
für die peinlich genaue Trompe-l'œil-Technik des 17. und 18. Jahrhunderts anmerkt, daß
›die anspruchsvollen Sammler – Liebhaber des Bizarren [Abb. 255 und 256] – nach sol-
cherart Werken suchten, um sie wie Arthur Jeffress in Zimmern zur Geltung zu bringen,
die mit venezianischen Lackmöbeln oder Möbeln aus der Zeit von Charles X. eingerichtet waren.‹ Jeffress mußte Battersby in seiner Vorliebe für das Trompe-l'œil erst ermuti-
gen und stellte dessen Bilder später bei mehr als einer Gelegenheit aus.«[25]

Als Assistent von Cecil Beaton (mit dem er sich 1951 zerstritt), der als Bühnenbildner für
Theater und Oper (Glyndbourne) tätig war, präsentierte Battersby 1948 in der Brook Street
Gallery seine erste Einzelausstellung. Er stellte danach bis zu seinem Tode 1982 regelmäßig in
England, Europa und den Vereinigten Staaten aus (die letzte Ausstellung fand im Februar/März
1982 in der Ebury Gallery statt). Battersby, der sich strikt an die Regeln, die Thematik und
das *savoir-faire* der Tradition hielt, entwarf – mit häufigem Seitenblick auf Harnett – unzählige Quodlibets, zerbrochene Gläser oder aufgehängte Gegenstände, bei denen sich die her-
kömmlichen Elemente des Genres (Landkarten, Stiche, Bänder und Nadeln) mit modernen
Gegenständen mischen (Puppen, Modefotos, Kinobilder). Battersby spielt mit einer virtuosen Technik, er taucht seine Objekte in kaltes Licht und stellt sie mit klinischer Genauigkeit
dar. Für eine erlesene Kundschaft fertigt er Bilder nach Maß, in denen sich Erinnerungsstücke
mit alten Stichen mischen (Abb. 260). Er entwarf auch herrliche Dekorationen (mit scheinbar angehefteten Papieren) für die Villa Fàvorita von Lady Kenmare in Südfrankreich und für
das Château de Firmin unweit von Chantilly, in dem Lady Diana Cooper wohnte. Dieselbe

263

264

265

266

Mischung aus internationaler Weltgewandtheit, Liebe zum Theater, Kultiviertheit, Begeisterung für die Mode, Echo auf den Surrealismus und technischer Virtuosität – Impulse, die für das bereits beschriebene Wiederaufleben des Trompe-l'œil im 20. Jahrhundert maßgebend waren – finden sich auch bei diesem Maler wieder, der sich vor allem als ein Mann des guten Geschmacks verstand. Nicht umsonst war er Ende der sechziger Jahre einer der Wegbereiter für die Wiederentdeckung des Jugendstils und des Art deco (Abb. 257, 258, 259).

In dem Brief vom April 1935, in dem Edith Halpert Austin das wiedergefundene Bild von William Harnett anbietet, benutzt sie ein eher nebensächliches Argument, um eventuelle Bedenken des jungen Kurators zu zerstreuen: »Der treue Colt«, schrieb sie, »würde sich durchaus neben einem Pierre Roy vertragen«.[26] Dasselbe Thema nahm sie später in einem kurzen Essay wieder auf: »Das gegenwärtige Interesse an Harnett basiert auf aktuelleren Betrachtungen. Wir sind voller Bewunderung darüber, daß er einen Stil vorwegnahm, der bei uns genau wie in Frankreich heute zur Avantgarde zählt. Seine Farben leuchten, seine Malkunst besticht und seine Kompositionen folgen einem geometrischen Muster [...] Diese ihm eigene Mischung aus einem sorgfältigen Realismus und einer willkürlichen Zusammenstellung von untereinander bezugslosen Gegenständen ist es, die die Brücke zwischen der holländischen Kunst des 18. Jahrhunderts und dem Surrealismus des 20. Jahrhunderts ausmachen könnte.«[27]

In einer erst kürzlich veröffentlichten Besprechung einer Harnett-Ausstellung aus dem Jahre 1939 greift Marsden Hartley diese Parallele wieder auf und stellt Harnetts objektive, wortwörtliche, »maskuline Seite« dem »weiblichen Wesen« – der Neigung zur Ausschmückung – eines Roy (oder Dali) gegenüber.[28] In dem Mosaik der Motive, die in der ersten Hälfte des 20. Jahrhunderts zur Neubeurteilung des Trompe-l'œil führten, darf die Rolle, die Pierre Roys einzigartiges Werk spielte, folglich nicht unterschätzt werden: eine paradoxe Schlußfolgerung, bedenkt man, daß die Suche nach extremer Wahrscheinlichkeit in der Malerei direkt zu einer Logik des Unwahrscheinlichen zu führen scheint.

Pierre Roy, ein entfernter Verwandter Jules Vernes, entstammte wohlhabenden Verhältnissen. Seine Karriere ist die einer einsamen Randfigur des Surrealismus. Seine erste Ausstellung geht auf das Jahr 1906 zurück. Er war mit Alberto Savinio und seit 1913 auch mit Giorgio De Chirico befreundet. Nachdem Apollinaire ihn entdeckt hatte, nahm er 1925 an der ersten Gruppenausstellung der Surrealisten bei Pierre Loeb teil. Die Wege dieses Exzentrikers und der von Breton indoktrinierten Gruppe trennten sich jedoch recht schnell. Bereits 1930 stellte er in New York aus, und Austin lud ihn ein, sich an der Ausstellung des »New Super Realism« zu beteiligen, während das Wadsworth Atheneum sein

Bild *L'Electrification des campagnes (Die Elektrifizierung des Landes)* erwarb. Seitdem ist er in den angelsächsischen Ländern bekannter als in Frankreich. Es folgten Ausstellungen in New York, London, Honolulu, Hartford und Sarasota. Er arbeitete für die amerikanische Werbung und illustrierte mehrere Titelseiten der *Vogue* für Condé Nast.[29] Als Buchillustrator und Bühnenbildner malte Roy nur wenige Gemälde, die jedoch ihre Liebhaber hatten und recht hohe Preise erzielten. Seine letzte Ausstellung fand in New York im Jahre 1949 statt. Er starb am 26. September 1950 auf einer Italienreise. Obwohl sie bis ins kleinste Detail realistisch sind, widersprechen Roys Bilder den Gesetzen der Wahrscheinlichkeit. Ihre Konstanten bestehen in der Darstellung immer wiederkehrender Gegenstände (Relikte aus der Kindheit oder aus einem Familienalbum), in der Faszination für die Meßgeräte (Abb. 261) eines Landvermessers, in der Mischung von plastischen, lange Schatten werfenden Objekten und solchen ohne Tiefe, in Bildebenen beziehungsweise Hintergründen, die sich mit dem Vordergrund ›beißen‹, im Kontrast zwischen zusammengezogenen und leicht ausgedehnten Bildebenen, im Kontrast zwischen dem abgeschlossenen Raum einer Komposition (die in eine Schachtel oder einen Rahmen gezwängt ist) und dem Unendlichen, auf das sie hinausgeht – in einer Anordnung, die die Realität des einen wie des anderen aufzuzeigen scheint (Abb. 263 und 266). »Bei Roy«, so hat man zusammengefaßt, »ist alles sofort erkennbar, nichts ist verzerrt, der unvermutete Kontext der Präsentation jedoch, der unpassende Blickwinkel oder das Nebeneinander unerwarteter Objekte setzen die Phantasie des träumenden Betrachters in Gang.«[30] Sein Werk ist alles in allem die Kunst einer zwar korrekten, dennoch ›unmöglichen‹ Syntax, welche die für den Betrachter eines Trompe-l'œil so typische Mischung aus Glauben und Unglauben, aus Akzeptanz der Illusion und dem gleichzeitigen Bewußtsein der optischen Täuschung hervorhebt. Eine seltsame Spannung, die jedes der Elemente einer Komposition gelten läßt, gleichzeitig aber deren Koexistenz ausschließt. So gesehen könnte Roys Œuvre als Parodie und Kritik der Tradition des Trompe-l'œil aufgefaßt werden; ein um so durchtriebeneres Verfahren, als der Künstler die Angewohnheit hatte, die Objekte jeder seiner Kompositionen so vor sich aufzubauen, wie sie später in den Ergebnissen ihrer perfekten mimetischen Wiedergabe zu sehen waren. Roy schuf folglich Kopien einer ›wahren‹ Realität, die doch unmöglich war, eine Anordnung, die die Gesetze der Wahrscheinlichkeit erschüttert, sie zwischen Natürlichem und Künstlichem, Nahem und Fernem, Realem und Simuliertem ansiedelt (Abb. 262, 264 und 265).

Roys künstlerisches Schaffen wirkt wie ein Nachklang auf das genauso einzigartige Werk von Edward Wadsworth in England (Roy besuchte Wadsworth im Sommer 1928, um die

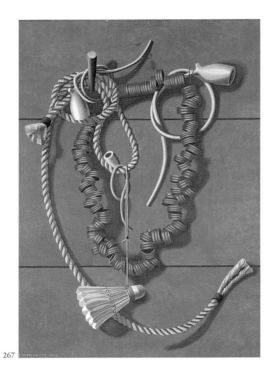

267. EDWARD WADSWORTH
Airy Nothing/The Consistency of Odd Things, 1937

268. EDWARD WADSWORTH
Muschelschalen, 1926

Tempera-Technik zu erlernen). Dessen Werk, das 1915 vom Vortizismus und von Kandinsky beeinflußt war, schwankt seit den zwanziger Jahren zwischen Abstraktion und Rückkehr zur Figuration. In diese Zeit fällt seine Wiederentdeckung der Temperafarben, deren spezifisches Bindemittel die Gestaltung durchscheinender und reiner Farbflächen ermöglicht, die den Pinselstrich des Malers verschwinden lassen. Die gegenständliche Kunst, die Wadsworth in den dreißiger Jahren entwickelte, bevor er in seinen letzten Lebensjahren zur Abstraktion zurückkehrte, steht erheblich unter dem Einfluß De Chiricos. So erwähnt Waldemar George in einer Broschüre aus den dreißiger Jahren den »magischen Realismus« dieses englischen Malers, der »sich im 20. Jahrhundert zum ersten Mal im Werk De Chiricos gezeigt hatte«.[31]

Die Parallele zu Roy ist jedoch am offensichtlichsten: die gleiche Vorliebe für einen minutiösen, ebenso präzisen wie kalten Stil, das gleiche Repertoire an Gegenständen, die das Meer oder die Verfahren des Messens thematisieren, die gleiche Konzentration von Elementen in der Komposition, die gleichen Kontraste in den Maßstäben, die gleichen unwahrscheinlichen Aneinanderreihungen, die die Ordnung der Wahrscheinlichkeit erschüttern. Diese metaphysischen Montagen, die weder Stilleben noch Trompe-l'œils im traditionellen Sinne sind, basieren nichtsdestoweniger auf einer Reihe geistiger Anleihen bei der Rhetorik der Illusion, die in einen Kontext gestellt werden, der ihnen völlig entgegengesetzt ist (Abb. 267 und 268).

Nur bei dem armenischen Maler Gregorio Sciltian, der seit 1923 eine einsame Karriere in Italien verfolgte, findet sich der erklärte – anachronistische und vehement reaktionäre – Wille, die Technik und die Themen des klassischen Trompe-l'œil wieder aufzunehmen (»in den letzten Jahren ist das Trompe-l'œil wieder in Mode gekommen, vielleicht als eine mutige Reaktion auf die defätistischen Strömungen des Expressionismus und der Abstraktion. Dieser revolutionäre Umsturz zugunsten einer Verherrlichung der Natur, genauer noch ihrer Illusion, nachdem sie von der abstrakten Malerei negiert worden war, stellt eine mutige Parteinahme dar, deren Folgen sich für die weitere Entwicklung der Malerei möglicherweise als völlig unerwartet erweisen werden. Ich kann mich damit brüsten, einer, wenn nicht sogar der einzige Pionier des Trompe-l'œil in der modernen Kunst zu sein«).[32]

Sein Leben lang schuf Sciltian für ein bürgerliches Publikum, das er in dessen Vorurteilen gegen die Moderne bestärkte, seinen rückschrittlichen Ideen gemäß ununterbrochen Trompe-l'œils – reine Zitate der Gattung und ihres typischen Repertoires (Abb. 269). Dieses Werk kann man als Prototyp einer Subproduktion ansehen, die rund um die Welt ein Publikum belieferte, das nichts vom künstlerischen Wert verstand, mit Werken, die aufgrund ihrer Kuriosität und ihrer illusionistischen Wiedergabe akzeptabel waren. Sie stellen eine Fortführung jener Werke dar, die Chéry bereits 1800 gebrandmarkt hatte. Erst die gelegentliche Zusammenarbeit mit Fabrizio Clerici erlaubte Sciltian, getragen von der Kultur und Raffinesse dieses römischen Malers, eine wirkliche Poesie zu entwickeln. Es reicht aus, den Text des mit den Neoromantikern vertrauten Clericis über das Trompe-l'œil mit demjenigen Sciltians zu vergleichen, um das Ausmaß ihrer Verschiedenheit zu ermessen.[33] Clerici entwirft in einem gelehrten und eleganten Stil eine Problematik der Unterhaltung und des tragischen Spiels, der »Anmut« und der Kuriosität, der Illusion als Spiegelbild der Vergänglichkeit. Ein wunderschönes Möbelstück aus dem Jahre 1940, in das Sciltians Technik einfloß, scheint die gesamte Geschichte des Trompe-l'œil zusammenzufassen, indem es auf ein- und derselben Oberfläche die zahlreichen Formeln des Genres – vom Quodlibet bis zu den Regalen eines Kuriositätenkabinetts – vereint; ein Genre, das so auf ein Zitat reduziert wird, auf einen Schatten seiner selbst, auf ein Relikt dessen, was sich zuvor als Kunst des Relikts ausgegeben hatte.

ANMERKUNGEN

1. Zitiert bei S. Siegfried: The Arts of Louis Leopold Boilly, New Haven & London 1995, S. 192.

2. Ebda.

3. Brief von E. Halpert an J. A. E. Austin, 13. April 1935, in: Akte »Downtown Gallery«, Archive des Wadsworth Atheneum. Der Autor dankt Eugene Gaddis für seine Hilfe bei Nachforschungen in den Archiven und bei der Nachprüfung verschiedener Details zu Austins Karriere und seinen Verbindungen zu den Neoromantikern.

4. Siehe auch E. Johns: *Harnett enters Art History,* in: D. Bolger, M. Simpson und J. Wilmerding: Ausstellungskatalog »William M. Harnett«, New York 1992, S. 100–109, und Ausstellungskatalog »A. Everett Austin Jr. – A Director's Taste & Achievement«, Hartford and Sarasota 1958, S. 30.

5. Siehe D. M. Lubin: *Permanent Objects in a Changing World,* in: Ausstellungskatalog »William M. Harnett« (zit. Anm. 4), S. 9.

6. Siehe Ausstellungskatalog »A. Everett Austin Jr.« (zit. Anm. 4), S. 9.

7. Zu dieser Epoche und diesem Milieu sei empfohlen: das grundlegende Werk von N. Fox Weber: Patron Saints, New York 1992, weiterhin L. Kirstein: *From an Early Diary,* in: By, With To and From, a Lincoln Kirstein Reader, New York 1991, S. 130–158 und ders.: Mosaïc, Memoirs, New York 1994, S. 224–250.

8. Briefwechsel Pawel Tschelitschew – James Thrall Soby, 18. Januar 1951, in: Akte »Tschelitschew«, Archive des Museum of Modern Art, New York. Der Autor dankt Rona Roob für ihre freundliche Hilfe.

9. Waldemar George widmete diesem Thema unzählige Texte, die in unterschiedlichen Publikationen und Zeitschriften, größtenteils aber in der Zeitschrift *Formes* erschienen. Zusammenfassungen befinden sich in M. Battersby: The Decorative Thirties, 2. Auflage, London 1988, S. 160 ff., und in R. Huyghe und G. Bazin: Les Contemporains, Paris 1949, S. 90 ff.

10. Siehe zu diesem Thema: E. Cowling und J. Mundy: Ausstellungskatalog »On Classic Ground«, London 1990; K. E. Silver: Esprit de corps, the Art of the Parisian Avant-Garde 1914–1925, Princeton 1989; Ausstellungskatalog »L'Idea dell Classico, 1916–1932«, Mailand 1992, M. Faggiolo Dell'Arco: Classicismo pittorico, Genua 1991.

11. J. Thrall Soby: After Picasso, Hartford und New York 1935, S. 9.

12. J. Thrall Soby: *A. E. Austin Jr. and Modern Art,* in: Ausstellungskatalog »A. Everett Austin Jr. – A Director's Taste & Achievement« (zit. Anm. 4), S. 27 ff.

13. J. A. E. Austin Fonds: Archive des Wadsworth Atheneum, Erklärung in der *Hartford Times* (7. Mai 1931?).

14. J. Thrall Soby an A. Frankenstein, in: Soby Album, Die vierziger Jahre, Archive des Museum of Modern Art, New York.

15. J. Thrall Soby, in: The Art Digest, New York, 1. November 1941 (Soby Archiv, Museum of Modern Art, New York).

16. J. A. E. Austin, in: The Hartford Times, 4. April 1931 (Archive des Wadsworth Atheneum).

17. J. A. E. Austin, in: The Hartford Times, 7. November 1931 (Archive des Wadsworth Atheneum).

18. Siehe Akte »The Paper Ball«, 1936. Archive des Wadsworth Atheneum; N. F. Weber (zit. Anm. 7), S. 296 ff. sowie E. R. Gaddis: The New Athens, Moment of an Era, in the Avery Memorial, Hartford 1984, S. 42.

19. J. Levy: Eugène Berman, Paintings, Drawings and Decor, New York und London 1946, S. 10.

20. J. Levy, ebda., S. 10. Siehe auch M. Battersby (zit. Anm. 9), S. 162–163.

21. O. Sitwell, in: Ausstellungskatalog »A. Everett Austin Jr. – A Director's Taste & Achievement« (zit. Anm. 4), S. 15.

22. Siehe dazu die Biographien von V. Glendinning: Edith Sitwell, A Unicorn among Lions, London 1981 und P. Tyler: The Divine Comedy of Pawel Tschelitschew, New York 1967 oder die kürzlich erschienene Arbeit von L. Kirstein: Pawel Tschelitschew, Santa Fé 1994.

23. Ferdinand Cheval, genannt *le Facteur Cheval* (1836–1924), ein Landbriefträger, der in Hauterives in Südfrankreich einen ›idealen Palast‹ baute, ein Meisterwerk der naiven Kunst (1879–1912). E. James: Swans Reflecting Elephants, London 1983, P. Purser: The Extraordinary World of Edward James, London 1984; Verkaufskatalog der Sammlung E. James, Christie's, London Juni 1986; P. Mauriès: Vies oubliées, Paris 1988.

24. Zu Rex Whistler siehe auch: L. Whistler: The Laughter and the Urn, London 1985; L. Whistler and R. Fuller: Rex Whistler, London 1960; J. S. Smith: Rex Whistler's War, London 1994 and P. Mauriès: Choses Anglaises, Paris 1989, S. 59–68.

25. P. Garner, Vorwort zur zweiten Ausgabe von M. Battersby: The Decorative Twenties, London 1988, S. 11.

26. Siehe Anmerkung 1.

27. Zitiert nach E. Johns (zit. Anm. 4), S. 102.

28. M. Hartley: *W. M. Harnett, Painter of Realism,* in: On Art, New York 1982.

29. Zu Pierre Roy siehe Ausstellungskatalog »Pierre Roy«, Nantes 1994, und den Ausstellungskatalog »Pierre Roy«, Richard Feigen Gallery, New York 1992.

30. S. Fauchereau, in: Ausstellungskatalog »Pierre Roy« (zit. Anm. 29), S. 32.

31. W. Georgie, O. Zadkine, M. Sevier: Edward Wadsworth, Antwerpen 1933, S. 8; Ausstellungskatalog »Edward Wadsworth«, Colnaghi, London 1974; siehe auch: Ausstellungskatalog »British Art in the 20th Century«, London 1986, S. 97, 217 und 447 und F. Spalding: British Art since 1900, London 1986. S. 49–50.

32. G. Sciltian: La realtà di Sciltian. Trattato sulla pittura, Mailand 1968, S. 65–66.

33. F. Clerici: *Lo Spazio dipinto,* in: De Profilo, scritti d'arte, 1941–1990, Palermo 1992, S. 113–123.

269. GREGORIO SCILTIAN
Inganno, 1948

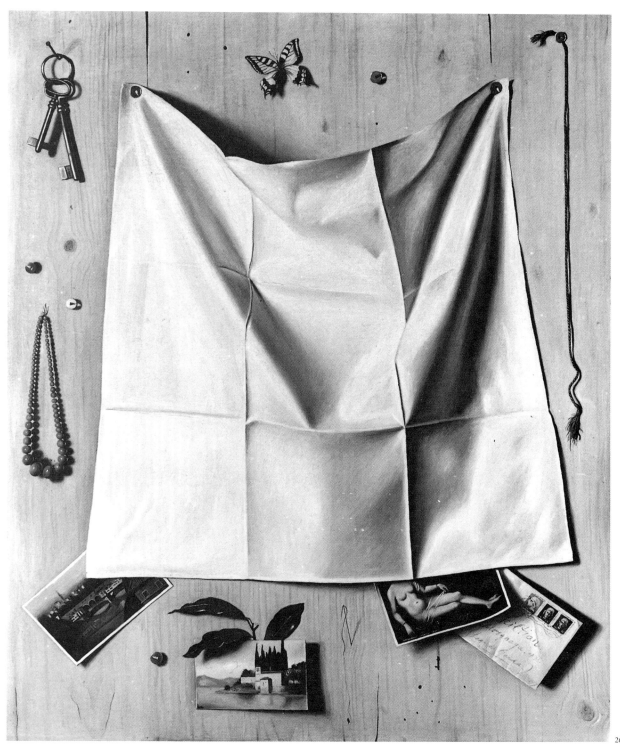

269

Bibliographie

Die vorliegende Bibliographie erhebt nicht den Anspruch, vollständig zu sein, obwohl alle wesentlichen Texte zur Thematik des Trompe-l'œil aufgenommen wurden. Sie faßt darüber hinaus allgemeinere Bücher, Essays und Artikel zusammen, auf die die Autoren dieses Bandes für ihre Beiträge zurückgegriffen haben.

ADELINE, Jules: L'Art du trompe-l'œil. L'Art provincial, Rouen 1894
ADDISON, J.: *Essay on the Pleasures of the Imagination,* in: Essais sur Milton et sur l'imagination, Paris 1841
ALBERTI, Leon Battista: Della Pittura, 1435
ALEAUME, Jacques: La Perspective spéculative et pratique, mise à jour par Étienne Mignon, Paris 1643
ALPERS, Svetlana: Kunst als Beschreibung. Holländische Malerei des 17. Jahrhunderts, Köln 1985
ANDERSON, M. L.: Pompeian Frescoes in the Metropolitan Museum of Art, New York 1987
ANDIA, Béatrice de: *Souvenirs en trompe-l'œil,* in: Ausstellungskatalog »Trompe-l'œil anciens et modernes«, Ville de Paris, Paris 1985, S. 18–22

BACHAUMONT, Louis PETIT DE: Mémoires secrets pour servir à l'histoire de la République des lettres en France depuis 1762 jusqu'à nos jours, London 1777–1789, 31 Bde.
BACHAUMONT, Louis PETIT DE: Essai sur la peinture, la sculpture et l'architecture, Paris 1752
BAILLET DE SAINT-JULIEN, L. G.: Réflexions sur quelques circonstances conténant deux lettres sur l'Exposition des tableaux du Louvre, Amsterdam 1748
BALDASSARE, L.: *Pittura parietale e mosaico pavimentale dal IV al II secolo,* in: Ricerche di Pittura Ellenistica, Rom 1983, S. 65–76
BATTERSBY, Martin: Trompe-l'œil. The Eye Deceived, London 1974
BATTERSBY, Martin: The Decorative Twenties, 2. Aufl., London 1988
BATTERSBY, Martin: The Decorative Thirties, 2. Aufl., London 1988
BATTEUX, Charles: Les Beaux-Arts réduits à un même principe (édition critique par J.-M. Mantion), Paris 1989
BAUDRILLARD, Jean: *Le trompe-l'œil,* in: Prépublications de l'université d'Urbino, Serie F, Nr. 62, März 1977
BAUDRILLARD, Jean: Von der Verführung, München 1992
BAXANDALL, Michael: Die Ursachen der Bilder. Über das historische Erklären von Kunst, Berlin 1990
BECCATTI, G.: Arte e gusto negli scrittori latini, Florenz 1951
BECQ, Annie: Genèse de l'esthétique française moderne. De la raison classique à l'imagination créatrice, 1680–1814, Pisa 1984, 2 Bde.
BELLIER DE LA CHAVIGNERIE, Émile: *Les artistes français du XVIIIᵉ siècle oubliés et*

dédaignés, in: Revue universelle des arts, Paris 1865
BÉNÉZIT, Emmanuel: Dictionnaire critique et documentaire des peintres, sculpteurs, dessinateurs et graveurs, Paris 1976, 10 Bde.
BERGER, Silvia: *Sebastian Stoskopff und sein Mäzen Graf Johannes von Nassau-Idstein,* in: Sebastian Stoskopff, sein Leben, sein Werk, seine Zeit, Idstein 1987, S. 34–61
BERGSTRÖM, Ingvar: *Homo bulla, la boule transparente dans la peinture hollandaise à la fin du XVIᵉ siècle et au XVIIᵉ siècle,* in: Ausstellungskatalog »Les Vanités dans la peinture au XVIIᵉ siècle«, Caen, Musée des Beaux-Arts, 1990, S. 49–54
BERGSTRÖM, Ingvar: *L'égalité suprême,* in: L'Œil, Paris, November 1962, Nr. 95, S. 24–31
BERGSTRÖM, Ingvar: *Vanité et moralité,* in: L'Œil, Paris, Oktober 1970, Nr. 190, S. 12–16
BERGSTRÖM, Ingvar: Natura in posa. La grande stagione della natura morta europea (Sammelband), Mailand 1977
BERGSTRÖM, Ingvar: Dutch Still Life Painting in the Seventeenth Century, 1956
BERNT, Walter: The Netherlandish Painters of the Seventeenth Century, London 1969, 3 Bde.
BINET, Étienne S. J.: Essai des Merveilles de la Nature et des plus nobles artifices, pièces nécessaires à tous ceux qui font profession d'éloquence, Rouen 1621, Neuauflage von Marc Fumaroli, Évreux 1987
BONNEFOY, Yves: Rome 1630, Paris 1970
BONNEFOY, Yves: Remarques sur le dessin, Paris, Mercure de France, 1993
BOSSE, Abraham: Manière universelle de M. Desargues, pour pratiquer la perspective par petit-pied, comme le géométral. Ensemble et places et proportions des fortes et faibles touches teintes aux couleurs, Paris 1648
BOSSE, Abraham: Traité des pratiques géométrales et perspectives enseignées dans l'Académie royale de la peinture et sculpture, Paris 1665
BRAUNER, Joseph: Sebastian Stoskopff (1597–1657), Straßburg 1933
BRISEUX, C. E.: Traité du Beau essentiel dans les arts, Paris 1752
BROSSES, le président Charles de: Lettres familières d'Italie en 1739 et 1740, hrsg. von R. Coulomb, Paris 1858, 2 Bde.
BRUSATI, Celeste: Artifice and Illusion. The Art and Writing of Samuel van Hoogstraten, Chicago 1995
BRYSON, Norman: Looking at the Overlooked. Four Essays on Still Life Painting, Cambridge 1990
BUKDAHL, Else Marie: Diderot. Critique d'art, Kopenhagen 1980, 2 Bde.
BURKE, Peter: Die Renaissance. Sozialgeschichte einer Kultur zwischen Tradition und Erfindung, aus dem Englischen von Reinhard Kaiser, 2. Aufl., Berlin 1992
CAUS, Salomon de: La Perspective avec la raison des ombres et des miroirs, London 1612
CHAILLOU, Michel und Michèle: Petit guide pédestre de la littérature française au XVIIᵉ siècle, Paris 1990
CHAPELAIN, Jean: *Démonstration de la règle des vingt-quatre heures et réfutation des objectifs.*

Lettres à Antoine Godeau, 29. November 1630, in: Démonstration de la règle des vingt-quatre heures et réfutation des objections. Œuvres diverses de Chapelain, Paris 1887, S. 336–347
CHARPENTRAT, Pierre: *Le trompe-l'œil,* in: Nouvelle Revue de psychanalyse. Effets et formes de l'illusion, Paris 1971, Nr. 4, S. 161–168
CHASSEGUET-SMIRGEL, Janine: Éthique et esthétique de la perversion, Paris 1984
CHASTEL, André: Die Groteske. Streifzüge durch eine zügellose Malerei, Berlin 1997
CHASTEL, André: *Cherchez la mouche,* in: F.M.R., Paris, Nr. 1, S. 70–92
CHATELUS, Jean: Peindre à Paris au XVIIIᵉ siècle, Nîmes, Jacqueline Chambon, 1991
CHERONNET, Louis: *Trompe-l'œil,* in: Marianne, 18. November 1937, S. 9
CHEVÉ, Dominique (et FARÉ, Fabrice): *La nature des Vanités françaises: la pensée,* in: Littératures classiques, Paris 1992, Nr. 17, S. 207–244
CHOUILLET, J.: L'Estétique des lumières, Paris 1974
CLERICI, Fabrizio: De Profilo, Scritti d'Arte 1941–1990, Palermo 1992
COLIE, Rosalie L.: Some Thankfulness of Constantine, Studie über Constantin Huygens, Den Haag 1956
COLLECTION DELOYNES: Expositions publiques de tableaux, sculptures et estampes gravées faites par l'Académie royale depuis 1673 auxquelles on a joint les différentes descriptions ou critiques que ces expositions ont occasionnées, Bibliothèque Nationale, Cabinet des estampes
COMAR, Philippe: La Perspective en jeu. Les dessous de l'image, Paris 1992
COURAJOD, Louis: Histoire de l'école des Beaux-Arts au XVIIIᵉ siècle. L'école royale des élèves protégés, Paris o. J.
COURT, R., BEETSCHAM, A., GUILLAMIN, J., MARIN, L., GRABER, J.-L., HOCHMANN, J., KAESS, R., FUSTIER, P., CADOUX, B., RITZ, J.-J. (Sammelband): L'Effet trompe-l'œil dans l'art et la psychanalyse, Paris 1988
COWLING und MUNDY, J.: Ausstellungskatalog »On Classic Ground«, London 1990
COYPEL, Charles: Discours sur la nécessité de recevoir des avis, Paris 1732
COYPEL, Charles: Dialogue sur la connaissance de la peinture, Paris 1732
COYPEL, Charles: *Parallèle de l'éloquence et de la peinture,* in: Mercure de France, Mai 1751, S. 8–38
COYPEL, Charles: Vies des premiers peintres du Roi depuis Le Brun jusqu'à présent, Paris 1752

DAGOGNET, François: Philosophie de l'image, Paris 1984
DAMISCH, Hubert: L'Origine de la perspective, Paris 1987
DANDRÉ-BARDON: Traité de peinture suivi d'un essai sur la sculpture et d'un catalogue raisonné des plus fameux peintres, sculpteurs et graveurs de l'École française, Paris 1765
DANILOWA, Irina J.: *Das Stilleben – ein Genre unter anderen,* in: Ausstellungskatalog »Das Stilleben und der Gegenstand«, Dresden, Staatliche Kunstsammlungen Dresden, Gemäldegalerie Alte Meister, 1983, S. 21–29
DARRIULAT, Jacques: Métaphores du regard. Essai sur la formation des images en Europe depuis Giotto, Paris 1993

DARS, Célestine: Image of Deception. The Art of trompe-l'œil, Oxford 1979
DEBAISIEUX, F.: Présentation et catalogue de l'exposition J. B. Belin de Fontenay, Caen 1965
DE MONVILLE: La vie de Mignard, Paris 1730
DÉMORIS, René: *Condillac et la peinture,* in: Condillac et les problèmes du langage, Genf 1982, S. 179–193
DÉMORIS, René: *Chardin ou la cuisine en peinture,* in: Dix-Huitième Siècle, Paris 1983, S. 137–154
DÉMORIS, René: Chardin, la chair et l'objet, Paris 1991
DÉMORIS, René: *Chardin ou les couleurs du désir,* in: Portrait de la couleur, Orléans 1993
DEPRUN, Jean: La Philosophie de l'inquiétude en France au XVIIIᵉᵐᵉ siècle, Paris 1979
DESCARTES, René: Œuvres et lettres, hrsg. von André Bridoux, Paris 1953. Dieser Band umfaßt: Discours de la méthode pour bien conduire sa raison et chercher la vérité dans les sciences. Plus la Dioptrique, Les Météores et La Géométrie qui sont les essais de cette méthode, Leiden 1637
DESPORTES, Claude François: *La vie de Desportes écrite par son fils,* in: DUSSIEUX-SOULIÉ: Mémoires inédits sur la vie et les ouvrages des membres de l'Académie royale de peinture et sculpture, Paris 1854, Bd. 2, S. 98–113
DEZALLIER D'ARGENVILLE, Antoine Joseph: Abrégé de la vie des plus fameux peintres, Paris 1745–1752, 3 Bde.
DIDEROT, Denis: Œuvres complètes, Paris 1969
DIDI-HUBERMAN, Georges: Devant l'image, Paris 1990
DIDI-HUBERMAN, Georges: Ce que nous voyons, ce qui nous regarde, Paris 1992
DIMIER, Louis: *La perspective des peintres et les amusements d'optique dans l'ancienne école de peinture,* in: Bulletin de la Société d'histoire de l'art français, 1925, S. 7–22
DOUMAS, Ch.: The Wall Paintings of Thera, Athen 1992
DU BOS, Abbé: Réflexions critiques sur la poésie et sur la peinture, mit einem Vorwort von Dominique Désirat, Paris 1993
DU FRESNOY, Charles Alphonse: De Arte grafica, Paris 1667–1668, übersetzt von Roger de Piles: L'Art de la Peinture, Paris 1668
DUSSIEUX, H.: Les Artistes français à l'étranger, Paris 1776

ELLIS, Robert Leslie: The Works of Francis Bacon, London 1857–1864, 14 Bde.
ENGERAND, Fernand: Inventaire des tableaux du roi rédigé en 1709 et 1710 par Nicolas Bailly, Paris 1899
ENGERAND, Fernand: Inventaire des tableaux commandés et achetés par la direction des Bâtiments du Roi (1709–1792), Paris 1901
ERISTOV, H.: *Peinture romaine et textes antiques: informations et ambiguïté. A propos du recueil Milliet,* in: Revue d'Archéologie, 1987, S. 109–123
ESTEVE, P.: L'Esprit des beaux-arts, Paris 1753

FAGGIOLO DELL'ARCO, Maurizio: Classicismo Pittorico, Genua 1991
FARÉ, Fabrice: *De la pérennité du thème de la Vanité dans la nature morte française des XVIIᵉ et*

XVIIIe siècles, in: Bulletin de la Société des Amis du musée des Beaux-Arts de Rennes, Rennes 1987, Nr. 5, S. 43–54

FARÉ, Fabrice, CHEVÉ, Dominique: *La nature des Vanités françaises: la pensée,* in: Littératures classiques, Paris 1992, Nr. 17, S. 207–244

FARÉ, Michel: La Peinture de fleurs en France aux XVIIe et XVIIIe siècles. Mémoire d'études supérieures d'histoire de l'art (Magisterarbeit), Faculté des Lettres de l'université de Paris, 1938

FARÉ, Michel: La Nature morte en France, Genf 1962, 2 Bde.

FARÉ, Michel: Le Grand Siècle de la nature morte en France (le XVIIIe siècle), Freiburg 1974

FARÉ, Michel: *De quelques termes désignant la peinture d'objet,* in: Études d'art offertes à Charles Sterling, Paris 1975, S. 265–278

FARÉ, Michel und Fabrice: La Vie silencieuse en France. La nature morte au XVIIIe siècle, Freiburg 1976

FARÉ, Michel und Fabrice: *Le trompe-l'œil dans la peinture française du XVIIIe siècle,* in: L'Œil, Lausanne 1976, Nr. 257, S. 2–8

FARÉ, Michel und Fabrice: Natura in posa. La grande stagione della natura morta europea (Sammelband), Mailand 1977

FÉLIBIEN DES AVAUX, André: Dialogue de l'origine de la peinture et des plus excellens peintres de l'Antiquité, Paris 1660

FÉLIBIEN DES AVAUX, André: Noms des peintres les plus célèbres et les plus connus anciens et modernes, Paris 1679

FÉLIBIEN DES AVAUX, André: Entretiens sur les vies et sur les ouvrages des plus excellens peintres anciens et modernes, Paris 1666–1689, 5 Bde.

FÉLIBIEN DES AVAUX, André: Le Songe de Philomathe, London 1707

FÉLIBIEN DES AVAUX, André: L'Idée du peintre parfait pour servir de règles aux jugements que l'on doit porter sur les ouvrages de peinture, London 1705

FLAVIGNY, Christian: *De la perception visuelle au regard,* in: Le Champ visuel, Nouvelle Revue de psychanalyse, Paris 1987, Nr. 35, S. 165–184

FONTAINE, André: Les Doctrines d'art en France, peintres, amateurs, critiques, de Poussin à Diderot, Genf 1970

FONTAINE, André: Académiciens d'autrefois, Paris 1914

FONTAINE, André: Conférences inédites de l'Académie royale de peinture et de sculpture, Paris o. J.

FOSCA, François: Jean-Étienne Liotard, Paris 1956

FRANCASTEL, Pierre: *L'Esthétique des lumières,* in: Utopies et institutions, Paris 1963

FRÉRON: Lettres sur quelques écrits de ce temps, Paris 1749–1754 (Genf 1966)

FRIED, Michael: La Place du spectateur. Esthétique et origines de la peinture moderne, Paris 1990

FRISBY, P.: De l'œil à la vision, Paris 1981

FUMAROLI, Marc: L'Age de l'éloquence. Rhétorique et res literaria de la Renaissance au seuil de l'époque classique, Genf 1980

GAGNELIN, Murielle: L'Irreprésentable ou les silences de l'œuvre, Paris 1984

GALLEGO, Julian: Vision et symboles dans la peinture espagnole du siècle d'or, Paris 1968

GAMMELBO, Paul: Dutch Still Life Painting from 16th to 18th Centuries in Danish Collections, London 1960

GAMMELBO, Paul: *On Jean François De La Motte, a French trompe-l'œil Painter,* in: Artes, 1965, Nr. 1, S. 35–43

GAVELLE, Robert: *L'aspect du trompe-l'œil,* in: L'Amour de l'art, Paris 1936, Nr. 6, S. 231–240

GEORGE, W., ZADKINE, O. und SEVIER, M.: Edward Wadsworth, Antwerpen 1933

GEORGEL, Pierre und LECOQ, A. M.: La Peinture dans la peinture, Paris 1987

GERARDIN, A.: *François Garnier, peintre du Roi,* in: Nouvelles Archives de l'art français, 1873, S. 341–343

GILSON, Étienne: Peinture et réalité, Paris 1958

GINOUVÈS, R.: La Macédoine, Paris 1993

GIRAUD, M.: *Inventaire des tableaux de M. F de Boyer,* in: Archives de l'art français, 1861, S. 331

GOMBRICH, E. H.: Kunst und Illusion. Zur Psychologie der bildlichen Darstellung, dt. Übersetzung, Zürich 1978

GOMBRICH, E. H.: Bild und Auge. Neue Studien zur Psychologie der bildlichen Darstellung, Stuttgart 1984

GONCOURT, Edmond et Jules: Die Kunst des 18. Jahrhunderts, München o. J.

GOUGENOT, L.: *La vie de M. Oudry,* in: Dussieux-Soulié: Mémoires inédits sur la vie et les ouvrages des membres de l'Académie royale de peinture et de sculpture, Paris 1854, Bd. II, S. 365–403.

GRAEVE, V. von: *Marmorbilder aus Herkulaneum und Pompeji,* in: Ricerche di pittura ellenistica, Rom 1985, S. 227–251

GREINDL, Édith: Les Peintres flamands de nature morte au XVIIe siècle, Sterrebeek 1983

GROS, P.: *Le rôle de la scaenographia dans les projets architecturaux du début de l'empire romain,* in: Le Dessin d'architecture dans les sociétés antiques (Kolloquium in Straßburg, Januar 1984), Straßburg 1985, S. 231–253

GUIFFREY, J.-J.: Collection des livrets des anciennes expositions depuis 1673 jusqu'à 1800, Paris 1869–1872, 42 Bde.

GUIFFREY, J.-J.: Livrets des expositions de l'Académie de Saint-Luc à Paris de 1751 à 1774, Paris 1872

GUIFFREY, Jules: *Histoire de l'académie Saint-Luc,* in: Archives de l'art français, Nouvelle période, Paris 1915, Bd. IX

HARRISSE, Henry: Louis Boilly. Peintre dessinateur et lithographe (1761–1845), Paris 1898

HAUG, Hans: *Sebastian Stoskopff peintre de nature morte, 1597–1657,* in: Trois Siècles d'art alsacien 1648–1948, Straßburg, Archives alsaciennes d'histoire de l'art, 1948, S. 23–72

HOOGSTRATEN, Samuel van: Inleying tot de Hooge Schoole des Schilderkonst, Rotterdam 1678

HOOGSTRATEN, Samuel van: Datmen zich Gervenere de Dingen, Eeven Alsze Ziyn, nae to Bootsen, Rotterdam 1678

HOWE, T.: Illusionism and Trompe-l'œil, San Francisco 1949

JOUBERT, Marie-Dominique: Ausstellungskatalog »Gaspard Gresly, peintre comtois, XVIIIe«, Besançon, Musée des Beaux-Arts, 1979

JOUIN, Henry: Conférences de l'Académie royale de peinture et de sculpture, Paris 1853

JOUIN, Henry: Charles Le Brun et les arts sous Louis XIV, Paris 1889

JUNIUS, Franciscus: De Pictura veterum, Amsterdam 1637

KANT, Immanuel: Beobachtungen über das Gefühl des Schönen und Erhabenen, Riga 1771

KEPLER, Johannes: Ad Vitelliorem Paralipomena, quibus astronomiae pars optica traditur, München 1937, 18 Bde.

KIRSTEIN, Lincoln: By with, to and from, New York 1991

KIRSTEIN, Lincoln: Mosaïc, Memoirs, New York 1994

KIRSTEIN, Lincoln: Pawel Tschelitschew, Santa Fé 1994

KOYRÉ, Alexandre: Von der geschlossenen Welt zum unendlichen Universum, Frankfurt a. M. 1969

KRANTZ, E.: Essai sur l'esthétique de Descartes, Paris 1882

LACOMBE DE PREZEL, J.: Le Spectacle des beaux-arts, ou considérations touchant leur nature, leurs objets, leurs effets et leurs règles principales, Paris 1758

LACURNE DE SAINTE-PALAYE, J.-B. de: Lettre à M. de B. (Bachaumont) sur le bon goût dans les arts et dans les lettres, Paris 1751

LAFONT DE SAINT-YENNE: Réflexions sur quelques causes de l'état présent de la peinture en France avec un examen des principaux ouvrages exposés au Louvre, le mois d'août 1746, Den Haag 1747

LAFONT DE SAINT-YENNE: Sentiments sur quelques ouvrages de peinture, sculpture et gravure à un particulier de province, Paris 1754

LA GORCE, Jérôme de: *Décors de fête au service de la table royale,* in: Versailles et les tables royales en Europe, XVIIIe et XIXe siècles, Paris, Réunion des Musées Nationaux, 1993, S. 85–90

LAIDLAW, A.: The First Style in Pompeii. Painting and Architecture, Rom 1985

LAMBLIN, Bernard: *Vanitas, la symbolique de l'objet,* in: Revue d'esthétique, Paris, coll. 10/18, 1979, Nr. 3–4, S. 209

LAMBOTTE, Marie-Claude: *La destinée en miroir,* in: Ausstellungskatalog »Les Vanités dans la peinture au XVIIe siècle«, Caen, Musée des Beaux-Arts, 1990, S. 31–41

LAMY, le père B.: Traité de perspective où sont contenus les fondements de la peinture, Paris 1701

LANGEMEYER, Gerhard (und PETER, Hans-Albert): Stilleben in Europa (Ausstellung in Münster und Baden-Baden, 1980), Münster 1980

LA ROCCA, E.: Ausstellungskatalog »Le Tranquille dimore degli dei«, Rom 1986

LASTIC SAINT-JAL, Georges: *Les devants de cheminée,* in: Connaissance des Arts, Mai 1955, Nr. 39, S. 26–31

LASTIC SAINT-JAL, Georges: *Louis XV, ses trophées de chasse peints par Oudry et Bachelier,* in: Connaissance des Arts, Paris, Oktober 1967, S. 110–115

LASTIC SAINT-JAL, Georges: *Nicolas de Largillière, peintre de natures mortes,* in: Revue du Louvre, Paris 1968, Nr. 45, S. 233–240

LE BLANC, J.-B.: Lettre sur l'exposition des ouvrages de peinture, sculpture, etc. ... de l'année 1747 en général sur l'utilité de ces sortes d'expositions, Paris 1747

LE BRUN, Charles: Conférences ... sur l'expression générale et particulière, Paris 1698

LE BRUN, J.-B.: Almanach historique et raisonné des architectes, peintres, sculpteurs, graveurs, ciseleurs pour les années 1776–1777, Paris 1776–1777, 2 Bde.

LE COMTE, Florent: Cabinet des singularités d'architecture, peinture, sculpture et gravure à Paris, 1699–1700, 3 Bde.

LECOQ, Anne-Marie: La Peinture dans la peinture, Paris 1987

LEE RENSELAAR, W.: Ut Pictura Poesis. Humanisme et théorie de la Peinture, XVe–XVIIe siècles, Paris 1991

LEFEBVRE, Léon: Livrets des Salons de Lille (1773–1788), Lille 1882

LE GENTIL, Constant: Dominique Doncre (1743–1820), Arras 1868

LEHMANN, Ph. W.: Roman Wall Paintings from Boscoreale in the Metropolitan Museum of Art, Cambridge 1953

LEMONNIER, Henri: L'Art français au temps de Richelieu et de Mazarin, Paris 1911

LE PETIT, Claude: La Chronique scandaleuse au Paris ridicule, Köln 1668

LEVY, Julian: Eugene Berman, Paintings, Manings, and Decor, New York und London 1946

LÉVI-STRAUSS, Claude: Sehen Hören Lesen, München, Wien 1995

LICHTENSTEIN, Jacqueline: La Couleur éloquente. Rhétorique et peinture à l'âge classique, Paris 1989

LICHTENSTEIN, Jacqueline: *Le coloris ou l'interdit de toucher,* in: Portrait de la couleur, Orléans 1993

LIEUDÉ DE SEPLANVILLE, C. A.: Réflexions nouvelles d'un amateur de beaux-arts, Paris 1747

LIOTARD, Jean-Étienne: Traité des principes et des règles de la peinture, Genf 1781

LITTLE, A. M. G.: *Perspective and scene Painting,* in: Art Bulletin, 19, 1937, S. 487–495

LJUNGSTRÖM, Lars: *Contoirsstycket,* in: Kunsthistorisk Tidskrift, Stockholm 1988, Bd. 57, Nr. 1, S. 30–45

LOCHE, Renée: Jean-Étienne Liotard, Genf 1976

LOCKE, John: Über den menschlichen Verstand, Berlin o. J.

LOGU, Giuseppe de: Natura morta italiana, Bergamo, Istituto Italiano d'Arte grafiche, 1962

LOMBARD, A.: L'Abbé du Bos. Un initiateur de la pensée moderne, 1670–1742, Paris 1913

LOYE, Georges de: *Le trompe-l'œil d'Antoine Fort-Bras,* in: La Revue des Arts, 1960, Nr. 1, S. 19–24

LUKREZ: Über die Natur der Dinge [De Rerum Natura], lat. und deutsch von Josef Martin, Berlin 1992

LYOTARD, Jean-François: Discours, Figures, Paris 1971

MÂLE, Émile: L'Art religieux après le Concile de Trente, Paris 1932

MARCENAY DE GUY, A.: Essai sur la beauté, Paris 1770

MARCUS, Claude Gérard: *Trompe-l'œil anciens et modernes,* in: Ausstellungskatalog »Trompe-l'œil anciens et modernes«, Ville de Paris, Paris 1985, S. 9–13

MARIETTE: Abécédario, veröffentlicht von Ph. de Chenevières und A. de Montaiglon, Paris 1851–1860, 6 Bde.

MARIN, Louis: Utopiques: jeux d'espace, Paris 1973

MARIN, Louis: Le Récit est un piège, Paris 1978

MARIN, Louis: *Initiation au trompe-l'œil dans la théorie classique de la peinture au XVIIe siècle*, in: L'Imitation, aliénation ou source de liberté?, Rencontres de l'École du Louvre, Paris 1985

MARIN, Louis: *Les traverses de la Vanité*, in: Ausstellungskatalog »Les Vanités dans la peinture au XVIIe siècle«, Caen, Musée des Beaux-Arts, 1990, S. 21–30

MARLIER, Georges: *Gysbrecht l'Illusionniste*, in: Connaissance des Arts, Paris, März 1964, Nr. 145, S. 96–105

MARMOTTAN, Paul: L'École française de peinture (1789–1830), Paris 1886

MAROLLES, Abbé de: Le Livre des peintres et des graveurs, Paris 1855

MARX, Harald: *Stilleben in Sachsen*, in: Ausstellungskatalog »Das Stilleben und der Gegenstand«, Dresden, Staatliche Kunstsammlungen Dresden, Gemäldegalerie Alter Meister, 1983, S. 30–39

MAYER-MAINTSCHAL, Annalise: *Die Welt auf einem Tisch. Das Stilleben und sein Gegenstand,* in: Ausstellungskatalog »Das Stilleben und der Gegenstand«, Dresden, Staatliche Kunstsammlungen Dresden, Gemäldegalerie Alter Meister, 1983, S. 15–20

MÉCHOULAN, Henry: Amsterdam au temps de Spinoza. Argent et Liberté, Paris 1990

MERCURE Galant. Mercure de France, Paris 1700–1799, 373 Bde.

MERLEAU-PONTY, Maurice: Das Auge und der Geist. Philosophische Essays, Hamburg 1984

MÉROT, Alain: *Le cabinet, décor et espace d'illusion,* in: XVIIe Siècle, Paris, Januar 1989, S. 37–51

MÉROT, Alain: Retraites mondaines, Paris 1990

MESURET, R.: Les Expositions de l'Académie royale de Toulouse de 1751 à 1791, Toulouse 1973

MESURET, R.: *De Bordeaux à Toulouse: commandes et rencontres dans les ateliers de peinture,* in: Revue historique de Bordeaux

MICHAU, R.: *Le trompe-l'œil dans la nature morte au musée de l'Orangerie,* in: Le Peintre, 1952, Nr. 47, S. 12–13

MICHAU, R.: *La nature, le trompe-l'œil et la peinture,* in: Arts plastiques, 1953, S. 51–66

MICHEL, Marianne Roland: Anne Vallayer-Coster, 1744–1818, Paris 1970

MIDDENDORF, Ulricke: *Das Trompe-l'œil,* in: Weltkunst, März 1992, S. 533–536

MILLER, S. G.: The Tomb of Lyson and Kalliklès: A Painted Macedonian Tomb, Mainz 1993

MILMAN, Miriam: Les Illusions de la réalité, le trompe-l'œil, Genf 1982

MIRIMONDE, A. P. de: *Les peintres de trompe-l'œil et de natures mortes au XVIIe siècle, et les sujets de musique (Cornelis, Norbertus et Franciscus Gijsbrechts, F. Lemotte, G. Van Bachout, Fr. Van Hersecke),* in: Jaarboeck Van Het Koninklijk Museum Voor Schone Kunsten Antwerpen, Antwerpen 1971, S. 223–271

MIROT, Léon: Roger de Piles, peintre, amateur, critique, Paris 1924

MOMMÉJA, Jules: *Le peintre décorateur Jean Valette-Perrot,* in: Réunion des Sociétés des beaux-arts des Départements, Paris 1893, S. 391–402

MONTAIGLON, A. de: Mémoires pour servir à une histoire de l'Académie royale de peinture et de sculpture, Paris 1853, 2 Bde.

MONTESQUIEU: Essai sur le goût, C. J. Beyer, Genf 1967

MORENO, P.: Pittura greca, Mailand 1987

MORENO, P.: Storia e civiltà dei greci, 6, 2. Aufl., Mailand 1990

MÜLLER, Wolfgang J. von: Der Maler Georg Flegel und die Anfänge des Stillebens, Frankfurt 1956

MÜLLER, Wolfgang: Sebastian Stoskopff, sein Leben, sein Werk, seine Zeit, Idstein 1987

NATIVEL, Colette: *La théorie de l'imitation au XVIIe siècle en rhétorique et en peinture,* in: XVIIe Siècle, Paris, April 1992, Nr. 175, S. 156–167

NICERON, Jean-François: La Perspective curieuse de Niceron avec optique et catoptrique du R. P. Mersenne, Paris 1651

NOUGARET, P. J. B.: Anecdotes des Beaux-Arts, Paris 1776–1780, 3 Bde.

OPPERMAN, Hal: Jean-Baptiste Oudry, New York und London 1977, 2 Bde.

OPPERMAN, Hal: *Partridge and Yongs Rabbit hung by the Feet,* in: Allen Memorial Art Museum Bulletin, Oberlin, Ohio, 1987–1988, Bd. 42, S. 47–61

ORLANDI, A. P.: Abecedario Pittorico, Bologna 1704

OTRANGE MASTAI, M. L. d': Illusion in Art. Trompe-l'œil. A History of Pictorial Illusionism, New York 1975

PAHIN DE LA BLANCHERIE: Essai d'un tableau historique des peintres de l'école française, Paris 1783

PANOFSKY, Erwin: La Perspective comme forme symbolique, Paris 1975

PAPILLON DE LA FERTÉ, D. P.: Extraits des différents ouvrages publiés sur la vie des peintres, Paris 1776, 2 Bde.

PARROCEL, E.: Histoire documentaire de l'Académie de peinture et de sculpture de Marseille, Paris 1890, 2 Bde.

PASTOUREAU, Michel: *Un problème d'histoire culturelle,* in: Portrait de la couleur, Orléans 1993

PAVIÈRE, S. H.: Jean-Baptiste Monnayer (1634–1699), London 1966

PÉREZ SÁNCHEZ, Alphonse E.: La Nature morte espagnole du XVIIe siècle à Goya, Freiburg 1987

PERNETY, Joseph: Dictionnaire portatif de peinture, sculpture et gravure, Paris 1757

PHILOSTRATOS: Die Bilder, griech.-dt., nach Vorarbeiten von Ernst Kalinka, hrsg., übers. und erläutert von Otto Schönberger, München 1968

PILES, Roger de: Dialogue sur le coloris, Paris 1673

PILES, Roger de: Abrégé de la vie des peintres, Paris 1715

PILES, Roger de: Les Premiers Éléments de la peinture pratique, Paris 1684

PILES, Roger de: Cours de peinture par principes (mit einem Vorwort von Jacques Thuillier), Paris 1989

PILES, Roger de: L'Idée du peintre parfait (Vorwort und Anmerkungen von Xavier Carrère), Paris 1993

PLATON: Sämtliche Werke, Bd. 1–4, auf der Grundlage der Bearbeitung von Walter F. Otto, Ernesto Grassi und Gert Plamböck, neu hrsg. von Ursula Wolf, übers. von F. Schleiermacher, Reinbek bei Hamburg 1957–1959 und 1994

PLINIUS: Naturkunde, hrsg. und übers. von Roderich König in Zusammenarbeit mit Joachim Hopp und Wolfgang Glöckner, 2. überarb. Aufl., Düsseldorf, Zürich 1997

PONTRANDOLFO, A.: *La Pittura funeraria,* in: Magna Grecia. Arte e artigianato, Mailand 1990, S. 351

POUSSIN, Nicolas: Lettres et propos sur l'art, hrsg. von Anthony Blunt, Paris 1964

QUARRÉ, P.: *Jean-François La Motte,* in: Revue des Arts, Nr. 3, 1960, S. 117–122

QUATREMÈRE DE QUINCY, Antoine Chrysostome: *Sur l'idéal dans les arts et le dessin,* in: Archives littéraires de l'Europe, Paris 1805

QUINTAVALLE, A. GHIDIGLIA: Cristoforo Munari e la natura morta emiliana, Parma 1964

QUINTAVALLE, A. GHIDIGLIA: *Cristoforo Munari et la peinture de nature morte à Parme,* in: L'Œil, Paris, März 1965, Nr. 125, S. 13–19, 73

QUIVIGER, François: *Benedetto Varchi and the Visual Arts,* in: Journal of the Warburg and Courtauld Institute, London 1987, Bd. 50, S. 219–224

RÉAU, Louis: Histoire de l'expansion de l'art français, Paris 1924, 4 Bde.

RÉAU, Louis: L'Europe française au siècle des Lumières, Paris 1938

REINACH, A.: La peinture ancienne, hrsg. von Agnès Rouveret, Paris 1985

RESTOUT, Jacques: La Réforme de la peinture, Caen 1681

RICHARDSON, J.: Traité de la peinture et de la sculpture, Amsterdam 1728

ROBERT, Renaud: Recherches sur les modèles hellénistiques et l'art romain, Dissertation der Université d'Aix-en-Provence, 1993

(ROBIN): L'Ami des artistes au Salon de 1787, Paris 1787

ROCHEBLAVE, S.: L'Art et le goût en France de 1600 à 1900, Paris 1930

ROCHENOIRE, J. de la: *De l'imitation en peinture,* in: Revue des Beaux-Arts, Paris 1853, Bd. 4, S. 58–59

ROSENFELD, Myra Nan: Ausstellungskatalog »Largillière, portraitiste du dix-huitième siècle«, Montréal, Musée des Beaux-Arts, Montréal 1981

ROSOLATO, Guy: *L'Objet de perspective dans ses assises visuelles,* in: Le Champ visuel, Nouvelle Revue de psychanalyse, Paris 1987, Nr. 35, S. 143–164

ROSSET, Clément: Le Réel et son double, Paris 1984

ROUVERET, Agnès: Histoire et imaginaire de la peinture ancienne, Bibliothèque des Écoles françaises d'Athènes et de Rome, 274, Rom 1989

ROUX, L.: La Raison et l'imaginaire, Paris 1973

ROY, J. H.: L'imagination selon Descartes, Paris 1944

SALERNO, Luigi: La Natura morta italiana (1560–1865), Rom 1984

SAMMELBAND: William M. Harnett, New York 1992

SAMMELBAND: Ausstellungskatalog »L'Idea del classico«, Mailand 1992

SAMMELBAND: Ausstellungskatalog »Pierre Roy«, Paris 1994

SAMMELBAND: Ausstellungskatalog »British Art in the 20th Century«, London und München 1986

SANDRART, Joachim von: Teutsche Academie der edelen Bau-, Bild- und Mahlerey-Künste, Nürnberg 1675–1679, 2 Bde.

SCHNAPPER, Antoine: Tableaux pour le Trianon de marbre (1688–1714), Den Haag 1967

SCHUHL, P. M.: Platon et l'art de son temps, Paris 1952

SCILTIAN, Gregorio: La realtà di Sciltian. Trattato sulla pittura, Mailand 1968

SESTIERI, Giancarlo: Natura morta e Paesaggi italiani ed europei del XVIIe e XVIIIe secolo (Ausstellung Galleria Cesare Lampronti, 1993), Rom 1993

SEZNEC, Jean: Diderot. Salons, Oxford 1967, 4 Bde.

SIEGFRIED, Susan: The Art of Louis Leopold Boilly, New Haven und London 1995

SIGURET, Françoise: L'Œil surpris. Perception et représentation dans la 1ère moitié du XVIIe siècle, Paris 1993

SILVER, K. E.: Esprit de corps. The Art of the Parisian Avant Garde, Princeton 1989

SKIRA, Pierre: La Nature morte, Genf 1989

SOBY, James Thrall: After Picasso, Hartford und New York 1935

SOURIAU, Paul: La Suggestion dans l'art, Paris 1909

STAROBINSKI, Jean: Psychoanalyse und Literatur, aus dem Französischen von Eckhart Rohloff, Frankfurt a. M. 1973

STAROBINSKI, Jean: Le Remède dans le mal. Critique et légitimation de l'artifice à l'âge des lumières, Paris 1989

STAROBINSKI, Jean: Diderot dans l'espace des peintres. Le sacrifice en rêve, Paris, Réunion des Musées Nationaux, 1991

STEIN, Henry: *La société des Beaux-Arts de Montpellier, 1779–1787,* in: Archives de l'art français, Nouvelle période, 1913, Bd. VII, S. 365–409

STEINGRÄBER, S.: Catalogo ragionato della pittura etrusca, Mailand 1984

STERLING, Charles: La Nature morte de l'antiquité à nos jours, 2. Aufl., Paris 1959

TEYSSÈDRE, Bernard: L'Histoire de l'art vue du Grand siècle, Paris 1964

TEYSSIER, M. L.: *Le language des arts et l'expression philosophique chez Cicéron: ombres et lumières,* in: Revue des Études Latines, 57, 1979, S. 187–203

THIÉBAULT, D.: Essai sur le style à l'usage de l'École royale des jeunes gentilshommes, Berlin 1774

THIEME-BECKER: Allgemeines Lexikon der Bildenden Künstler, Leipzig 1907–1950

THUILLIER, Jacques: *Peinture et politique: une théorie de la galerie royale sous Henry IV,* in: Études d'art français offertes à Charles Sterling, Paris 1975, S. 175–205

THUILLIER, Jacques: *La notion d'imitation dans la pensée artistique du XVIIe siècle,* in: Cri-

tique et création littéraire en France au XVIIᵉ siècle, Paris 1977, S. 361–374
THUILLIER, Jacques: *Histoire et théorie de l'art en France au XVIIᵉ siècle*, in: XVIIᵉ Siècle, Paris 1983, Bd. 35
TODISCO, L.: *Teatro e theatra nelle immagini e nell'edilizia monumentale della Magna Grecia*, in: Magna Grecia. Arte e artigianato, Mailand 1990, S. 103
TOURNEUX, Maurice: Correspondance littéraire, philosophique et critique par Grimm, Diderot, Raynal, Meister, etc. …, Paris 1882, 16 Bde.
TRIVAS, N. S.: *Les natures mortes de Liotard*, in: Gazette des Beaux-Arts, Paris, Bd. 1, S. 307–310
TYLER, Pavreo: The Divine Comedy of Pawel Tschelitschew, New York 1967

VASARI, Giorgio: Die Lebensbeschreibungen der berühmtesten Architekten, Bildhauer und Maler, hrsg. von A. Gottschewski und G. Gronau, übers. von M. Wackernagel, Straßburg 1904–1927, 8 Bde.
VECA, Alberto: Inganno e realtà. Trompe-l'œil in Europa, XVI–XVIII sec., Bergamo 1980
VECA, Alberto: *Genere e tempi*, in: Forma vera, Bergamo 1985
VERDIER, Philippe: *Natures mortes philosophiques*, in: Table ronde, Oktober 1937, S. 1639–1647
VERNANT, J.-P.: *Naissance d'images*, in: Religions, histoires, raisons, Paris 1979, S. 105–137
VIEL DE SAINT-MAUX, J. L.: Observations philosophiques sur l'usage d'exposer les ouvrages de peinture et de sculpture, Den Haag 1785
VIGNAU-WILBERG, Peter: Ausstellungskatalog »Das Schweizer Stilleben im Barock«, Schweizerisches Institut für Kunstwissenschaft, Zürich 1973
VITRUV: Über die Baukunst, neu bearbeitet und hrsg. von Erich Sturzenacker, Essen 1938

VUARNET, Jean-Noël: Le Joli Temps. Philosophes et artistes sous la Régence et Louis XV, 1715–1774, Paris 1990

WATELET, Chr. und LÉVESQUE, P. V.: Dictionnaire des arts de peinture, sculpture et gravure, Paris 1792
WEBER, Nicolas Fox: Patron Saints, New York 1992
WHISTLER, Laurence: The Laughter and the Urn, London 1985
WHISTLER, Laurence und FULLER, Ronald: Rex Whistler, London 1960
WHITE, John: The Birth and Rebirth of Pictorial Space, London 1957
WILDENSTEIN, Georges: Chardin, Zürich 1963
WILDENSTEIN, Georges: Le Goût pour la peinture dans le cercle de la bourgeoisie parisienne autour de 1700, in: Gazette des Beaux-Arts, Paris 1958

WILDENSTEIN, Georges: *Le Goût pour la peinture dans le cercle de la bourgeoisie parisienne au début du règne de Louis XIII*, in: Gazette des Beaux-Arts, Paris 1959
WILHELM, Jacques: *Magie du trompe-l'œil*, in: Plaisirs de France, Paris 1947, Nr. 124, S. 21–27
WINCKELMANN, Johann Joachim: Recueil des différents précis sur les arts, Paris 1786
WOLODARSKI WSEWOLOD, M.: *Die Russischen Stilleben vom 18. bis zum Anfang des 20. Jahrhunderts*, in: Ausstellungskatalog »Das Stilleben und der Gegenstand«, Dresden, Staatliche Kunstsammlungen Dresden, Gemäldegalerie Alter Meister, 1983, S. 40–45
WÜRZBACH, Alfred von: Niederlandisches Künstler. Lexicon, Wien und Leipzig 1906–1910

ZERI, Federico: La Natura morta in Italia (Sammelband hrsg. von Federico Zeri), Mailand 1989, 2 Bde.

Abbildungsverzeichnis

Die Abmessungen der Werke sind in Zentimetern angegeben (Höhe mal Breite). Fehlen diese oder die Maltechnik, sind die Recherchen der Autoren und des Verlages erfolglos geblieben.

42. Grab der Reliefs, Cerveteri; Foto G. Dagli Orti

43. Grab der Reliefs, Detail, Cerveteri; Foto D.I.A./Ikona, Rom

44. Villa Oplontis, Fresko, Detail, Torre Annunziata; Foto Angela und Mimmo Iodice, Neapel

45. Villa Oplontis, Fresko, Detail, Torre Annunziata; Foto Angela und Mimmo Iodice, Neapel

46. Gemalte Draperie, Kapitol, Brescia; Foto Soprintendenza, Milano/Ikona

47. Haus des Labyrinths, Fresko, Detail, Pompeji; Foto Angela und Mimmo Iodice, Neapel

48. *Narziß,* Wandmalerei, Pompeji; Foto Angela und Mimmo Iodice, Neapel

49. Villa Oplontis, Torre Annunziata; Foto Angela und Mimmo Iodice, Neapel

50. ANDREA MANTEGNA, Camera dei Sposi, Oculus, 1461–1474, Fresko, Mantua, Palazzo Ducale; Foto Scala, Florenz

51. MASACCIO, *Die Dreieinigkeit,* um 1427, Fresko, Florenz, Santa Maria Novella; Foto Nicola Grifoni, Florenz

52. RAFFAEL, *Leo X. umgeben von zwei Kardinälen,* 1518–1519, Öl auf Holz, 154 × 119, Florenz, Uffizien; Foto Serge Domingie/Marco Rabatti, Florenz

53. CARAVAGGIO, *Das Haupt der Medusa,* um 1597 oder 1601, Öl auf Leinwand, auf Holz aufgezogen, 60 × 55, Florenz, Uffizien; Foto Scala, Florenz

54. PARMIGIANINO, *Selbstporträt in einem Konvexspiegel,* 1524, Öl auf Holz, Durchmesser 24,4, Wien, Kunsthistorisches Museum; Foto Eric Lessing/Magnum

55. ALESSANDRO UND GIOVANNI ALBERTI, *Perspektive,* 1586–1587, Fresko, Sabbioneta, Antikengalerie oder »Großer Korridor«; Foto Cuchi White

56. BALDASSARE PERUZZI, *Perspektivensaal,* 1512, Fresko, Rom, Villa Farnesina; Foto Cuchi White

57. FRANCESCO SALVIATI, *Dekoration des Großen Saales,* 1553–1554, Fresko, Rom, Palazzo Sacchetti; Foto Cuchi White

58. JACOPINO DE' MOTTIS, *Kartäusermönch am Fenster,* zwischen 1490 und 1500, Fresko, Pavia, Kartäuserkloster; Foto Cuchi White

59. PAOLO VERONESE, *Junges Mädchen in einem Türrahmen,* um 1560, Fresko, Maser, Villa Barbaro; Foto Scala, Florenz

60. PAOLO VERONESE, *Dame, Dienstmagd und Haustiere,* um 1560, Fresko, Maser, Villa Barbaro; Foto Scala, Florenz

61. LELIO ORSI, *Junges Mädchen bei der Näharbeit,* Entwurf für eine Blendtür, 1587, Wien, Graphische Sammlung Albertina; Foto des Museums

62. UNBEKANNTER FLÄMISCHER MEISTER, *Wandschrank,* 1538, Öl auf Holz, 44 × 44, Otterlo, Rijksmuseum Kröller-Müller; Foto des Museums

63. TADDEO GADDI, *Nische mit liturgischen Gegenständen,* 1337–1338, Fresko, Florenz, Santa Croce, Baroncelli-Kapelle; Foto Nicola Grifoni, Florenz

64. DIRK BOUTS (zugeschrieben), *Nische mit Büchern und Waschschüssel,* Rückseite der *Jungfrau mit Kind,* um 1475, Rotterdam, Museum Boijmans Van Beuningen; Foto des Museums

65. BACCIO PONTELLI, *Halboffener Wandschrank,* um 1476, Detail der Intarsien der Wandtäfelung, Urbino, Palazzo Ducale, Studiolo des Federigo de Montefeltre; Foto Scala, Florenz

66. VITTORE CARPACCIO oder JACOMETTO VENEZIANO, *Briefwand,* Rückseite eines Fragments mit einer Komposition ›Jagd auf der Lagune‹, Öl auf Holz, 75,5 × 63,8, Malibu, Kalifornien, The J. Paul Getty Museum; Foto des Museums

67. Unbekannter Meister aus dem Umkreis von MELOZZO DA FORLI, *Kredenz mit Geschirr,* um 1477–1481, Fresko, Rom, Palazzo Altemps; Foto Vincenzo Pirozzi/ Ikona, Rom

68. GIOVANNI CAROTO, *Dekoration mit Scheingemälden,* 1550–1560, Volargne, Villa del Bene; Foto Soprintendenza, Verona/Ikona

69. ANDREA MANTEGNA, *Dekoration des Empfangssaals der Villa Belvedere im Vatikan,* um 1490, Rekonstruktion nach S. Sandström, in: Levels of Unreality, Uppsala 1963

70. JACOPO DE' BARBARI, *Stilleben mit Rebhuhn, Eisenhandschuhen und Armbrustbolzen,* 1504, Öl auf Holz, 52 × 42, München, Alte Pinakothek; Foto Artothek, München

71. JAN GOSSAERT, l. *Wappen, Initialen und Motto des Jean Carondelet*
r. *Totenschädel*

Rückseite des *Diptychons Carondelet,* 1517, Öl auf Holz, jeder Flügel 43 × 27, Paris, Musée du Louvre; Foto Réunion des Musées Nationaux

72. HANS MEMLING, l. *Kelch mit einer Schlange*
r. *Totenschädel*
Rückseite des *Diptychons Bembo,* Washington, National Gallery of Art; Foto des Museums

73. BARTHEL BRUYN DER ÄLTERE, *Vanitas,* Rückseite des *Porträts der Jeanne-Louise Tissier,* 1524, Holz, 61 × 51, Otterlo, Rijksmuseum Kröller-Müller; Foto des Museums

74. HANS HOLBEIN DER JÜNGERE, *Toter Christus im Grab,* 1521–1522, Basel, Öffentliche Kunstsammlung; Foto Artothek/ Artephot

75. FRANCISCO DE ZURBARÁN, *Heiliges Gesicht,* 1631, Öl auf Leinwand, 70 × 51,5, Stockholm, Nationalmuseum; Foto des Museums

76. HANS MEMLING, *Blumenvase,* Rückseite des *Porträts eines jungen Mannes,* um 1490, Öl auf Holz, 20 × 22, Madrid, Sammlung Thyssen-Bornemisza; Foto des Museums

77. GIOTTO, *Chorraum (Coretto),* um 1305, Fresko, Padua, Scrovegni-Kapelle; Foto Scala, Florenz

78. DIRK BOUTS, o. *Johannes der Täufer,* Rückseite der *Verhaftung Christi,* Cleveland, Ohio, Museum of Art, Schenkung von Hanna Fund; Foto des Museums
u. *Johannes der Evangelist,* Rückseite der *Auferstehung,* München, Alte Pinakothek; Foto Artothek

79. HANS MEMLING, *Die Jungfrau mit Kind umgeben von Heiligen und den Stiftern,* Triptychon, Retabel im geschlossenen und im geöffneten Zustand, Öl auf Holz, 70,7 × 70,5 (Mitteltafel), 71 × 30 (Seitentafeln), London, National Gallery; Foto des Museums

80. UNBEKANNTER MEISTER AUS FERRARA, *Die Jungfrau mit Kind,* um 1480, Edinburgh, National Gallery of Scotland; Foto des Museums

81. TIZIAN (?), *Porträt des Erzbischofs Filippo Archinto,* um 1559, Philadelphia, J. G. Johnson Art Collection; Foto des Museums

82. UNBEKANNTER ITALIENISCHER MEISTER (?), *Porträt eines Arztes,* Ende 16. oder Anfang 17. Jahrhundert, Privatsammlung; Foto Alain Beguerie, Bordeaux

83. PETRUS CHRISTUS, *Porträt eines Kartäusermönches,* 1446, Öl auf Leinwand, 29,2 × 18,7, New York, The Metropolitan Museum of Art; Foto des Museums

84. UNBEKANNTER MEISTER AUS TIROL (?), *Porträt eines Mannes,* um 1480, Madrid, Sammlung Thyssen-Bornemisza; Foto des Museums

85. GIOVANNI SANTI, *Christus der Barmherzigkeit,* um 1480, Budapest, Szépmuveszeti Museum; Foto des Museums

86. MATTEO DI GIOVANNI, *Kreuzigung,* Detail, Tempera auf Holz, 51,7 × 44, Princeton University, The Art Museum, Nachlaß Dan Fellows Platt; Foto des Museums

87. Werkstatt des CARLO CRIVELLI, *Die heilige Katharina von Alexandria,* um 1470–1475, Tempera, 38 × 19, London, National Gallery; Foto des Museums

88. GIORGIO SCHIAVONE, *Madonna,* um 1460, Turin, Galleria Sabauda; Foto Scala, Florenz

89. MEISTER VON FRANKFURT, *Porträt des Künstlers mit seiner Frau,* 1496, Antwerpen, Musées Royaux des Beaux-Arts; Foto des Museums

90. UNBEKANNTER SCHWÄBISCHER MEISTER, *Porträt einer Frau aus der Familie Hofer,* um 1480, Öl, 53,7 × 40,8, London, National Gallery; Foto des Museums

91. Nach HIERONYMUS BOSCH, *Jesus im Tempel,* um 1480, Prag, Narodni Galeri; Foto des Museums

92. GIOVANNI MASSONE, *Geburt Christi, der heilige Bernhard und der Stifter, der heilige Bonaventura,* um 1490–1495, Detail eines Polyptychons, Savona, Pinacoteca; Foto Piccardo/Ikona, Rom

93. LORENZO LOTTO, *Himmelfahrt der Maria mit dem heiligen Antonius und dem heiligen Ludwig von Toulouse (Pala d'Asolo),* 1506, Asolo, Kathedrale; Foto G. Dagli Orti

94. FRANCISCO DE ZURBARÁN, *Die Ekstase des heiligen Franziskus,* 1639, Öl auf Leinwand, 162 × 137, London, National Gallery; Foto des Museums

95. BONIFAZIO DE' PITATI, *Die Madonna der Schneider,* 1533, Venedig, Galleria dell'Accademia; Foto Osvaldo Böhm, Venedig

96. FRANCESCO BUONSIGNORI, *Jungfrau mit Kind,* Verona, Museo di Castelvecchio; Foto Scala, Florenz

97. GIOVANNI BELLINI, *Jungfrau mit Kind,* genannt *Jungfrau mit Granatapfel,* 1485–1490, Öl auf Leinwand, 90,8 × 64,8, London, National Gallery; Foto des Museums

98. HANS HOLBEIN,
Porträt des Georg Gisze, 1532, Holz, 96 × 85, Staatliche Museen zu Berlin, Gemäldegalerie, Stiftung Preußischer Kulturbesitz; Foto Artothek

99. JEAN-FRANÇOIS LE MOTTE,
Die Atelierecke, 1677, Öl auf Leinwand, 126 × 93, Portugal, Privatsammlung; Foto D. R.

100. JOHANNES LEEMANS,
Jagdgerät eines Vogelfängers, 1665, Öl auf Leinwand, 111 × 161, Brüssel, Musées Royaux des Beaux-Arts; Foto des Museums, Speltdoorn & Sohn, Brüssel

101. JOHANNES LEEMANS,
Stilleben mit Jagdgerät, 1660, Öl auf Leinwand, 70,5 × 59,5, Gotha, Museen der Stadt, Schloßmuseum; Foto des Museums

102. CHRISTOFFEL PIERSON,
Stilleben mit Jagdgerät, um 1654, Öl auf Leinwand, 103,8 × 133,5, Leipzig, Museum der Bildenden Künste; Foto MdbK, Gerstenberger 1995

103. SAMUEL VAN HOOGSTRATEN,
Quodlibet, 1666, Öl auf Leinwand, 63 × 79, Karlsruhe, Staatliche Kunsthalle; Foto des Museums

104. CAREL FABRITIUS,
Der Buchfink, 1654, Den Haag, Maurithuis; Foto des Museums

105. HEYMAN DULLAERT,
Stilleben, Öl auf Holz, 55 × 44, Otterlo, Rijksmuseum Kröller-Müller; Foto des Museums

106. CORNELIS BRIZE,
Trompe-l'œil mit Dokumenten des Amsterdamer Schatzamtes, 1656, 194 × 250, Amsterdam, Historisches Museum; Foto des Museums

107. WILLEM VAN NYMEGEN,
Trompe-l'œil mit der Bastille, Öl auf Leinwand, 32,4 × 33,3, Privatsammlung; Foto D. R.

108. GEORG FLEGEL,
Nische mit Äpfeln, Weintrauben und Erdbeeren, Öl auf Leinwand, 50,8 × 61,7, Privatsammlung; Foto AKG, Paris

109. JOHANN MUNCH,
Kreuzabnahme, 1674, 70 × 50, London, Rafael Valls; Foto D. R.

110. JOH. RUDOLF LOUTHERBURG,
Quodlibet, 1716, Öl auf Leinwand, 60,5 × 43,8, Basel, Historisches Museum; Foto des Museums/ A. Eaton

111. ANDREA (oder DOMENICO) REMPS,
Trompe-l'œil, 53 × 41, Privatsammlung; Foto Christie's Images, London

112. ANDREA (oder DOMENICO) REMPS,
Kunstkammerschrank, Öl auf Leinwand, Florenz, Museo dell' Opificio delle Pietre Dure; Foto Scala, Florenz

113. MARCOS CORREA,
Trompe-l'œil, Öl auf Leinwand, 99 × 55, New York, Hispanic Society of America; Foto des Museums

114. DIEGO VELÁZQUEZ,
Hirschgeweih, 1629, Öl auf Leinwand, 107 × 125, Madrid, Palacio Real; Foto Artephot/Oronoz

115. EDWAERT COLLYER,
Trompe-l'œil, 1703, Öl auf Leinwand, 50 × 65,5, Leiden, Municipal Museum De Lakenhal; Foto des Museums

116. WILLIAM GOWE FERGUSON,
Totes Rebhuhn, 53 × 43, Berlin, Staatliche Museen zu Berlin, Gemäldegalerie, Preußischer Kulturbesitz; Foto BPK/Jörg P. Anders

117. MELCHIOR D'HONDECOETER,
Toter Hahn, Öl auf Leinwand, 111 × 83, Brüssel, Musées Royaux des Beaux-Arts; Foto des Museums/Speltdoorn & Sohn, Brüssel

118. JAN VAN DER VAART,
Die gemalte Geige, Öl auf Leinwand, auf Holz aufgezogen, 97,1 × 78,1, Chatsworth, Devonshire Collection; mit freundlicher Genehmigung der Chatsworth Settlement Trustees

119. JOHANN GEORG HEINTZ,
Kuriositätenkabinett, Öl auf Leinwand, 83,5 × 61, Kopenhagen, Statens Museum for Kunst; Foto des Museums/Hans Petersen

120. WALLERANT VAILLANT,
Brett mit Schreibutensilien, 1658, Öl auf Leinwand, 51,5 × 40,5, Dresden, Staatliche Kunstsammlungen; Foto des Museums

121. JOHANN GEORG HEINTZ,
Kleinodienschrank (Regal mit Pistolen), 1666, Öl auf Leinwand, 127,5 × 101, Staatliche Museen zu Berlin, Kunstgewerbemuseum; Foto BPK, Berlin

122. JACOBUS BILTIUS,
Wild, 1679, Öl auf Leinwand, 67,5 × 50, Kopenhagen, Statens Museum for Kunst; Foto des Museums/Hans Petersen

123. JOHANNES LEEMANS,
Jagdgerät eines Vogelfängers, 1660, Öl auf Holz, 59 × 50, Brüssel, Musées Royaux de Beaux-Arts; Foto des Museums/Speltdoorn & Sohn, Brüssel

124. SEBASTIAN STOSKOPFF,
Trompe-l'œil mit einem Stich von Callot, Öl auf Leinwand, Privatsammlung; Foto D.R.

125. CORNELIS NORBERTUS GIJSBRECHTS,
Trompe-l'œil, 1672, Öl auf Leinwand, 89,5 × 77,5, Kopenhagen, Statens Museum for Kunst, als Leihgabe gegenwärtig in Fredensborg Castle; Foto SMK/Hans Petersen

126. CORNELIS NORBERTUS GIJSBRECHTS,
Das umgedrehte Gemälde, 1670, Öl auf Leinwand, 66,6 × 86,5, Kopenhagen, Statens Museum for Kunst; Foto SMK/Hans Petersen

127. SAMUEL VAN HOOGSTRATEN,
Stilleben, 1655, Öl auf Leinwand, 72 × 92,5, Wien, Akademie der Bildenden Künste; Foto Artephot/Nimatallah

128. CORNELIS NORBERTUS GIJSBRECHTS,
Trompe-l'œil, 1672, Öl auf Leinwand, 131 × 182, Kopenhagen, Statens Museum for Kunst, als Leihgabe gegenwärtig in Kronborg Castle; Foto SMK/Hans Petersen

129. ANTONIO FORT-BRAS,
Die Staffelei des Malers, 1686, Öl auf Leinwand, 162 × 95, Avignon, Musée Calvet; Foto des Museums

130. CORNELIS NORBERTUS GIJSBRECHTS,
Trompe-l'œil, Öl auf Leinwand, 76,5 × 52, Kopenhagen, Statens Museum for Kunst, als Leihgabe gegenwärtig in Christiansborg Slotsforvalning; Foto SMK/Hans Petersen

131. SÉBASTIEN BONNECROY,
Stilleben mit Totenschädel, 1668, Öl auf Leinwand, 111 × 88, Sankt Petersburg, Eremitage; Foto Siny Most/Terebenine-Heifets

132. JEAN-FRANÇOIS LE MOTTE,
Vanitas-Stilleben, Öl auf Leinwand, 116 × 81, Dijon, Musée des Beaux-Arts; Foto des Museums

133. FRANS VAN MYEROP (alias CUYCK),
Trompe-l'œil mit toten Vögeln, um 1670–1680, Öl auf Leinwand, 120 × 93, Brügge, Musée Grœninge; Foto des Museums

134. SEBASTIAN STOSKOPFF,
Große Rohrdommel, Öl auf Leinwand, 90 × 71, Privatsammlung, Foto D.R.

135. CORNELIS NORBERTUS GIJSBRECHTS,
Steckfächer, Öl auf Holz, 66 × 26, Brüssel, Privatsammlung; Foto Speltdoorn & Sohn, Brüssel

136. ALEXANDRE-FRANÇOIS DESPORTES,
Das Büfett, 1726, Öl auf Leinwand, 262 × 182, Privatsammlung; Foto D.R.

137. CARL HOFWERBERG,
Quodlibet, 1737, 92 × 76, Stockholm, Livrustkammaren; Foto LSH Fotoavdelningen, Stockholm

138. JACOBUS PLASSCHAERT,
Steckbrett mit Briefen und Stichen, Privatsammlung; Foto Galleria Cesare Lampronti, Rom

139. JOHANNES KLOPPER,
Quodlibet, Öl auf Leinwand, 90 × 79, Stockholm, Nationalmuseum; Foto des Museums

140. HINDRIC SÉBASTIEN SOMMAR,
Trompe-l'œil-Komposition, 1748, 68 × 80, Stockholm, Nationalmuseum; Foto des Museums

141. MODESTIN ECCARDT,
Trompe-l'œil mit Stich und Zeichnung, 1713, Öl auf Leinwand, 78,5 × 61, Berlin, Märkisches Museum; Foto des Museums

142. ELIAS MEGEL,
Trompe-l'œil, Brustbild eines Mannes mit weißem Federhut, der eine Lupe in der Hand hält, Öl auf Leinwand, 64 × 61, Privatsammlung; Foto Galerie Marcus, Paris

143. JOHANN CASPAR FÜSSLI,
Quodlibet mit Porträts und antiken Büsten, Öl auf Leinwand, 51,5 × 62,5, Trogen, Kantonsbibliothek; Foto des Museums

144. GREGORI NIKOLAJEWITSCH TEPLOW,
Stilleben mit Notenbüchlein und Papagei, 1737, Kuskow, Staatliches Museum für Keramik; Foto Alexejew/Siny Most

145. JOSEPH LEONHARD ROSENKRANTZ,
Quodlibet mit Stichen, Briefen, Federn und Spielkarten, um 1752, Öl auf Leinwand, 53,5 × 81,5, Zürich, Schweizerisches Landesmuseum; Foto des Museums

146. BERNARDO GERMÁN Y LLORENTE,
Trompe-l'œil. Der Geruchssinn, Öl auf Leinwand, 70 × 50, Paris, Musée du Louvre; Foto Réunion des Musées Nationaux

147. BERNARDO GERMÁN Y LLORENTE,
Trompe-l'œil. Der Geschmackssinn, Öl auf Leinwand, 70 × 50, Paris, Musée du Louvre; Foto Réunion des Musées Nationaux

148. GIUSEPPE MARIA CRESPI,
Bücherregal, um 1710, Öl auf Leinwand, Bologna, Conservatorio Musicale G. B. Martini; Foto Alinari/Giraudon

149. CRISTOFORO MUNARI,
Atelierecke, ehemalige Sammlung Faucigny-Lucinge; Foto D. R.

150. EGIDIO MARIA BORDONI,
Trompe-l'œil mit Stichen und verschiedenen Dokumenten, Öl auf Leinwand, 65 × 49; Foto Galleria Lorenzelli, Bergamo

151. CRISTOFORO MUNARI,
Trompe-l'œil, 135 × 98, Florenz, Museo dell' Opificio delle Pietre Dure; Foto Serge Dominige/ Marco Rabatti, Florenz

152. SEBASTIANO LAZZARI,
Trompe-l'œil mit Papagei, 53 × 72,5, Privatsammlung; Foto Courtesy J. Kugel

153. SEBASTIANO LAZZARI,
Trompe-l'œil mit Obst und Gemüse, 53 × 72,5,

Privatsammlung; Foto Courtesy J. Kugel

154. STEFANO MULINARI,
Trompe-l'œil, Dole, Musée des Beaux-Arts;
Foto des Museums

155. STEFANO MULINARI,
Sammelsurium mit Stichen, Papier, auf Lein-
wand aufgezogen, 45 × 60, Privatsammlung,
Foto Galerie Lorenzelli, Bergamo

156. ANTONIO PIAGGIO,
Landeskarte von Brandenburg und Stiche, 1746,
Papier, auf Leinwand aufgezogen, 54 × 78,
Privatsammlung; Foto Galerie Lorenzelli,
Bergamo

157. BENEDETTO SARTORI,
Trompe-l'œil mit Drucken und Pistolen, 99 × 68,
Sammlung Claude Marcus; Foto Galerie
Marcus, Paris

158. FRANCESCO GUARDI (?),
*Stilleben mit Blumen, einem Obstkorb und einem
Papageienweibchen,* 144,8 × 199,4, Privatsamm-
lung; Foto Christie's, London

159. NICOLAS DE LARGILLIÈRE,
Stilleben, Öl auf Leinwand, 95 × 134, Privatsammlung; Foto D. R.

160. PIERRE-NICOLAS HUILLIOT,
Blumenstrauß, Gitarre und Globus, Öl auf Lein-
wand, 80 × 101, Privatsammlung; Foto Studio
Lourmel

161. PIERRE-NICOLAS HUILLIOT,
*Strauß, Weintrauben und Papagei unter einer
Steinarkade,* Öl auf Leinwand, 80 × 101,
Privatsammlung; Foto T. M. Routhier/Studio
Lourmel

162. JEAN-BAPTISTE SIMÉON
CHARDIN,
Die Attribute der Musik, 1765, Öl auf Lein-
wand, 91 × 145, Paris, Musée du Louvre;
Foto Réunion des Musées Nationaux

163. JEAN-BAPTISTE SIMÉON
CHARDIN,
Die Attribute der Künste, 1731, Öl auf Lein-
wand, 140 × 215, Paris, Musée Jacquemart-
André; Foto Bulloz, Paris

164. JEAN-BAPTISTE SIMÉON
CHARDIN,
Die Attribute der Wissenschaften, 1731, Öl auf
Leinwand, 141 × 219,5, Paris, Musée Jacque-
mart-André; Foto Bulloz, Paris

165. MICHEL BOYER,
Violoncello, Notenheft und Schwert, mit einer
gefälschten Signatur von J. B. Oudry, Öl auf
Leinwand, 81 × 99, Paris, Musée du Louvre;
Foto Réunion des Musées Nationaux

166. JEAN COUSTOU,
Die Skulptur, Supraporte, 1774, Béziers, Musée
des Beaux-Arts; Foto C. Gourmanel/Entre
Chien et Loup

167. JEAN-BAPTISTE SIMÉON
CHARDIN,
Die Tischdecke, 1731–1732, Öl auf Leinwand,
96,6 × 123,5, Chicago, The Art Institute,
Mr. and Mrs. Lewis Larned Coburn Memorial
Collection; Foto des Museums

168. NICOLAS-HENRI JEAURAT DE
BERTRY,
Die Instrumente der Künste, Öl auf Leinwand,
87 × 112, Privatsammlung; Foto T. M. Routhier/
Studio Lourmel

169. LOUIS TESSIER,
Delfter Fayencetopf, 77 × 97, Privatsammlung;
Foto D. R.

170. LOUIS TESSIER,
Der Eierkorb, 53 × 65, Privatsammlung;
Foto D. R.

171. FRANÇOIS JOURDAIN,
Kleiner Schornsteinfeger, Privatsammlung; Foto
T. M. Routhier/Studio Lourmel

172. JEAN-BAPTISTE BELIN DE
FONTENAY,
Büfett unter einem Weinspalier, Öl auf Leinwand,
228 × 216,5, Richmond, Virginia, Museum of
Fine Arts, The Adolph D. and Wilkins C.
William Fund; Foto Karine Wetzel, Virginia
Museum of Fine Arts 1996

173. ANTOINE MONNOYER,
Große Blumenkomposition mit kostbaren Vasen,
Öl auf Leinwand, 309 × 208, Stockholm,
Statens Konstmuseer; Foto des Museums

174. JEAN-BAPTISTE OUDRY,
*Samtenes Geweih eines von Ludwig XIV. 1749 im
Wald von Compiègne erlegten Zehnenders,* 1752,
Öl auf Leinwand, 114 × 67, Fontainebleau,
Musée National du Château; Foto Lauros-
Giraudon

175. JEAN-BAPTISTE OUDRY,
Geweih eines ausgewachsenen Zehnenders, 1741,
Fontainebleau, Musée National du Château;
Foto Réunion des Musées Nationaux

176. JEAN-JACQUES BACHELIER,
*Samtenes Geweih eines vom König am 1. Juli
1767 erlegten Zehnenders,* Fontainebleau, Musée
National du Château; Foto Réunion des
Musées Nationaux

177. JEAN-FRANÇOIS PERDRIX,
*Trompe-l'œil eines seltsamen Hirschgeweihs mit
Schädelplatte,* Öl auf Leinwand, 115 × 73,
Chantilly, Musée Condé; Foto Giraudon

178. JEAN-BAPTISTE OUDRY,
Stilleben mit Insekten, 1712, Öl auf Leinwand,
31 × 22, Agen, Museum; Foto Musée d'Agen/
Thierry D. Vidal

179. ALEXANDRE-FRANÇOIS
DESPORTES,
Stilleben in einer Marmornische, 1706, 104 × 97,
Le Havre, Musée des Beaux-Arts; Foto des
Museums

180. JEAN-BAPTISTE OUDRY,
Sperber, 1739, 97 × 74,5, New York, Privatsammlung; Foto D. R.

181. JEAN-BAPTISTE OUDRY,
Weiße Ente, 1753, Öl auf Leinwand, 98 × 64,
London, Sammlung Cholmondley; Foto Jarrold
Publishing, Whitefriars, Norwich, Norfolk

182. JEAN-JACQUES BACHELIER,
Tote Ente, Öl auf Leinwand, 66 × 42, Angers,
Musée des Beaux-Arts; Foto Musées d'Angers/
Pierre David

183. JEAN-BAPTISTE DUSILLION,
Tote Vögel, 1786, 50 × 82, Privatsammlung;
Foto D. R.

184. JACOB DE WIT,
Religio und Libertas, Öl auf Leinwand, 136 × 167,
Privatsammlung; Foto Étude Tajan, Paris

185. JEAN-BAPTISTE SIMÉON
CHARDIN,
Amor mit einem Ziegenbock spielend, auch
Der Herbst genannt, 1770, Öl auf Leinwand,
64 × 95, Moskau, Museum der bildenden
Künste; Foto Alexejew/Siny Most

186. HENRI-HORACE ROLAND DE
LA PORTE,
*Trompe-l'œil-Porträt von Ludwig XV. im Medail-
lon,* Öl auf Leinwand, 47,5 × 38, Paris, Privatsammlung; Foto T. M. Routhier/Studio Lourmel

187. FRANÇOIS FERRIÈRE,
Die Poesie: Putti, gemaltes Trompe-l'œil-Basrelief,
16 × 47, Genf, Musée d'Art et d'Histoire;
Foto des Museums, Ville de Genève/ Yves Siza

188. PIAT JOSEPH SAUVAGE,
Terrakottafries mit Putti, Öl auf Leinwand,
30 × 78, Privatsammlung; Foto T. M. Routhier/
Studio Lourmel

189. PIAT JOSEPH SAUVAGE,
*Eine junge Faunin spielt mit Amoretten, denen
sie Weintrauben reicht,* Öl auf ovalem Holz,
41 × 58, Privatsammlung; Foto T. M. Routhier/
Studio Lourmel

190. ANNE VALLAYER-COSTER,
Satyre und Kinder spielen mit einer Löwin,
gemalte Nachahmung eines Basreliefs, 1776,
Öl auf Leinwand, 30 × 40, Privatsammlung;
Foto Galerie Cailleux, Paris

191. LOUIS-LÉOPOLD BOILLY,
Weintrauben-Trompe-l'œil, Öl auf Leinwand,
25 × 20, Rouen, Musée des Beaux-Arts;
Foto des Museums

192. JEAN VALETTE-PENOT,
Trompe-l'œil mit einem Stich von Sarrabat, Lein-
wand, 80 × 63, Rennes, Musée des Beaux-Arts,
Foto des Museums/Louis Deschamps

193. GUILLAUME-DOMINIQUE
DONCRE,
Trompe-l'œil, 1785, Arras, Musée des Beaux-
Arts, Foto des Museums

194. GASPARD GRESLY,
Trompe-l'œil mit einem Stich, der Diogenes zeigt,
Öl auf Leinwand, 54 × 37, Privatsammlung,
Foto T. M. Routhier/Studio Lourmel

195. JEAN VALETTE-PENOT,
Sammelsurium, Öl auf Leinwand, 62,5 × 75,5,
London, Privatsammlung; Foto D.R.

196. CLAUDE NICOLAS DE LA CROIX,
Königliche Order, 1773, Öl auf Leinwand,
Privatsammlung; Foto Eileen Tweedy,
London

197. DOMINIQUE PERGAUT,
Die Dorfbewohnerin, 1790, Privatsammlung;
Foto D. R.

198. JEAN-JACQUES RESTIEU,
Trompe-l'œil, Öl auf Holz, 33 × 48, Montpellier, Musée Fabre; Foto des Museums

199. JEAN VALETTE-PENOT,
Trompe-l'œil, genannt *Trompe-l'œil mit zerbrochenem Glas,* 1767, 49 × 72, Privatsammlung; Foto Galerie Marcus

200. ÉTIENNE MOULINEUF,
Trompe-l'œil, genannt *Trompe-l'œil mit zerbrochenem Glas,* 1767, 35 × 21, Privatsammlung; Foto Galerie Marcus

201. LAURENT DABOS,
Friedensvertrag zwischen Frankreich und Spanien,
nach 1801, Paris, Musée Marmottan; Foto des
Museums

202. FRANÇOIS VISPRÉ,
Fahrende Musikanten, Öl auf Holz, 40,5 × 28,
Privatsammlung; Foto Galerie Marcus

203. FRANÇOIS VISPRÉ,
Trompe-l'œil, Öl auf ausgeschnittenem Holz,
57 × 55, Privatsammlung; Foto Galerie J. Hahn

204. LOUIS-LÉOPOLD BOILLY,
Basrelief nach Clodion, Öl auf Leinwand,
21 × 45,5, Privatsammlung; Foto D. R.

205. LOUIS-LÉOPOLD BOILLY,
Dankbare Seelen, Öl auf Leinwand, 52 × 62,5,
Privatsammlung; Foto D. R.

206. LOUIS-LÉOPOLD BOILLY,
Die schmerzliche Nachricht, Öl auf Leinwand,
52 × 62,5, Privatsammlung; Foto D. R.

207. JEAN-ANTOINE LAURENT,
*Ein Schlosser versucht, einen Eichelhäher dazu zu
bewegen, in seine Feile zu beißen,* 1829, Paris,
Musée du Louvre; Foto Réunion des Musées
Nationaux

208. SIR JOHN EVERETT MILLAIS,
Rückkehr der Taube Noah, 1851, Oxford,
Ashmolean Museum; Foto des Museums

209. EDOUARD MANET,
Porträt Emile Zolas, 1868, Öl auf Leinwand,
146 × 114, Paris, Musée d'Orsay; Foto Réunion
des Musées Nationaux

210. CLAUDE MONET,
Einweckglas mit Pflaumen, Öl auf Leinwand,
55,5 × 46, Dresden, Gemäldegalerie Neue
Meister; Foto des Museums

211. JACQUES-LOUIS DAVID,
Porträt von Lavoisier und seiner Frau, 1788,
Öl auf Leinwand, 259,7 × 194,6, New York,
The Metropolitan Museum of Art, purchase
Mr. and Mrs. Charles Wrightsman Gift, in
honor of Everett Fahy, 1977; Foto des
Museums

212. JACQUES-LOUIS DAVID,
Der ermordete Marat, 1793, Öl auf Leinwand,
165 × 128, Brüssel, Musées Royaux des Beaux-
Arts; Foto A. C. L., Brüssel

213. JEAN AUGUSTE DOMINIQUE
INGRES,
Die Gräfin d'Haussonville, 1845, Öl auf Lein-
wand, 126 × 90, New York, Frick Collection;
Foto des Museums

214. JEAN AUGUSTE DOMINIQUE
INGRES,
Madame de Sennones, 1814, Öl auf Leinwand,
106 × 84, Nantes, Musée des Beaux-Arts;
Foto P. Jean/Ville de Nantes

215. ALBERT CASAUS,
*Trompe-l'œil mit La Petite Gironde und
Spielkarten,* Privatsammlung; Foto Galerie
Marcus

216. CLARA KRÜGER,
Blumen, 1877, Chemnitz, Städtische Kunstsammlung; Foto des Museums

217. GUSTAVE COURBET,
Die Pfeife, 1858, Öl auf Leinwand, 42 × 32,
Deutschland, Privatsammlung; Foto Musée
Courbet, Ornans

218 u. 219. ARSÈNE-SYMPHORIEN
SAUVAGE,
Aufgehängtes Wild (zwei Gemälde), Deutsch-
land, Privatsammlung; Foto D. R.

220. UNBEKANNTER MEISTER DER
SCHULE VON BARBIZON,
Trompe-l'œil, gemalt auf ein Büfett des Gasthofs
Ganne, genannt Büfet »Vollon«, Barbizon,
Musée Municipal de l'École de Barbizon; Foto
Éditions Gaud, Moisenay

221. HUGH WELCH DIAMOND,
Stilleben, um 1850, Bath, The Royal Photo-
graphic Society; Foto des Museums

222. ADOLPHE BRAUN,
Stilleben mit Hase und Enten, Fotonegativ mit
Kollodium behandelt, New York, The Metro-
politan Museum of Art, The David Hunter
McAlpin Fund, 1947; Foto des Museums

223. WILLIAM MICHAEL HARNETT,
Der Tisch des Sekretärs, 1870, Santa Barbara
Museum of Art, Schenkung von Mrs. Sterling
Morton an die Preston Morton Collection;
Foto des Museums

224. Nach WILLIAM MICHAEL
HARNETT,
Die alte Geige, 1887, Chromolithographie,
F. Tuchfaber Co., Cincinnati, Forth Worth,
Amon Carter Museum; Foto des Museums

225. WILLIAM MICHAEL HARNETT,
Nach der Jagd, 1885, San Francisco, The Fine
Arts Museums, Mildred Anna Williams Collec-
tion; Foto des Museums

226. WINTHROP CHANDLER,
Bücherregal, Shelburne, Vermont, Shelburne
Museum; Foto des Museums/Ken Burris

227. JOHN SINGLETON COPLEY,
Paul Revere, 1768, Öl auf Leinwand, 88,9 × 72,3,
Boston, Museum of Fine Arts, Schenkung von
Joseph W., William B. and Edward H. R.
Revere; Foto des Museums

228. JOHN SINGLETON COPLEY,
Der Junge mit dem Eichhörnchen (Henry Pelham),
1765, Öl auf Leinwand, 76,8 × 63,5, Boston,
Museum of Fine Arts, Anonyme Schenkung;
Foto des Museums

229. FREDERICK EDWIN CHURCH,
Rachebrief, vor 1892, Öl auf Leinwand,
21 × 26, Oberlin, Allen Memorial Art Museum,
Oberlin College, Ohio, Schenkung von Charles
F. Olney, 1904; Foto desMuseums

230. CHARLES BIRD KING,
Der Wandschrank des armen Künstlers, um 1815,
Öl auf Leinwand, 75,57 × 70,49, The Corcoran
Gallery of Art, Museum Purchase, Gallery
Fund and Exchange; Foto des Museums

231. JOHN LA FARGE,
Agathon an Erosanthe, ein Liebeskranz,
New York, Privatsammlung; Foto D. R.

232. NIKOLAUS GYSIS,
Stilleben mit gerupftem Huhn, 1881, Öl auf
Leinwand, 63 × 39, München, Bayerische
Staatsgemäldesammlungen; Foto Artothek,
München

233. WILLIAM MICHAEL HARNETT,
Kompanie, stillgestanden!, 1878, Öl auf Lein-
wand, Forth Worth, Amon Carter Museum;
Foto des Museums

234. WILLIAM MICHAEL HARNETT,
Der Tisch des Bankiers, 1877, Öl auf Leinwand,
20,3 × 30,5, New York, The Metropolitan
Museum of Art, Elihu Root Jr., Schenkung,
1956; Foto des Museums

235. WILLIAM MICHAEL HARNETT,
Stilleben mit Trödelkram, 1878, Öl auf
Leinwand, Cambridge, Massachusetts, Fogg
Art Museum, Harvard University, Schenkung
von Grenville L. Winthrop; Foto des
Museums

236. WILLIAM MICHAEL HARNETT,
Stilleben von München, 1882, Dallas, Museum
of Art, Dallas Art Association Purchase;
Foto des Museums

237. WILLIAM MICHAEL HARNETT,
Sterblichkeit und Unsterblichkeit, 1876, Öl auf
Leinwand, 55,9 × 68,6, Wichita Art Museum,
The Roland P. Murdoch Collection; Foto des
Museums

238. WILLIAM MICHAEL HARNETT,
Musikalien und Glücksbringer, 1888, Öl auf
Leinwand, 101,6 × 76,2, New York, The Metro-
politan Museum of Art, Catherine Lorillard
Wolfe Fund; Foto des Museums

239. FRANÇOIS BONVIN,
Musikinstrumente, 1882, Öl auf Leinwand,
131 × 104, Montargis, Musée Girodet;
Foto des Museums

240. JOHN FREDERICK PETO,
Arme Leute-Laden, 1885, 91,4 × 64,8, Boston,
Museum of Fine Arts, Schenkung von Maxim
Karolik, Collection of American Paintings;
Foto des Museums

241. JOHN HABERLE,
Die Schublade des Junggesellen, 1890–1894,
Öl auf Leinwand, 50,8 × 91,4, New York,
The Metropolitan Museum of Art, Purchase,
1970, Schenkung von Henry R. Luce;
Foto des Museums

242. JOHN HABERLE,
Reproduktion, 1886–1887, Öl auf Leinwand,
25,4 × 35,56, New York, Hirschl and Adler
Galleries; Foto Hirschl and Adler Galleries

243. SIMON SAINT-JEAN,
Die Symbole der Eucharistie, 1841–1842, Öl auf
Leinwand, 126 × 106, Lyon, Musée des Beaux-
Arts; Foto Studio Basset, Lyon

244. WILLIAM KEANE,
Das alte Banjo, 1889, Öl auf Leinwand,
101,6 × 63,4, San Francisco, The Fine Arts
Museums, Museum Purchase, The Sidney M.
and Florence H. Ehrman Fund, T. B. Walker
Fund and the Huntington Trust Fund; Foto des
Museums

245. PHILIPPE ROUSSEAU,
Tote Vögel und Fliege, 1856, Privatsammlung;
Foto T. M. Routhier/Studio Lourmel

246. OTTO SCHOLDERER,
Stilleben mit Heringen und Eiern, 1884, Frankfurt,
Städelsches Kunstinstitut; Foto des Museums

247. RAPHAELLE PEALE,
Nach dem Bade, 1823, Öl auf Leinwand,
73,6 × 61, Kansas City, Nelson Gallery, Atkins
Museum; Foto des Museums

248. WILLIAM MICHAEL HARNETT,
Der treue Colt, 1890, Öl auf Leinwand,
Hartford, Wadsworth Atheneum, Ella Gallup
and Mary Catlin Summer Collection;
Foto des Museums

249. EUGÈNE BERMAN,
Die ausweglose Situation der Medusa, 1942,
57,1 × 46, Privatsammlung; Foto T. M. Routhier/
Studio Lourmel

250. EUGÈNE BERMAN,
Die antike Säule, 1936, Öl auf Leinwand,
Hartford, Wadsworth Atheneum, Ella Gallup
and Mary Catlin Summer Collection; Foto des
Museums

251. EUGÈNE BERMAN,
An den Toren der Stadt bei Einbruch der Nacht,
1937, Öl auf Leinwand, 76,8 × 102,2, New
York, The Museum of Modern Art, Schenkung
von James Thrall Soby; Foto des Museums

252. EUGÈNE BERMAN,
Kabinett, London, Victoria and Albert Museum;
Foto Courtesy of the Trustees of the V. & A.

253. REX WHISTLER,
Dekorative Wandverkleidung für das Boudoir
der Lady Louis Mountbatten, London, 1937,
The Grove, Brightwell Baldwin, Oxfordshire,
Collection Mr. David and Lady Pamela Hichs;
Foto John Spragg, London/ADAGP, 1996

254. REX WHISTLER,
Dekorative Wandverkleidung für das Eßzimmer
von Plas Newydd, 1936–1938, Öl auf Leinwand,
Lord Anglesey Collection, ADAGP, 1996

255. MARTIN BATTERSBY,
Molière, gemalte Wandverkleidung für das Eß-
zimmer von Bois Doré, Newport, Rhode Island;
Foto Courtesy Philippe Garner

256. MARTIN BATTERSBY,
Madame de Sévigné, gemalte Wandverkleidung
für das Eßzimmer von Bois Doré, Newport,
Rhode Island; Foto Courtesy Philippe Garner

257. MARTIN BATTERSBY,
Trompe-l'œil, Reklame für den Schuhfabrikanten
Rayne, Privatsammlung; Foto Courtesy
Philippe Garner

258. MARTIN BATTERSBY,
Trompe-l'œil, Privatsammlung; Foto Courtesy
Philippe Garner

259. MARTIN BATTERSBY,
Trompe-l'œil, Privatsammlung; Foto Courtesy
Philippe Garner

260. MARTIN BATTERSBY,
Trompe-l'œil, für Evelyn Waugh gemalte Wand-
tafel, Privatsammlung; Foto Courtesy Philippe
Garner

261. PIERRE ROY,
Die Sommerzeit, 1929, Öl auf Leinwand,
54,6 × 38,1, New York, The Museum of
Modern Art, Schenkung von Mrs. Ray Slater
Murphy; Foto des Museums/ADAGP, 1996

262. PIERRE ROY,
Die Erde, 1926, Öl auf Leinwand, 33 × 24,4,
Privatsammlung; ADAGP, 1996

263. PIERRE ROY,
Ein Tag auf dem Lande, 1931, Öl auf Leinwand,
33 × 55, Paris, Musée National d'Art Moderne,
Centre Georges Pompidou; Foto des Museums/
ADAGP, 1996

Personenregister

Die kursiv gesetzten Ziffern verweisen auf die Abbildungsnummern